Religionsbegründung ohne Erkenntnis Gottes

Tübinger Studien zur Theologie und Philosophie
Herausgegeben von Franz-Josef Bormann und Johannes Brachtendorf

Band 29

Xiaolong Zhou

Religionsbegründung ohne Erkenntnis Gottes

Die metaphysischen Grundlagen der kantischen und schleiermacherschen Religionsphilosophie im Vergleich

narr\f
rancк
e\atte
mpto

Bibliografische Information der Deutschen Nationalbibliothek
Die Deutsche Nationalbibliothek verzeichnet diese Publikation in der Deutschen Nationalbibliografie; detaillierte bibliografische Daten sind im Internet über http://dnb.dnb.de abrufbar.

Dissertation zur Erlangung des akademischen Grades Doktor der Philosophie in der Philosophischen Fakultät der Eberhard Karls Universität Tübingen 2021

DOI: https://doi.org/10.24053/9783772057670

Dischingerweg 5 · D-72070 Tübingen

Internet: www.narr.de
eMail: info@narr.de

CPI books GmbH, Leck

ISSN 1432-4709
ISBN 978-3-7720-8767-7 (Print)
ISBN 978-3-7720-5767-0 (ePDF)
ISBN 978-3-7720-0181-9 (ePub)

FSC
www.fsc.org
MIX
Papier aus verantwortungsvollen Quellen
FSC® C083411

Inhalt

Danksagung

Das Schreiben dieser Dissertation begann im September 2018 und der erste Entwurf wurde im August 2020 fertiggestellt, als die Covid-19-Epidemie in vollem Gang war. Während dieser schwierigen Zeit in den späten Phasen dieser Arbeit verbrachte ich die überwiegende Mehrzahl meiner Tage zu Hause, um nicht mit einer Maske schreiben zu müssen, und auch wegen der eingeschränkten Öffnungszeiten der Bibliothek, was einerseits die Sammlung von Materialien beeinträchtigte und andererseits den Prozess des Schreibens meiner Doktorarbeit objektiv beschleunigte, weil ich nicht ausgehen konnte. Das Verfassen dieser Dissertation ist meiner Frau Yuting Liu zu verdanken. Ich bedanke mich bei ihr für ihre Toleranz und für ihr Verständnis und dafür, dass sie mein langweiliges Leben mit dem täglichen Lesen und Tippen vor dem Computer ertragen hat. Sie war mir eine große Unterstützung und hat mein Leben reich und nahrhaft gemacht.

Mein Doktorvater, Prof. Dr. Johannes Brachtendorf, war seit dem Tag meiner Ankunft in Deutschland für mich da und hat mir in jeder Hinsicht geholfen. Er ist immer sehr freundlich, sehr geduldig und hat meinen deutschen Ausdruck und das Schreiben meiner Doktorarbeit immer gefördert. Er hat mich immer zu seinen Kursen und zum Kolloquium eingeladen und mich dazu ermutigt Vorträge zu halten. Obwohl ich wusste, dass mein Deutsch gebrochen war, hat er mich nach jedem Vortrag mit seinem „sehr gut“ und seinem Markenzeichen, dem Lächeln, von der Verlegenheit befreit. Es gab sogar Zeiten, in denen er den deutschen Studenten in der Klasse erklärt hat, wie schwierig es ist, einen Vortrag in einer Fremdsprache zu halten. Besonders nachdem wir Sprachpartner wurden, verbesserte sich mein deutscher Ausdruck sprunghaft. Dafür kann ich ihm nicht dankbar genug sein.

Außerdem möchte ich mich bei PD Dr. Stefan Gerlach für die Erstellung des Zweitgutachtens zu meiner Dissertation bedanken. Ich muss leider sagen, dass ich seine Vorlesungen noch nie gehört und nur seine Arbeit über Schelling gelesen habe. Ich danke meinem Zweitbetreuer Prof. Dr. Friedrich Hermanni, der zu Beginn dieser Dissertation die ersten Vorschläge gegeben hat und aus dessen Seminaren zur Theodizee, zur Hegelschen Religionsphilosophie und zur Spätphilosophie Schellings ich immer wieder Ideen bekommen und schließlich in meiner Dissertation umgesetzt habe. Ich hoffe, dass seine Gesundheit bald wieder hergestellt ist. Darüber hinaus danke ich Prof. Dr. Friedrike Schick, Prof. Dr. Ulrich Schlösser, Prof. Dr. Klaus Corcilius und Prof. Dr. Volker Leppin dafür, dass sie mir die intellektuellen Ressourcen wie Platon, Aristoteles, Luther, Kant, Hegel und andere Denker zur Verfügung gestellt haben.

Meine Vermieterin, Frau Anne Röhm, war eine wichtige Person für meine Frau und mich in unserem Leben in Deutschland. Sie führte uns zum Bodensee, zum Affenberg Salem, nach Stuttgart usw., so dass wir Deutschland allmählich kennenlernen und uns in Deutschland integrieren konnten, und sie gab uns auch jede mögliche Annehmlichkeit in unserem Leben. Sie hat uns das Leben in Deutschland so einfach wie möglich gemacht und uns unvergessliche Momente geschenkt. Dafür möchte ich mich bei ihr herzlichst bedanken. Sie ist für uns wie eine Mutter in Deutschland, eine kulturelle Mutter.

Außerdem möchte ich mich besonders bei meinem Master-Berater, Prof. Dr. Wu Fei von der Philosophischen Fakultät der Peking Universität, bedanken. Seine Ermutigung hat mich dazu gebracht diese Dissertation zu schreiben. Ich möchte meinen Freunden danken, insbesondere Yue Shenghao, Zhu Lei, He Teng, Shari Georg, Liu Chang'an, Xu Yifei, Ruan Weicong, A Sihan, Zhong Wei, Fernando Gustavo Wirtz, Lisa Dann und Adrian Razvan Sandru. Sie haben dafür gesorgt, dass ich mich weniger hilflos, weniger einsam und freundlos und weniger unwissend gefühlt habe. Ich hoffe, dass sie alle an einem guten Ort ankommen werden.

Ich bin meinen Eltern dankbar. Sie arbeiten als Bauern und wissen nicht viel von dem, was ich studiert habe. Sie haben sich nie in meine Entscheidungen eingemischt und haben mich immer im Stillen unterstützt. Obwohl sie die meiste Zeit ihres Lebens arm gewesen sind, haben mir ihre harte Arbeit, ihre Einfachheit und ihre Sanftmut den größten Schatz in meinem Leben gegeben.

Aus diesem Grund widme ich ihnen diese Dissertation. Schließlich hoffe ich, dass meine beiden kleinen Nichten glücklich aufwachsen und ich, als der „abstrakte Onkel“, in der Zukunft mehr Zeit mit ihnen verbringen kann.

Meinen Eltern

0 Einleitung

0.1 Fragestellung

In der zweiten Auflage der KrV behauptet Kant in der Vorrede: „Ich mußte also das Wissen aufheben, um zum Glauben Platz zu bekommen."[1] In seinem System der Philosophie wird Gott aus den Gegenständen der Erkenntnis ausgeschlossen, indem Kant alle Erkenntnisse durch die Grenzen der Erfahrung beschränkt. In der *transzendentalen Methodenlehre* der KrV und auch in der KpV spielt die Gottesidee durch den Vernunftglauben und die Moralreligion wieder eine große Rolle im praktischen philosophischen System Kants. Deswegen ist Gott ein Gegenstand des Glaubens statt der Erkenntnis. Kants Denkweise hatte einen großen Einfluss auf die Philosophie und Theologie späterer Generationen. Im Hinblick auf die Philosophie nennen wir Hegel als Beispiel, dessen Philosophie versucht, dem kantischen Agnostizismus in Bezug auf Gott zu widersprechen und die gewisse Erkenntnis von Gott dialektisch zu erhalten. Theologisch betrachtet folgt Schleiermacher, der „der Kant der Protestantischen Theologie" ist,[2] dem kantischen Agnostizismus zur Gottesfrage. Auf dessen Grundlage verbindet er die Religion mit dem Gefühl. In dieser Arbeit werde ich vor allem die Auswirkung Kants auf Schleiermacher untersuchen und sie gleichzeitig an manchen Stellen auf Hegels System beziehen.

Karl-Heinz Michel hat in seiner Schrift über die Gotteslehre Kants die Auswirkung der oben genannten kantischen Theorie folgendermaßen beschrieben: „Theologische Aussagen wurden dadurch, nach Kants Auffassung, ausschließlich zur Sache des *Glaubens* (eines Glaubens, der nur subjektiv für wahr halten, aber eben nichts wissen kann), weil Gott in Natur und Geschichte grundsätzlich unerkennbar bleibt. Diese negative Beantwortung der Frage der Erkennbarkeit Gottes warf ganz besonders für die *Dogmatik* ein schweres Problem auf. Denn wenn man Kant folgen wollte, dann stand angesichts der welt- und geschichtsgebundenen Gottesaussagen der biblisch-christlichen Tradition nur noch der Weg eines agnostizistischen Rückzugs offen."[3] Danach nimmt Karl-

---

1 KrV, 03: 19, 5–6, B XXX.

2 Es ist David Friedrich Strauß, der zuerst zeigt, dass Schleiermacher „der Kant der Protestantischen Theologie" ist. Diese Wertung findet sich auch in den berühmten Schriften Diltheys über Schleiermacher. Siehe Birkner (1964), 157–192.

3 Michel (1987), 2.

Heinz Michel die *Glaubenslehre* Schleiermachers als Beispiel, um diese Auswirkung zu erklären: Dies sei eine Glaubenslehre, „welche ihre theologischen Aussagen nicht mehr, wie bisher, von einem wahrnehmbaren geschichtlichen Handeln Gottes aus, das dem Glauben vorausgeht und ihn begründet, sondern vom persönlichen, subjektiven Glauben aus entwickelte."[4] Außerdem fügt Karl-Heinz Michel die wichtigen Theologen nach Schleiermacher (wie W. Hermann, R. Bultmann, G. Ebeling) zu dieser Genealogie hinzu. Karl-Heinz Michel zufolge hat, allgemein gesagt, die von Kant und Schleiermacher beeinflusste Theologie eine „Umdeutung des Handelns Gottes *extra nos* in ein nur noch *pro me* erfaßbares Handeln" bewirkt.[5]

Karl-Heinz Michels Meinung ist typisch bei diesem Thema. Obwohl die scharfsinnige Einsicht Michels sehr lehrreich ist, um die Theologie nach Kant und Schleiermacher zu verstehen, löste seine Auffassung doch einige Missverständnisse aus, die heute in der Forschung zur Religionsphilosophie von Kant und Schleiermacher existieren.

(1) Nach der Formulierung Karl-Heinz Michels sei für Kant „nur noch der Weg eines agnostizistischen Rückzugs offen". Allerdings müssen wir fragen: Was ist eigentlich der Agnostizismus in Kants und Schleiermachers Gotteslehre? Bezieht er sich auf Gottes Existenz oder auf seine Eigenschaften? Auf den ersten Blick scheint sich der Agnostizismus sowohl auf Gottes Existenz als auch auf seine Eigenschaften zu beziehen, aber wir werden darauf hinweisen, dass das dezidierte Motiv, welches Kant zum *pro me* erfassbaren Handeln führt, die Unerkennbarkeit der Existenz Gottes ist. Im Vergleich dazu spielen die Eigenschaften Gottes eine große Rolle in Kants System. Dies ist nicht vereinbar mit einem Agnostizismus. Wir möchten auch zeigen, dass die Existenz Gottes niemals ein Problem für Schleiermacher war. Schleiermachers Agnostizismus bezieht sich auf die Eigenschaften Gottes.

(2) Im oben genannten Bild von den kantischen und schleiermacherschen Religionsphilosophien wäre die Idee Gottes nur eine subjektive Wahrheit in dem Sinne, dass der Gottesbegriff nicht auf die Objektivität (nämlich auf Gott selbst) zu beziehen ist. Dieser subjektive Charakter ist dann besonders betont, wenn man vom Gottesbegriff bzw. Religionsverständnis Schleiermachers redet. Die Kritik von Hegel und Emil Brunner ist typisch für die Deutung von Schleiermachers Religionslehre, sie ist nahezu vorherrschend in deren Erklärung. Zum Beispiel schreibt Hegel in der *Vorrede zu Hinrichs' Religionsphilosophie*: „Soll das Gefühl die Grundbestimmung des Wesens des Menschen ausmachen,

4 Michel (1987), 2.

5 Michel (1987), 2. Ein Kommentar über diesen theologischen Leitfaden, siehe Iwand (1954), 120–125.

so ist er dem Tiere gleichgesetzt, denn das Eigene des Tieres ist es, das, was seine Bestimmung ist, in dem Gefühle zu haben und dem Gefühle gemäß zu leben. Gründet sich die Religion im Menschen nur auf ein Gefühl, so hat solches richtig keine weitere Bestimmung, als das *Gefühl seiner Abhängigkeit* zu sein, und so wäre der Hund der beste Christ, denn er trägt dieses am stärksten in sich und lebt vornehmlich in diesem Gefühle. Auch Erlösungsgefühle hat der Hund, wenn seinem Hunger durch einen Knochen Befriedigung wird. Der Geist hat aber in der Religion vielmehr seine Befreiung und das Gefühl seiner göttlichen Freiheit; nur der freie Geist hat Religion und kann Religion haben; was gebunden wird in der Religion, ist das natürliche Gefühl des Herzens, die besondere Subjektivität; was in ihr frei wird und eben damit wird, ist der Geist".[6] Außerdem gibt es noch andere Forscher, die Kants Religionsphilosophie als eine Art von schleiermacherschem Subjektivismus betrachten.[7] Deswegen stelle ich hier die Frage: Wenn Kant und Schleiermacher ihre Religionstheorie auf die Subjektivität gründeten, sind die kantischen und schleiermacherschen Religionsphilosophien dann wirklich rein subjektiv, ohne irgendein Objekt zu treffen?

(3) In Hinsicht auf den Agnostizismus gibt es auch Differenzen zwischen Kant und Schleiermacher. Diese werden bei der Beschreibung Karl-Heinz Michels nicht deutlich. In der Tat kritisiert Schleiermacher die kantische Theorie in vielfältiger Hinsicht, deswegen ist es irreführend zu behaupten, Schleiermachers religiöse Theorie sei nur eine Variation der kantischen Philosophie. Vielleicht sind die Unterschiede zwischen beiden Philosophen bedeutender als die Übereinstimmungen. Obwohl Kant und Schleiermacher ihre Religionsphilosophie auf die Subjektivität gründen, basiert Kants Theorie von der Gewissheit der Existenz Gottes auf der praktischen Vernunft, die die Spontaneität des Subjekts beinhalte. Im Gegensatz dazu steht Gott bei Schleiermacher in einer ursprünglichen Relation mit dem Subjekt, die sich auf die extreme Rezeptivität des Ichs richtet.

Trotzdem repräsentieren die kantischen und schleiermacherschen Religionsphilosophien ein neues Paradigma und eine Tendenz, um die Religionsphilosophie zu begründen, indem sie die Gewissheit der Existenz Gottes nicht in der Natur und in der Geschichte suchen, sondern nur in der Subjektivität, bzw. in der Beziehung zwischen Gott und dem Ich. Deswegen ist in diesen Religionsphilosophien der Zusammenhang zwischen Gott und Welt, zwischen Gott und Subjekt gänzlich anders als in Hegels Religionsphilosophie, die keine

---

6 Hegel (1986), 74. Siehe auch Brunner (1924).

7 Z.B. Hans Vaihinger.

Anstrengungen unterlässt, die Erkenntnis von Gott zu erhalten. Also hat Karl-Heinz Michels Argumentation ihre Berechtigung.

Zusammenfassend wird deutlich, dass Kant und Schleiermacher einen neuen Trend in der Religionsbegründung gefördert haben, indem sie die Gewissheit der Existenz Gottes in der Beziehung zwischen Gott und dem Subjekt suchten. Allerdings zeigen sich doch viele Unterschiede im Detail, die man nicht vernachlässigen sollte. Unter den Forschern gibt es noch Missverständnisse, die einiger Erklärungen bedürfen.

Folglich behandelt diese Untersuchung die Übereinstimmungen und die Unterschiede beim Thema „Erkenntnis und Gewissheit der Existenz Gottes" bei Kant und Schleiermacher. In meiner Dissertation werde ich die kantischen und schleiermacherschen Religionsphilosophien aus der Perspektive der Erkenntnis Gottes und der Gewissheit seiner Existenz behandeln. Die Erkenntnis Gottes ist ein wichtiges Problem für Kant und Schleiermacher, ein Agnostizismus gilt jedoch bei Kant nicht für die Eigenschaften Gottes, sondern nur für seine Existenz. „Agnostizismus" bedeutet nicht, dass Kant und Schleiermacher aufgegeben haben, Gott zu erkennen; es bedeutet auch nicht, dass Gott für Kant und Schleiermacher nur eine menschliche Schöpfung ist. Das grundlegende Motiv der Religionsbegründung durch die Subjektivität liegt (sowohl bei Kant als auch bei Schleiermacher) darin, dass die Gewissheit der Existenz Gottes nur durch die Beziehung zwischen Gott und dem Subjekt garantiert wird.

Mit dem Titel „Religion ohne Erkenntnis Gottes" (1) möchte ich einige Missverständnisse klären bzw. einigen zu erwartenden Vorwürfen widersprechen. Z. B. werden manche denken, dass Kant einen unerkennbaren Gott behauptet; deswegen seien nach Kant alle die Grenze der Erfahrung überschreitenden Diskussionen über Gott abzulehnen. Allerdings entspricht diese Auffassung den sich überall wiederholenden Diskussionen über Gott in Kants Schriften nicht. Zudem könnte man z. B. kritisieren, dass die Gefühlstheorie Schleiermachers subjektiv sei, jedoch verkennt diese Kritik die Tatsache, dass Gott eine wichtige Rolle in diesem Gefühl (oder im unmittelbaren Selbstbewusstsein, wie Schleiermacher es nennt) spielt. (2) Mit diesem Titel möchte ich auch die Frage stellen, ob es möglich ist, eine Religionstheorie zu begründen, ohne irgendeine Erkenntnis Gottes vorauszusetzen. Kant und Schleiermacher kritisieren dogmatische Behauptungen über Gott in der Vernunfttheologie oder in der natürlichen Theologie. Ich möchte untersuchen, ob sie es wirklich vermieden haben, eine Erkenntnis Gottes vorauszusetzen.

0.2 Forschungsstand und Methoden

„Die Literatur zu Schleiermachers Religionsphilosophie füllt eine halbe Bibliothek." Das behauptet Gunter Scholtz.[8] Deshalb füllt die Forschungsliteratur zu den jeweiligen Religionsphilosophien von Kant und Schleiermacher eine *ganze* Bibliothek.[9] Viele Autoren äußern sich zum Verhältnis der Religionsphilosophien beider. Trotzdem gibt es leider nur wenige Monografien, die sich als ganze dem Vergleich zwischen der kantischen und schleiermacherschen Religionsphilosophie widmen. Bereits im Jahr 1841 hat Salomon Leviseur das Werk *Der Religionsbegriff bei Kant und Schleiermacher* geschrieben. Er analysiert die Begriffe beider mit der sogenannten *dialektischen Methode* und betrachtet sie als unterschiedliche Entwicklungsstufen, das heißt, Schleiermachers Religionsbegriff enthält die Theorie Kants, stellt aber nicht die Vollendung des Religionsbegriffs dar, sondern muss sich selbst weiterentwickeln. Leviseur ist der Auffassung, dass Kants Standpunkt, vereint mit einem Pantheismus, Schleiermachers Religionsphilosophie bilde, nämlich „der Schleiermacher'sche Standpunct als Wahrheit des Kant'schen".[10] Daraus ergibt sich, dass die Untersuchung von Salomon Leviseur auf einem Vorurteil über Schleiermacher, nämlich dem Vorwurf des Pantheismus, beruht und damit den heutigen akademischen Anforderungen nicht mehr genügen kann. Danach gibt es, soviel ich weiß, keine andere Monografie über den Vergleich zwischen Kant und Schleiermacher. Selbst in den letzten drei Jahrzehnten thematisieren nur wenige Aufsätze diesen Vergleich.[11] Es besteht die Notwendigkeit, einen umfangreichen und tiefgehenden Vergleich in der Gotteslehre vorzunehmen. Mit dieser Untersuchung hoffe ich, diese Lücke zu schließen.

Obwohl nur wenige Monografien existieren, die die Religionsphilosophien Kants und Schleiermachers unmittelbar vergleichen, gibt es die folgenden Arten von Literatur, die für die Abfassung dieser Untersuchung hilfreich waren: (1) Die Untersuchungen zum Einfluss Kants auf die Entwicklungsgeschichte von Schleiermachers frühen Gedanken – diese Art von Untersuchungen behandelt Schleiermachers Kritik an Kant –, was indirekt dazu beiträgt, die Unterschiede zwischen den Religionsphilosophien beider zu verstehen. In dieser Hinsicht

8 Scholtz (1984), 127.

9 Zur Literatur von Schleiermachers Religionsphilosophie, siehe Hermanni, Nonnenmacher und Schick (Hrsg.) (2015), 523–537. Außerdem hat Gunter Scholtz die Literatur für die fast 150-jährige Interpretationsgeschichte in der Schleiermacher-Forschung aufgelistet, vgl. Scholtz (1984), 9–44.

10 Siehe Leviseur (1841), Vorwort, VI.

11 Z.B. Käfer (2004), Heesch (2004). Außerdem behandelt eine Masterarbeit dieses Thema, siehe Jang (2011).

können die Arbeiten von Eilert Herms[12] und Günter Meckenstock[13] als vorbildlich bezeichnet werden. (2) Die Untersuchungen zur Religionsphilosophie Kants aus der Perspektive des gesamten Konzepts der kantischen Philosophie, etwa die Forschungen von Allen W. Wood,[14] Georg Picht,[15] Karl-Heinz Michel[16] und Burkhard Nonnenmacher,[17] helfen zu verstehen, dass Kants Religionsphilosophie eine wichtige Richtung seiner Epistemologie ist. (3) Die Untersuchungen zur Religionstheorie Schleiermachers aus einer philosophischen und dialektischen Perspektive machen die philosophischen Fragen hinter Schleiermachers Religionsphilosophie deutlich und bieten damit eine grundlegende Plattform für den Vergleich zwischen Kant und Schleiermacher. Dazu gehören die Schriften von Emil Schürer,[18]Andreas Arndt, John E. Thiel,[19] Hans-Joachim Birkner[20], Christian Albrecht[21] u. a.

Es ist notwendig, kurz die hier angewandte Methode der Interpretation zu erklären. Für die Auslegung der Religionsphilosophie Kants gibt es zwei unterschiedliche Richtungen: Entweder man betrachtet Kants Religionsphilosophie als Anhängsel seiner Moralphilosophie und hält sie für unnötig oder man sieht sie als eine Bemühung, die spekulative und praktische Vernunft, die Natur- und Freiheitsordnung miteinander zu verbinden.[22] Dann kann man sie sogar als seinen Kerngedanken betrachten.[23] Diese Untersuchung betrachtet Kants Religionsphilosophie als sein Bestreben, Tugend und Glück, Freiheit und Natur, praktische und theoretische Vernunft miteinander zu verbinden, was geradewegs zu Schleiermachers Erbschaftsverhältnis zu Kant in verwandten Fragen führt.

Außerdem gibt es noch eine Forschungsmethode in Bezug auf Kant, die hier besonders hervorzuheben ist. Diese Methode geht von den kantischen vorkritischen Schriften aus und fügt die vorkritische Gotteslehre mit der Gotteslehre der kritischen Periode zusammen.[24] Der Grund liegt darin, dass sich das transzendentale Ideal, welches eines der zentralen Themen in der *Dialektik*

---

12 Herms (1974).
13 Meckenstock (1988).
14 Wood (1970), ders. (1978).
15 Picht (1985).
16 Michel (1987).
17 Nonnenmacher (2018).
18 Schürer (1868).
19 Thiel (1981).
20 Birkner (1974), ders. (1964).
21 Albrecht (1994).
22 Vgl. Nonnenmacher (2018), 198.
23 Z.B, Winter (2000), Picht (1985).
24 Z.B. Cramer (1967), Schmucker (1980), Sala (1990), Dell´Oro (1994).

der KrV ist, aus dem Gottesbeweis in zwei vorkritischen Schriften – nämlich: *Principiorum primorum cognitionis metaphysicae nova dilucidatio* und *Der einzig mögliche Beweisgrund zu einer Demonstration des Daseins Gottes* – entwickelt. Jedoch bedeutet diese Entwicklung eine Kritik Kants an seinem eigenen sogenannten „ontotheologischen Beweis" der vorkritischen Zeit. Ausgehend davon ist es deutlicher zu erkennen, warum Kant die Existenz Gottes nicht direkt aus der Idee vom transzendentalen Ideal ableitet. Die vorliegende Untersuchung folgt dieser Methode.

Was die Interpretation der Religionsphilosophie Schleiermachers angeht, lege ich den Schwerpunkt auf die Dialektik bzw. auf seine philosophischen Schriften. Es gibt nur wenige Bücher, die Schleiermacher zu seinen Lebzeiten veröffentlicht hat. Davon sind die *Reden* und die *Glaubenslehre* die wichtigsten. Dadurch entsteht der Eindruck, dass Schleiermachers Gedanken auf die christliche Theologie konzentriert waren und sich in seinem Werk kaum metaphysische Schriften wie die *Kritik der reinen Vernunft* Kants, die *Wissenschaftslehre* Fichtes und die *Logik* Hegels finden. Nach dem Tod Schleiermachers (1834) führten Hegels Schüler F. C. Baur und D. F. Strauß in der Tat eine lange Debatte über das Verhältnis zwischen Philosophie und Theologie in Schleiermachers Werk.[25] Zu einem gewissen Grad führt diese Debatte auf Schleiermachers eigenes theoretisches Ziel zurück. In der Schrift *Kurze Darstellung des theologischen Studiums* möchte er die *philosophische Theologie* aufrichten und „das Wesen der Frömmigkeit und der frommen Gemeinschaften im Zusammenhang mit den übrigen Tätigkeiten des menschlichen Geistes" (§ 21) verstehen.[26] Als Anfang der modernen Schleiermacher-Forschung versucht Diltheys *Leben Schleiermachers* (der erste Teil wurde im Jahr 1870 veröffentlicht), die Theologie und Philosophie Schleiermachers im Zusammenhang zu erklären. Diltheys Einfluss macht sich Anfang des 20. Jahrhunderts im Werk Troeltschs bemerkbar.[27] Obwohl nach den 1920er Jahren die Dialektische Theologie und die Hermeneutik die Interpretation Schleiermachers beherrschten und scharfe Kritik an Schleiermacher formuliert haben, legten beide Denkrichtungen immer großen Wert auf das Verhältnis zwischen der Philosophie und der Theologie Schleiermachers.[28] In den 1960er Jahren wurde der zweite Teils von Wilhelm Diltheys Schrift *Schleiermachers System als Philosophie und Theologie* veröffentlicht. Durch

25 Scholtz (1984), 9–13; Birkner (1974).
26 KDdtS, KGA I/6, 334, 3–5.
27 Dilthey (^{2}1922); ders. (1966), erster Hablband: *Schleiermachers System als Philosophie und Theologie.*
28 Scholtz (1984), 45–77; Arndt (2003), 135–149.

die gemeinsamen Bemühungen von Hans-Joachim Birkner, Eilert Herms,[29] Manfred Frank,[30] Andreas Arndt,[31] Michael Eckert,[32] Christian Albrecht usw. wird der Versuch, Schleiermachers Religionsphilosophie und Theologie aus seinem „allgemeinen System der Wissenschaften" zu verstehen, immer mehr zum Mainstream, und es werden die *Dialektik* und die *Ethik* als konzentrierter Ausdruck seines wissenschaftlichen Systems betrachtet.[33] Da das Thema dieser Dissertation auf das Problem der Unerkennbarkeit Gottes fokussiert ist, wird hier mehr auf Schleiermachers *Dialektik* geachtet.

0.3 Ziel und Kapiteleinteilung

Das Ziel dieser Untersuchung besteht darin, die metaphysischen Grundlagen der kantischen und schleiermacherschen Religionsphilosophien zu verdeutlichen und auf dieser Grundlage einen Vergleich durchzuführen. Meines Erachtens müssen diese Grundlagen in der Gotteslehre gesucht werden: Die Möglichkeit, Gott zu erkennen, die Art, wie man ihn erkennt, der Zugang zu Gott, müssen eine zentrale Rolle spielen. Ohne ihre Gotteslehre zu untersuchen und ohne auf diese Grundlage einzugehen, erscheint der Vergleich zwischen Kant und Schleiermacher nur oberflächlich. Damit verbunden ist ein weiteres Ziel dieser Untersuchung, nämlich die Missverständnisse über ihre Gotteslehre zu widerlegen. In den Forschungen über Kants Moraltheologie fehlt es immer an einer Untersuchung über seine transzendentale Theologie. Dadurch entsteht der Eindruck, dass Kant nur den aposteriorischen Beweis thematisiert, ohne eine Verbindung zwischen dem transzendentalen Ideal und der Moraltheologie vorzunehmen. Die Missverständnisse über Schleiermachers Religionstheorie sind vielfältig. Das berühmteste davon ist der Vorwurf, seine Religionstheorie sei nur subjektiv und mystisch. Dieses Missverständnis ist bis heute populär in der Heimat des Verfassers dieser Dissertation, in China. Nach diesem Missverständnis scheint Schleiermachers Religionsphilosophie der Religionstheorie von William James zu ähneln. Diese Untersuchung wird beweisen, dass die Suche nach Gott das wichtigste Ziel von Schleiermachers Religionsphilosophie ist. Außerdem möchte ich die Frage diskutieren, ob es möglich ist, eine Religion zu begründen, ohne Gott zu erkennen.

29 Herms (2003).
30 Frank (2001a).
31 Arndt (2013), ders. (2003).
32 Eckert (1987).
33 Z.B. Birkner (1974), Christian (1994).

Im ersten Teil stelle ich die Gotteslehre Kants dar. In diesem Teil wird die Bedeutung der apriorischen Theologie bzw. der Lehre vom transzendentalen Ideal hervorgehoben, die m. E. die Grundlage der kantischen Religionsphilosophie bildet. Außerdem wird die apriorische Theologie mit den aposteriorischen Theologien (dem symbolischen Anthropomorphismus und der Moraltheologie) in Zusammenhang gebracht. In diesem Teil versuche ich zu erklären, wie Kant die Gotteslehre innerhalb der Vernunft darstellt und wie Gott für ihn ein notwendiger Gegenstand der Vernunft ist. In diesem Teil werden in Kapitel 1 zwei verschiedene Weisen, Gott zu denken, thematisiert. Die apriorischen Eigenschaften Gottes sollen durch die Vernunft *a priori* begriffen werden, während Verstand und Wille nur aposteriorisch, nämlich durch das Verhältnis Gottes zur Zweckmäßigkeit der Welt, Gott zugeschrieben werden. Kapitel 2 zeigt auf, dass die Existenz Gottes nicht dadurch gesichert wird, dass die Methode apriorisch oder aposteriorisch ist. Aufgrund dessen werde ich in Kapitel 3 weiter diskutieren, warum die Moral die Existenz Gottes notwendig postuliert. In diesem Kapitel werden die Ähnlichkeit und der Zusammenhang zwischen der Moraltheologie und dem symbolischen Anthropomorphismus ins Zentrum gestellt.

Die Aufgabe des zweiten Teils ist die Erörterung der Gotteslehre Schleiermachers. Die Unerkennbarkeit Gottes ist der Leitfaden dieses Teils. Hier möchte ich klarmachen, dass sich diese Art der Unerkennbarkeit Gottes von der kantischen Unerkennbarkeit unterscheidet. Kurz gesagt, verneint Kant die Denkbarkeit Gottes nicht, während Schleiermacher sie vollständig ablehnt. Außerdem wird in diesem Teil auf die Frage eingegangen, ob die radikale Unerkennbarkeit Gottes in der Religionsbegründung Schleiermachers überhaupt möglich ist. Ausgehend davon untersucht Kapitel 4 die Gotteslehre seiner frühen Zeit, in der Kant und Spinoza einen großen Einfluss auf ihn hatten. Die *Spinozaschrift* und die *Reden* sollen als Ausbruch aus der kantischen Gotteslehre anhand der spinozianischen Philosophie betrachtet werden. Um die metaphysische Grundlage für diese radikale Unerkennbarkeit Gottes herauszufinden, interpretiert Kapitel 5 die Erkenntnistheorie in der *Dialektik*, wo Schleiermacher die Grenze der Erkenntnis deutlich in den Vordergrund stellt. Auf dieser Grundlage kritisiert er alle Formeln der Idee Gottes bzw. des transzendentalen Grundes. Damit wird die Denkbarkeit Gottes durch die Vernunft vollständig abgelehnt. Kapitel 6 beantwortet die Frage, ob sich ein Widerspruch zur radikalen Unerkennbarkeit Gottes in der Darstellung des religiösen Gefühls verbirgt. Das Kapitel weist darauf hin, dass nur in der zweiten Auflage der *Glaubenslehre* ein vorausgesetztes Wissen über Gott vermieden wird.

Einen grundlegenden Vergleich nehme ich im dritten Teil vor. Durch die Beschränkung der Erkenntnis auf die Erfahrung wird Gott ein Problem für den Verstand. Gott wird in die Welt der *Noumena* verschoben. Schleiermacher nimmt diese Tradition auf. Deshalb bildet die Unerkennbarkeit Gottes eine gemeinsame Voraussetzung oder die Grundlage für Kant und Schleiermacher. Obwohl die Unerkennbarkeit Gottes eine zentrale Herausforderung für beide Philosophen ist, haben sie je ihre eigenen Weisen erarbeitet, Gott zu denken. Meines Erachtens möchte Kant die Aporie über Gott innerhalb der Grenze der Vernunft lösen, indem er das allerrealste Wesen (das *ens realissimum*) durch das Prinzip der durchgängigen Bestimmung aus der Vernunft entwickelt. Im Unterschied dazu betrachtet Schleiermacher Gott als Dasein außerhalb unserer Vernunft, jedoch mit der Überlegung, dass Gott immer tätig und handelnd in der Welt ist. Wir werden entdecken, dass die jeweiligen Betrachtungsweisen ihre eigenen Schwierigkeiten in sich bergen. Was Kant betrifft, liegt die Aporie seiner Theorie darin, dass die Existenz Gottes nicht direkt aus dem Begriff vom *enti realissmo* abgeleitet werden kann. Damit soll die Idee eines lebendigen Gottes nur auf aposteriorische Weise ergänzt werden. Im Gegensatz dazu ist die Existenz Gottes für Schleiermacher unmittelbar durch das religiöse Bewusstsein gesichert. Außerdem ist der lebendige Gott eine Voraussetzung für Schleiermachers Religionstheorie. Jedoch liegt im Ausschluss eines vorausgehenden Wissens um Gott ein innerer Widerspruch: Ohne über Gott theoretisch nachzudenken, wäre es unmöglich zu bestimmen, ob das im schlechthinnigen Abhängigkeitsgefühl mitgesetzte X Gott ist. Um ihre aposteriorischen Erkenntnisse Gottes zu vergleichen, gebe ich der Moraltheologie Kants und der Religionstheorie Schleiermachers jeweils den Namen Moral-Physikotheologie und Bewusstseins-Kosmotheologie. Daraus ergibt sich, dass Kant den Verstand und den Willen Gottes für symbolisch und aus der Zweckmäßigkeit der Welt abgeleitet hält, während Schleiermacher alle Eigenschaften Gottes durch die Wirkung Gottes auf das religiöse Bewusstsein erkennen möchte, wobei die Zweckmäßigkeit der Welt keine Rolle spielt.

Aufgrund dieser Auslegungen kommt diese Untersuchung zum Schluss, dass die apriorischen und aposteriorischen Erkenntnisse Gottes untrennbar sein müssen. Darin liegt der Grund, warum m. E. die kantische Theorie logisch konsequenter als die Religionsphilosophie Schleiermachers ist. Es wird darauf hingewiesen, dass die Gottesbezogenheit für Schleiermachers Darlegungen über das religiöse Gemüt notwendig ist. Damit erscheint der Vorwurf der „Subjektivität" als wenig stichhaltig.

A. Kant: Moral als Zugang zu Gott

Die Gottesfrage ist eines der Kernprobleme in der kantischen Philosophie. Kant diskutiert über Gott in seinen umfangreichen Schriften, nicht nur in den Schriften aus seiner vorkritischen und seiner kritischen Periode, sondern auch in nachgelassenen Schriften und Vorlesungen. Die Forschung interessiert sich dafür, wie sein Konzept von Gott systematisch und einheitlich zu verstehen ist. Allerdings beschäftigt sich diese Untersuchung nicht mit einer systematischen Erklärung der Gottesgedanken Kants, sondern mit den metaphysischen Grundlagen, die für eine systematische Interpretation nötig sind. Nur auf diesen Grundlagen kann ein Vergleich zwischen Kant und Schleiermacher gerechtfertigt werden und erfolgreich sein.

Dieser Teil wird in folgende drei Kapitel gegliedert: In Kapitel 1 werde ich darauf hinweisen, dass Kant auf die transzendentale oder apriorische und aposteriorische Weise die Eigenschaften Gottes bestimmt hat. In Kapitel 2 wird dargelegt, dass die Gewissheit der Existenz Gottes dadurch aber nicht garantiert wird, mit anderen Worten, man kann niemals dogmatisch das Dasein Gottes ableugnen oder daran festhalten. Deswegen werde ich in Kapitel 3 ausführen, wie Kant durch die praktische Vernunft und Moralität die Gewissheit der Existenz Gottes wieder begründet.

1 Zwei Methoden, die Eigenschaften Gottes zu denken

Zunächst ist eine fundamentale Tatsache zu betonen: Kant behauptet zwar manchmal, dass Gottes Natur unerforschlich sei, so in den *Prolegomena*: „Wir gestehen dadurch: daß uns das höchste Wesen nach demjenigen, was es an sich selbst sei, gänzlich unerforschlich und auf bestimmte Weise sogar undenkbar sei".[1] Doch das bedeutet nicht, dass Kant es aufgegeben hat, Gott zu denken,[2] noch viel weniger wäre Kant in das sogenannte „Menon-Paradox" geraten, das die Unmöglichkeit beschreibt, einen ihm unbekannten Gegenstand zu suchen.[3] In diesem Kapitel wird bewiesen, dass die Unerforschbarkeit und Undenkbarkeit Gottes bei Kant sich nur auf sein Dasein bezieht; es ist doch gänzlich möglich, Gottes Eigenschaften genau zu denken, obwohl Gott als Ding an sich nicht ein Gegenstand der Wahrnehmung und des Verstandes ist. Tatsächlich hat Kant auf viele verschiedene Arten versucht, Gottes Eigenschaften zu bestimmen.

Damit wird Abschnitt 1.1 dieses Kapitels zuerst aufzeigen, dass Kant, ausgehend sowohl vom transzendentalen Weg (*a priori*) als auch von der Erfahrung (*a posteriori*), Gott zu denken versucht. Beide Methoden, nämlich die apriorische (transzendentale) und aposteriorische Methode, lassen sich aus den unterschiedlichen Texten Kants zusammenfassen. Danach wird die transzendentale Methode im zweiten Abschnitt des Theologie-Hauptstückes der KrV, dessen Titel „von dem transzendentalen Ideal" heißt, in Abschnitt 1.2 analysiert. Hier bezeichnet Kant Gott als das *ens realissimum*. Der Begriff vom *enti realissimo* schafft die

1 Prol, 04:359, 18–20.

2 Diesen Absatz in den *Prolegomena* muss man im Vergleich mit dem folgenden verstehen: „Viele Kräfte der Natur, die ihr Dasein durch gewisse Wirkungen äußern, bleiben für uns unerforschlich; denn wir können ihnen durch Beobachtung nicht weit genug nachspüren. Das den Erscheinungen zum Grunde liegende transscendentale Object und mit demselben der Grund, warum unsere Sinnlichkeit diese vielmehr als andere oberste Bedingungen habe, sind und bleiben für uns unerforschlich, obzwar die Sache selbst übrigens gegeben, aber nur nicht eingesehen ist. Ein Ideal der reinen Vernunft kann aber nicht unerforschlich heißen, weil es weiter keine Beglaubigung seiner Realität aufzuweisen hat, als das Bedürfniß der Vernunft, vermittelst desselben alle synthetische Einheit zu vollenden. Da es also nicht einmal als denkbarer Gegenstand gegeben ist, so ist es auch nicht als ein solcher unerforschlich; vielmehr muß es als bloße Idee in der Natur der Vernunft seinen Sitz und seine Auflösung finden und also erforscht werden können." (KrV, 03: 409, 33–410, 09, B 641–642.)

3 „Daß nämlich ein Mensch unmöglich suchen kann, weder was er weiß, noch was er nicht weiß. Nämlich weder was er weiß, kann er suchen, denn er weiß es ja, und es bedarf dafür keines Suchens, noch was er nicht weiß, denn er weiß ja dann auch nicht, was er suchen soll." (Platon [2011], 80e)

Grundlage des Theologie-Hauptstückes, bzw. die Grundlage der Kritik an drei traditionellen Gottesbeweisen. Daneben werde ich in Abschnitt 1.3 weiter über die aposteriorische Methode diskutieren und beobachten, welche wichtige Rolle die Analogie spielt, um Gott zu denken. Nachdem diese beiden Methoden erklärt worden sind, werde ich in Abschnitt 1.4 darauf hinweisen, dass beide Methoden auf Gott als den Urheber der Materie und der Form der Welt hinführen.

1.1 Die Denkbarkeit Gottes bei Kant

Kurz vor dem Ende der Transzendentalen Dialektik, nämlich in dem Abschnitt *Von der Endabsicht der natürlichen Dialektik der menschlichen Vernunft*, hat Kant eine schöne Zusammenfassung seiner transzendentalen Theologie vorgelegt:

> „Frägt man denn also (in Absicht auf eine transscendentale Theologie) erstlich: ob es etwas von der Welt Unterschiedenes gebe, was den Grund der Weltordnung und ihres Zusammenhanges nach allgemeinen Gesetzen enthalte, so ist die Antwort: ohne Zweifel [...] Ist zweitens die Frage, ob dieses Wesen Substanz, von der größten Realität, nothwendig etc. sei: so antworte ich, daß diese Frage gar keine Bedeutung habe [...] Ist endlich drittens die Frage, ob wir nicht wenigstens dieses von der Welt unterschiedene Wesen nach einer Analogie mit den Gegenständen der Erfahrung denken dürfen: so ist die Antwort: allerdings, aber nur als Gegenstand in der Idee und nicht in der Realität, nämlich nur so fern er ein uns unbekanntes Substratum der systematischen Einheit, Ordnung und Zweckmäßigkeit der Welteinrichtung ist, welche sich die Vernunft zum regulativen Princip ihrer Naturforschung machen muß."[4]

In diesem Absatz drückt Kant folgende Meinung aus: Es gibt bestimmt etwas, auf dessen Grund die Weltordnung und ihre Zusammenhänge basieren. Wir haben allerdings hinsichtlich der Eigenschaften dieser übersinnlichen Dinge keinerlei Erkenntnis wegen der Unfähigkeit unseres Verstandes, die Grenze der Sinnenwelt zu überschreiten. Trotzdem können wir nach einer Analogie mit den Gegenständen der Welt dieses übersinnliche Wesen denken, doch bezieht sich diese Analogie nur auf die systematische Einheit, Ordnung und Zweckmäßigkeit der Welteinrichtung. Daraus wird ersichtlich, dass das berühmte regulative Prinzip eng mit der Analogie verbunden ist.[5]

Ein Satz aus diesem Zitat verdient besondere Beachtung: „Ist zweitens die Frage, ob dieses Wesen Substanz, von der größten Realität, nothwendig etc. sei:

4 KrV, 03: 457, 14–458, 03, B 724–725.
5 Zum Verhältnis des regulativen Prinzips zur Analogie, siehe Rocca (2011), 29–45.

so antworte ich, daß diese Frage gar keine Bedeutung habe." Kants Meinung dazu widerspricht offensichtlich dem Inhalt des zweiten Abschnitts des Theologie-Hauptstückes, in dem Kant, ausgehend vom „Prinzip der durchgängigen Bestimmung", Gott als das *ens realissimum* betrachtet. So schreibt Kant: „Wenn wir nun dieser unserer Idee, indem wir sie hypostasiren, so ferner nachgehen, so werden wir das Urwesen durch den bloßen Begriff der höchsten Realität als ein einiges, einfaches, allgenugsames, ewiges etc., mit einem Worte, es in seiner unbedingten Vollständigkeit durch alle Prädicamente bestimmen können."[6] D.h. Gott als das *ens realissimum* könnte durch alle Prädikate bestimmt werden. Außerdem weist Kant im siebten Abschnitt, dessen Titel „Kritik aller Theologie aus speculativen Principien der Vernunft" lautet, noch darauf hin, dass das höchste Wesen[7] ein fehlerfreies Ideal ist, „dessen objective Realität auf diesem Wege zwar nicht bewiesen, aber auch nicht widerlegt werden kann",[8] „die Nothwendigkeit, die Unendlichkeit, die Einheit, das Dasein außer der Welt (nicht als Weltseele), die Ewigkeit ohne Bedingungen der Zeit, die Allgegenwart ohne Bedingungen des Raumes, die Allmacht etc. sind lauter transscendentale Prädicate,"[9] daher sind sie geeignet, Gott zu bestimmen.

Nun scheint es aber in der kantischen Gotteslehre ein Paradox zu geben. Doch kann dieses Paradox aufgelöst werden. Ich möchte behaupten, dass diese scheinbare Kontroverse uns *zwei verschiedene Methoden, Gott zu denken*, ermöglicht: Wenn die Eigenschaften Gottes durch die systematische Einheit, Ordnung und Zweckmäßigkeit bestimmt werden, nennen wir es die aposteriorische oder analogische Methode; wenn die Prädikate Gottes nur durch die Vernunft erkannt werden, dann nehmen wir eine apriorische oder transzendentale Methode in Anspruch. Wegen der Unterschiedlichkeit beider Methoden entsteht ein Gott mit jeweils verschiedenen Eigenschaften. Genauer gesagt, in Hinsicht auf die transzendentale Methode geht der Prozess gänzlich von „Dingen überhaupt" aus, ohne irgendeine konkrete Eigenschaft der Dinge oder irgendeine besondere Befindlichkeit der Welt zu berücksichtigen, nämlich der Prozess geht unmittelbar vom Prinzip der durchgängigen Bestimmung aus. Dadurch wird Gott als Inbegriff aller Realitäten bzw. als das allerrealste Wesen (das *ens realissimum*) bezeichnet. Im Vergleich dazu geht die analogische oder aposteriorische Methode von der

---

6 KrV, 03: 390, 17–21, B 608.

7 Das höchste Wesen ist eine Beschreibung des *entis realissimi* (des allerrealsten Wesens), vgl. KrV, 03: 389, 31, B 606. Außerdem siehe auch die *Vorlesung über Rationaltheologie*: „[der Begriff von Gott] als das höchste Wesen (*ens summum*). Hier denke ich mir Gott als ein Wesen, das alle Realität hat, und leite eben aus dem Begriffe eines solchen *entis realissimi*." (V-Phil-Th/Pölitz, 28: 1013, 8–10).

8 KrV, 03: 426, 08–10, B 669.

9 KrV, 03: 426, 15–18, B 669.

Erfahrung, nämlich von der systematischen Einheit, Ordnung und Zweckmäßigkeit der Welteinrichtung aus. Bei dieser Denkweise wird Gott immer im Verhältnis zu den speziellen Eigenschaften der Welt betrachtet, d.h. wir denken Gott als die höchste Intelligenz, weil er den Grund der systematischen Einheit, Ordnung und Zweckmäßigkeit der Welt bildet.

Diese beiden Methoden gehen eigentlich auf den Gottesbeweis Kants in seiner vorkritischen Periode zurück. In dem Werk *Allgemeine Naturgeschichte und Theorie des Himmels* (im Folgenden als *Naturgeschichte* bezeichnet) beweist Kant physikotheologisch[10] das Dasein Gottes.[11] Dieser Beweis geht offensichtlich auf die aposteriorische oder analogische Methode zurück, obwohl Kant in der KrV Kritik daran übt. Im gleichen Jahr (1755) erschien *Principiorum primorum cognitionis metaphysicae nova dilucidatio* (im Folgenden als *Nova dilucidatio* bezeichnet), dessen zweiter Teil bzw. dessen PROP. VII eine anfängliche kantische Version des ontotheologischen Gottesbeweises beinhaltet, wo Kant behauptet: „Datur ens, cuius exsistentia prävertit ipsam et ipsius et omnium rerum possibilitatem, quod ideo absolute necessario exsistere dicitur. Vocatur Deus."[12] Folglich ist Gott als das *ens necessarium* bewiesen. Schließlich fasst Kant in *Der einzig mögliche Beweisgrund zu einer Demonstration des Daseins Gottes* (im Folgenden als *Beweisgrund* bezeichnet) den physikotheologischen Beweis in der *Naturgeschichte* und den ontotheologischen Beweis der *Nova dilucidatio* zusammen. Er betrachtet den ontotheologischen Beweis als einzig möglichen, der bei der Möglichkeit aller Dinge anfängt, die Gott als notwendigen Grund voraussetzt und schließlich das notwendige Dasein Gottes beweist. Nachdem Kant einen ontotheologischen Beweis vorgelegt hat, wendet er seine Aufmerksamkeit einem physikotheologischen Beweis im dritten Teil von *Beweisgrund* zu, der umfangreich den Inhalt der *Naturgeschichte* wörtlich wiederholt.

---

10 Ich möchte hier kurz darauf hinweisen, dass der physikotheologische Beweis mit der Analogie und dem regulativen Prinzip eng verbunden ist, jedoch nicht ohne Differenz. Hier ist nicht der richtige Ort, die Verbindung genauer zu beschreiben.

11 NTH, 01: 228, 3–11: „Die Materie, die der Urstoff aller Dinge ist, ist also an gewisse Gesetze gebunden, welchen sie frei überlassen nothwendig schöne Verbindungen hervorbringen muß. Sie hat keine Freiheit von diesem Plane der Vollkommenheit abzuweichen. Da sie also sich einer höchst weisen Absicht unterworfen befindet, so muß sie nothwendig in solche übereinstimmende Verhältnisse durch eine über sie herrschende erste Ursache versetzt worden sein, und es ist ein Gott eben deswegen, weil die Natur auch selbst im Chaos nicht anders als regelmäßig und ordentlich verfahren kann."

12 PND, 01: 395, 4–6. (Die Übersetzung in WizB, Bd. 1, 433 heißt: „Es gib ein Seiendes, dessen Dasein selbst einer eigenen und aller Dinge Möglichkeit vorangeht, das demnach als unbedingt notwendig daseiend bezeichnet werden kann. Es wird Gott genannt.")

Daraus folgt, dass Kant die transzendentalen (ontotheologischen) und aposteriorischen (physikotheologischen) Methoden auf den Beweis des Daseins Gottes schon in seiner vorkritischen Zeit verwendet. Obwohl Kant in der KrV beide Methoden heftig kritisiert, behauptet er jedoch nur, dass es unmöglich wäre, mit diesen Methoden auf das Dasein Gottes zu schließen. Niemals leugnet Kant selbst das Potenzial beider Methoden, die Eigenschaften Gottes zu erkennen. Für Kant ist Gott das *ens realissimum*, das den Kernbegriff nicht nur in der KrV, sondern auch in der *Vorlesung über Rationaltheologie* bildet, um die drei traditionellen Gottesbeweise zu überprüfen.[13] Um dieses Urteil zu bestätigen, ist es hilfreich, hier einen Paragraphen aus der *Vorlesung über Rationaltheologie* zu zitieren: „Welches sind nun die Prädikate, die sich von einem enti realissimo denken lassen? Welches sind seine Eigenschaften?“[14] Um diese Frage zu beantworten, unterscheidet er zwei verschiedene Arten von Prädikaten: „Alle Realitäten sind entweder solche Realitäten, die mir durch eine Vernunft gegeben sind, unabhängig von aller Erfahrung; oder die ich in der Sinnenwelt antreffe.“[15] Kant zufolge werden die durch die Vernunft gegebenen Prädikate apriorische, transzendentale und ontologische genannt, während die in der Erfahrung angetroffenen Prädikate aus der Sinnenwelt kommen. Die apriorischen Prädikate sind Prädikate in abstracto und sie umfassen Substanz, Einfachheit, Unendlichkeit usw., aber mit den aposteriorischen Prädikaten wird Gott als die oberste Intelligenz bezeichnet. Diese sind für Theisten wichtig und nützlich, jene aber werden von Deisten benutzt und sind Kant zufolge unbrauchbar.[16] Deswegen können wir festhalten, dass für Kant die zwei verschiedenen Methoden ihren je eigenen Nutzen haben.

---

13 Vgl. Henrich (^{2}1967), 137–188.

14 V-Phil-Th/Pölitz, 28: 1019, 38–39.

15 V-Phil-Th/Pölitz, 28: 1020, 4–6.

16 Vgl. V-Phil-Th/Pölitz, 28: 1020, 19–38: „Es sind lauter transcendentale Begriffe. Dazu gehören seine Möglichkeit, seine Existenz, seine Nothwendigkeit, oder ein solches Daseyn, was aus seinem Begriffe fließt; der Begriff der Substanz, der Begriff der Einheit der Substanz, die Einfachheit, Unendlichkeit, die Dauer, Gegenwart, und andere. Alle diese Begriffe bestimmen blos den Begriff eines Dinges überhaupt; es sind nur Prädikate in abstracto, welche der Deist beileget. Davon können wir uns aber unmöglich schon begnügen lassen; denn so würde uns ein solcher Gott nichts helfen; er wäre zwar ein Ding, das aber ganz isoliert für sich ist, und in keinem Verhältniße mit uns stehet. Zwar muß dieser Begriff von Gott den Anfang aller unserer Erkenntniß von Gott ausmachen, aber allein für sich genommen, ist er unbrauchbar, und, ohne daß wir mehr von Gott erkennen könnten, ganz für uns entbehrlich. Soll uns dieser Begriff Nutzen schaffen; so müssen wir sehen, ob nicht jene ontologischen Prädikate aus Beispiel in concreto angewandt werden können. Und das thut der Theist, indem er sich Gott als die oberste Intelligenz denkt. Wenn wir nun Gott auch Prädikate in concreto beilegen wollen; so müssen wir die Materialien zum Begriff von Gott aus empirischen Principien und Kenntnissen nehmen.“

Neben den vorkritischen Texten und der nachgelassenen Vorlesung können wir auch an die KrV erinnern. Im siebten Abschnitt beschreibt Kant die unterschiedlichen Theologien: „Die erstere (*theologia rationalis*) denkt sich nun ihren Gegenstand entweder bloß durch reine Vernunft vermittelst lauter transzendentaler Begriffe (*ens originarium, realissimum, ens entium*) und heißt die transzendentale Theologie, oder durch einen Begriff, den sie aus der Natur (unserer Seele) entlehnt, als die höchste Intelligenz und müßte die natürliche Theologie heißen. Der, so allein eine transzendentale Theologie einräumt, wird Deist, der, so auch eine natürliche Theologie annimmt, Theist genannt. Der erstere gibt zu, daß wir allenfalls das Dasein eines Urwesens durch bloße Vernunft erkennen können, wovon aber unser Begriff bloß transzendental sei, nämlich nur als von einem Wesen, das alle Realität hat, die man aber nicht näher bestimmen kann. Der zweite behauptet, die Vernunft sei im Stande, den Gegenstand nach der Analogie mit der Natur näher zu bestimmen, nämlich als ein Wesen, das durch Verstand und Freiheit den Urgrund aller anderen Dinge in sich enthalte."[17] Hier drückt Kant eine ähnliche Meinung wie in der *Vorlesung über Rationaltheologie* aus. Es gibt für Kant also zwei verschiedene rationale Theologien, die sich dadurch voneinander unterscheiden, dass diese ihren Gegenstand mit dem aus der Erfahrung entstehenden Begriff (die höchste Intelligenz) bestimmt, jene mittels lauter transzendentaler Begriffe (*ens originarium, realissimum, ens entium*). Außerdem wird die transzendentale Theologie hier von Kant kritisiert, weil seine eigene Moraltheologie samt der Physikotheologie zur natürlichen Theologie gehört.

Aus den vorkritischen, kritischen und nachgelassenen Texten kann zusammenfassend gesagt werden, dass mindestens zwei verschiedene Methoden bestehen, um Gott zu denken und zu bestimmen, nämlich eine transzendentale und eine aposteriorische, die aufgrund der Analogie Gott als die höchste Intelligenz bestimmt, während jene Gott als das *ens realissimum* erschließt. Ich möchte dazu anmerken, dass hier nicht gesagt wird, dass Kant das Dasein Gottes auf transzendentale und aposteriorische Weise beweist, wie er es im *Beweisgrund* getan hat. Was hier im Zentrum der Diskussion steht, ist, wie Kant die Erkenntnis der Eigenschaften Gottes erhält und ob er die Gewissheit der Existenz Gottes dadurch bestimmen kann.

17 KrV, 03: 420, 7–20, B 659.

1.2 Die transzendentale Methode

In der *Transzendentalen Dialektik* der KrV gibt es mindestens drei Möglichkeiten, die Idee Gottes abzuleiten. Die Reihenfolge, in der sie im Text erscheinen, lautet folgendermaßen: (1) Im *System der transzendentalen Ideen* zeigt Kant, dass der disjunktive Vernunftschluss, der auf die absolute Einheit der Bedingung aller Gegenstände des Denkens überhaupt zielt, „den höchsten Vernunftbegriff von einem Wesen aller Wesen notwendiger Weise nach sich ziehen müsse“,[18] und dieser Vernunftbegriff ist die Idee Gottes. Dementsprechend folgen aus den kategorischen und hypothetischen Vernunftschlüssen jeweils die Ideen der absoluten Einheit des denkenden Subjekts und des schlechthin Unbedingten in einer Reihe gegebener Bedingungen. Diese drei Ideen bilden die drei Hauptstücke der *Transzendentalen Dialektik.* (2) Bei der Thesis der vierten Antinomie schließt die Vernunft auf das schlechthin Unbedingte in einer Reihe gegebener Bedingungen, das das schlechthin notwendige Wesen (*ens necessarium*) bzw. Gott ist. Nach der Untersuchung Dieter Henrichs besteht ein enger Zusammenhang zwischen dem hier genannten Gott und dem im 3. und 5. Abschnitt des Theologie-Hauptstückes beschriebenen kosmologischen Beweis, jedoch nicht ohne Differenz.[19] (3) Im 2. Abschnitt des Theologie-Hauptstückes bestimmt Kant, ausgehend vom Prinzip der durchgängigen Bestimmung, Gott als das *ens realissimum.* Allerdings ist die Rolle, die diese drei verschiedenen Weisen, die Idee Gottes abzuleiten, spielen, gänzlich unvergleichbar. Die erste Weise bindet die rationale Psychologie, die rationale Kosmologie und die transzendentale Theologie in ein System durch die kategorischen, hypothetischen und disjunktiven Vernunftschlüsse; allerdings hat diese Weise fast keine Wirkung in der folgenden Diskussion, obwohl Kant an eine innere Einheit zwischen ihr und der dritten Weise glaubt.[20] Gleichzeitig kritisiert Kant die zweite Weise nicht nur in seiner Darstellung der vierten Antinomie, sondern auch im Theologie-Hauptstück. Im Gegensatz zur ersten und zweiten Weise spielt die dritte eine wichtige maßgebliche Rolle für die Idee Gottes bei Kant. Das *ens realissmum* als ein transzendentales Ideal repräsentiert nun Kants eigene charakteristische Idee Gottes und wird von den Forschern kontrovers diskutiert. Außerdem ist es auch der Kernbegriff des Theologie-Hauptstückes. So kommentiert Joseph Schmucker: „Denn das transzendentale Ideal wird hier von Kant ausdrücklich

---

18 KrV, 03: 259, 4–6, B 393.

19 Henrich (^{2}1967), 152f.

20 Vgl. KrV, 03: 389, 29, KrV, B 606. Wolfgang Cramer führt die dritte Weise auf die erste zurück, ihm stimmen wir nicht gänzlich zu. Zur Auffassung Cramers, siehe Cramer (1967), 150f.

als entscheidendes Kriterium jeder Theologie, insbesondere auch der ihm vorschwebenden Moraltheologie anerkannt und gefordert."[21] Kant wird nicht müde zu betonen, dass dieses Ideal nicht realisiert, hypostasiert, personifiziert werden dürfe.[22] Aufgrund dessen kritisiert er die drei traditionellen Gottesbeweise. In seiner vorkritischen Zeit gibt es außerdem eine Realisierung, Hypostasierung und Personifizierung dieses Ideals vom *enti realissimo* im kantischen ontotheologischen Gottesbeweis. Deswegen gilt die Kritik an den traditionellen Gottesbeweisen auch als eine Selbstkritik seines ontotheologischen Beweises.

Dieser Abschnitt beschäftigt sich mit diesem Ideal. Er versucht zu entwickeln, wie Kant endlich das *ens realissimum* als Gott begreift und wird folgendermaßen gegliedert: In Unterabschnitt 1.2.1 werde ich den 2. Abschnitt des Theologie-Hauptstückes rekonstruieren, jedoch den Inhalt auf den Prozess der Erreichung dieses Ideals beschränken und die Kritik an der Realisierung, Hypostasierung und Personifizierung auf das 2. Kapitel verschieben. Nach der Rekonstruktion werde ich in Unterabschnitt 1.2.2 die wichtigsten Eigenschaften des *entis realissimi* mit Hilfe der *Vorlesung über Rationaltheologie* analysieren.

1.2.1 Gott als das „ens realissimum"

Ich lenke zunächst meine Aufmerksamkeit auf den Abschnitt *Von dem transzendentalen Ideal* des Theologie-Hauptstückes. In diesem Abschnitt (insbesondere in den Paragraphen 1–15) beschreibt Kant vom Prinzip der durchgängigen Bestimmung aus das *ens realissimum*, das transzendentale Ideal, als den Gegenstand der transzendentalen Theologie. Dies kann als Fortsetzung und Umwandlung des ontotheologischen Beweises vom Sein Gottes in der vorkritischen Zeit verstanden werden.[23] Wir folgen hier dem Vorschlag von Giovanni B. Sala, den Prozess der Herleitung der Idee von Gott in drei Schritte zu unterteilen: (1) Vom Prinzip der durchgängigen Bestimmung zum Inbegriff aller möglichen Prädikate als transzendentale Voraussetzung; (2) den Inbegriff aller möglichen Prädikate zur Idee von einem All der Realität zu verfeinern. (3) Die Idee von einem All der Realität ist die Idee des *entis realissimi* und der Gottesbegriff im transzendentalen Sinn.[24] Ich werde diese drei Schritte im Folgenden näher betrachten:

21 Schmucker (1980), 180.

22 Vgl. KrV, 03: 392, 26–34, B 611, Anm.

23 Dafür siehe zu Schmucker (1980), Sala (1990), Reich (1937), Henrich (^{2}1967). Obwohl sie unterschiedliche Meinungen in Detailfragen vertreten, stimmen sie alle darin überein, dass sich das transzendentale Ideal auf die vorkritische Ontotheologie bezieht.

24 Vgl. Sala (1990), 238. Außerdem über die Rekonstruktion des Textes siehe auch jeweils die Werke von Heinz Heimsoeth, Klaus Reich, Dieter Henrich, Svend Andersen, Robert Theis, Horst Frankenberger usw.

(1) Kant weist darauf hin, dass alle Dinge zum Prinzip der durchgängigen Bestimmung gehören: „nach welchem ihm von allen möglichen Prädikaten der Dinge, so fern sie mit ihren Gegentheilen verglichen werden, eines zukommen muß."[25] Für Kant hat jedes reale Prädikat sein negatives Gegenteil, z. B. licht zu finster, gut zu böse usw. Außerdem steht jedes Wesen zwischen absoluter Realität und absoluter Negation (dem Nichts), nämlich, jedes Seiende ist *partim realia, partim negativa*, genau wie Kant in der *Vorlesung über Rationaltheologie* sagt:

> „Ein jedes Ding muß etwas Positives haben, das ein Seyn in ihm ausdrückt. Ein bloßes Nichtseyn kann kein Ding konstituieren. Der Begriff de ente omni modo negativo ist der Begriff eines non entis. Da folglich ein jedes Ding Realität haben muß; so werden wir unter allen möglichen Dingen uns entweder ein ens realissimum oder ein ens partim reale, partim negativum vorstellen können [...] Ein höchstes Ding wird als ein solches seyn müssen, das alle Realität hat; denn in diesem einzigen Falle habe ich ein solches Ding, mit dessen Begriffe zugleich seine durchgängige Bestimmung, weil es in Ansehung aller möglichen praedicatorum oppositorum durchaus vollständig bestimmt ist. Der Begriff eines entis realissimi ist folglich eben der Begriff eines entis summi, denn alle andere Dinge außer ihm sind partim realia, partim negativa, und eben daher ist ihr Begriff nicht durchgängig bestimmt."[26]

Daraus können wir dreierlei schließen: das *ens realissimum*, das alle Realität beinhaltet und durch sich selbst durchgängig bestimmt wird; der Begriff de ente omni modo negativo, was keine Realität hat und ein Nichtsein ist; dazwischen sind andere Dinge, die *partim realia, partim negativa* sind und durch das *ens realissimum* durchgängig bestimmt werden. Hier benützt Kant ein Beispiel: vom Begriff eines vollkommensten Menschen können wir das Alter, die Größe und den Ausbildungsstand nicht bestimmen. Das will so viel sagen als: „um ein Ding vollständig zu erkennen, muß man alles Mögliche erkennen und es dadurch, es sei bejahend oder verneinend, bestimmen."[27] Das bedeutet, wir sollen „jedes Ding noch im Verhältniß auf die gesamte Möglichkeit [betrachten], als den Inbegriff aller Prädicate der Dinge überhaupt",[28] um ein Ding vollständig zu erkennen. Danach möchte Kant „den Inbegriff aller Prädicate der Dinge" genauer bestimmen.

25 KrV, 03: 385, 26–28, B 599–600.

26 V-Phil-Th/Pölitz, 28: 1013, 29–1014, 9.

27 KrV, 03, 386, 14–16, B 600. Vgl. Refl, 18: 495, 23–25: „Er [sc. der Verstand] setzt also voraus: um ein Ding ganz zu erkennen, muß man nicht allein wissen, was es enthalte, sondern überdem alles, was ihm fehlt, damit man es auch in relation erkenne."

28 KrV, 03: 385, 31–32, B 600.

(2) „Der Inbegriff aller möglichen Prädikate" ist nicht die Summa in Menge. Kants nächste Aufgabe besteht darin, den Inbegriff aller möglichen Prädikate zu verfeinern, das heißt, Prädikate auszuschließen, die nicht geeignet sind, die Prädikate des *entis realissimi* zu sein. Dazu sagt Kant: „so finden wir doch bei näherer Untersuchung, daß diese Idee als Urbegriff eine Menge von Prädicaten ausstoße, die als abgeleitet durch andere schon gegeben sind, oder neben einander nicht stehen können, und daß sie sich bis zu einem durchgängig a priori bestimmten Begriffe läutere und dadurch der Begriff von einem einzelnen Gegenstande werde."[29] Daraus folgt, dass das *ens realissimum* nicht direkt mit dem Inbegriff aller möglichen Prädikate identifiziert werden kann, weil jenes zwei Arten von Prädikaten dieses Inbegriffs ausschließt: die abgeleiteten Prädikate und die nicht nebeneinander stehenden Prädikate.[30]

Die abgeleiteten Prädikate, nämlich negative Prädikate, z. B. finster, arm und unwissend, können nur mit Hilfe der realen Prädikate, z. B. licht, reich und wissend, verstanden werden. Negative Prädikate können nur als Mangel der realen Prädikate betrachtet werden. Daher enthält das *ens realissimum* keine negativen Prädikate wie finster, arm und unwissend. Die nicht nebeneinander stehenden Prädikate bedeuten die mit den Prädikaten des *entis realissimi* nicht koexistierenden und in Widerspruch stehenden Prädikate. Dafür gibt Kant keine weitere Erklärung, aber wir können die Bedeutung von „nicht nebeneinander stehenden Prädikaten" verstehen mit Hilfe der *Realrepugnanz* im *Beweisgrund*: „Die Undurchdringlichkeit der Körper, die Ausdehnung u.d.g. können nicht Eigenschaften von demjenigen sein, der da Verstand und Willen hat."[31] Das heißt, die körperlichen Attribute wie Undurchdringlichkeit und Ausdehnung stehen im Widerspruch zu spirituellen Attributen wie Verstand und Willen. Weil das *ens realissimum* die spirituellen Attribute hat, werden Prädikate wie Undurchdringlichkeit und Ausdehnung definitiv ausgeschlossen. Daher wird der Inbegriff aller möglichen Prädikate gereinigt und schließlich zur *omnitudo realitatis*. Dies bedeutet, dass die Idee von der *omnitudo realitatis* und damit auch

---

29 KrV, 03: 386, 25–386, 2, B 601–602.

30 In der Metaphysik Kants gibt es zwei Arten von Negation: (1) die Negation im Sinn von Gegensätzen, (2) die Negation im Sinn von Mangel. Kant nennt die erstere eine Entbehrung (privatio), und die letztere Mangel (defectus, absentia). Für die erstere können wir das in der Religion innerhalb der Grenzen der bloßen Vernunft genannte „radikale Böse" als Beispiel betrachten, wenn das Gute A ist, dann ist das radikale Böse –A. Aber Mangel ist etwas anderes. Wenn die Realität von Licht, Wohlstand und Wissen A ist, dann sind Finsternis, Armut und Ignoranz gleich Null, d.h. der Mangel an A. (Vgl. NG, 02: 177, 26–178, 8.) Die erste Art bezieht sich auf die nicht nebeneinander stehenden Prädikate, die zweite auf die abgeleiteten Prädikate.

31 BDG, 02: 85, 30–32.

das *ens realissimum* nicht die Summa oder das Aggregat aller Prädikate in der Menge ist.

(3) Durch den Beweis, dass der Inbegriff aller möglichen Prädikate dem Prinzip der durchgängigen Bestimmung zugrunde liegt, und durch die Verfeinerung des Inbegriffes kommt Kant zur *omnitudo realitatis*, dem „Urbegriff", und daraus wird das *ens realissimum* geschlossen: „Es ist aber auch durch diesen Allbesitz der Realität der Begriff eines Dinges an sich selbst als durchgängig bestimmt vorgestellt, und der Begriff eines *entis realissimi* ist der Begriff eines einzelnen Wesens."[32]

Jetzt können wir den Prozess mit dem Absatz der *Reflexion* zusammenfassen: „Das princip der durchgängigen Bestimmung sagt, daß der Begrif eines Dinges überhaupt, um die Vorstellung eines einzelnen auszumachen, mit allen moglichen *praedicatis oppositis* müsse verglichen werden, so daß, wenn es in ansehung eines bestimmt worden, es in dieser Bestimmung mit andern *praedicatis oppositis* verglichen werden müsse und es also als Ding überhaupt durch das Verhaltnis zum *ente realissimo* allein bestimmt gedacht werden könne. Dadurch geschieht, daß ein allgemeiner Begrif sich selbst durchgängig bestimmt und ein Begrif eines einzelnen Wesens wird."[33] Folglich bestimmt Kant durch das Prinzip der durchgängigen Bestimmung und die Verfeinerung des Inbegriffes aller möglichen Prädikate Gott als das *ens realissimum*, der als Gegenstand der transzendentalen Theologie betrachtet wird.

1.2.2 Die Prädikate des „entis realissimi"

In Abschnitt 1.2.1 haben wir gesehen, dass Kant mit Hilfe seiner transzendentalen Methode Gott als das *ens realissimum* denkt. Jetzt kann thematisiert werden, wie Kant die Eigenschaften des *entis realissimi* definiert. Hinsichtlich des Themas dieser Untersuchung sind die Eigenschaften Gottes eben unsere Erkenntnis von Gott.

Zuerst möchte ich darauf hinweisen, dass im 2. Abschnitt des Theologie-Hauptstückes Kant das *ens realissimum* auch *ens orginarium*, *ens summum* und *ens entium* nennt: „Daher wird der bloß in der Vernunft befindliche Gegenstand ihres Ideals auch das Urwesen (ens originarium), so fern es keines über sich hat, das höchste Wesen (ens summum), und so fern alles als bedingt unter ihm steht, das Wesen aller Wesen (ens entium) genannt."[34] Was diese Bestimmungen

32 KrV, 03: 388, 7–9, B 604.
33 Refl, 18: 494, 23–31.
34 KrV, 03: 389, 29–33, B 606–607.

eigentlich bedeuten, ist hier von Kant nicht deutlich erklärt, daher ist es nötig, sich auf den Inhalt der *Vorlesung über Rationaltheologie* zu beziehen:

> „In dieser Erkenntnis von Gott aus reinen Begriffen haben wir drei konstitutive Begriffe von Gott; nämlich:
> 1) Als das Urwesen (ens originarium). Hier denke ich mir Gott überhaupt als ein Ding, das von keinem anderen abgeleitet ist, als das ursprüngliche Wesen, das einzige, was nicht derivativ ist [...] Dieser Begriff eines entis originarii liegt zum Grunde der Kosmotheologie [...]
> 2) Als das höchste Wesen (ens summum). Hier denke ich mir Gott als ein Wesen, das alle Realität hat, und leite eben aus dem Begriffe eines solchen entis realissimi [...] Dieser Begriff von Gott, als einem ente maximo, ist Fundament der Ontotheologie.
> 3) Als Wesen aller Wesen (ens entium). Hier denke ich mir Gott nicht nur als das für sich ursprüngliche Wesen, das von keinem andern abgeleitet ist, sondern auch als den höchsten Grund aller anderen Dinge, als dasjenige Wesen, von dem alles andere abgeleitet ist. Diese können wir seine Allgenugsamkeit nennen."[35]

In diesem Absatz werden die drei Bestimmungen weiter festgehalten: das *ens originarium* (das Urwesen) bezeichnet ein derivatives Verhältnis anderer Dinge aus Gott und liegt der Kosmotheologie zugrunde; das *ens summum* wird direkt aus dem Begriff des *entis realissimi* abgeleitet und ist Fundament der Ontotheologie[36]; und mit dem *enti entium* denkt Kant Gott als den höchsten Grund aller anderen Dinge. Folglich beschreiben diese drei Bestimmungen jeweils die absolute Notwendigkeit, höchste Vollkommenheit, Ursprünglichkeit und Allgenugsamkeit[37] Gottes. Daraus ist zu ersehen, dass der Begriff des *entis realissimi* das Fundament der Kosmotheologie und Ontotheologie begründet.

Im Folgenden möchte ich einen oben zitierten Absatz nochmals überprüfen: „Wenn wir nun dieser unserer Idee, indem wir sie hypostasieren, so ferner

---

35 V-Phil-Th/Pölitz, 28: 1012, 32–1013, 23.

36 Hier ist zu betonen, dass die Ontotheologie auf den traditionellen ontologischen Gottesbeweis statt auf den ontotheologischen Beweis in Kants vorkritischer Zeit verweist. In der KrV sagt Kant: „Die transscendentale Theologie ist entweder diejenige, welche das Dasein des Urwesens von einer Erfahrung überhaupt (ohne über die Welt, wozu sie gehört, etwas näher zu bestimmen) abzuleiten gedenkt, und heißt Kosmotheologie, oder glaubt durch bloße Begriffe ohne Beihülfe der mindesten Erfahrung sein Dasein zu erkennen und wird Ontotheologie genannt." (KrV, 03: 420, 23–29, B 660.)

37 Tatsächlich begann Kants Untersuchung über die Allgenugsamkeit Gottes mindestens ab 1753, damals war er gegen den Optimismus, der die Notwendigkeit der Dinge von der Intelligenz Gottes ausschließt, wodurch die Allgenugsamkeit Gottes geschwächt würde. Im *Beweisgrund* betont Kant immer noch die Allgenugsamkeit Gottes. Daher ist die Allgenugsamkeit Gottes ein wichtiger Leitfaden zum Verständnis des Gottesbegriffs Kants. Ein klassisches Buch zu diesem wichtigen Hinweis siehe: Frankenberger (1984).

nachgehen, so werden wir das Urwesen durch den bloßen Begriff der höchsten Realität als ein einiges, einfaches, allgenugsames, ewiges etc., mit einem Worte, es in seiner unbedingten Vollständigkeit durch alle Prädicamente bestimmen können."[38] Ich möchte an dieser Stelle zwei Fragen stellen: (1) Was heißt „wir [...] es [...] durch alle Prädicamente bestimmen können"? (2) Welche Prädikate besitzt diese Idee? In Hinsicht auf (1) habe ich gesagt, dass das *ens realissmum* schon die abgeleiteten und nicht nebeneinander stehenden Prädikate aus seinen Prädikaten ausschließt, weshalb man es nicht durch alle Prädikate bestimmen kann, z. B. Finsternis, Ausdehnung gehören niemals zu seinen Prädikaten. Dies ist zunächst zu klären. Was (2) anbelangt, sind viele Prädikate erwähnt, etwa Einigkeit, Allgenugsamkeit, Ewigkeit usw. Hier handelt es sich um transzendentale Prädikate, die ein Ding überhaupt bestimmen; diese gehören zu den Eigenschaften Gottes.[39] An dieser Stelle können nicht alle Prädikate aufgezählt werden, da dies nicht die Hauptaufgabe dieser Untersuchung darstellt.

In diesem Anschnitt wurden bisher viele Prädikate des *entis realissimi* benannt. Nun werde ich mich auf drei Tatsachen beziehen, die für die folgende Ausführung bedeutsam sind:

(1) Die Denkweise Kants ist folgendermaßen: Zuerst wird das *ens realissimum* bewiesen und dann werden seine transzendentalen Prädikate betrachtet. Allerdings ist die Denkweise im *Beweisgrund* ganz anders: In dieser Schrift wird die Existenz eines *entis necessarii* zuerst festgehalten, dann kommt ihm die höchste Realität zu. Das ist der Grund, warum Dieter Henrich betont, dass die Denkweise im *Beweisgrund* von der kosmologischen Frage bestimmt wird, so dass das *ens necessarium* im Zentrum der kantischen Theorie steht.[40] Deswegen ergibt sich eine umstrittene Frage: Gehört die Notwendigkeit auch zu den Prädikaten des *entis realissimi*? Wenn ja, bedeutet dies dann, dass das *ens realissimum* notwendig existiert? Diese Frage wird im 2. Kapitel beantwortet.

---

38 KrV, 03: 390, 17–21, B 608.

39 In der KrV sagt Kant auch: „die Nothwendigkeit, die Unendlichkeit, die Einheit, das Dasein außer der Welt (nicht als Weltseele), die Ewigkeit ohne Bedingungen der Zeit, die Allgegenwart ohne Bedingungen des Raumes, die Allmacht etc. sind lauter transscendentale Prädicate." (KrV, 03: 426, 15–18, B 607.) In der *Vorlesung über Rationaltheologie* wird gesagt: „Dazu gehören seine Möglichkeit, seine Existenz, seine Nothwendigkeit, oder ein solches Daseyn, was aus seinem Begriffe fließt; der Begriffe der Substanz, der Begriff der Einheit der Substanz, die Einfachheit, Unendlichkeit, die Dauer, Gegenwart, und andere." (V-Phil-Th/Pölitz, 28: 1020, 20–24.) Vgl. auch V-Phil-Th/Pölitz, 28: 1032–1047; BDG, 02: 83 ff. In der *Vorlesung über Rationaltheologie* hat Kant den Grund gegeben, warum die jeweiligen Prädikate transzendental sind, dies wird hier nicht ausführlich demonstriert.

40 Vgl. Henrich (^{2}1967), 141.

(2) Unter den oben genannten transzendentalen Prädikaten taucht die Intelligenz nicht auf, weder in der KrV noch in der *Vorlesung über Rationaltheologie.*[41] Im 7. Abschnitt des Theologie-Hauptstückes unterscheidet Kant die transzendentale Theologie von der natürlichen Theologie, die sich ihren Gegenstand „durch einen Begriff, den sie aus der Natur (unserer Seele) entlehnt, als die höchste Intelligenz“[42] denkt. D.h. die Intelligenz stammt aus der Erfahrung, daher ist sie nicht transzendental. Danach sagt Kant: „Der zweite [sc. die natürliche Theologie] behauptet, die Vernunft sei im Stande, den Gegenstand nach der Analogie mit der Natur näher zu bestimmen, nämlich als ein Wesen, das durch Verstand und Freiheit den Urgrund aller anderen Dinge in sich enthalte.“[43] Daraus folgt, dass die Intelligenz Gottes nicht durch bloße Vernunft bestimmt wird, sondern durch Analogie mit der Erfahrung (Natur). Was dies bedeutet und wie dies sich entwickelt, werde ich in Abschnitt 1.3 genau interpretieren.

(3) Im 7. Abschnitt des Theologie-Hauptstückes weist Kant insbesondere darauf hin, dass „das Dasein außer der Welt (nicht als Weltseele)“ ein transzendentales Prädikat des *entis realissimi* ist.[44] Außerdem können wir beobachten, dass Kant Gott oft als das *ens extramundanum* definiert.[45] In Abschnitt 1.2.1 wurde das *ens realissimum* als Verfeinerung des Inbegriffes aller möglichen Prädikate bestimmt. In der *nova dilucidatio* scheint Kant den Inbegriff aller möglichen Prädikate mit Gott direkt zu identifizieren. Dies kann zu einem Pantheismus führen. Danach hält Kant im *Beweisgrund* deutlich fest, dass die Beziehung zwischen allen Dingen und Gott die zwischen Grund und Folge ist, um das Resultat des Pantheismus zu vermeiden.[46] Folglich möchte ich darauf hinweisen, dass die Ursache der Bestimmung Gottes als *ens extramundanum* darin begründet ist, den Pantheismus zu vermeiden. Wir werden die Bedeutung dieser Überlegung Kants im Vergleich mit Schleiermacher genauer veranschaulichen.

---

41 Doch wollen wir darauf hinweisen, dass Kant in der *Vorlesung über Rationaltheologie* manchmal auch die Intelligenz als ein transzendentales Prädikat des *entis realissimi* betrachtet, siehe V-Phil-Th/Pölitz, 28: 1047 f.

42 KrV, 03: 420, 10–11, B 659.

43 KrV, 03: 420, 17–20, B 659.

44 Heinz Heimsoeth weist darauf hin, dass es in den kantischen Schriften drei Modi des Verhältnisses Gottes zur Welt gibt, eines davon ist die Auffassung, dass Gott als Weltseele und Weltgeist in der Welt steht, den Kant als Modus von Anaxagoras und Sokrates betrachtet. Siehe Heimsoeth (1969), 421–423. Siehe auch *Vorlesung über Rationaltheologie*: „Dieses ist dem stoischen Satz entgegen, daß Gott die Weltseele wäre.“ (V-Phil-Th/Pölitz, 28: 1042, 36–37.)

45 Vgl. KrV, 03: 379, 17, B 589.

46 Siehe Pindar (1969), 148–158.

An dieser Stelle möchte ich Abschnitt 1.2 zusammenfassen. Kant gibt in seiner kritischen Periode seine ontotheologische Methode nicht auf und wendet diese transzendentale Methode auf die Versuche an, Gottes Eigenschaften bloß durch die Vernunft zu bestimmen, ohne die Erfahrung zu berücksichtigen. Folglich bestimmt Kant Gott, der als ein Ding überhaupt betrachtet wird, als *ens orginarium*, *ens summum* und *ens entium*. Daneben kommen Gott viele andere transzendentale Prädikate zu, die hier nicht ausführlich genannt werden. Es wurde gezeigt, dass die Frage, ob die Notwendigkeit ein Prädikat des *entis realissimi* ist, noch offen ist. Außerdem ist es wichtig, hier zu betonen, dass die Intelligenz als das Prädikat Gottes nicht direkt aus dem Begriff des *entis realissimi* abgeleitet ist.

1.3 Die analogische Methode

Das Problem der Analogie ist eine wichtige, aber doch immer vernachlässigte Frage.[47] Allerdings spielt sie in der kantischen Philosophie oft eine wichtige Rolle. Ich nenne dafür einige Beispiele. In der *Transzendentalen Analytik* der KrV interpretiert Kant Begriffe wie Substanz, Kausalität und Gemeinschaft mit einer „Analogie der Erfahrung". In der *Transzendentalen Dialektik* der KrV, in den *Prolegomena zu einer jeden künftigen Metaphysik* (im Folgenden als *Prolegomena* bezeichnet) und in der KU ist die Analogie immer ein wichtiger Weg für die endliche Vernunft, um Gottes Intellekt (Verstand und Willen) zu erkennen, was auch das Thema dieser Dissertation ist. Gleichzeitig ist die Analogie eng mit Kants reflektierendem Urteil verbunden. Der regulative Gebrauch der Vernunftidee, der uns sehr gut bekannt ist, ist untrennbar von der Analogie. Man kann sagen, dass ohne ein Verständnis der Analogie das regulative Prinzip Kants nicht verstanden werden kann.[48]

Kurz bevor Kant beginnt, Gott als Ideal zu interpretieren, schreibt er am Ende der *Schlußanmerkung zur ganzen Antinomie der reinen Vernunft*: „Weil aber, wenn wir uns einmal die Erlaubniß genommen haben, außer dem Felde der gesammten Sinnlichkeit eine für sich bestehende Wirklichkeit anzunehmen, Erscheinungen nur als zufällige Vorstellungsarten intelligibeler Gegenstände von solchen Wesen, die selbst Intelligenzen sind, anzusehen sind: so bleibt uns nichts anders übrig als die Analogie, nach der wir die Erfahrungsbegriffe nutzen, um uns von intelligibelen Dingen, von denen wir an sich nicht die mindeste

47 Marty (1980), 514f.

48 Zum Gebrauch der Analogie in der kantischen Philosophie, siehe Pieper (1996), 92–112, Puntel (1969), Marty (1980).

Kenntniß haben, doch irgend einigen Begriff zu machen."[49] Hierin verbirgt sich eine Gesamtkonzeption der Analogie. Wie man aber mit Hilfe der Analogie Gott, bzw. die Intelligenz Gottes, erkennen kann, werde ich in diesem Abschnitt versuchen aufzuzeigen. Dieser Abschnitt wird wie folgt unterteilt: Zuerst werde ich in Abschnitt 1.3.1 mit Hilfe der Auffassungen in den *Prolegomena*, der *KU* und der *Vorlesung über Rationaltheologie* einige grundlegende Punkte der Analogie verdeutlichen, die im *Anhang zur transscendentalen Dialektik* der KrV diskutiert werden. Wenn geklärt ist, wie die Eigenschaft Gottes (Intelligenz) durch die Analogie erkannt wird, kann in Kapitel 3.2 die weitere Analyse erfolgen.

1.3.1 Die Analogie als eine Methode der Erkenntnis

Der Anhang zur *transzendentalen Dialektik* der KrV ist in zwei Teile gegliedert, nämlich *Von dem regulativen Gebrauch der Ideen der reinen Vernunft* und *Von der Endabsicht der natürlichen Dialektik der menschlichen Vernunft*. In diesem Anhang behandelt Kant ausführlich die Theorie der Analogie. Er weist in *Von der Endabsicht der natürlichen Dialektik der menschlichen Vernunft* darauf hin, dass es insgesamt zwei unterschiedliche Gegenstände gibt: „Es ist ein großer Unterschied, ob etwas meiner Vernunft als ein Gegenstand schlechthin, oder nur als ein Gegenstand in der Idee gegeben wird."[50] Deswegen haben wir entsprechend zwei Methoden, den Gegenstand zu bestimmen:

> „In dem ersteren Falle gehen meine Begriffe dahin, den Gegenstand zu bestimmen; im zweiten ist es wirklich nur ein Schema, dem direct kein Gegenstand, auch nicht einmal hypothetisch zugegeben wird, sondern welches nur dazu dient, um andere Gegenstände vermittelst der Beziehung auf diese Idee nach ihrer systematischen Einheit, mithin indirect uns vorzustellen."[51]

Einen Gegenstand schlechthin, bzw. einen realen Gegenstand, kann man direkt mit den Kategorien des Verstandes bestimmen. Allerdings ist der in der Idee gegebene Gegenstand nur ein Schema, der daher nicht direkt bestimmt wird, sondern nur indirekt „vermittelst der Beziehung auf diese Idee nach ihrer systematischen Einheit". Es ist bekannt, dass in der *Analytik der Grundsätze* der KrV das Schema eng mit dem Verstandesbegriff verbunden ist, was also bedeutet „Schema" an dieser Stelle?

Hier wende ich mich der anderen Deduktion der Vernunftidee zu, von der in *Von dem regulativen Gebrauch der Ideen der reinen Vernunft* gesprochen worden

49 KrV, 03: 383, 14–21, B 594.
50 KrV, 03: 442, 33–35, B 698.
51 KrV, 03: 442, 35–443, 05, B 698.

ist. Genau wie sich Kant in *Von der Deduction der reinen Verstandesbegriffe* mit der objektiven Gültigkeit der Kategorien beschäftigt hat, möchte er auch hier die objektive Gültigkeit der Idee beweisen. Für eine Deduktion der Verstandesbegriffe oder der Kategorien hat man ein Schema in der Anschauung gefunden, doch für eine Deduktion der Vernunftidee ist der Fall ganz anders:

> „Allein obgleich für die durchgängige systematische Einheit aller Verstandesbegriffe kein Schema in der Anschauung ausfindig gemacht werden kann, so kann und muß doch ein Analogon eines solchen Schema gegeben werden, welches die Idee des Maximums der Abtheilung und der Vereinigung der Verstandeserkenntniß in einem Princip ist [...] Also ist die Idee der Vernunft ein Analogon von einem Schema der Sinnlichkeit, aber mit dem Unterschiede, daß die Anwendung der Verstandesbegriffe auf das Schema der Vernunft nicht eben so eine Erkenntniß des Gegenstandes selbst ist (wie bei der Anwendung der Kategorien auf ihre sinnliche Schemate), sondern nur eine Regel oder Princip der systematischen Einheit alles Verstandesgebrauchs.“[52]

In diesem Paragraphen sagt Kant sehr klar, dass „die Idee der Vernunft ein Analogon von einem Schema der Sinnlichkeit“ ist. Daraus folgt, dass der in der Idee gegebene Gegenstand für Kant nur ein Schema ist, doch kein sinnliches Schema, das „in der Anschauung ausfindig gemacht werden kann“, sondern nur ein Analogon des sinnlichen Schemas.[53] Kant drückt hier aus, dass der Gegenstand der Idee nicht direkt durch Kategorien vorgestellt werden kann, doch dass dieser Gegenstand ein Analogon zu einem sinnlichen Gegenstand in Hinsicht auf eine systematische Einheit ist, die die Idee bedeutet. Daraus kann abgeleitet werden, dass der Gegenstand der Idee nur durch eine Analogie erklärt werden kann.

In der „Analogie der Erfahrung“ der *Analytik der Grundsätze* der KrV findet sich ein sehr wichtiger Absatz, der von der Analogie handelt:

> „In der Philosophie bedeuten Analogien etwas sehr Verschiedenes von demjenigen, was sie in der Mathematik vorstellen. In dieser sind es Formeln, welche die Gleichheit zweier Größenverhältnisse aussagen, und jederzeit constitutiv, so daß, wenn drei Glieder der Proportion gegeben sind, auch das vierte dadurch gegeben wird, d. i. construirt werden kann. In der Philosophie aber ist die Analogie nicht die Gleichheit zweier quantitativen, sondern qualitativen Verhältnisse, wo ich aus drei gegebenen

---

52 KrV, 03: 439, 27–440, 13, B 693.

53 Doch behauptet Kant in der KU noch etwas Ähnliches: „Alle Anschauungen, die man Begriffen a priori unterlegt, sind also entweder Schemate oder Symbole, wovon die erstern directe, die zweiten indirecte Darstellungen des Begriffs enthalten. Die erstern thun dieses, demonstrativ, die zweiten vermittelst einer Analogie [...]“ (KU, 05: 352, 8–11.) Zu einer ausführlichen Auslegung siehe Maly (2012).

> Gliedern nur das Verhältniß zu einem vierten, nicht aber dieses vierte Glied selbst erkennen und a priori geben kann, wohl aber eine Regel habe, es in der Erfahrung zu suchen, und ein Merkmal, es in derselben aufzufinden."[54]

Ich möchte zuerst darauf hinweisen, dass der regulative Gebrauch eine enge Beziehung zur Analogie hat. Diese Tatsache wird eine hilfreiche Perspektive für das Thema dieser Untersuchung sein. Nun kann Kants Meinung wieder in zwei Teile gegliedert und analysiert werden: (1) Die Analogie bezieht sich nicht auf „die Gleichheit zweier quantitativen, sondern qualitativen Verhältnisse". (2) Aus drei gegebenen Gliedern wird das vierte Glied nicht gegeben, sondern nur das Verhältnis zu diesem vierten Glied. Im Folgenden werde ich diese Punkte weiter veranschaulichen.

(1) Wenn in der Mathematik a : b = c : x gegeben ist, können wir unzweifelhaft schließen, dass x = b ^ c / a ist. Solange a nicht gleich Null ist, erhalten wir definitiv den Wert von x. Die Analogie der Philosophie ist jedoch keineswegs quantitativ gemeint. Diese Auffassung drückt Kant auch in den *Prolegomena* aus: „Eine solche Erkenntniß ist die nach der Analogie, welche nicht etwa, wie man das Wort gemeiniglich nimmt, eine unvollkommene Ähnlichkeit zweier Dinge, sondern eine vollkommne Ähnlichkeit zweier Verhältnisse zwischen ganz unähnlichen Dingen bedeutet."[55] Denn was hier im Zentrum steht, ist die Ähnlichkeit zweier Verhältnisse, genauer gesagt: Das Verhältnis von a zu b ist dem von c zu x ähnlich. Um dies besser zu verstehen, wird die Anmerkung Kants zu diesem Absatz analysiert. Hier nennt Kant zwei Beispiele: Erstens gibt es eine Analogie zwischen den rechtlichen Verhältnissen menschlicher Handlungen und den mechanischen Verhältnissen der bewegenden Kräfte, weil alle wissen, dass das Recht eines Menschen gegenüber einem anderen dasselbe ist wie die Wirkung und Gegenwirkung. D.h. das Verhältnis hat eine Ähnlichkeit. So behauptet Kant: „Vermittelst einer solchen Analogie kann ich daher einen Verhältnißbegriff von Dingen, die mir absolut unbekannt sind, geben."[56] Zudem wird noch ein anderes Beispiel beschrieben, das direkt mit unserem Thema verbunden ist: „wie sich verhält die Beförderung des Glücks der Kinder = a zu der Liebe der Eltern = b, so die Wohlfahrt des menschlichen Geschlechts = c zu dem Unbekannten in Gott = x, welches wir Liebe nennen."[57] Kant betont hier, dass, obwohl Gott uns unbekannt ist, das Verhältnis seiner Liebe zur Wohlfahrt dem Verhältnis der Liebe der Eltern zur Beförderung des Glückes der Kinder ähnlich ist.

54 KrV, 03: 160, 29–161, 06, B 222–223.
55 Prol, 04: 357, 26–29.
56 Prol, 04: 358, 29–30.
57 Prol, 04: 358, 30–33.

(2) Jetzt kann festgestellt werden, dass es bei a : b = c : x eine Ähnlichkeit des Verhältnisses gibt. Somit werden, wenn auch das unbekannte x nicht direkt bestimmt oder erkannt werden kann, doch seine Eigenschaften durch die Analogie festgehalten. Jetzt stellt sich die Frage, um welch ein Verhältnis es hier geht. In den *Prolegomena* sagt Kant deutlich: „Der Verhältnißbegriff aber ist hier eine bloße Kategorie, nämlich der Begriff der Ursache."[58] D.h. die Gleichung a : b = c : x wird aufgestellt, weil die Kausalität zwischen a und b und die Kausalität zwischen c und x analog sind. Die Behauptung wird in der KU von Kant noch weiter ausgeführt:

> „Analogie (in qualitativer Bedeutung) ist die Identität des Verhältnisses zwischen Gründen und Folgen (Ursachen und Wirkungen) [...] So denken wir uns zu den Kunsthandlungen der Thiere in Vergleichung mit denen des Menschen den Grund dieser Wirkungen in den ersteren, den wir nicht kennen, mit dem Grunde ähnlicher Wirkungen des Menschen (der Vernunft), den wir kennen, als Analogon der Vernunft; und wollen damit zugleich anzeigen: daß der Grund des thierischen Kunstvermögens unter der Benennung eines Instincts von der Vernunft in der That specifisch unterschieden, doch auf die Wirkung (der Bau der Biber mit dem der Menschen verglichen) ein ähnliches Verhältniß habe. Deswegen aber kann ich daraus, weil der Mensch zu seinem Bauen Vernunft braucht, nicht schließen, daß der Biber auch dergleichen haben müsse, und es einen Schluß nach der Analogie nennen."[59]

Hier weist Kant deutlich darauf hin: „Analogie (in qualitativer Bedeutung) ist die Identität des Verhältnisses zwischen Gründen und Folgen (Ursachen und Wirkungen)." Dementsprechend änderte Sebastian Maly die obige Formel in U1 : W1 = U2 : W2. Dabei steht „U" für Ursache, „W" für Wirkungen, und diese Analogie wird „Proportionalitätsanalogie" genannt.[60] In Abschnitt 1.4 wird deutlich werden, dass Kant dazu neigt, das Verhältnis zwischen Gott und Welt als das zwischen Grund und Folge zu bestimmen. Aus diesem Grund bevorzuge ich hier die Formel G1 : F1 = G2 : F2. Im obigen Beispiel wies Kant darauf

58 Prol, 04: 358, 36–37.

59 KU, 05: 464, 10–23.

60 Vgl. Maly (2012), 42 f. Der Begriff „Proportionalitätsanalogie" ist leicht mit der Analogie des Thomas von Aquin zu verwechseln, so dass Puntel (1969: 313) uns ausdrücklich an den Unterschied zwischen Kant und Thomas erinnert: „Denn nach dieser Proportionalitätsanalogie werden zwei Glieder eines der beiden Verhältnisse von Gott ausgesagt, wie das bekannte Beispiel zeigt: Wie sich im Geschöpf das Wesen zu seinem Sein verhält, so verhält sich (in Ähnlichkeit) das Wesen Gottes zu seinem Sein. Bei Kant hingegen bezieht sich nur ein Glied auf Gott, d. h. dieses eine Glied wird nicht mit etwas anderem ‚in' Gott verglichen, sondern nur mit der Welt oder einer Eigenschaft in der Welt." Zum Begriff von Analogie bei Thomas von Aquin siehe Brachtendorf (2019), 209–227.

hin, dass sich die Kunsthandlungen des Bibers auch auf ein „Analogon der Vernunft“ stützen, da menschliche Kunsthandlungen als Konsequenz auf der menschlichen Vernunft beruhen. Wir können aber nicht daraus schließen, dass der Biber eine solche Vernunft besitzt. In dieser Formel können G1, F1, F2 durch Erfahrung erlernt sein, aber wir haben für G2 keine sinnliche Anschauung und Intuition, so dass wir nicht wissen können, ob es wirklich existiert, und was wir hervorgebracht haben, sind nicht die Eigenschaften der Sache selbst. Aber analog können wir uns G2 als Analogon von G1 vorstellen.

An dieser Stelle fasse ich die Punkte (1) und (2) wie folgt zusammen: Analogie ist für Kant eine wichtige Methode, ein unbekanntes Ding x zu erkennen. Doch kann x nicht direkt bestimmt werden, folglich soll man x in ein Verhältnis setzen. X wird als Grund von c bestimmt, das kausale Verhältnis ist dem zwischen Grund b und Folge a ähnlich. Damit können wir eine indirekte Erkenntnis von x erhalten. Damit kann eine indirekte Erkenntnis von x erzielt werden. Natürlich wird Kant nicht müde zu betonen, dass diese Erkenntnis nicht gewiss und diskursiv ist.

1.3.2 Die Intelligenz Gottes durch die Analogie erkennen

Im Folgenden wird veranschaulicht, wie der analogische Ansatz verwendet wird, um Gott zu verstehen. Zunächst ist darauf hinzuweisen, dass Kants Ansatz darin besteht, aus der Erfahrung ein Prädikat zu wählen, das zu Gott passt. So behauptet Kant in den *Prolegomena*: „denken wir es uns durch Eigenschaften, die von der Sinnenwelt entlehnt sind, so ist es nicht mehr Verstandeswesen, es wird als eines von den Phänomenen gedacht und gehört zur Sinnenwelt.“[61] Diese Methode unterscheidet sich grundsätzlich von der transzendentalen Vorgehensweise. An dieser Stelle komme ich auf den *Anhang zur transscendentalen Dialektik* zurück:

> „Ich werde mir also nach der Analogie der Realitäten in der Welt, der Substanzen, der Causalität und der Nothwendigkeit, ein Wesen denken, das alles dieses in der höchsten Vollkommenheit besitzt, und, indem diese Idee bloß auf meiner Vernunft beruht, dieses Wesen als selbstständige Vernunft, was durch Ideen der größten Harmonie und Einheit Ursache vom Weltganzen ist, denken können, so daß ich alle die Idee einschränkende Bedingungen weglasse, lediglich um unter dem Schutze eines solchen Urgrundes systematische Einheit des Mannigfaltigen im Weltganzen und vermittelst derselben den größtmöglichen empirischen Vernunftgebrauch möglich zu machen,

61 Prol, 04: 355, 13–15.

indem ich alle Verbindungen so ansehe, als ob sie Anordnungen einer höchsten Vernunft wären, von der die unsrige ein schwaches Nachbild ist."[62]

Diese Passage umfasst den gesamten Prozess der Analogie. Dadurch wird die Intelligenz Gottes erkannt: (1) Um die systematische Einheit der Welt als möglich zu denken, muss ich diese so betrachten, als ob sie aus der Anordnung einer höchsten Vernunft stamme. (2) Dies liegt daran, dass ich mir durch meine Vernunft vorstellen kann, dass Gott eine selbstständige Vernunft hat. (3) Aber die Vernunft Gottes ist meiner Vernunft nicht direkt gleichwertig, weil ich alle Bedingungen beseitigen muss, die diese Vorstellung einschränken, so dass unsere Vernunft nur das Abbild der höchsten Vernunft ist. Diese drei Punkte müssen aber im Folgenden noch geklärt werden.

(1) Der Begriff der systematischen Einheit der Welt findet sich überall in den kantischen Schriften. Kant nennt sie auch die Ordnung und Zweckmäßigkeit der Welteinrichtung, eine zweckmäßige Einheit, die eine enge Beziehung mit dem regulativen Gebrauch hat. Das ist eine umfangreiche und sehr schwierige Frage, die hier nicht ausführlich interpretiert werden kann.

Doch möchte ich hinzufügen, dass Kant schon in seiner vorkritischen Periode versucht hat, von der systematischen Einheit der Welt aus die Existenz Gott zu beweisen, vorwiegend in der *Naturgeschichte* und im *Beweisgrund*. In Abschnitt 1.1 haben wir eine Passage aus der *Naturgeschichte* zitiert, die eine kantische Physikotheologie darstellt. Kant denkt zu dieser Zeit die systematische Einheit der Welt als das Ergebnis der Mechanik. Im Gegensatz dazu stellt Kant außerdem im *Beweisgrund* auch das organische Gesetz vor Augen, weil er meint, dass bloße Mechanik für die Interpretation der Entstehung des Organismus nicht ausreichend ist. Außerdem teilt Kant die Abhängigkeit aller Dinge von Gott in „moralische" und „unmoralische" Abhängigkeit auf: „Ich nenne diejenige Abhängigkeit eines Dinges von Gott, da er ein Grund desselben durch seinen Willen ist, moralisch, alle übrige aber ist unmoralisch."[63] Diese bezieht sich auf anorganische Materie, die sich einer notwendigen Naturordnung unterwirft, jene auf einen Organismus, der sich einer künstlichen Naturordnung unterwirft. Doch im *Beweisgrund* fungieren notwendige und künstliche Naturordnung nicht, wie es in der *Naturgeschichte* geschieht, als Grund für das Dasein Gottes, sondern nur als Bezeichnung der systematischen Welt.

Obwohl Kant den physikotheologischen Beweis aufgibt, bleibt die Betrachtung der Welt als systematischer Einheit, bleibt auch die physikotheologische Methode, um Gott zu erkennen. Im *Anhang zur transscendentalen Dialektik* der KrV formuliert

62 KrV, 04: 447, 16–27, B 706.
63 BGD, 02: 100, 20–22.

Kant die Beziehung zwischen der systematischen Einheit der Welt und der Anordnung Gottes: „Die höchste formale Einheit, welche allein auf Vernunftbegriffen beruht, ist die zweckmäßige Einheit der Dinge, und das speculative Interesse der Vernunft macht es nothwendig, alle Anordnung in der Welt so anzusehen, als ob sie aus der Absicht einer allerhöchsten Vernunft entsprossen wäre."[64] Daraus können wir nicht schließen, dass Kant die Physikotheologie wieder aufgegriffen hat. Ich möchte nur betonen, dass die analogische Methode eng mit dem regulativen Gebrauch und der Physikotheologie verbunden ist.

(2) Ausgehend von der systematischen Einheit der Welt betrachtet Kant Gott jetzt als die höchste Vernunft oder Intelligenz. Unzweifelhaft wird hier die Analogie benutzt. Gottes Intelligenz ist ein Analogon unserer Intelligenz. In den *Prolegomena* schreibt Kant das Folgende:

> Wenn ich sage: wir sind genöthigt, die Welt so anzusehen, als ob sie das Werk eines höchsten Verstandes und Willens sei, so sage ich wirklich nichts mehr als: wie sich verhält eine Uhr, ein Schiff, ein Regiment zum Künstler, Baumeister, Befehlshaber, so die Sinnenwelt (oder alles das, was die Grundlage dieses Inbegriffs von Erscheinungen ausmacht) zu dem Unbekannten, das ich also hiedurch zwar nicht nach dem, was es an sich selbst ist, aber doch nach dem, was es für mich ist, nämlich in Ansehung der Welt, davon ich ein Theil bin, erkenne.[65]

Diese Passage ist eine typische Erklärung für die Anwendung der Analogie. Nach der oben genannten Formel G1 : F1 = G2 : F2 repräsentiert G1 hier die Intelligenz des Künstlers, Baumeisters, Befehlshabers, F1 deren Werke, etwa eine Uhr, ein Schiff, ein Regiment. G1 verhält sich zu F1 genau wie G2 (die Intelligenz Gottes: Verstand und Willen) zu F2 (dem Werk Gottes bzw. der systematischen Einheit der Welt). Daraus folgt, dass Gott die höchste Intelligenz ist. Genau wie in der KU weist Kant darauf hin, dass wir den Biber als ein vernünftiges Tier durch die Analogie mit dem Menschen denken können und er fügt noch hinzu: „Eben so kann ich die Causalität der obersten Weltursache in der Vergleichung der zweckmäßigen Producte derselben in der Welt mit den Kunstwerken des Menschen nach der Analogie eines Verstandes denken."[66]

Interessanterweise verwendet Kant in den *Prolegomena* die gleichen Beispiele wie im sechsten Abschnitt des Theologie-Hauptstückes, wo er eine Rekonstruktion des physikotheologischen Beweises durchführt.[67] Dies ist auch eine weitere

---

64 KrV, 03: 452, 17–21, B 714.
65 Prol, 04: 357, 17–24.
66 KU, 05: 464, 32–34. Eine sehr wichtige Ausführung dazu siehe Maly (2012).
67 Vgl. KrV, 03: 417, 3–9, B 654: „Ohne hier mit der natürlichen Vernunft über ihren Schluß zu chicaniren, da sie aus der Analogie einiger Naturproducte mit demjenigen, was

Quelle, die als Beweis dafür gilt, dass Kant die analogische und physikotheologische Methode zur Erkenntnis Gottes nicht aufgibt.

(3) Durch die Analogie können wir jetzt feststellen, dass die Intelligenz eine Eigenschaft von Gott ist, oder dass es eine höchste Vernunft und Intelligenz gibt. Allerdings wollen wir die höchste Intelligenz ausführlicher diskutieren. Ähnlich wie die Intelligenz der Biber, die nur ein Analogon der Intelligenz der Menschen ist, so ist die menschliche Intelligenz niemals identisch mit der Intelligenz Gottes. In kantischer Terminologie wird die höchste Intelligenz Gottes als *intellectus archetypus* betrachtet: „Eben dieselbe Idee ist also für uns gesetzgebend, und so ist es sehr natürlich, eine ihr correspondirende gesetzgebende Vernunft (*intellectus archetypus*) anzunehmen, von der alle systematische Einheit der Natur als dem Gegenstande unserer Vernunft abzuleiten sei."[68] Die Differenz des *intellecti archetypi* zu unserer Intelligenz wird in der *Vorlesung über Rationaltheologie* deutlich veranschaulicht:

> „Nun giebt es aber in der ganzen Welt kein Ding, was reine Realität hätte, sondern alle Dinge, die uns durch die Erfahrung können gegeben werden, sind partim realia, partim negativa [...] Gott aber können solche Negationen nicht beigeleget werden, daher muß ich zuerst via negationis verfahren, d.h. ich muß alles Sinnliche, was meinen Vorstellungen von dieser oder jener Realität inhäriert, sorgfältig absondern, alles Unvollkommene, alles Negative weglassen, und das reine Reale, was übrig bleibt, Gott beilegen [...] Auf solche Art werde ich zwar via negationis die Qualität der göttlichen Prädikate bestimmen können, d.h. welche Prädikate ich aus der Erfahrung, nach Absonderung aller Negation, auf meinen Begriff von Gott anwenden kann, aber dadurch würde ich noch gar nicht die Quantität dieser Realität in Gott erkennen lernen [...] Daher muß ich nun, wenn ich in einer von den Eigenschaften der Dinge, die mir durch die Erfahrung gegeben sind, irgend eine Realität angetroffen habe, dieses Reale Gott im höchsten Grade, in unendlicher Bedeutung, beilegen. Das nennet man per viam eminentiae verfahren."[69]

Da diese Eigenschaft, nämlich die Intelligenz, aus der Erfahrung und der Sinnenwelt stammt, ist sie nicht völlige Realität, weil die sinnlichen Dinge *partim realia, partim negativa* sind. Deswegen ist es nötig, alles Unvollkommene und alles Negative wegzulassen. Hier geht Kant zwei verschiedene Wege: die via negationis und

---

menschliche Kunst hervorbringt, wenn sie der Natur Gewalt thut und sie nöthigt, nicht nach ihren Zwecken zu verfahren, sondern sich in die unsrigen zu schmiegen, (der Ähnlichkeit derselben mit Häusern, Schiffen, Uhren) schließt, es werde eben eine solche Causalität, nämlich Verstand und Wille, bei ihr zum Grunde liegen [...]"

68 KrV, 03: 456, 35– 457, 2, B 723.

69 V-Phil-Th/Pölitz, 28: 1021, 14–1022, 18.

die via eminentiae. Die via eminentiae bezeichnet den quantitativ höchsten Grad von den Eigenschaften Gottes, die via negationis sondert die negativen Elemente der aus der Erfahrung erhaltenen Prädikate ab. Danach kann bestimmt werden, dass Gott als *intellectus archetypus* sich qualitativ und quantitativ von unserer endlichen und abgeleiteten Intelligenz unterscheidet. Dazu ist zu bemerken, dass dies eine entscheidende Maßnahme ist, die Kant ergriffen hat, um zu vermeiden, in einen groben Anthropomorphismus zu geraten.

Zu Abschnitt 1.3 kann zusammenfassend gesagt werden: Obwohl Kant seinen physikotheologischen Beweis aufgegeben hat, bedeutet dies nur, dass Physikotheologie nicht imstande ist, die Existenz Gottes zu beweisen, doch wird die Gottesidee dennoch regulativ gebraucht. Durch eine aposteriorische Methode bzw. die Analogie wird Gott als die höchste Intelligenz bestimmt, d. h. die Eigenschaft der Intelligenz kommt Gott zu.

1.4 Die Ideen Gottes als das Substratum für die Materie und Form der Welt

In den Abschnitten 1.2 und 1.3 habe ich schon gezeigt, dass Kant von der transzendentalen und aposteriorischen Methode aus jeweils versucht hat, Gott zu erkennen bzw. die Eigenschaften Gottes zu bestimmen. Die transzendentale Methode betrachtet Gott als die höchste Intelligenz, die aposteriorische Methode als das *ens realissimum.* Jetzt werde ich das Verhältnis zwischen den beiden Ideen Gottes betrachten im Hinblick darauf, ob es doch eine Gemeinsamkeit zwischen ihnen gibt. Es kommt mir hier darauf an, zu betonen, dass das *ens realissimum* Gott als Substratum der Materie der Welt bezeichnet, und dass die höchste Intelligenz Gott als Substratum der Form der Welt charakterisiert.

Im sechsten Abschnitt des Theologie-Hauptstückes, wird die Unmöglichkeit des physikotheologischen Beweises ausgeführt. Hier gibt es einen Absatz, der für die Fragestellung dieser Dissertation sehr wichtig ist. Er lautet wie folgt:

> „Nach diesem Schlusse müßte die Zweckmäßigkeit und Wohlgereimtheit so vieler Naturanstalten bloß die Zufälligkeit der Form, aber nicht der Materie [...] beweisen [...] Der Beweis könnte also höchstens einen Weltbaumeister, der durch die Tauglichkeit des Stoffs, den er bearbeitet, immer sehr eingeschränkt wäre, aber nicht einen Weltschöpfer, dessen Idee alles unterworfen ist, darthun [...] Wollten wir die Zufälligkeit der Materie selbst beweisen, so müßten wir zu einem transzendentalen Argumente unsere Zuflucht nehmen, welches aber hier eben hat vermieden werden sollen."[70]

70 KrV, 03: 417, 20–35, B 654–655.

Kant postuliert in dieser Passage, dass der physikotheologische Beweis durch die Zweckmäßigkeit und Wohlgereimtheit der Welt bloß die Zufälligkeit der Form beweist. D.h. die Form kommt aus Gott, aber der Beweis kann nicht zeigen, dass die Materie der Welt von Gott kommt. Wenn man nicht beweisen kann, dass die Materie der Welt von Gott kommt, ist Gott nur der Architekt der Welt und somit der Materie der Welt unterworfen. Somit wird die Allgenugsamkeit Gottes stark eingeschränkt.[71] Um zu beweisen, dass die Materie der Welt aus Gott kommt, „müßten wir zu einem transzendentalen Argument unsere Zuflucht nehmen", doch leider ist das für den physikotheologischen Beweis *a posteriori* unmöglich. Allerdings möchte ich darauf hinweisen, dass wir durch ein transzendentales Argument Gott als das *ens realissimum* bezeichnet haben. Deswegen besteht die Möglichkeit, dass die Materie der Welt aus Gott als *ens realissimum* kommt. Ich werde nun diese Hypothese beweisen.

In der *Vorlesung über Rationaltheologie* gibt es einen ähnlichen Paragraphen: „Dadurch verlieret Gott an seiner Majestät als Weltschöpfer nichts [...] so ist auch diese Einrichtung in der Natur, nach welcher eine Anstalt nothwendig ist, aus seinem Wesen abzuleiten, aber nicht aus seinem Willen; denn sonst wäre er bloß Architekt der Welt, und nicht Weltschöpfer. Nur das Zufällige in den Dingen kann aus dem göttlichen Willen und aus willkürlichen Anordnungen desselben hergeleitet werden. Nun lieget aber alles Zufällige in der Form der Dinge; folglich kann man nur die Form der Dinge aus dem göttlichen Willen ableiten [...] Denn die Materie, im welcher das Reale selbst lieget, leiten wir aus dem göttlichen Wesen her [...] "[72] Was Kant hier sagen möchte, ist, dass nur die Zufälligkeit oder die Form der Dinge aus dem göttlichen Willen und aus den willkürlichen Anordnungen desselben hergeleitet wird, die Materie jedoch aus dem göttlichen Wesen. Obwohl sich Kants Behauptung hier vom obigen Zitat unterscheidet, haben beide Zitate eine gemeinsame Bedeutung: Wenn Gott nur der Ursprung aller Formen der Dinge ist, kann er nur als Architekt der Welt betrachtet werden. Nur wenn er auch die Quelle der Materie der Welt ist, kann er als Schöpfer der Welt betrachtet werden, und die Form, die aus seinem Willen kommt, wird nicht durch die Materie eingeschränkt.

Daraus ergibt sich, dass sich Gott als *ens realissimum* oder *ens originarium*, das man durch die transzendentale Methode erkennt, auf die Materie der Welt

---

71 Wir haben schon in Abschnitt 1.2, Anm. 35 darauf hingewiesen, dass die Allgenugsamkeit Gottes ein von Kant hochgeschätzter Begriff ist, und dass seine Kritik am Optimismus darin liegt, dass die Notwendigkeit der Dinge außerhalb der Intelligenz Gottes und abhängig von Gott ist, wodurch die Allgenugsamkeit Gottes geschwächt wurde.

72 V-Phil-Th/Pölitz, 28: 1035, 4–19.

bezieht. Im Gegensatz dazu bedeutet Gott als der göttliche Wille oder die höchste Intelligenz, die durch Analogie bestimmt wird, die Quelle der Form der Welt. Im Folgenden möchte ich dazu folgende Fragen stellen: (1) Was für eine Materie ist die hier genannte? (2) Warum ist Gott das Substratum der Materie? (3) Was bedeutet die Form der Welt?

(1) Zuerst möchte ich zeigen, dass Gott als *ens realissimum* eng mit der Materie verbunden ist. Wir haben in Abschnitt 1.2 den Ableitungsprozess des *entis realissimi* rekonstruiert. In diesem Prozess weist Kant auf das Folgende hin: „wenn also der durchgängigen Bestimmung in unserer Vernunft ein transzendentales Substratum zum Grunde gelegt wird, welches gleichsam den ganzen Vorrat des Stoffes, daher alle mögliche Prädikate der Dinge genommen werden können, enthält, so ist dieses Substratum nichts anders, als die Idee von einem All der Realität (*omnitudo realitatis*). Alle wahren Verneinungen sind alsdann nichts als Schranken, welches sie nicht genannt werden könnten, wenn nicht das unbeschränkte (das All) zum Grunde läge"[73]. Kant glaubt, dass dieses transzendentale Substratum „den ganzen Vorrat des Stoffes" enthält. Daraus können wir erkennen, dass das Substratum eine enge Beziehung zum Stoff hat. Tatsächlich ist der Begriff der Materie im gesamten Prozess der Argumentation der zentrale Kern: z. B. enthält das Prinzip der durchgängigen Bestimmung „eine transzendentale Voraussetzung, nämlich die der Materie zu aller Möglichkeit, welche *a priori* die Data zur besonderen Möglichkeit jedes Dinges enthalten soll"[74]. Deshalb gilt z. B. für das *ens realissimum*: „also ist es ein transzendentales Ideal, welches der durchgängigen Bestimmung, die nothwendig bei allem, was existiert, angetroffen wird, zum Grunde liegt und die oberste und vollständige materiale Bedingung seiner Möglichkeit ausmacht."[75] An dieser Stelle ist nun zu fragen, was hier die Materie bedeutet.

---

73 KrV, 03: 387, 31–388, 6, B 603–604.

74 KrV, 03: 386, 6–8, B 601–602.

75 KrV, 03: 388, 11–15, B 604. Um die Beziehung zwischen Gott als Substratum und Materie besser zu verstehen, können wir an den *Beweisgrund* erinnern, der einen engen Zusammenhang mit *Von dem transzendentalen Ideal* der KrV hat. Im *Beweisgrund* erweist Kant, ausgehend von der Möglichkeit der Dinge, die Existenz des *entis necessarii* (des absolut notwendigen Wesens). Kant unterscheidet die formale und materiale Möglichkeit der Dinge. Die formale Möglichkeit bedeutet, dass die Beziehung zwischen dem Subjekt und seinem Prädikat nach dem Gesetz des Widerspruches zu denken ist, z. B., „ein Triangel, der viereckicht wäre, ist schlechterdings unmöglich." (BGD, 02: 77, 22–23) Im Gegensatz dazu bedeutet die materiale Möglichkeit den Stoff der Realitäten, z. B. „ein Triangel, der einen rechten Winkel hat, ist an sich selber möglich. Der Triangel sowohl als der rechte Winkel sind die *Data* oder das Materiale in diesem Möglichen." (BGD, 02: 77, 29–31.) Schließlich beweist Kant, dass Gott der Realgrund aller Dinge und die Materie der Möglichkeit aller Dinge ist.

Wie bereits ausgeführt wurde, behandelt Kant in der *Ersten Analogie. Grundsatz der Beharrlichkeit der Substanz* der KrV die Kategorie der Substanz-Akzidenz mit Hilfe der Zeit als Substratum des Wechsels, welches eine Analogie zur Beziehung zwischen Substanz und Akzidenz ist.[76] Was die Substanz hier angeht, haben viele Forscher festgestellt, dass sie die Materie ist. Der Absatz, aus dem die Forscher ableiten, dass die Substanz als Materie verstanden werden muss, lautet: „Bei allem Wechsel der Erscheinungen beharrt die Substanz und das Quantum derselben wird in der Natur weder vermehrt noch vermindert."[77] Carl Friedrich von Weizsäcker verbindet diesen Absatz mit Kants Naturuntersuchung.[78] Für diese Verbindung hat Weizsäcker viele Argumente: in den *Metaphysischen Anfangsgründen der Naturwissenschaft* definiert Kant z. B. das *Erste Gesetz der Mechanik* wie folgt: „Bei allen Veränderungen der körperlichen Natur bleibt die Quantität der Materie im Ganzen dieselbe, unvermehrt und unvermindert."[79] Dazu erklärt Kant: „nun entsteht und vergeht bei allem Wechsel der Materie die Substanz niemals; also wird auch die Quantität der Materie dadurch weder vermehrt, noch vermindert, sondern bleibt immer dieselbe und zwar im Ganzen". [80] Gleichzeitig weist Kant im *Versuch, den Begriff der negativen Größen in die Weltweisheit einzuführen* darauf hin: „in allen natürlichen Veränderungen der Welt wird die Summe des Positiven [...] weder vermehrt noch vermindert."[81] Diese Absätze geben uns einen Schlüssel, um die Bedeutung der Materie in Kants Metaphysik und Naturforschung zu verstehen.[82]

Wenn wir feststellen, dass in den oben genannten beiden Zitaten „die Quantität der Materie" und „die Summe des Positiven" dieselbe Bedeutung haben, dann können wir daraus ableiten, dass das Positive mit der Materie gleichzusetzen ist. Also bedeutet die Materie das Positive (Realität) und so entspricht bei Kant die Materie metaphysisch der Summe der Realität. Nun prüfen wir dieses Argument in Verbindung mit Kants Naturforschung und seinem metaphysischen Denken in der vorkritischen Zeit.

---

76 Ob die Substanz-Argumentation erfolgreich ist oder nicht, darüber streitet man sich unter den Forschern: Andrew Ward und Henry Allison plädieren für diese Argumentation, im Gegensatz zu Paul Guyer. Siehe Harriman (2014), 152–161.

77 KrV, 03: 162, 3–6, B 224.

78 Dazu kommentiert Sans (2000: 56): „Daraus ergibt sich zwangsläufig die Frage nach der Reichweite der Entsprechung zwischen dem transzendentalen Prinzip der Substantialität und den Erhaltungssätzen der Naturwissenschaft." Zur Haltung von Carl Friedrich von Weizsäcker siehe: Weizsäcker (1971), 75–95.

79 MAN, 04: 541, 28–30.

80 MAN, 04: 542, 5–8.

81 NG, 02: 194, 19–23.

82 Vgl. Sans (2000), 56–62.

In der *Naturgeschichte* veröffentlicht Kant seinen physikotheologischen Beweis von der Existenz Gottes: „Die Materie, die der Urstoff aller Dinge ist, ist also an gewisse Gesetze gebunden, welchen sie frei überlassen nothwendig schöne Verbindungen hervorbringen muß. Sie hat keine Freiheit von diesem Plane der Vollkommenheit abzuweichen. Da sie also sich einer höchst weisen Absicht unterworfen befindet, so muß sie nothwendig in solche übereinstimmende Verhältnisse durch eine über sie herrschende erste Ursache versetzt worden sein, und es ist ein Gott eben deswegen, weil die Natur auch selbst im Chaos nicht anders als regelmäßig und ordentlich verfahren kann."[83] In Kapitel 7 des 2. Abschnittes betont Kant gleichzeitig: „allein die Grundmaterie selber, deren Eigenschaften und Kräfte allen Veränderungen zum Grunde liegen, ist eine unmittelbare Folge des göttlichen Daseins: selbige muß also auf einmal so reich, so vollständig sein, daß die Entwicklung ihrer Zusammensetzungen in dem Abflusse der Ewigkeit sich über einen Plan ausbreiten könne, der alles in sich schließt, was sein kann, der kein Maß annimmt, kurz, der unendlich ist."[84] Gemäß diesen beiden Zitaten kommen wir zum Schluss, dass die Materie der Welt unendlich ist, dass sie sich weder vermehrt noch vermindert. Natürlich entspricht die Materie in der Naturforschung dem Begriff der metaphysischen Materie nicht direkt. Zum Verständnis von Kants metaphysischem Materiebegriff können wir auf die *nova dilucidatio* verweisen. In PROP. VII der *nova dilucidatio* wird das Sein Gottes dargestellt. Dieser Beweis ist in zwei Schritte unterteilt: (1) Kant schließt vom Stoff für alle möglichen Begriffe auf das absolut notwendige Wesen und (2) von dem absolut notwendigen Wesen auf das unendliche und einzige Wesen.[85] Der Stoff der möglichen Begriffe ist Realität. In PROP. X der *nova dilucidatio* schlägt Kant vor: „Quantitas realitatis absolutae in mundo naturaliter non mutatur, nec augescendo nec decrescendo."[86] Das bedeutet, dass Gott als Inbegriff aller Realitäten notwendig alle Realitäten enthält. Der Beweis vom Sein Gottes *a posteriori* in der *Naturgeschichte* und der Beweis *a priori* in der *nova dilucidatio* sind formal unterschiedlich, aber am Ende beweisen sie beide, dass Gott ein ausreichender Grund für die Unendlichkeit und Vielfältigkeit der Dinge sein kann. Aus diesem Grund glauben einige Forscher, dass die beiden Arbeiten grundsätzlich konsistent sind.[87] In Bezug auf die

83 NTH, 01: 228, 3–11.
84 NTH, 01: 310, 11–17.
85 Vgl. Pindar (1969), 47–65; Schmucker (1980), 18–25.
86 PND, 01: 407, 5–6. Die Übersetzung in WizB, Bd. 1, 476 heißt: „Die Größe der unbedingten Realität in der Welt verändert sich auf natürliche Weise nicht, weder durch Vermehrung noch durch Verminderung."
87 Vgl. Pindar (1969).

Forschungsfrage dieser Dissertation wird daraus abgeleitet, dass die Materie in Kants Naturforschung mit der Realität im metaphysischen Denken verglichen werden kann, oder dass Kants Materie aus metaphysischer Sicht Realität ist und die Realität mit der Möglichkeit der Dinge gleichzusetzen ist.[88] Mit anderen Worten, unabhängig davon, wie sich die Form der Dinge ändert, ändert sich die Summe der Möglichkeiten oder Realitäten hinter den Dingen nicht. Wie Kant selbst gesagt hat: „auch wurde in Ansehung der Dinge überhaupt unbegrenzte Realität als die Materie aller Möglichkeit, Einschränkung derselben aber (Negation) als diejenige Form angesehen."[89] Hier ist der Begriff der „unbegrenzten Realität" dem Inbegriff der Realitäten, der Summe des Positiven gleich, ebenso wie der Quantität der Materie in der Naturforschung, die als Materie aller Möglichkeiten betrachtet wird.

Daraus folgt, dass die Materie der Summe der Möglichkeit oder der Realität entspricht. Jetzt können wir festhalten, dass Gott, wenn er als *ens realissimum* betrachtet wird, das Substratum für die Materie der Welt ist, und zwar in dem Sinn, dass der Inbegriff der Materie die Summe der Realität bedeutet.

(2) Des Weiteren kann jetzt die Frage beantwortet werden, warum Gott das Substratum der Materie ist. Die Antwort ist einfach: Weil Gott als das *ens realissimum* betrachtet wird, das doch in Relation zu „dem Inbegriff aller möglichen Prädikate" steht. Genauer gesagt, ist die Materie der Welt der Inbegriff aller möglichen Prädikate. Aus diesem Grund ist es plausibel, dass Gott mit der Materie der Welt zu tun hat. Dieser Zusammenhang muss noch ausführlicher interpretiert werden.

An dieser Stelle halten wir fest, dass die Materie der Summe (dem Inbegriff) der Realitäten entspricht. Ich habe den folgenden Absatz oben zitiert: „Wenn also der durchgängigen Bestimmung in unserer Vernunft ein transzendentales Substratum zum Grunde gelegt wird, welches gleichsam den ganzen Vorrat des Stoffes, daher alle mögliche Prädikate der Dinge genommen werden können, enthält, so ist dieses Substratum nichts anders, als die Idee von einem All der Realität (*omnitudo realitatis*). Alle wahren Verneinungen sind alsdann nichts als Schranken, welches sie nicht genannt werden könnten, wenn nicht das unbeschränkte (das All) zum Grunde läge."[90] Hier sehen wir, dass das *ens realissimum* als Substratum eine Überlagerung aller Realitäten zu sein scheint, so dass andere Dinge als Beschränkungen an diesem Substratum betrachtet werden können. Daher scheint die Beziehung zwischen diesem Substratum und anderen endlichen Dingen die Beziehung zwischen dem Ganzen und dem Teil zu sein.

---

88 Vgl. Heidegger (1977), 35–107

89 KrV, 03: 218, 23–25, B 322.

90 KrV, 03: 387, 31–388, 6, B 603–604.

Diese Bedeutung ist am deutlichsten, wenn Kant sagt: „alle Mannigfaltigkeit der Dinge ist nur eine eben so vielfältige Art, den Begriff der höchsten Realität, der ihr gemeinschaftliches Substratum ist, einzuschränken, so wie alle Figuren nur als verschiedene Arten, den unendlichen Raum einzuschränken, möglich sind."[91] Aber ist die Beziehung zwischen allen Dingen und Gott als Substratum wirklich der Beziehung zwischen allen Figuren und dem unendlichen Raum ähnlich?

In Abschnitt 1.2 haben wir darauf hingewiesen, dass das *ens realissimum* als *omnitudo realitatis* nicht dem Inbegriff aller möglichen Prädikate gleich ist, weil jenes die abgeleiteten und nicht nebeneinanderstehenden Prädikate ausschließt. Obwohl Kant zu glauben scheint, dass die Beziehung zwischen allen Dingen und Gott eine zwischen dem Teil und dem Ganzen ist, korrigiert er bald seine Meinung: „Die Ableitung aller anderen Möglichkeit von diesem Urwesen wird daher, genau zu reden, auch nicht als eine Einschränkung seiner höchsten Realität und gleichsam als eine Theilung derselben angesehen werden können; denn alsdann würde das Urwesen als ein bloßes Aggregat von abgeleiteten Wesen angesehen werden. [...] Vielmehr würde der Möglichkeit aller Dinge die höchste Realität als ein Grund und nicht als Inbegriff zum Grunde liegen und die Mannigfaltigkeit der ersteren nicht auf der Einschränkung des Urwesens selbst, sondern seiner vollständigen Folge beruhen."[92] Daher ist die Beziehung zwischen Gott und allen Dingen die zwischen dem Grund und der Folge und nicht die zwischen dem Ganzen und dem Teil. Das *ens realissimum* als Ideal nennt Kant auch *Prototypon transzendentale*, wie die Überschrift dieses Abschnitts zeigt. Kants Erklärung dafür lautet: „das Ideal ist ihr also das Urbild (Prototypon) aller Dinge, welche insgesamt als mangelhafte Copeien (ectypa) den Stoff zu ihrer Möglichkeit daher nehmen."[93] Dieser von Platon entlehnte Begriff drückt die Beziehung zwischen allen Dingen und Gott besser aus: alle Dinge haben an der Realität des *entis realissimi* teil, und die Materie der Möglichkeit aller Dinge leitet sich vom transzendentalen Ideal ab, gewinnt ihre Realität davon und wird als Folge daraus betrachtet.

(3) Oben haben wir gesehen, dass Gott als das *ens realissmum* das Substratum der Materie der Welt ist. Zudem drückt Kant die Meinung aus, dass Gott auch als Substratum der Form der Welt betrachtet werden kann, jedoch aus einer anderen Perspektive: Gott ist die höchste Intelligenz. Am Anfang von Abschnitt 1.1 haben wir schon einen Absatz aus der KrV wie folgt zitiert: „Ist endlich drittens die Frage, ob wir nicht wenigstens dieses von der Welt unterschiedene Wesen nach einer Analogie mit den Gegenständen der Erfahrung denken dürfen: so

91 KrV, 03: 389, 25–29, B 606.
92 KrV, 03: 390, 4–16, B 607.
93 KrV, 03: 389, 4–6, B 606.

ist die Antwort: allerdings, aber nur als Gegenstand in der Idee und nicht in der Realität, nämlich nur so fern er ein uns unbekanntes Substratum der systematischen Einheit, Ordnung und Zweckmäßigkeit der Welteinrichtung ist, welche sich die Vernunft zum regulativen Princip ihrer Naturforschung machen muß."[94] In dieser Passage sagt Kant deutlich, dass die Idee Gottes „ein uns unbekanntes Substratum der systematischen Einheit, Ordnung und Zweckmäßigkeit der Welteinrichtung ist". Die systematische Einheit der Welt ist gerade die *Form* der Welt.

An dieser Stelle ist noch zu erwähnen, dass es für Kant zwei verschiedene Formen der Dinge gibt: die Form des Individuums und die Form als Beziehung zwischen Individuen. Wir haben die folgende Passage zitiert: „auch wurde in Ansehung der Dinge überhaupt unbegrenzte Realität als die Materie aller Möglichkeit, Einschränkung derselben aber (Negation) als diejenige Form angesehen."[95] Diese Form ist Einschränkung der umgrenzten Realität, oder ist die Form des Individuums.[96] Doch was hier mit der Form hinsichtlich der weltlichen Einheit gemeint ist, das ist nicht die Form des Individuums. Was im Zentrum steht, ist die Form zwischen Individuen, nämlich die systematische Einheit der Welt, die die Beziehung zwischen Individuen bezeichnet. Um dies besser zu verstehen, lohnt sich ein erneuter Blick in die *nova dilucidatio.* Neben dem ontotheologischen Beweis in PROP. VII bietet Kant noch einen anderen in PROP. XIII an, in dem das Principium coexsistentiae diskutiert wird: „Substantiae finitae per solam ipsarum exsistentiam nullis se relationibus respiciunt, nulloque plane commercio continentur, nisi quatenus a communi exsistentiae suae principio, divino nempe intellectu, mutuis respectibus conformatae sustinentur."[97] Folglich nimmt Kant an, dass nur durch die göttliche Intelligenz (divino intellectu) die wechselseitigen Beziehungen zwischen den endlichen Substanzen entstehen. Diese Tatsache führt Kant zu einem Plädoyer für das Dasein Gottes: „Cum ergo, quatenus substantiarum singulae independentem ab aliis habent exsistentiam, nexui earum mutuo locus non sit, in finita vero utique non cadat, substantiarum

---

94 KrV, 03: 457, 27–458, 2, B 725–726.

95 KrV, 03: 218, 23–25, B 322.

96 Diese Bedeutung von Form stammt aus der aristotelischen Tradition, obwohl Kant diese Tradition mit seinem transzendentalen Idealismus umgestaltet hat. Aristoteles' Hylemorphismus bezeichnet das Einzelding (τόδε τι) als zusammengesetzt aus der Materie (ὕλη) und Form (εἶδος) (vgl. Aristoteles [2009], 1029a.).

97 PND, 01: 412, 36- 413, 2. Die Übersetzung in WizB, Bd. 1, 497 heißt: „Die endlichen Substanzen stehen durch ihr bloßes Dasein in kleinem Verhältnis zueinander und haben gar keine Gemeinschaft, als nur sofern sie von dem gemeinsamen Grund ihres Daseins, nämlich dem göttlichen Verstand, in wechselseitige Beziehung gestaltet erhalten werden."

aliarum causas esse, nihilo tamen minus omnia in universo mutuo nexu colligata reperiantur, relationem hanc a communione causae, nempe Deo, exsistentium generali principio, pendere confitendum est."[98] Denn die Gemeinschaft aller Substanzen setzt voraus, dass Gott als die höchste Intelligenz existiert. Doch in der KrV bestimmt Kant die Beziehung zwischen den Substanzen als systematische Einheit, Ordnung und Zweckmäßigkeit, die Gott als die höchste Intelligenz (wenigstens als die Idee der höchsten Intelligenz) voraussetzt, nämlich dass Gott als die höchste Intelligenz auch das Substratum der systematischen Einheit der Welt ist.

In Abschnitt 1.4 haben wir versucht, die transzendentalen und aposteriorischen Methoden in eine Einheit zu bringen. Anhand der vorkritischen Schriften und der kantischen Naturforschung haben wir aufgezeigt, dass die Ideen von Gott als das *ens realissimum* und von Gott als höchste Intelligenz miteinander verbunden sind. Beide bezeichnen Gott als Substratum, doch Gott als das *ens realissimum* ist transzendentales Substratum im Sinn der Materie der Welt, und Gott als die höchste Intelligenz funktioniert als das Substratum der Form, nämlich der systematischen Einheit der Welt. Deswegen ist in der kantischen Philosophie Gott das Substratum für die Materie und für die Form der Welt.

98 PND, 01: 413, 10-15. Die Übersetzung in WizB, Bd. 1, 499 heißt: „da also, insofern die einzelnen Substanzen ein von anderen unabhängiges Dasein haben, zwischen ihnen keine wechselseitige Verknüpfung stattfindet, es aber dem Endlichen durchaus nicht zukommet, Ursache für andere Substanzen zu sein, und nichtsdestoweniger alles im All in wechselseitiger Verknüpfung verbunden angetroffen wird, so muß man bekennen, daß dies Verhältnis von der Gemeinsamkeit der Ursache, nämlich von Gott als dem allgemeinen Grund der Daseienden abhängt."

2 Der Mangel an Gewissheit der Existenz Gottes

Im 1 Kapitel haben wir bereits verdeutlicht, dass es für Kant zwei Möglichkeiten gibt, Gott zu denken: durch die apriorische und transzendentale Methode wird Gott als *ens realissimum* verstanden, durch die aposteriorische und analogische Methode als die höchste Intelligenz. In Hinsicht auf die Beziehung zwischen Gott und der Welt ist Gott das Substratum aller Dinge der Welt. Die erste Methode betrachtet Gott als die Materie der Möglichkeit aller Dinge. Die letztere betrachtet Gott als die Grundlage der Verbindung aller Dinge, oder der systematischen Einheit (d. h. der Form).

Wir glauben, dass sowohl Kants Widerlegung der drei traditionellen Gottesbeweise als auch seine positive Betrachtung des Gottesideals als regulatives Prinzip auf die oben geklärte Grundlage zurückgeführt und dadurch verstanden werden müssen. So besteht der hauptsächliche Einwand gegen den ontologischen Beweis darin, dass er die Existenz Gottes aus dem Begriff des *entis realissimi* herleitet. Dies ist für Kant unmöglich. Allerdings lehnt er den Begriff des *entis realissimi* selbst nicht ab. Obwohl Kant exemplarisch den physikotheologischen Beweis kritisiert, verbindet er einige der Kerngedanken der Physikotheologie mit dem regulativen Prinzip. Mit anderen Worten, Kant bestreitet nicht die durch die drei traditionellen Beweise anerkannte *Idee* Gottes, sondern er bestreitet lediglich, dass die *Existenz* Gottes aus der Gottesidee unmittelbar hergeleitet werden könne. Allerdings können die Eigenschaften Gottes durch die drei traditionellen Beweise bestimmt werden. Auf dieselbe Weise hat Kant postuliert, dass Gott das *ens realissimum* und die höchste Intelligenz ist, doch gleichzeitig plädiert er dafür, dass ein dadurch erkannter Gott nicht mit Sicherheit als existierend bewiesen werden könne. Kant wird nicht müde zu betonen, dass ein solcher Gott nur eine Idee ist, da er an sich unbekannt ist. Deshalb wird in diesem Kapitel die Frage nach der Gewissheit der Existenz Gottes diskutiert.

In diesem Kapitel wird gezeigt, dass Kant die Gewissheit der Existenz des allerrealsten Wesens (des *entis realissimi*) leugnet, obwohl er in seiner vorkritischen Periode derartige Behauptungen aufgestellt hat (2.1). Danach wird Gott als die höchste Intelligenz, die durch die aposteriorische und empirische Analogie erkannt wird, analysiert. Es wird auch festgestellt, dass die Gewissheit der Existenz dieser höchsten Intelligenz nicht garantiert ist (2.2). Anschließend kommen wir zur Erkenntnis, dass diese beiden Methoden, Gott zu denken, Kant zufolge die Existenz Gottes nicht erweisen können. Gleichzeitig gibt es keinen Grund, die Existenz Gottes zu leugnen. Daher ist für Kant die endgültige Gewissheit der Existenz Gottes fragwürdig (2.3). Diese Schlussfolgerung gilt als Grundlage für das 3. Kapitel, in dem deutlich wird, dass Kant die Gewissheit der Existenz Gottes in einer freien Ordnung (durch Moralität) wieder festgestellt hat.

2.1 Das „ens realissimum“ ist subjektiv notwendig

In der Erörterung von Kapitel 1 haben wir gesehen, dass Kant der Existenz des allerrealsten Wesens immer misstrauisch gegenübersteht. Kant übernimmt das durchgängige Prinzip von Baumgarten, aber bei Baumgarten hat dieses Prinzip eine doppelte Funktion: als Prinzip von Individualität und von Existenz.[1] Kant wendet das durchgängige Prinzip nur als das Prinzip der Individualität an. Nachdem er im 2. Abschnitt des Theologie-Hauptstückes die Tatsache festgehalten hat, dass das *ens realissimum* der Gegenstand der transzendentalen Theologie ist, kritisiert er sofort die Annahme der Existenz dieses Wesens aus der kritisch-philosophischen Perspektive. Diese Kritik zielt auf den gesamten Rahmen seiner Kritik am ontologischen Beweis, obwohl sie noch nicht aus dem metaphysischen Prinzip „Sein ist kein reales Prädikat“ abgeleitet wird.

In diesem Abschnitt werden wir zunächst in 2.1.1 Kants oben genannte Kritik veranschaulichen und darauf hinweisen, wie er über das transzendentale Ideal Gottes aus der Perspektive der kritischen Philosophie diskutiert. Da der Begriff des *entis realissimi* eng mit dem vorkritischen *Beweisgrund* verbunden ist, wird die Beziehung zwischen dem *Beweisgrund* und dem 2. Abschnitt des Theologie-Hauptstückes in 2.1.2 untersucht und analysiert. Schließlich werden wir in 2.1.3 das Konzept der Notwendigkeit verdeutlichen, um das Problem der Existenz des *entis realissimi* besser zu verstehen.

---

1 Baumgarten verwendet dieses Prinzip in zweierlei Hinsicht: (1) als Prinzip der Individualität. Die Dinge, die durchgängig bestimmt werden können, sind Individuen. In *Metaphysica* § 148 weist Baumgarten darauf hin: „Der Inbegriff aller in einem Dinge zusammen möglichen Bestimmungen ist seine DURCHGÄNGIGE BESTIMMUNG (omnimode determinatio). Folglich ist das Ding entweder durchgängig bestimmt oder nicht. Jenes ist das EINZELNE (das individuum), dieses das ALLGEMEINE.“ (Vgl. Baumgarten [2011], 109.) (2) Als Prinzip der Existenz. Die Dinge, die durchgängig bestimmt werden können, existieren. Aber Kant nimmt nur das Prinzip der Individualität auf. Er versucht zu vermeiden, vom durchgängigen Prinzip auf Existenz zu schließen, sonst würde das *ens realissimum* notwendig existieren. Vgl. Sala (1990), 240; Cramer (1967), 143.

2.1.1 Eine Rekonstruktion des „entis realissimi“ aus der Perspektive der kritischen Philosophie

In Abschnitt 1.2 haben wir dargelegt, wie Kant, ausgehend vom durchgängigen Prinzip, das *ens realissimum* abgeleitet hat. Wir möchten darauf hinweisen, dass Kants Argumentation bisher nicht auf seiner kritischen Philosophie beruht, sondern auf einer Metaphysik, die offenbar den Charakter der vorkritischen Periode trägt. Später verwendet Kant nicht nur die kritische Philosophie als Waffe und enthüllt die Herkunft des *entis realissimi* aus der Erfahrung, sondern er weist auch darauf hin, dass die Realisierung, Hypostasierung und Personifizierung dieses Ideals nicht zulässig sind. Obwohl dieses Ideal eine natürliche und unvermeidbare Illusion (Schein) ist, setzt es seine objektive Existenz nicht voraus. Kant glaubt, dass es nötig ist, die Quelle dieser Illusionen aufzudecken. Daher führt Kant in den Paragraphen 16 bis 18 eine andere Interpretation vom *enti realissimo* aus, die auf der Einsicht beruht, die Kant in der Grundlage der *transzendentalen Analytik* erhalten hat. In ähnlicher Weise können Kants deduktive Schritte in drei Teile unterteilt werden:

(a) Die Möglichkeit der sinnlichen Gegenstände erfordert die Materie (die Realität) der Gegenstände in der Erscheinung. Gemäß dem Ergebnis der *transzendentalen Analytik* bietet unser Denken und unser Verstand der Erkenntnis die Formen *a priori* (Kategorien), und die Gegenstände die Materie der sinnlichen Mannigfaltigkeit. Daher drückt die Erkenntnis eine Beziehung zwischen den Gegenständen und dem Denken aus: ihre Form ist apriorisch aus dem Verstand, und das, was als ihre Materie gilt, muss in der Erscheinung gegeben werden und wird von Kant als „realitas phaenomenon“ bezeichnet. Dies bedeutet, dass die Möglichkeit der sinnlichen Gegenstände auf der Realität in der Erscheinung basieren muss. Alle diese Behauptungen lassen sich vollständig aus der *transzendentalen Analytik* ableiten. (b) Kant diskutiert weiter über den Inbegriff von der Materie der Möglichkeit aller sinnlichen Gegenstände. Kant weist darauf hin:

> Nun kann ein Gegenstand der Sinne nur durchgängig bestimmt werden, wenn er mit allen Prädicaten der Erscheinung verglichen und durch dieselbe bejahend oder verneinend vorgestellt wird. Weil aber darin dasjenige, was das Ding selbst (in der Erscheinung) ausmacht, nämlich das Reale, gegeben sein muß, ohne welches es auch gar nicht gedacht werden könnte; dasjenige aber, worin das Reale aller Erscheinungen gegeben ist, die einige allbefassende Erfahrung ist: so muß die Materie zur Möglichkeit aller Gegenstände der Sinne als in einem Inbegriffe gegeben vorausgesetzt werden,

> auf dessen Einschränkung allein alle Möglichkeit empirischer Gegenstände, ihr Unterschied von einander und ihre durchgängige Bestimmung beruhen kann.[2]

Ähnlich wie der Prozess in den Paragraphen 1–15 wird die durchgängige Bestimmung eines sinnlichen Gegenstandes im Vergleich mit allen Prädikaten der Erscheinung durchgeführt. Dies setzt voraus, dass das Reale aller Erscheinungen gegeben sein muss. Daraus folgt: „[...] so muß die Materie zur Möglichkeit aller Gegenstände der Sinne als in einem Inbegriff gegeben vorausgesetzt werden."

(c) Jetzt scheint das Reale aller Erscheinungen als ein Ding betrachtet zu werden. Allerdings nimmt Kant dazu kritisch Stellung:

> Nun können uns in der That keine anderen Gegenstände als die der Sinne und nirgend als in dem Context einer möglichen Erfahrung gegeben werden, folglich ist nichts für uns ein Gegenstand, wenn es nicht den Inbegriff aller empirischen Realität als Bedingung seiner Möglichkeit voraussetzt. Nach einer natürlichen Illusion sehen wir nun das für einen Grundsatz an, der von allen Dingen überhaupt gelten müsse, welcher eigentlich nur von denen gilt, die als Gegenstände unserer Sinne gegeben werden. Folglich werden wir das empirische Princip unserer Begriffe der Möglichkeit der Dinge als Erscheinungen durch Weglassung dieser Einschränkung für ein transscendentales Princip der Möglichkeit der Dinge überhaupt halten.[3]

Auf der Grundlage der kritischen Philosophie können nur die Gegenstände der Sinne uns gegeben werden. Deswegen kann der Inbegriff aller empirischen Realität nur als Voraussetzung oder Bedingung der sinnlichen Gegenstände betrachtet werden. Das bedeutet, dass der Begriff des *entis realissimi* durch den unzulässigen Gebrauch der Vernunft hervorgebracht wird.[4] In diesem Zitat weist Kant deutlich darauf hin, dass sich das empirische Prinzip der Möglichkeit der sinnlichen Gegenstände von dem transzendentalen der Möglichkeit der Dinge überhaupt unterscheidet. Das eine beschränkt sich immer auf das Gebiet der Erfahrung. Im Gegensatz dazu ist das andere transzendental, d.h. es ist eine Erweiterung hin zur Möglichkeit der Dinge überhaupt bzw. der übersinnlichen Dinge. Deswegen versteckt sich im *enti realissimo*, das aus Passage 1–15 abgeleitet ist, eine Illusion aufgrund „der Weglassung dieser Einschränkung". Diesen Unterschied kommentiert Anneliese Maier wie folgt: „wir haben gesehen, dass und in welcher Weise sich auf dem Standpunkt der Dissertation der alte Begriff der realitas differenziert hat: das *realitas phaenomenon* wurde zum Empfindungsgegebenen, die *realitatis noumenon* blieb

2 KrV, 03: 391, 16–27, B 609–610.
3 KrV, 03: 391, 27–37, B 610.
4 Diese drei Schritte siehe Sala (1990), 252-255.

das bejahende Prädikat, das den Dingen selbst wahrhaft innewohnt und in seinem höchstmöglichen Grad Gott zukommt, und repräsentierte damit recht eigentlich den ursprünglichen ontologischen Realitätsbegriff.“[5] D.h. nur wenn wir die Realität als *realitas noumenon* betrachten, kann auf ein *ens realissimum* geschlossen werden. Allerdings kann die Realität, die die Möglichkeit der sinnlichen Gegenstände bildet, nur die *realitas phaenomenon* sein.

Kant hat jedoch in der kurzen Diskussion nicht angegeben, ob „der Inbegriff der Materie der Möglichkeit aller Gegenstände der Sinne“ der Summe der Realitäten in der Erscheinung gleich ist, oder ob die Prädikate, die abgeleitet werden und die miteinander nicht koexistieren können, ausgeschlossen werden müssen. Er erklärt auch nicht, ob „der Inbegriff der Materie der Möglichkeit aller Gegenstände der Sinne“ das Ideal des *entis realissimi* ist. Es wurde bereits festgestellt, dass es eine Ähnlichkeit gibt zwischen den Arten, wie Kant auf das *ens realissimum* in den Paragraphen 1–15 und auf einen Inbegriff der Materie der Möglichkeit aller sinnlichen Gegenstände in den Paragraphen 16-18 schließt. Allerdings besteht das Hauptziel der Paragraphen 16–18 darin, nichts als die Quelle der transzendentalen Illusion aufzudecken. Kant ist der Auffassung, dass diese Illusion im Wesentlichen in der Aufhebung der Grenzen der Erfahrung begründet ist. Diese Illusion entsteht, weil wir die auf die Erscheinung angewendeten Kategorien auf die übersinnlichen Dinge bzw. auf das Ding an sich anwenden. Kant nennt diesen Prozess „transzendentale Subreption“[6].

Obwohl wir die in den Passagen 16–18 ausgedrückte Kritik am Gottesbegriff aus der kritischen Perspektive erklärten, wurde deutlich, dass Kant seine Kritik am Begriff eines *entis realissimi* schon in den Paragraphen 1–15 durchgeführt hat. So sagt er beispielsweise, dass das *ens originarium, ens summum* und *ens entium* „nicht das objective Verhältniß eines wirklichen Gegenstandes zu anderen Dingen“, sondern „der Idee zu Begriffen“ bedeuten, und „uns wegen der Existenz eines Wesens von so ausnehmendem Vorzuge in völliger Unwissenheit“ lassen.[7] Daraus ergibt sich die Frage, wie man diese Behauptung verstehen soll. Kann sie nur als Kritik aus der Perspektive der kritischen Philosophie verstanden werden? Um dies zu klären, wird die Beziehung zwischen dem transzendentalen Ideal (dem *enti realissimo*) und dem Gottesbeweis im *Beweisgrund* dargelegt.

---

5 Maier (1968), 111. Der Unterschied zwischen *realitas phaenomenon* und *noumenon* ist auch sehr wichtig in der KrV, siehe den Anhang zur *transzendentalen Analytik*: „Von der Amphibolie der Reflexionsbegriffe“.

6 KrV, 03: 392, 6, B 611.

7 KrV, 03: 389, 33–36, B 607.

2.1.2 Der Gottesbeweis im „Beweisgrund" und das transzendentale Ideal

Der Leitfaden des Gottesbeweises im *Beweisgrund* kann so formuliert werden: Ausgehend von der Möglichkeit der Dinge überhaupt wird auf das *ens realissimum* geschlossen. Obwohl Kant im 2. Abschnitt des Theologie-Hauptstückes den gesamten Ableitungsprozess mit der vollständigen Erkenntnis der Dinge beginnt,[8] hat er sich an die Grenzen der Erkenntnistheorie nicht streng gehalten. Peter Rohs behauptet, dass der Inbegriff aller möglichen Prädikate nicht zum *enti realissimo* führt, da das vollständige Erkennen der Dinge nichts mit dem Begriff der Theologie (dem *enti realissimo*) zu tun hat: „zur Idee vollständiger Erkenntnis gehört die Idee einer vollständigen Menge möglicher Prädikate, aber nicht die eines *ens realissimum*."[9] Dies ist tatsächlich das Ergebnis einer irrtümlichen Begrenzung des Ableitungsprozesses des allerrealsten Wesens im epistemologischen Kontext. Peter Rohs ist einer der wenigen Forscher, die die Wichtigkeit des Prinzips der durchgängigen Bestimmung bemerken. Rohs begrenzt sich allerdings auf den epistemologischen Zweck des vollständigen Erkennens der Dinge. Außerdem ignoriert er die enge Beziehung zwischen dem *enti realissimo* und dem Gottesbeweis im *Beweisgrund.* Um die Kritik an der Vorstellung eines allerrealsten Wesens (eines *entis realissimi*) in den Paragraphen 1–15 zu verstehen, ist es notwendig, dass wir den Gottesbeweis im *Beweisgrund* zuerst genau betrachten.

Der *Beweisgrund* beginnt mit der Möglichkeit der Dinge. Kant teilt die Möglichkeit der Dinge nach Form und Materie ein: Die Möglichkeit hinsichtlich der Form unterwirft sich dem Gesetz des Widerspruchs, und die Möglichkeit in Bezug auf die Materie hängt von der Realität ab. Kants nächstes Argument befasst sich hauptsächlich mit der Möglichkeit der Dinge auf Seiten der Materie, die auf einem Realen (einem *realiae*) basiert. Da es sich beim Realen eigentlich um Materie der Möglichkeit der Dinge handelt, würden alle Möglichkeiten aufgehoben, wenn das Reale aufgehoben würde:

> „Nun geschieht dieses durch die Aufhebung alles Daseins, also wenn alles Dasein verneint wird, so wird auch alle Möglichkeit aufgehoben. Mithin ist schlechterdings unmöglich, daß gar nichts existire."[10]

---

8 KrV, 03: 386, 14–16, B 601: „Er will so viel sagen als: um ein Ding vollständig zu erkennen, muß man alles Mögliche erkennen und es dadurch, es sei bejahend oder verneinend, bestimmen."

9 Rohs (1978), 174. Zur Kritik an Peter Rohs, vgl. Gabriel (2006), 108.

10 BGD, 02: 79, 12–15.

D.h. solange es irgendeine Möglichkeit gibt, gibt es ein Reales. Daraus ergibt sich, dass es irgendein Reales gibt. Anschließend legt Kant die Beziehung zwischen der Möglichkeit der Dinge und der realen Sache fest: „diese Beziehung aller Möglichkeit auf irgendein Dasein kann nun zwiefach sein. Entweder das Mögliche ist nur gedanklich, in so fern es selber wirklich ist, und dann ist die Möglichkeit in dem Wirklichen als eine Bestimmung gegeben; oder es ist möglich darum, weil etwas anders wirklich ist, d. i. seine innere Möglichkeit ist als eine Folge durch ein ander Dasein gegeben."[11] Das erste bezieht sich auf die Beziehung zwischen der Möglichkeit und einem konkreten Ding, wie das Denken die Bestimmung des Subjekts ist; das zweite bezieht sich auf das Verhältnis der Möglichkeit der Dinge zu einem Wesen, das alle Realitäten enthält. Offensichtlich konzentriert sich Kant auf das letztere. Kant zufolge gibt es ein Wesen, das der Realgrund aller Möglichkeiten ist. In der anschließenden Untersuchung definiert Kant dieses Wesen als ein schlechterdings notwendiges Wesen (das *ens necessarium*). Der Grund für diese Definition liegt darin, dass es als Realgrund aller Möglichkeiten absolut notwendig ist: „schlechterdings nothwendig ist, dessen Gegentheil an sich selbst unmöglich ist."[12] Kant fasst diesen Prozeß folgendermaßen zusammen:

> „Alle Möglichkeit setzt etwas Wirkliches voraus, worin und wodurch alles Denkliche gegeben ist. Demnach ist eine gewisse Wirklichkeit, deren Aufhebung selbst alle innere Möglichkeit überhaupt aufheben würde. Dasjenige aber, dessen Aufhebung oder Verneinung alle Möglichkeit vertilgt, ist schlechterdings nothwendig."[13]

Das heißt, alle Möglichkeiten beruhen auf der Existenz eines *entis necessarii*, das also nicht ohne Existenz sein kann, sonst würden alle Möglichkeiten verneint. Deshalb muss es notwendig existieren. Danach weist Kant darauf hin, dass dieses *ens necessarium* einig, einfach, unveränderlich und ewig ist, und dass es die höchste Realität enthält. Es besteht kein Zweifel, dass es Gott ist. Das ist Kants letzte Schlussfolgerung.[14]

Wir bemerken, dass hier auf das *ens necessarium* geschlossen wird, zu welchem die höchste Realität als seine Eigenschaft gehört. Umgekehrt wird aber im 2. Abschnitt des Theologie-Hauptstückes auf das *ens realissimum* geschlossen, als dessen Prädikat die Notwendigkeit betrachtet wird. Aus diesem Grund gibt es einen entscheidenden Unterschied zwischen beiden. Allerdings

---

11 BGD, 02: 79, 22–27.
12 BGD, 02: 81, 20–21.
13 BGD, 02: 83, 3–7.
14 Zu der ausführlichen Rekonstruktion des Prozesses siehe Schmucker (1980), 62–106.

erinnert der Gottesbeweis im *Beweisgrund* uns an den kosmologischen Beweis im 3. Abschnitt des Theologie-Hauptstückes:

> „Der kosmologische Beweis, den wir jetzt untersuchen wollen, behält die Verknüpfung der absoluten Nothwendigkeit mit der höchsten Realität bei; aber anstatt wie der vorige von der höchsten Realität auf die Nothwendigkeit im Dasein zu schließen, schließt er vielmehr von der zum voraus gegebenen unbedingten Nothwendigkeit irgend eines Wesens auf dessen unbegränzte Realität [...]"[15]

D.h. der 2. Abschnitt des Theologie-Hauptstückes deckt die Illusion auf, „von der höchsten Realität auf die Nothwendigkeit im Dasein zu schließen". Im Vergleich dazu ist der Denkprozess im *Beweisgrund* dem kosmologischen Beweis ähnlich, welcher von der absoluten Notwendigkeit auf die höchste Realität schließt. Daher hat Dieter Henrich mit Nachdruck darauf hingewiesen: „der einzig mögliche Beweisgrund ist ursprünglich ein Beweis vom Dasein des *notwendigen* Wesens. Seiner ganzen Anlage und systematischen Stellung nach ist er der Versuch einer Antwort auf das Problem des kosmologischen Grundbegriffes."[16] Daneben erweitert Dieter Henrich diese Schlussfolgerung und sagt: „der Beweis aus dem Vernunftideal der omnitudo realitatis ist nur der Beweis von Gottes Existenz. Die klassischen Beweise und vor allem der ontologische sind aber zugleich von dem kosmologischen Problem des ‚ens necessarium' bestimmt."[17] Mit anderen Worten, der *Beweisgrund* und die traditionellen Gottesbeweise drehen sich um das Konzept des *entis necessarii.* Im Vergleich dazu führt das *ens realissimum,* das im 2. Abschnitt des Theologie-Hauptstückes abgeleitet ist, nicht dazu, dass es notwendig existieren muss. Dieter Henrich macht jedoch nicht klar, welcher Unterschied zwischen der reinen Existenz und dem notwendigen Dasein besteht, denn Kant sagt auch: „Es versteht sich von selbst, daß die Vernunft zu dieser ihrer Absicht, nämlich sich *lediglich die nothwendige durchgängige Bestimmung der Dinge* vorzustellen, *nicht die Existenz eines solchen Wesens,* das dem ideale gemäß ist [...] voraussetze".[18] Aus diesem Zitat ergibt sich, dass Kant die Grenze zwischen der Existenz und dem notwendigen Dasein verdeutlicht hat. Wir müssen Dieter Henrichs Urteil möglichst genau analysieren. Er behauptet: „Die Fehler des Beweises vom Jahre 1763 ist dem analog, den die Kritik der reinen Vernunft aufdeckt: Was nur subjektive Gültigkeit für die Möglichkeit des Denkens hat, wird hypostasiert zum Prinzip aller

---

15 KrV, 03: 404, 15–20, B 632.
16 Henrich (^{2}1967), 148.
17 Henrich (^{2}1967), 141.
18 KrV, 03: 389, 9–12, B 605. Hervorgehoben von Zhou.

Dinge.“[19] Henrich scheint zu sagen, dass das Ideal des *entis realissimi* nur eine subjektive Gültigkeit hat, dagegen wollen der *Beweisgrund* und die traditionellen Gottesbeweise darstellen, dass dieses Ideal notwendigerweise objektiv existiert.

Joseph Schmucker bringt zwei sehr subtile Kritikpunkte an Dieter Henrich vor: (1) Enthält das *ens realissimum* das Prädikat der Notwendigkeit? (2) Kann es sein, dass das Ideal des *entis realissimi*, das aus dem 2. Abschnitt des Theologie-Hauptstückes stammt, unmittelbar eine Umdeutung des Beweises im *Beweisgrund* aus der Perspektive der kritischen Philosophie ist? Im Folgenden möchte ich beide Punkte weiter verdeutlichen.

(1) Schmucker weist darauf hin, dass Kant im 2. Abschnitt des Theologie-Hauptstückes zeigt, dass das Ideal des *entis realissimi* als Urwesen ein „einiges, einfaches, allgenugsames, ewiges etc“[20] ist. So kann scheinbar gesagt werden, dass das Prädikat der Notwendigkeit nicht darin enthalten ist. Aber was meint Kant hier mit „etc“? Schmucker denkt, dass die fehlenden Prädikate hier durch den Inhalt des 7. Abschnitts des Theologie-Hauptstückes ergänzt werden können. Darin behauptet Kant: „die Nothwendigkeit, die Unendlichkeit, die Einheit, das Dasein außer der Welt (nicht als Weltseele), die Ewigkeit ohne Bedingungen der Zeit, die Allgegenwart ohne Bedingungen des Raumes, die Allmacht etc. sind lauter transscendentale Prädicate.“[21] Daher ist die Notwendigkeit auch in den Prädikaten dieses transzendentalen Ideals enthalten.[22]

(2) Schmucker hat zudem durch sein ausführliches und eingehendes Studium der vorkritischen Schriften Kants klar aufgewiesen, dass die kritische Perspektive der Paragraphen 1–15, nämlich das transzendentale Ideal, nur als subjektive Gültigkeit zu behandeln ist. Des Weiteren hat Schmucker darauf hingewiesen, dass dieses Ideal nicht eine Umdeutung des Beweises im *Beweisgrund* durch die kritische Philosophie ist, sondern das Ergebnis der kantischen Selbstreflexion zum *Beweisgrund* in der vorkritischen Periode, d. h. die Kritik innerhalb der Paragraphen 1–15 des Theologie-Hauptstückes ist das theoretische Ergebnis der vorkritischen Periode.[23]

Tatsächlich akzeptiert Dieter Henrich implizit die Methodologie von Klaus Reich, der behauptet, dass der Gottesbeweis im *Beweisgrund* dogmatisch ist und damit der Ableitungsprozess des *entis realissimi* in den Paragraphen 1–15 kritisch sei, so wie es im Untertitel seiner Arbeit von 1937, *Ein Beitrag zum Verständnis des Verhältnisses von Dogmatismus und Kritizismus in der*

19 Henrich (^{2}1967), 147.
20 KrV, 03: 390, 19, B 608.
21 KrV, 03: 426, 15–18, B 669–670.
22 Schmucker (1980), 180f.
23 Schmucker (1980), 173f.

Metaphysik, impliziert ist.[24] Joseph Schmucker weist weiter darauf hin, dass Kant das transzendentale Ideal bereits weit vor der kritischen Philosophie im Jahr 1769 als subjektive Gültigkeit betrachtet hat.[25]

Zum Punkt (1) ist es unmöglich, ein einfaches Urteil zu fällen, da es sich auf das ganze Denken Dieter Henrichs über Kants Gottesbeweis bezieht. Hier wird nur darauf hingewiesen, dass das Ideal des *entis realissimi* wegen seiner höchsten Realität die Notwendigkeit als Prädikat in sich enthält. Außer der KrV gibt es noch andere Texte, die beweisen können, dass die Notwendigkeit zu den Prädikaten des *entis realissimi* gehört.[26] Die Debatte über die Notwendigkeit ist von großer Bedeutung, weil es sich um die Existenz Gottes handelt. Dieter Henrich scheint zu behaupten, dass es ein ontologischer Beweis sei, die Notwendigkeit als ein Prädikat des *entis realissimi* zu betrachten. Aber für Kant gilt dies nicht. Es gibt bei Kant viele verschiedene Bedeutungen von Notwendigkeit. Das wollen wir im folgenden Unterabschnitt 2.1.3 veranschaulichen. Punkt (2) betreffend, unterstütze ich den Standpunkt von Joseph Schmucker. Er untersucht, ausgehend von einer ausführlicheren Studie, den anhaltenden Einfluss der vorkritischen Zeit Kants auf dessen Gotteslehre in der KrV. Daraus kann gefolgert werden, dass Kants Denken in der KrV nicht gänzlich kritisch ist.

An dieser Stelle kann postuliert werden, dass die Kritik in den Paragraphen 1–15 als eine Selbstreflexion Kants zum *Beweisgrund* betrachtet werden muss. Diese Kritik erfolgt nicht gänzlich aus der Perspektive der kritischen Philosophie, die in den Paragraphen 16–18 ausgeführt wird. Um die Beschaffenheit der Notwendigkeit zu verstehen, soll nun dieser mehrdeutige Begriff diskutiert werden.

2.1.3 Verschiedene Bedeutungen von Notwendigkeit

Aus dem ebenen Gesagtem kann man ersehen, dass im Mittelpunkt der Debatte die Frage steht, ob das *ens realissimum* das Prädikat der Notwendigkeit besitzt. Die meisten Forscher stimmen zu, dass das *ens realissimum* nur eine subjektive Notwendigkeit hat. Da Kants Kritik am traditionellen ontologischen Beweis darin liegt, dass dieser ausgehend von der Idee des *entis realissimi* auf ein Wesen schließt, das notwendig existiert, lehnt Dieter Henrich die Notwendigkeit als

---

24 Vgl, Reich (1937).

25 Zur Ausführung Schmuckers siehe Schmucker (1976), 393-434. Auf Schmucker aufbauend, hat Giovanni B. Sala eine ausführliche Darstellung vorgelegt, siehe Sala (1990), 200-209.

26 Wie ich in Abschnitt 1.2 dargestellt habe.

das Prädikat des *entis realissimi* ab. Allerdings müssen wir die Bedeutungen von Notwendigkeit in der kantischen Philosophie sorgfältig unterscheiden. Ich vertrete die Auffassung, dass der Begriff der Notwendigkeit in Kants Philosophie wenigstens drei Bedeutungen hat: als subjektive, logische und existenzielle Notwendigkeit.

Zuerst diskutieren wir die logische Notwendigkeit. Sie bedeutet, dass das Prädikat logisch zum Subjekt gehören muss. Sie wird auch die Notwendigkeit des Urteils genannt. Im 4. Abschnitt des Theologie-Hauptstückes, d. h. in der Kritik am ontologischen Beweis, nimmt Kant die drei Ecken des Dreiecks als Beispiel und betont: „Die unbedingte Nothwendigkeit der Urtheile aber ist nicht eine absolute Nothwendigkeit der Sachen. Denn die absolute Nothwendigkeit des Urtheils ist nur eine bedingte Nothwendigkeit der Sache, oder des Prädicats im Urtheile. Der vorige Satz sagte nicht, daß drei Winkel schlechterdings nothwendig sind, sondern, unter der Bedingung, daß ein Triangel da ist (gegeben ist), sind auch drei Winkel (in ihm) nothwendiger Weise da."[27] Das heißt, diese logische Notwendigkeit beruht auf der Existenz des Subjekts. In diesem Fall verursacht die bloße Aufhebung des Prädikats einen Widerspruch. Wenn das Subjekt (Dreieck) und das Prädikat (drei Ecken) gemeinsam aufgehoben werden, entsteht jedoch kein Widerspruch.[28] Das notwendige Dasein Gottes, das Kant erforschen möchte, ist offensichtlich keine logische Notwendigkeit. Im *Beweisgrund* weist Kant darauf hin: „Man kann indessen die Nothwendigkeit in den Prädicaten blos möglicher Begriffe die logische Nothwendigkeit nennen. Allein diejenige, deren Hauptgrund ich aufsuche, nämlich die des Daseins, ist die absolute Realnothwendigkeit."[29] Das bedeutet, dass die traditionelle rationale Theologie, die den ontologischen Beweis unterstützt (einschließlich Kant in seiner vorkritischen Zeit), die Notwendigkeit der Existenz Gottes beweisen wollen. Mit anderen Worten, der traditionelle ontologische Beweis möchte Gott die *existenzielle* Notwendigkeit zuschreiben. Aufgrund dessen leugnet Dieter Henrich die Notwendigkeit als das Prädikat des *entis realissimi*. Genau dies entspricht der kantischen Meinung jedoch nicht. Die Notwendigkeit gehört offensichtlich zu den Prädikaten des *entis realissimi*. Diese Notwendigkeit ist aber weder eine logische noch eine existenzielle, sondern eine *subjektive* Notwendigkeit. Kant möchte aussagen, dass das Ideal des *entis realissimi* nur die subjektive Notwendigkeit enthält. So behauptet Knudsen: „Zu dem Zweck muß er zeigen, daß die vom Rationalismus behauptete Bestimmtheit des göttli-

---

27 KrV, 03: 398, 14–20, B 622.
28 Vgl. KrV, 03: 398, 31–32, B 622–623. Vgl. auch BGD, 02: 81–82.
29 BGD, 02: 82, 11–14.

chen Wesens als ein notwendiges und metaphysisch objektives Sein nur den Seinssinn einer auf die Vernunft bezogenen Idealität haben kann."[30]

Die subjektive Notwendigkeit ist eigentlich eine Notwendigkeit des Denkens, das heißt, es ist notwendig, dieses Ideal als Voraussetzung anzusehen, um die wirkliche Welt besser zu verstehen. Mit anderen Worten, das *ens realissimum* ist notwendig, insofern es ein regulatives Prinzip der Vernunft ist. Obwohl wir die Existenz des *entis realissimi* nicht voraussetzen oder nicht garantieren, ist dieses Ideal für uns unabdingbar, um die Welt zu klären, wie Kant im 2. Abschnitt des Theologie-Hauptstückes gesagt hat: „um ein Ding vollständig zu erkennen, muß man alles Mögliche erkennen und es dadurch, es sei bejahend oder verneinend, bestimmen."[31] Dies ist die Rolle, die das Ideal des *entis realissimi* spielt. Wie bereits erwähnt, haben Joseph Schmucker und Giovanni B. Sala behauptet, dass diese Schlussfolgerung von Kant bereits in der vorkritischen Periode gezogen worden ist. So sagt Kant beispielsweise in der *Reflexion*: „Alle Große Eigenschaften, die ich von Gott aus der willkührlichen Idee desselben sage, sind nur expositionen der hypothesis, die ich annehme."[32]

So erschließt sich, dass das *ens realissimum* nur eine subjektive Notwendigkeit hat. Auch wenn hier behauptet wird, dass die Notwendigkeit zu den Prädikaten des *entis realissimi* gehört, sind wir nicht der Ansicht, dass das *ens realissimum* notwendigerweise existiert. Es ist nur eine Notwendigkeit in Bezug auf das Denken, wie Kant sagt: „Nehme ich nun das Subjekt (Gott) mit allen seinen Prädikaten (worunter auch die Allmacht gehört) zusammen, und sage: Gott ist, oder es ist ein Gott; so setzte ich kein neues Prädikat zum Begriffe von Gott, sondern nur das Subjekt an sich, mit allen seinen Prädikaten, und zwar den Gegenstand in Beziehung auf meinen Begriff."[33]

Zusammenfassung. Diese Untersuchung behauptet, dass es im Abschnitt 2 des Theologie-Hauptstückes zwei unterschiedliche Kritiken gibt, die gegen die Realisierung, Hypostasierung und Personifizierung des *entis realissimi* gerichtet sind: die Kritik in den Paragraphen 1–15 und in den Paragraphen 16–18. Die erste Kritik ist von der Selbstreflexion Kants in der vorkritischen Periode abgeleitet. Deshalb wird das *ens realissimum* als subjektive Gültigkeit oder Notwendigkeit betrachtet. Die letztere aber rekonstruiert dieses Ideal aus der Perspektive der kritischen Philosophie und deckt eine Illusion auf, die durch das Weglassen der sinnlichen und empirischen Einschränkung entsteht und damit zu einer transzendentalen Subreption führt. Allgemein gesagt, ist die

30 Knudsen (1972), 57.
31 KrV, 03: 386, 14–16, B 601.
32 Refl, 17: 337, 1–02.
33 V-Phil-Th/Pölitz, 28: 1027, 37–1028, 3.

Existenz Gottes als *entis realissimi* nicht gesichert. Eine kleine Anmerkung dazu: Wir können die Existenz des *entis realissimi* weder festlegen noch verneinen, wie Kant behauptet: „Auf der andern Seite ist es aber auch aller menschlichen Vernunft unmöglich, je zu beweisen, daß eine solche Zusammensetzung aller Vollkommenheiten in Einem Dinge unmöglich sey; denn dazu gehörte wieder eine Einsicht in den Umfang aller Wirkungen des Alles der Realität, indem dieselben Gründe, durch welche das Unvermögen der Menschlichen Vernunft in Ansehung der Behauptung des Daseyns eines der gleichen Wesens vor Augen gelegt wird, nothwendig auch zureichen, um die Untauglichkeit einer jeden Gegenbehauptung zu beweisen. Kurz, es ist unmöglich zu beweisen, daß Gott unmöglich sey. Vielmehr legt mir die Vernunft auch nicht das mindeste Hinderniß in den Weg, die Möglichkeit eines Gottes, wenn ich auf andere Art mich dazu verbunden fühle, anzunehmen."[34]

2.2 Die höchste Intelligenz und der symbolische Anthropomorphismus

Die höchste Intelligenz wird aus der geordneten sinnlichen Welt abgeleitet und Gott zuschrieben. Ob die Gewissheit der Existenz Gottes als *archetypi intellectus* garantiert werden kann, müssen wir genau untersuchen. In diesem Abschnitt wird über folgende Inhalte diskutiert: Kant unterscheidet zwischen *an sich* und *für uns*, diese Unterscheidung wird im Theologie-Hauptstück häufig erwähnt. In der KU definiert Kant diese Unterscheidung weiter als die zwischen κατ' αληθειαν (in Bezug auf die Wahrheit) und κατ' ανθρωπον (in Bezug auf den Menschen), d.h. was Gott *an sich* ist, ist uns unklar. Wir können nur behaupten, was Gott in Bezug auf die Welt ist[35] (2.2.1). Bei der Behandlung von Gott als der höchsten Intelligenz hat Kant immer betont, dass Gott gedacht werden kann, *als ob* er der Grund der systematischen Einheit der Welt wäre. Die Frage ist nun, wie man das „als ob" hier versteht. Anfang des 20. Jahrhunderts entwickelte Hans Vaihinger die sogenannte „Als-Ob-Philosophie". Sie verbindet Kants Ideenlehre mit Nietzsches Gedanken, die Welt als Spiel vom Willen zur Macht zu betrachten.[36] Ausgehend von dieser Philosophie hält Hans Vaihinger die Idee Gottes bei Kant für eine nützliche Fiktion, eine Fälschung und Selbsttäuschung. Vaihingers Gedanken über das „als ob" entwickeln sich

---

34 V-Phil-Th/Pölitz, 28: 1026, 2–14.

35 Diese Unterscheidung bei Kant ist in der Forschung immer missachtet worden, dazu siehe Puntel (1969), 303.

36 Vaihinger (^{8}1922).

zu einer Religionsphilosophie bei Henrich Scholz.[37] Allerdings widerspricht Erich Adickes Vaihingers Interpretation über Kants Lehre vom „als ob". Adickes hält daran fest, dass das „als ob" Ungewissheit bedeutet, und dass die Existenz Gottes als der höchsten Intelligenz nicht bejaht oder verneint werden kann.[38] Die folgende Untersuchung wird diese Debatte kurz behandeln, um letztendlich mit der Interpretation von Adickes übereinzustimmen (2.2.2). Der Grund für diese Übereinstimmung liegt darin, dass Kants Religionsphilosophie schließlich eine Art des Anthropomorphismus, nämlich den symbolischen Anthropomorphismus, befürwortet. In den *Prolegomena* kritisiert Kant Hume aufgrund dessen, dass Hume in den *Dialogues concerning Natural Religion* (im Folgend als *Dialogues* bezeichnet) das menschliche Denken über Gott völlig ablehnt. Wir werden Kants Begründung dafür untersuchen (2.2.3).

2.2.1 Die Unterscheidung zwischen „an sich" und „für uns"

In dieser Untersuchung wird argumentiert, dass eine der wichtigsten Ursachen für den Mangel an Gewissheit der Existenz Gottes darin besteht, dass Gott als die höchste Intelligenz nicht so genau festgelegt wird, wie man ein konkretes Objekt bestimmt, sondern nur gemäß der Beziehung zwischen Gott und der Welt. Wie in Abschnitt 1.3 dargestellt wurde, können wir durch die Methode der Analogie das vierte Glied an sich nicht bestimmen, sondern nur das Verhältnis zwischen dem vierten und dritten Glied erhalten. Im Anhang zur *transzendentalen Dialektik* betont Kant unermüdlich, dass wir nicht aussprechen können, was Gott an sich ist. Zur Verdeutlichung dienen folgende Beispiele:

> „Denn daß wir ein der Idee correspondirendes Ding, ein Etwas oder wirkliches Wesen, setzen, dadurch ist nicht gesagt, wir wollten unsere Erkenntniß der Dinge mit transscendenten Begriffen erweitern; denn *dieses Wesen wird nur in der Idee und nicht an sich selbst* zum Grunde gelegt, mithin *nur um die systematische Einheit* auszudrücken, die uns zur Richtschnur des empirischen Gebrauchs der Vernunft dienen soll."[39]

Über Gott als die höchste Intelligenz sagt Kant das Folgende:

> „Auf solche Weise aber können wir doch (wird man fortfahren zufragen) einen einigen, weisen und allgewaltigen Welturheber annehmen? Ohne allen Zweifel; und nicht allein dies, sondern wir müssen einen solchen voraussetzen. Aber alsdann erweitern

37 Scholz (1921).
38 Adickes (1927).
39 KrV, 03: 445, 22–27, B 702–3. Hervorgehoben von Zhou

wir doch unsere Erkenntniß über das Feld möglicher Erfahrung? Keineswegs. Denn wir haben nur ein Etwas vorausgesetzt, *wovon wir gar keinen Begriff haben, was es an sich selbst sei* (einen bloß transscendentalen Gegenstand); aber in Beziehung auf die systematische und zweckmäßige Ordnung des Weltbaues, welche wir, wenn wir die Natur studiren, voraussetzen müssen, *haben wir jenes uns unbekannte Wesen nur nach der Analogie mit einer Intelligenz* (ein empirischer Begriff) gedacht, d. i. es *in Ansehung der Zwecke und der Vollkommenheit,* die sich auf demselben gründen, gerade mit den Eigenschaften begabt, die nach den Bedingungen unserer Vernunft den Grund einer solchen systematischen Einheit enthalten können. Diese Idee ist also *respectiv auf den Weltgebrauch unserer Vernunft* ganz gegründet."[40]

In *Von der Endabsicht der natürlichen Dialektik der menschlichen Vernunft* findet man noch ähnliche Sätze, die ich hier nicht mehr zu zitieren brauche.[41] Wie oben erwähnt, wurzelt die Unterscheidung zwischen *an sich* und *für uns* im Erkennen Gottes durch die Analogie. In der Formel G1 : F1 = G2 : F2 wird das Glied G2 nicht unmittelbar definiert, sondern durch die Beziehung zwischen G2 und F2, die ein Analogon der Beziehung zwischen G1 und F1 ist. In Bezug auf das Erkennen Gottes ist die höchste Intelligenz keine direkte Bestimmung Gottes, denn über das, was Gott an sich ist, haben wir kein Wissen. Der Grund, warum wir Gott die höchste Intelligenz nennen, liegt darin, dass die systematische Einheit der Welt es uns ermöglicht, ihn als die höchste Intelligenz zu bestimmen, so wie unsere menschliche Intelligenz den Grund der künstlichen Werke bildet. Daher ist Gott nicht an sich selbst die höchste Intelligenz, sondern für uns oder für die systematische Einheit der Welt, wie in den *Prolegomena* ausgeführt wird: „Vermittelst dieser Analogie bleibt doch ein für uns hinlänglich bestimmter Begriff von dem höchsten Wesen übrig, ob wir gleich alles weggelassen haben, was ihn schlechthin und an sich selbst bestimmen könnte; denn wir bestimmen ihn doch respectiv auf die Welt und mithin auf uns, und mehr ist uns auch nicht nöthig."[42] Diese Passage macht deutlich, dass die höchste Intelligenz nicht die Bestimmung von Gott an sich selbst ist. Außerdem hat Kant die obige Auffassung in der KU auf eine neue Weise zum Ausdruck gebracht:

„Ein Beweis aber, der auf Überzeugung angelegt ist, kann wiederum zwiefacher Art sein, entweder ein solcher, der, was der Gegenstand an sich sei, oder was er für uns (Menschen überhaupt) nach den uns nothwendigen Vernunftprincipien seiner Beurtheilung sei (ein Beweis κατ' αληθειαν oder κατ' ανθρωπον, das letztere Wort in allgemeiner Bedeutung für Menschen überhaupt genommen), ausmachen soll. Im

40 KrV, 03: 458, 13–28, B 725–6. Hervorgehoben von Zhou.
41 Vgl. KrV, B 702, 705, 706, 707, 708, 714, usw.
42 Prol, 04: 357, 29–358, 5.

ersteren Falle ist er auf hinreichende Principien für die bestimmende, im zweiten bloß für die reflectirende Urtheilskraft gegründet."[43]

In dieser Passage ist die Analogie eng mit der reflektierenden Urteilskraft verbunden. Daher ist es Kant zufolge ein Beweis κατ' ανθρωπον bzw. in Bezug auf die Menschen, dass Gott die höchste Intelligenz hat. Das unterscheidet sich von der bestimmenden Urteilskraft, die das hinreichende Prinzip ist, um die Mannigfaltigkeit unter einen einheitlichen Begriff oder unter die Kategorien zu bringen. Die Analogie oder der Beweis κατ' ανθρωπον bezieht sich aber auf die reflektierende Urteilskraft, die die intellektuellen Eigenschaften Gott zuschreiben, um die systematische Einheit der Welt zu interpretieren. Wie Kant in *Von dem regulativen Gebrauch der Ideen der reinen Vernunft* der KrV sagt: „Die Einheit aller möglichen empirischen Verstandeshandlungen systematisch zu machen, ist ein Geschäfte der Vernunft, so wie der Verstand das Mannigfaltige der Erscheinungen durch Begriffe verknüpft und unter empirische Gesetze bringt."[44] D.h. Gott ist nicht ein sinnlicher Gegenstand, der von den Kategorien bestimmt wird, er bezieht sich immer auf die systematische Einheit der Welt. Damit wird die höchste Intelligenz immer respektiv auf die Welt Gott zugeschrieben.

Zusammenfassend kann durch die Unterscheidung zwischen *an sich* und *für uns* festgelegt werden, dass die höchste Intelligenz keine direkte Bestimmung von Gott als Ding an sich ist, so wie der Verstand seinen Gegenstand direkt bestimmt. Nur in Bezug auf Gottes Verhältnis zur Welt und zum Menschen kann Gott als die höchste Intelligenz betrachtet werden. Anders gesagt, die systematische Einheit der Welt als Folge erfordert die höchste Intelligenz als Grund. Was Gott an sich angeht, ist die Gewissheit seiner Existenz jedoch noch unbekannt.

2.2.2 Die Als-Ob-Philosophie und die Gewissheit der Existenz Gottes

Aus den obigen Schlussfolgerungen ergibt sich das folgende Problem: Wenn die Eigenschaft Gottes respektiv auf den Menschen oder in Bezug auf das Verhältnis zwischen der Welt und Gott übertragen wird, kann dann daraus erschlossen werden, dass Gott nur eine freie Schöpfung des Menschen ist? Dieses Problem hängt mit der häufigen Verwendung des Wortes *als ob* in Kants Philosophie zusammen. In Unterabschnitt 1.3.2 zitieren wir viele Absätze, in denen Kant durch die Analogie Gott als höchste Intelligenz betrachtet hat. Jeder Absatz

43 KU, 05: 462, 35–463, 5.
44 KrV, 03: 493, 30–33, B 692.

enthält das Wort „als ob", beispielsweise „als ob sie Anordnungen einer höchsten Vernunft wären", oder „wir sind genöthigt, die Welt so anzusehen, als ob sie das Werk eines höchsten Verstandes und Willens sei." Neben der theoretischen Philosophie ist „als ob" von Kant sehr häufig in den Bereichen der praktischen Philosophie, der Religionsphilosophie, der Ästhetik usw. angewendet worden.[45] Die Frage ist nun, wie das „als ob" verstanden werden kann. Hans Vaihingers Als-Ob-Philosophie repräsentiert eine Tendenz, Kants Gottesbegriff als eine heuristische Fiktion zu betrachten.

Des Weiteren deckt Hans Vaihingers Als-Ob-Philosophie, wie der Untertitel seines Buches andeutet,[46] ein breites Themenspektrum ab, das die theoretische, die praktische und die Religionsphilosophie umfasst. Vaihinger glaubt, dass Kant ein Vorläufer der Als-Ob-Philosophie ist und dass der so von ihm interpretierte Kant der wahre Kant ist.[47] Diese Untersuchung befasst sich mit der Verwendung der Als-Ob-Philosophie in der Religionsphilosophie. Anhand der Zusammenfassung von Heinrich Scholz können wir Vaihingers Konzept der Religionsphilosophie bzw. die Verwendung der Als-Ob-Philosophie in der Religionsphilosophie veranschaulichen:

> „(1) Im Zentrum der Religion steht der Gottesglaube.
> (2) Die empirische Religion versteht unter dem Gottesglauben den Glauben an das Dasein Gottes.
> (3) Dieser Glaube ist sinnlos, denn es gibt keinen Gott.
> (4) Die Aufhebung dieses Glaubens ist aber nicht gleichbedeutend mit der Aufhebung der Religion.
> (5) Religion im Vollsinne des Wortes ist mehr als bloßer Gottesglaube; sie ist die Gestaltung des Lebens durch diesen Glauben. Die Lebensgestaltung ist gewissermaßen der Ausweis der Religion.
> [...]

---

45 Zur umfassenden Verwendung von „als ob" in Kants Philosophie siehe Eisler (1984), 7–8. Eisler (1984: 7) sagt: „so dass dann das ‚Als Ob' keineswegs immer nur reine, leere Fiktionen bezeichnen würde. Jedenfalls dient das ‚Als Ob' dazu, theoretisch-praktischen Werten ihren Einfluß auf das Handeln, ihre Geltung in praktischer Hinsicht zu sichern und die Anforderungen an unsere Pflichten zu steigern." Dieser Kommentar widerspricht völlig dem Urteil von Hans Vaihinger. Hans Vaihinger ist natürlich sehr scharfsinnig darin, die weit verbreitete Verwendung von „als ob" in Kants Philosophie zu belegen, siehe Vaihinger (^{8}1922), 613–733.

46 Vaihinger (^{8}1922), *Die Philosophe des Als Ob. System der theoretischen, praktischen und religiösen Fiktionen der Menschheit auf Grund eines idealistischen Positivismus. Mit einem Anhang über Kant und Nietzsche.*

47 Vaihinger (^{8}1922), 733f.

(7) Da nun von einer Wirklichkeit Gottes schlechterdings nicht die Rede sein kann, so muß der Gottesglaube als Glaube an ein imaginiertes höchstes Wesen definiert werden."[48]

Für die Als-Ob-Philosophie existiert Gott daher nicht, und das menschliche Konzept von Gott ist etwas, das sich die Menschen vorstellen, und damit eine Fiktion der menschlichen Vernunft. Die Religion ist nur ein Glaube an die von den Menschen selbst geschaffene Idee Gottes. Ausgehend von einem solchem Fiktionalismus betrachtet Hans Vaihinger Gott bei Kant schlechthin als Fiktion der menschlichen Vernunft, denn Gott existiert tatsächlich nicht. Hans Vaihinger hat das „als ob" in Kants Schriften eingehend untersucht: von den vorkritischen Schriften bis zum *Opus Postumum*, von der theoretischen Philosophie über die praktische Philosophie bis hin zur Religionsphilosophie. Er ist der Meinung, dass die wahre kritische Philosophie Kants die Als-Ob-Philosophie ist. Dies kommt an folgenden Stellen zum Ausdruck. Zum Beispiel zitiert Hans Vaihinger einen Satz aus dem Abschnitt *Von der Endabsicht der natürlichen Dialektik der menschlichen Vernunft* der KrV: „wir müssen alles, was nur immer in den Zusammenhang der möglichen Erfahrung gehören mag, so betrachten, als ob diese eine absolute.[...] Einheit ausmache, [...] zugleich aber, als ob der Inbegriff aller Erscheinungen (die Sinnenwelt selbst) einen obersten [...] Grund [...] habe, nämlich eine gleichsam selbständige, ursprüngliche und schöpferische Vernunft, [...] als ob die Gegenstände selbst aus jenem Urbilde aller Vernunft entsprungen wären."[49] Daraus erschließt Hans Vaihinger: „d.h. man dürfe sich dieser Begriffe als heuristischer Fiktion bedienen."[50] Die folgenden Absätze repräsentieren die typische Auffassung von Hans Vaihinger:

„Also ‚die Voraussetzung, dass eine höchste Intelligenz alles nach den weisesten Zwecken geordnet habe' usw. – alle diese Vorstellungen, welche doch ‚blosse Ideen' sind, will Kant auch als ‚Glaube' bezeichnen. Also in diesem Sinne, in diesem Zusammenhang ist Glaube so viel als die Annahme, als ob etwas wäre, was nicht wirklich ist und nicht wirklich sein kann. Nicht nur Kant nennt hier diese fiktiven Annahmen ‚Glauben'—auch rückwärts aus der Geschichte der Religionen, speziell aus der Geschichte der Mystik, lässt sich durch viele Beweise erhärten, dass auch umge-

48 Scholz (1921), 88–89. Wir müssen bemerken, dass Heinrich Scholz, obwohl er eine Religionsphilosophie des Als-Ob aus der Als-Ob-Philosophie Vaihingers entwickelt, nicht alle Thesen Vaihingers akzeptiert. Scholz (1921: 6) bestätigt die Existenz Gottes und kritisiert Vaihinger in dieser Beziehung.

49 KrV, 03: 444, 14–24, B 700.

50 Vaihinger (^{8}1922), 631.

> kehrt vielfach vielen Gläubigen ihre Glaubenswelt nur eine bewusste Selbsttäuschung, d. h. eben eine Welt von bewusster Fiktion war – und noch heute ist."[51]

Hans Vaihinger entlehnt seine Argumente aus dem philosophischen Denken Nietzsches und betrachtet den Gegenstand des Glaubens als bewusste Selbsttäuschung und Fiktion. Somit wird der Schluss gezogen, dass der kantische Gegenstand des Glaubens nur eine selbstgeschaffene Fiktion ist.

Hans Vaihingers Interpretation der kantischen Glaubenslehre wird von Erich Adickes entschieden widersprochen. Zunächst müssen die Behauptungen von Erich Adickes vorgelegt werden. Im von ihm herausgegebenen *Opus Postumum* widersetzt er sich ausdrücklich der Interpretation von Hans Vaihingers Fiktionalismus.[52] Erich Adickes kritisiert den Fiktionalismus des Weiteren in *Kant und die Als-Ob-Philosophie* (1927). Er geht dabei von folgendem Postulat aus: „Historische Auffassung gegen unhistorische Vergewaltigung unter dem Drang nach aktuell-systematischer Verwertung."[53] Adickes schreibt, dass Hans Vaihinger das Ding an sich, Gott, die Seele, die Willensfreiheit, die Unsterblichkeit nicht als „wirkliche Realitäten", „sondern als bloße Fiktion" betrachtet und damit das historische Studium von Kants Philosophie „ein Opfer seines systematischen Dranges" wird.[54] Erich Adickes untersucht ausführlich Hans Vaihingers Ansichten und prüft detailliert und systematisch die kantischen Texte. Was das Thema dieser Untersuchung betrifft, ist hier festzustellen, dass Erich Adickes die Ideentheorie in der *transzendentalen Dialektik* untersucht und zu einer anderen Schlussfolgerung als Hans Vaihinger kommt: „Unter den Stellen aus R.V. [sc. *Kritik der reinen Vernunft*], die V. [sc. Vaihinger] zugunsten seiner Theorie anführt, ist keine einzige, die irgendwie zwänge, die Vernunftidee als Fiktion in V.'schem Sinn anzusehen. Ja, nicht einmal eine, die eine solche Interpretation auch nur zuließe."[55] Was außerdem die Frage nach der Gewissheit der Existenz Gottes angeht, weist Erich Adickes darauf hin: „Auch in den meisten Als-Ob-Stellen deutet nicht nur nichts darauf hin, daß Kant sie in fiktivem Sinn verstanden wissen wollte; sie widerstreben vielmehr geradezu einer solchen Interpretation, sobald man sie in ihrem natürlichen Zusammenhang betrachtet. Was sie zum Ausdruck bringen sollen, ist nur die Unsicherheit und Ungewißheit, ja! das absolute Versagen der theoretischen Vernunft in transzendenten Dingen, ihre Unfähigkeit, die Gegenstände der Vernunftideen zu erkennen und ihre

---

51 Vaihinger (^{8}1922), 638–639.

52 Adickes, Erich (Hrsg) (1920). Zu einer Zusammenfassung der Haltung Erich Adickes' zu Hans Vaihinger siehe Adickes (1927), 1–14.

53 Adickes (1927), Vorwort.

54 Adickes (1927), Vorwort.

55 Adickes (1927), 134.

Realität zu erweisen.“ [56] D.h. gemäß Adickes sind die Gegenstände der Ideen (z. B. Gott und die Seele) niemals eine Fiktion. Was diese „Als-Obs“ tatsächlich bedeuten, ist, dass die Existenz der diesen Ideen entsprechenden Gegenstände in Unsicherheit und Ungewissheit bleibt.[57]

Hans Vaihinger und Erich Adickes vertreten zwei gegensätzliche Ansichten über die Gewissheit der Existenz Gottes: Hans Vaihinger geht davon aus, dass Kant die Existenz Gottes direkt leugnet, während Erich Adickes argumentiert, dass Kant nur zugibt, dass die Gewissheit der Existenz Gottes nicht garantiert werden kann. Wir stimmen mit Erich Adickes' Standpunkt überein. Wir werden im Folgenden weiter darüber nachdenken. Aufgrund des Themas dieser Dissertation beschränken wir uns darauf, die Idee von Gott als der höchsten Intelligenz zu thematisieren.

(1) Gott ist die höchste Intelligenz, und seine objektive Gültigkeit kann nicht garantiert werden. Der Grund liegt darin, dass Gott als Ding an sich kein Objekt der Anschauung ist, so dass die Kategorien des Verstandes ihn nicht direkt bestimmen können. Kant hat in der transzendentalen Deduktion der Vernunftideen im *Anhang zur transsendentalen Dialektik* der KrV klar gemacht, dass die Vernunftideen keine gleichermaßen objektive Gültigkeit haben wie die Kategorien, die das sinnliche Objekt direkt bestimmen können: „Es ist ein großer Unterschied, ob etwas meiner Vernunft als ein Gegenstand schlechthin, oder nur als ein Gegenstand in der Idee gegeben wird. In dem ersteren Falle gehen meine Begriffe dahin, den Gegenstand zu bestimmen; im zweiten ist es wirklich

56 Adickes (1927), 134.

57 Das Buch von Adickes ist im Jahr 1927 veröffentlicht, aus Alters- und Gesundheitsgründen reagiert Hans Vaihinger darauf nicht. Im Jahr 1928 reagierte Raymund Schmidt, Hans Vaihinger befürwortend, auf Erich Adickes. Schmidt (1928: 7) weist darauf hin: „Vaihinger hat zwar ausdrücklich zugegeben, daß er nur die Stellen von Kant zitiere, die eine Verwandtschaft mit seinen eigenen Gedankengängen aufweisen, und daß er alle gleichzeitigen metaphysischen Einschränkungen und Restriktionen weglasse oder durch Punkte ergänze.“ Daraus folgt, dass Hans Vaihingers Standpunkt nicht gänzlich mit Kants Ansichten übereinstimmend ist. Danach zeigt Schmidt (1928: 7), dass die Grundmotive von Erich Adickes „der eigenartige Theismus“ ist, „den Adickes gegen Vaihinger (und wir auch sagen gegen Kant) vertritt.“ In Bezug auf die Frage nach der Gewissheit der Existenz Gottes fügt Schmidt (1928: 8) hinzu: „Wer Vaihingers Ph. d. A. O. studiert hat, weiß, daß sich seine Auffassungen über die Fiktivität niemals beziehen auf real existente Wesen, sondern immer nur auf ganz bestimmte Begriffe, die wir davon machen.“ „Weder Kants Äußerungen in dieser Richtung noch Vaihingers verwandte Auffassung lassen einen solchen agnostizistisch fundierten Dogmatismus zu.“ Raymund Schmidt zufolge unterscheidet sich Hans Vaihinger eigentlich nicht wesentlich von Hans Adickes. Anhand eines Vergleiches mit der Interpretation von Heinrich Scholz glauben wir, dass Raymund Schmidt die Unterscheidung zwischen Hans Vaihinger und Erich Adickes nicht adäquat versteht.

nur ein Schema, dem direct kein Gegenstand, auch nicht einmal hypothetisch zugegeben wird, sondern welches nur dazu dient, um andere Gegenstände vermittelst der Beziehung auf diese Idee nach ihrer systematischen Einheit, mithin indirect uns vorzustellen."[58] In dieser Dissertation wurde wiederholt betont, dass Kant die analogische Methode verwendet, um Gott als die höchste Intelligenz in der Beziehung zwischen Gott und der systematischen Einheit der Welt zu definieren. Die höchste Intelligenz ist letztendlich nur eine regulative Idee für uns.

(2) Da Gott das Ding an sich ist und alle Bestimmungen davon indirekt sind, ergeben sich folgende Fragen: (a) Kann die Existenz Gottes direkt geleugnet werden, wie Hans Vaihinger es getan hat? (b) Wenn Gott als die höchste Intelligenz definiert wird und dadurch diese Eigenschaft Gottes nur ein aus der Erfahrung entlehnter Begriff ist, kann man dann behaupten, dass dies unvermeidlich zum Anthropomorphismus führt?

Was die Frage (a) angeht, ist die Antwort relativ einfach. Hans Vaihinger leugnet nachdrücklich die Existenz Gottes. Allerdings entspricht diese Haltung nicht Kants Absicht. Kant behauptet: „denn ein Widerspruch ist in ihnen (den psychologischen und theologischen Ideen) nicht, wie sollte uns daher jemand ihre objective Realität streiten können, da er von ihrer Möglichkeit eben so wenig weiß, um sie zu verneinen, als wir, um sie zu bejahen!"[59] Hier bedeutet „kein Widerspruch" so viel wie „fehlerfrei denkbar". Da die theologische Idee, bzw. Gott als höchste Intelligenz, keinen Widerspruch aufweist, besteht zumindest eine logische Möglichkeit, dass Gott auch tatsächlich existiert. Da es keine Möglichkeit gibt, dass irgendeine Anschauung dieser Idee entspricht, ist es für den Verstand unmöglich, in der empirischen oder sinnlichen Welt einen Grund zu finden, die Existenz ihres Gegenstandes zu bestätigen oder zu leugnen.

Kants Haltung zeigt sich besonders deutlich in den *Prolegomena*. Einerseits räumt Kant ein: „nach den allerklärsten Beweisen, die wir oben gegeben haben, würde es Ungereimtheit sein, wenn wir von irgend einem Gegenstande mehr zu erkennen hofften, als zur möglichen Erfahrung desselben gehört, oder auch von irgend einem Dinge, wovon wir annehmen, es sei nicht ein Gegenstand möglicher Erfahrung, nur auf das mindeste Erkenntniß Anspruch machten, es nach seiner Beschaffenheit, wie es an sich selbst ist, zu bestimmen."[60] Diese Passage steht in vollkommenem Einklang mit dem allgemeinen Geist der kritischen Philosophie, d.h. die unmittelbare Bestimmung des Dinges an sich

58 KrV, 03: 442, 33–443, 5, B 698.
59 KrV, 03: 444, 36–445, 1, B701.
60 Prol, 04: 350, 21–26.

überschreitet die Grenzen der Erfahrung und ist daher unzulässig. Dies ist jedoch nur die Hälfte der Geschichte, die andere Hälfte lautet wie folgt:

> „Es würde aber andererseits eine noch größere Ungereimtheit sein, wenn wir gar keine Dinge an sich selbst einräumen, oder unsere Erfahrung für die einzig mögliche Erkenntnißart der Dinge, mithin unsre Anschauung in Raum und Zeit für die allein mögliche Anschauung, unsern discursiven Verstand aber für das Urbild von jedem möglichen Verstande ausgeben wollten, mithin Principien der Möglichkeit der Erfahrung für allgemeine Bedingungen der Dinge an sich selbst wollten gehalten wissen.
>
> Unsere Principien, welche den Gebrauch der Vernunft blos auf mögliche Erfahrung einschränken, könnten demnach selbst transscendent werden und die Schranken unsrer Vernunft für Schranken der Möglichkeit der Dinge selbst ausgeben, wie davon Humes Dialogen zum Beispiel dienen können, wenn nicht eine sorgfältige Kritik die Grenzen unserer Vernunft auch in Ansehung ihres empirischen Gebrauchs bewachte und ihren Anmaßungen ihr Ziel setzte."[61]

Kant kritisiert hier grundlegend jene Philosophen, die an den Grenzen der Erfahrung festhalten und „die Schranken unsrer Vernunft für Schranken der Möglichkeit der Dinge selbst ausgeben". Er kritisiert diejenigen, die nicht über die Ideen sprechen und sogar dogmatisch die Existenz der Gegenstände der Ideen leugnen. Kant kritisiert hier David Hume. Ich bin jedoch der Meinung, dass auch Hans Vaihingers Konzept zur Zielscheibe dieser Kritik werden würde. Kurz gesagt, es ist völlig falsch, die Existenz Gottes direkt zu leugnen. Dies ist mit Kants Philosophie ganz unvereinbar.

2.2.3 Die Unterscheidung des dogmatischen und symbolischen Anthropomorphismus

Im Folgenden soll die Antwort auf die Frage (b) gegeben werden: Ist es ein vulgärer Anthropomorphismus, wenn man Gott als die höchste Intelligenz definiert? Zunächst soll darauf hingewiesen werden, dass Kants Philosophie den Anthropomorphismus nicht ablehnt. Kant behauptet in *Von der Endabsicht der natürlichen Dialektik der menschlichen Vernunft* der KrV: „Eben daher sind wir auch berechtigt, die Weltursache in der Idee nicht allein *nach einem subtileren Anthropomorphism* (ohne welchen sich gar nichts von ihm denken lassen würde), nämlich als ein Wesen, das Verstand, Wohlgefallen und Mißfallen, imgleichen eine demselben gemäße Begierde und Willen hat etc., zu denken, son-

---

61 Prol, 04: 350, 34–351, 12.

dern demselben unendliche Vollkommenheit beizulegen, die also diejenige weit übersteigt, dazu wir durch empirische Kenntniß der Weltordnung berechtigt sein können."[62] Es muss geklärt werden, welche Art von Anthropomorphismus von Kant zugelassen wird.

In den *Prolegomena* verdeutlicht Kant seine Position durch seine Kritik an Hume. Hume entwirft den Dialog zwischen Cleanthes, Philo und Demea in *Dialogues.* Cleanthes unterstützt den teleologischen Beweis der Existenz Gottes (d.h. den physikotheologischen Beweis bei Kant), der als ein Beweis *a posteriori* gilt. Demea unterstützt den kosmologischen Beweis und den philosophischen Deismus, er plädiert nämlich für den apriorischen Beweis der Existenz Gottes. Philo kritisiert, dass der teleologische Beweis von Cleanthes nur ein Anthropomorphismus sei, und er wirft auch dem apriorischen Beweis von Demea vor, dass der Gott des Deismus tatsächlich keine Auswirkungen auf die Welt hat; damit bezweifelt er letztendlich die Fähigkeit der Menschen, Gott überhaupt zu erkennen.[63] Philo vertritt Humes eigenen Standpunkt.[64] In den *Prolegomena* untersucht Kant eingehend die Kritik Humes am Deismus und Anthropomorphismus. Nach Kants Auffassung muss der Deismus den Anthropomorphismus zu Hilfe rufen:

> „Hume hält sich immer daran: daß durch den bloßen Begriff eines Urwesens, dem wir keine andere als ontologische Prädicate (Ewigkeit, Allgegenwart, Allmacht) beilegen, wir wirklich gar nichts Bestimmtes denken, sondern es müßten Eigenschaften hinzukommen, die einen Begriff *in concreto* abgeben können; es sei nicht genug, zu sagen: er sei Ursache, sondern: wie seine Causalität beschaffen sei, etwa durch Verstand und Willen."[65]

Hier bezieht sich Kant auf Humes Kritik am Deismus, dass nämlich der vom Deismus erkannte Gott nur ontologische Prädikate besitze und nur als eine Ursache der Welt bezeichnet werde. Allerdings ist dies nicht genug, die Beziehung zwischen Gott und Welt *in concreto* zu bestimmen. Angesichts dieser Schwierigkeit ist es zwingend, dass sich der Deismus notwendig zum Theismus verhält, indem er die empirischen Prädikate wie Verstand und Willen in sich aufnimmt. Allerdings wird diese Aufnahme der empirischen Prädikate unvermeidlich einen Anthropomorphismus verursachen. Kant weist weiter darauf hin: „Seine gefährlichen Argumente beziehen sich insgesamt auf den Anthropomorphismus, von dem er dafür hält, er sei von dem Theism unabtrennlich

---

62 KrV, 03: 459, 29–35, B 728. Hervorgehoben von Zhou. Siehe auch KrV, 03: 458, 4, B 725.
63 Vgl. Hume (2007).
64 Vgl. Black/Gressis (2017), 244–264.
65 Prol, 04: 356, 13–19.

und mache ihn in sich selbst widersprechend, ließe man ihn aber weg, so fiele dieser hiemit auch, und es bliebe nichts als ein Deism übrig, aus dem man nichts machen, der uns zu nichts nützen und zu gar keinen Fundamenten der Religion und Sitten dienen kann."[66] Hume zufolge gibt es ein Dilemma für die menschliche Vernunft: man muss entweder den Deismus akzeptieren, der aber „zu gar keinen Fundamenten der Religion und Sitten dienen" kann, oder zum Theismus tendieren, der jedoch mit dem Anthropomorphismus unzertrennlich verbunden ist.

Kant akzeptiert Humes Ansicht, dass der reine Deismus nicht als Grundlage der Religion und Moral dienen kann. In Abschnitt 1.1 wurde folgende Passage aus der *Vorlesung über Rationaltheologie* zitiert: „Davon können wir nun aber unmöglich schon begnügen lassen; denn so würde uns ein solcher Gott nichts helfen; er wäre zwar ein Ding, das aber ganz isoliert für sich ist, und in keinem Verhältniße mit uns stehet. Zwar muß dieser Begriff von Gott den Anfang aller unserer Erkenntniß von Gott ausmachen, aber allein für sich genommen, ist er unbrauchbar, und, ohne daß wir mehr von Gott erkennen könnten, ganz für uns entbehrlich. Soll uns dieser Begriff Nutzen schaffen; so müssen wir sehen, ob nicht jene ontologischen Prädikate aus Beispiel in concreto angewandt werden können. Und das thut der Theist, indem er sich Gott als die oberste Intelligenz denkt. Wenn wir nun Gott auch Prädikate in concreto beilegen wollen; so müssen wir die Materialien zum Begriff von Gott aus empirischen Principien und Kenntnissen nehmen."[67] Kant sagt hier klar, dass ein solcher Gott, nämlich das *ens realissimum*, uns nichts helfe und isoliert sei; damit sei er unbrauchbar. Um diese Idee zu nutzen, denkt der Theist Gott als die höchste oder oberste Intelligenz und nimmt die Prädikate (Verstand und Wille) aus der Erfahrung hinzu. Die Haltung, die Kant in dieser Passage einnimmt, ist der von Hume ähnlich.[68]

Jetzt muss der Deismus die Prädikate Gottes der Erfahrung entnehmen und damit notwendigerweise zum Theismus und letztendlich zum Anthropomorphismus führen. Zur Frage, ob der Übergang vom Deismus zum Theismus und Anthropomorphismus gänzlich irrational und unerlaubt ist, sind Kant und

66 Prol, 04: 356, 21–27.

67 V-Phil-Th/Pölitz, 28: 1020, 26–38.

68 Paul Guyer glaubt, dass Kant Humes Ansicht akzeptiert, dass der teleologische Beweis kein Wissen über Gott liefern kann, sondern nur ein heuristisches Prinzip für die wissenschaftliche Forschung darstellt, siehe Guyer (2008), 241. Wir stimmen nicht zu, dass Humes Ansicht mit Kants Standpunkt übereinstimmt, weil Kant hofft, durch die Analogie die höchste Intelligenz Gott zuzuschreiben. Außerdem ist die Grundstruktur hinter der Analogie der teleologische Beweis. Zur Kritik an Paul Guyer, siehe auch Winegar (2015), 888-910.

Hume unterschiedlicher Meinung: Hume lehnt diesen Übergang nachdrücklich ab; im Gegensatz dazu kritisiert Kant Humes Ablehnung. Kant ist der Auffassung, dass es nicht gerechtfertigt ist, den Anthropomorphismus restlos abzulehnen:

> „Wir halten uns aber auf dieser Grenze, wenn wir unser Urtheil blos auf das Verhältniß einschränken, welches die Welt zu einem Wesen haben mag, dessen Begriff selbst außer aller Erkenntniß liegt, deren wir innerhalb der Welt fähig sind. Denn alsdann eignen wir dem höchsten Wesen keine von den Eigenschaften an sich selbst zu, durch die wir uns Gegenstände der Erfahrung denken, und vermeiden dadurch den dogmatischen Anthropomorphismus; wir legen sie aber dennoch dem Verhältnisse desselben zur Welt bei und erlauben uns einen symbolischen Anthropomorphism, der in der That nur die Sprache und nicht das Object selbst angeht."[69]

Diese Passage bringt viele der oben diskutierten Themen zum Ausdruck: wir beschränken unsere Erkenntnis auf das Verhältnis Gottes zur Welt, damit diese sich Erkenntnis nicht auf Gott an sich bezieht. Offenkundig greift diese Passage die Analogie auf, und dadurch macht Kant deutlich, wie man durch die Analogie Gott denken kann: „wir sind genöthigt, die Welt so anzusehen, als ob sie das Werk eines höchsten Verstandes und Willens sei."[70] Daher bezieht sich diese Passage darauf, wie man Gott als die höchste Intelligenz behandelt. Kant sagt hier, dass wir uns an die Grenzen der Erfahrung halten können, wenn wir Gott nicht an sich selbst bestimmen, sondern ihm die höchste Intelligenz in Bezug auf das Verhältnis zwischen Gott und der Welt zuschreiben. Dadurch kann der von Hume kritisierte dogmatische Anthropomorphismus vermieden und Gott dementsprechend als die höchste Intelligenz gedacht werden. Dies ist aus Kants Sicht *ein symbolischer Anthropomorphismus.*[71]

Ich behaupte, dass sich der symbolische Anthropomorphismus wenigstens aus zwei Gründen von dem dogmatischen Anthropomorphismus unterscheidet: (1) Die Anwendung der analogischen Methode erlaubt den Menschen, nicht Gott an sich, sondern nur die Beziehung zwischen Gott und der Welt zu bestimmen. Der Kern des symbolischen Anthropomorphismus besteht darin, Gott in Beziehung zur Welt zu setzen und nicht Gott an sich allein darzustellen.

---

69 Prol, 04: 357, 10–18.

70 Prol, 04: 357, 17–18.

71 Zur Verwendung des Wortes Symbol in Kants Philosophie und zum symbolischen Anthropomorphismus, siehe Maly (2012), 171-187. Sebastian Maly untersucht insbesondere den Gottesbegriff in § 59 der KU: „Von der Schönheit als Symbol der Sittlichkeit" (a. a. O., 41 f.) und zieht anschließend eine ähnliche Schlussfolgerung wie die in diesem Aufsatz.

Wie das Haus und die Uhren, deren Schönheit und Ordnung von Handwerkern verursacht werden, so wird die systematische Einheit der Welt durch die höchste Intelligenz hergestellt. Es ist die analogische Methode, die den symbolischen Anthropomorphismus vom dogmatischen unterscheidet. Durch die Analogie vermeiden die Menschen die Gefahr, Gott an sich unmittelbar zu bestimmen. (2) Gott als die höchste Intelligenz unterscheidet sich in qualitativer und quantitativer Hinsicht von der menschlichen Intelligenz, sodass das aus der Erfahrung entlehnte Prädikat (nämlich die Intelligenz) im höchsten Maße gereinigt wird. Obwohl göttliche und menschliche Intelligenz gemeinsam mit dem Wort „Intelligenz" bezeichnet werden, sind die Unterschiede zwischen ihnen sehr groß. Die höchste Intelligenz ist *intellectus archetypus*, im Gegensatz dazu hat die menschliche Intelligenz teil am *intellectui archetypo*. In Unterabschinitt 1.3.2 wurde festgehalten, daß Kant durch die *viam negationis* und die *viam eminentiae* die menschliche Intelligenz von der göttlichen qualitativ und quantitativ unterschieden hat. Aufgrund der Punkte (1) und (2) kann behauptet werden, dass der Anthropomorphismus bei Kant niemals dem vulgären und dogmatischen Anthropomorphismus entspricht. Er bestimmt nicht Gott an sich. Außerdem versucht er, die aus der Erfahrung entlehnten Prädikate zu reinigen.

Die Inhalte des Abschnitts 2.2 sind an dieser Stelle zusammenzufassen. Während wir die Eigenschaft, nämlich die höchste Intelligenz, Gott zuschreiben, so dass die Idee Gottes eine regulative Rolle spielen kann, um die systematische Einheit der Welt in ihrer Beziehung zu Gott besser zu verstehen, hat Kant immer betont, dass diese Bestimmung keine von Gott an sich ist, sondern von Gott in der Beziehung zwischen Gott und Welt. Kant hat wiederholt gesagt, man könne so denken, *als ob* die systematische Einheit der Welt aus der höchsten Intelligenz Gottes stamme. Was Gott an sich ist, können wir aber nicht erkennen. Allerdings soll nicht behauptet werden, dass Gott nur das Ergebnis einer menschlichen Fiktion sei, wie dies Hans Vaihinger tut, der glaubt, dass Gott bei Kant nicht existieren könne. Diese Schlussfolgerung Hans Vaihingers wird von Kant eindeutig abgelehnt. Wenn wir Gott mit dem aus der Welt entlehnten Prädikat bestimmen, bedeutet das nicht, dass wir unbedingt in einen dogmatischen Anthropomorphismus verfallen würden, weil Kant sich von dem Deismus und dem dogmatischem Anthropomorphismus deutlich abgrenzt. Der kantische *symbolische Anthropomorphismus* definiert Gott zwar als die höchste Intelligenz, doch kommt Kant weder zum Schluss, dass die Intelligenz das Prädikat von Gott an sich sein muss (gegen den dogmatischen Anthropomorphismus), noch gibt er zu, dass wir völlig ohne Erkenntnis Gottes sein können (gegen den Skeptizismus Humes). Was das Thema dieser Untersuchung angeht, ist die Gewissheit der

Existenz Gottes als des Dinges an sich nicht garantiert, diese bleibt immer eine offene Frage für die menschliche Vernunft.

2.3 Die Ungewissheit der Existenz Gottes: Eine Zusammenfassung

Aufgrund der Diskussionen in den Abschnitten 2.1 und 2.2 kann festgestellt werden, dass die Existenz Gottes ungewiss ist, obwohl Kant Gott auf die transzendentale und aposteriorische Weise denken will und Gott als das *ens realssimum* und die höchste Intelligenz angesehen hat. Kant glaubt, dass dies eine unvermeidliche Folge aus der Sicht der theoretischen Vernunft ist. Obwohl wir einige der Eigenschaften Gottes denken können, sind wir nicht imstande, zu bejahen oder zu verneinen, dass die Existenz von Gott, der so zu verstehen ist, gewiss ist. Es gibt einen großen Unterschied zwischen beiden Methoden: Die Prädikate des allerrealsten Wesens (des *entis realissimi*) leiten sich direkt aus der Vernunft ab, dieses Wesen aber hat nur eine subjektive und keine existenzielle Notwendigkeit. Im Vergleich dazu wird die höchste Intelligenz Gott zugeschrieben nicht durch die Ableitung aus dem Gottesbegriff, sondern durch die Entlehnung aus der Erfahrung, um die systematische Einheit der Welt besser zu verstehen. Auf jeden Fall wird die Gewissheit der Existenz Gottes nicht garantiert.

Gleichzeitig soll der Idee widersprochen werden, dass Kant die Existenz Gottes dogmatisch abgeleugnet habe, wie Hans Vaihingers Als-Ob-Philosophie dies getan hat. Kant denkt, dass es gleichermaßen dogmatisch ist, willkürlich die Existenz Gottes zu verneinen oder blind die Existenz Gottes zu bekräftigen. Da Gott kein Objekt der Anschauung sein kann, ist es unmöglich, die Existenz Gottes zu bestätigen oder abzulehnen. Kant zufolge haben die drei traditionellen Gottesbeweise die Existenz Gottes vorschnell bekräftigt. Die Als-Ob-Philosophie hat hingegen Gott dogmatisch geleugnet. Hume erkennt das Problem des Deismus (nämlich, dass dieser nicht als die Grundlage für Moral und Religion dienen kann) und wendet sich gleichzeitig gegen den Anthropomorphismus. Gemäß der Ansicht Kants ist Humes Zurückhaltung zwar bewundernswert, dieser sieht aber den großen Nutzen des symbolischen Anthropomorphismus nicht. In dieser Dissertation wurde darauf hingewiesen, dass sich Kants symbolischer Anthropomorphismus auf die Analogie bezieht.

Wenn aus der Perspektive der theoretischen Vernunft (apriorisch oder aposteriorisch) über die Eigenschaften und die Existenz Gottes nachgedacht wird, dann fehlt die Gewissheit der Existenz Gottes, obwohl die Eigenschaften Gottes gedacht werden können. Angesichts dieses Problems weist Kant darauf hin, dass die einzige Methode, die die Gewissheit der Existenz Gottes garantieren kann, darin besteht, Gott als das Postulat der praktischen Vernunft anzusehen. Diesem Leitfaden werden wir in Kapitel 3 folgen.

3 Die Existenz Gottes ist moralisch gesichert

In den Kapiteln 1 und 2 haben wir nicht nur die negative, sondern auch die positive Aussage Kants über Gott behandelt. Die Frage nach der Gewissheit der Existenz Gottes wurde innerhalb der theoretischen Vernunft diskutiert und es wurde folgende Schlussfolgerung erreicht, nämlich dass es gar keine theoretische Gewissheit gibt, wenn wir apriorisch und aposteriorisch Gott denken. Kant zeigt uns eine Aporie für die menschliche Vernunft. Aufgrund dessen sucht er eine Methode, um die Gewissheit der Existenz Gottes festzuhalten. Diesen Gedankengang fasst Kant in der KrV folgendermaßen zusammen:

> „Nein, die Überzeugung ist nicht logische, sondern *moralische* Gewißheit, und da sie auf subjectiven Gründen (der moralischen Gesinnung) beruht, so muß ich nicht einmal sagen: *es ist* moralisch gewiß, daß ein Gott sei etc., sondern: *ich bin* moralisch gewiß etc. Das heißt: der Glaube an einen Gott und eine andere Welt ist mit meiner moralischen Gesinnung so verwebt, daß, so wenig ich Gefahr laufe, die letztere einzubüßen, eben so wenig besorge ich, daß mir der erste jemals entrissen werden könne."[1]

Hier macht Kant deutlich, dass die Überzeugung von der Existenz Gottes keine theoretisch-logische Gewissheit ist, sondern nur eine praktisch-moralische. Deswegen ist es sehr wichtig zu untersuchen, wie Kant diese Behauptung beweisen kann.

Da sich die Idee Gottes in Kants Schriften vielfach verändert, wird hauptsächlich auf die Darstellung in der KpV fokussiert mit Hilfe der Diskussion in der KrV, der KU, der *Religionsschrift* usw. Hier ist zuerst zu bemerken, dass in diesem Kapitel nicht lediglich und vorzugsweise über den sogenannten moralischen Beweis diskutiert wird, obwohl dieser Beweis hier ein Kernproblem ist, sondern über die Frage, wie die Existenz Gottes gesichert und inwiefern diese Gewissheit stichhaltig ist. Dieses Kapitel wird in folgende Teile gegliedert: (1) Wir möchten zuerst eine kritische Untersuchung über den moralischen Beweis entwickeln, um herauszufinden, ob es stichhaltig ist zu behaupten, dass die Moral unausweichlich zum Postulat der Existenz Gottes führt. (2) Nach der oben genannten Untersuchung soll auch über den Charakter des Postulats diskutiert werden, nämlich über die Frage, inwiefern die Gewissheit der Existenz Gottes durch die Postulatenlehre garantiert wird und wie die Postulatelenhre

1 KrV, 03: 536, 36–537, 5, B 857.

verstanden werden soll. (3) Danach ist es wichtig, eine Zusammenfassung der gesamten Position Kants zur Gewissheit der Existenz Gottes vorzunehmen.

3.1 Eine kritische Untersuchung über den Weg von der Moral zum Postulat Gottes

In der *Religionsschrift* behauptet Kant, dass Moral unumgänglich zur Religion, nämlich zum Glauben an die Existenz Gottes, führe.[2] Auf den ersten Blick scheint es, dass „unumgänglich" hier „notwendig" bedeutet, eben so wie dies die Aussage „es ist moralisch nothwendig, das Dasein Gottes anzunehmen"[3] darstellt. Allerdings muss bemerkt werden, dass der notwendige Weg von der Moral zum Dasein Gottes in der KpV nicht unmittelbar ist, das heißt, das höchste Gut liegt in der Mitte. Deswegen muss die Moral zuerst zum höchsten Gut und danach zum Postulat Gottes führen.[4] Die Hauptaufgabe dieses Abschnittes liegt darin zu zeigen, wie man die hier genannte „Notwendigkeit" verstehen kann.

Zuerst ist es jedoch nötig, Kants moralischen Gottesbeweis kurz zu rekonstruieren. Diese Rekonstruktion wird von zahlreichen Forschern vorgenommen[5] und auch vielfach von Kant selbst mit verschiedenen Schwerpunkten. Hier möchte ich die Rekonstruktion mit Hilfe „der Aufhebung der Antinomie" (KpV, 04: 114–115) und der „Deduktion" (KpV, 04: 124–126) in der KpV vornehmen. Meiner Meinung nach bezieht sich „die Aufhebung der Antinomie" auf den Zusammenhang von Moral und Glückseligkeit bzw. auf den Weg von der Moral zum höchsten Gut. Bei der „Deduktion" aber handelt es sich um das Verhältnis

---

2 RGV, 06: 6, 8: „Moral also führt unumgänglich zur Religion. "

3 KpV, 05: 125, 30.

4 Manche Forscher, z. B. Giovanni B. Sala, Friedrick Beiser, Allen Wood und John E. Hare, finden in Schriften Kants einen unmittelbaren Weg von der Moral zu Gott. Z. B. behauptet Kant in der KpV, dass das moralische Gesetz „zur Erkenntniß aller Pflichten als göttlicher Gebote" führt, „als wesentlicher Gesetze eines jeden freien Willens für sich selbst, die aber dennoch als Gebote des höchsten Wesens angesehen werden müssen." (KpV, 05: 129, 18–22.) Giovanni B. Sala betrachtet es sogar als einen moralischen Kontingenzbeweis. Jedoch behaupten sie auch, dass dieser Weg dem Prinzip der Antinomie bei Kant widerspricht. Zum moralischen Kontingenzbeweis, vgl. Sala (1990), 365–381; zu den Diskussionen in der englischsprachigen Literatur, siehe Kain (2005).

5 Zur Rekonstruktion des kantischen moralischen Gottesbeweises ist hier unmöglich, die gesamte Sekundärliteratur zu nennen. Ich möchte nur einige Titel, die besonders lehrreich sind, hier auflisten: Sala (1990), 397–425, Ricken (2002), 187–202, Albrecht (1977), Beck (1960), 259–286, Byrne (2010), 77–100.

des höchsten Gutes zum Postulat Gottes.[6] Allgemein und grob gesagt wird der Weg von der Moral zum Postulat Gottes in zwei Schritte unterteilt: (1) Obwohl die moralische Gesinnung aus sich selbst eine Begründung und Motivation hat, sucht die Vernunft „als reine praktische Vernunft zu dem praktisch Bedingten [...] ebenfalls das Unbedingte [...] die unbedingte Totalität des Gegenstandes der reinen praktischen Vernunft, unter dem Namen des höchsten Guts“[7]. Im Begriff des höchsten Gutes wird die Verbindung zwischen Moral und Glückseligkeit als notwendig betrachtet.[8] D.h. es ist notwendig für die Menschen, das höchste Gut zu befördern. (2) Die Menschen als endliche vernünftige Wesen sind nun „doch nicht zugleich Ursache der Welt und der Natur selbst“[9]. Um der Glückseligkeit der Moral „proportioniert“ zu entsprechen, ist es notwendig für uns, einen Gott zu postulieren, der „durch Verstand und Willen die Ursache (folglich der Urheber) der Natur ist“[10]. Daraus folgt, dass es „moralisch nothwendig“ ist, „das Dasein Gottes anzunehmen.“[11]

Allerdings werden jeder Schritt und jede Einzelheit dieses moralischen Gottesbeweises unter den Forschern zur Diskussion gestellt. Hier geht es darum herauszufinden, warum jeder Schritt seine „Notwendigkeit“ hat, oder wie stichhaltig diese „Notwendigkeit“ ist. Im Folgenden werde ich anhand der Diskussionen unter den Forschern untersuchen, worin die Ursache für die Behauptung Kants bzw. für die oben genannte Notwendigkeit liegt. Deswegen wird dieser Abschnitt in zwei Teile gegliedert: In Unterabschnitt 3.1.1 wird diskutiert, ob die Moral notwendig zum höchsten Gut führt. Danach wird in Unterabschnitt 3.1.2 die Notwendigkeit behandelt, vom höchsten Gut zum Postulat Gottes überzugehen.

6 Vor dieser Deduktion behauptet Kant, dass er den Zusammenhang zwischen dem höchsten Gut und dem Postulat Gottes „überzeugend“ darstellen möchte, vgl. KpV, 05: 124, 20.

7 KpV, 05: 108, 7–12.

8 Vgl. KpV, 05: 113, 15–18: „In dem höchsten für uns praktischen, d. i. durch unsern Willen wirklich zu machenden, Gute werden Tugend und Glückseligkeit als nothwendig verbunden gedacht, so daß das eine durch reine praktische Vernunft nicht angenommen werden kann, ohne daß das andere auch zu ihm gehöre.“

9 KpV, 05: 124, 29.

10 KpV, 05: 125, 21.

11 KpV, 05: 125, 30.

3.1.1 Eine Untersuchung über die Notwendigkeit, von der Moral zum höchsten Gut fortzuschreiten

Im Folgenden soll eines der umstrittensten Themen in der kantischen praktischen Philosophie dargestellt werden. In den 1960er Jahren gab es einen umfassenden und bis heute andauernden Streit zwischen Lewis W. Beck und John Silber über das Verständnis des höchsten Gutes.[12] Allgemein gesagt hält Lewis W. Beck das höchste Gut für irrelevant hinsichtlich der Moral, während John Silber es als einen wichtigen Bestandteil der Moral betrachtet. Beide haben ihre eigene Anhängerschaft. Hier wird auf konkrete und einzelne Diskussionen, die in der folgenden Darstellung behandelt werden, nicht eingegangen. Ich möchte aber zuerst darauf hinweisen, dass ich in diesem Kapitel eine existenzielle Verteidigung des notwendigen Zusammenhangs zwischen der Moral und dem höchsten Gut vornehmen möchte. Ich werde zeigen, dass der Grund für diesen Übergang in der menschlichen Endlichkeit liegt.

Wir können dieses Thema anhand der folgenden beiden Fragen diskutieren: (1) Warum dürfen die moralischen Menschen nach der Glückseligkeit streben? (2) Warum dürfen die moralischen Menschen nach dem höchsten Gut streben, das als *consummatum* und *perfectissimum* „das ganze und vollendete Gut, als Gegenstand des Begehrungsvermögens vernünftiger endlicher Wesen“[13] in sich umfasst? Meiner Meinung nach unterscheiden sich beide Fragen voneinander. Die meisten Forscher und sogar Kant selbst richten ihre Aufmerksamkeit nicht auf diesen Unterschied. Der Unterschied bezieht sich auf die Antwort auf die Frage: Warum sollen die moralischen Menschen nicht nur nach der fragmentarischen und kleinen Glückseligkeit, sondern auch nach der vollkommenen suchen? Außerdem handelt es sich bei der Frage (1) um einen allgemeinen und fundamentalen Zusammenhang zwischen Tugend und Glückseligkeit. Allerdings führt nur die Frage (2) zum Postulat Gottes. Jetzt soll zunächst über die erste Frage diskutiert werden.

3.1.1.1 Die Verknüpfung zwischen Tugend und Glückseligkeit

Meist wird behauptet, dass der Formalismus einen eigentümlichen Charakter des kantischen Verständnisses von der Moral bildet, und dass dieser Formalismus für die Ansichten Kants in den Texten von der *Grundlegung* bis zur *Analytik* der KpV gilt. Diesen Formalismus veranschaulicht die KpV deutlich: „Wenn ein vernünftiges Wesen sich seine Maximen als praktische allgemeine

---

12 Zur geschichtlichen Beschreibung von diesem Streit, vgl. Villarán (2015), 287–306, ders. (2010), 62–66.

13 KpV, 05: 110, 22–23.

Gesetze denken soll, so kann es sich dieselbe nur als solche Principien denken, die nicht der Materie, sondern blos der Form nach den Bestimmungsgrund des Willens enthalten."[14] Daneben behauptet Kant, dass alle materialen praktischen Prinzipien „unter das allgemeine Princip der Selbstliebe oder eigenen Glückseligkeit"[15] unterworfen sind und dadurch zur Heteronomie führen, die der Autonomie des Willens widersteht. Dies hat zur Folge, dass, wenn die Glückseligkeit den Bestimmungsgrund des Willens begründet, die Moral verdorben sein würde und die moralischen Gesetze dem Prinzip der Heteronomie unterworfen würden. Folglich kann immer wieder beobachtet werden, dass Kant eine strenge Grenze zwischen Tugend und Glückseligkeit setzt. Außerdem betont Kant immer wieder die Selbständigkeit der Moral. Exemplarisch ist die Behauptung in der *Religionsschrift*: „Vermöge der reinen praktischen Vernunft ist sie [sc. die Moral] sich selbst genug."[16] Allerdings verursacht diese Betonung der Selbständigkeit der Moral die Voreingenommenheit, dass viele Forscher, ausgehend von verschiedenen Ursachen, den Übergang von der Moral zum höchsten Gut in der praktischen Philosophie Kants negieren.[17] Um ihrer Aussage zu widersprechen, muss gefragt werden, warum die moralischen Menschen nach ihrer eigenen Glückseligkeit streben sollen und müssen.

Dass die Glückseligkeit als Folge eines moralischen Lebens angesehen wird, bringt Kant in vielen Schriften zum Ausdruck. In der KrV umfasst die Glückseligkeit „*a priori* angemessene Folgen" und ist der „nothwendige Erfolg"[18] für die Moral. Dementsprechend wird in der KpV, besonders bei der Lehre von der Antinomie, die Verbindung zwischen Glückseligkeit und Tugend als Kausalität betrachtet.[19] Der Grund und die Motivation der moralischen Handlung liegen ohne Zweifel in der praktischen Vernunft selbst, allerdings führt diese Handlung unbedingt zu einigen Folgen in der phänomenalen Welt. Als endliche vernünftige Menschen erhoffen wir uns unbedingt gute Folgen aufgrund der moralischen Gesinnung. Damit lautet die oben genannte Frage: Warum muss der moralische Mensch die Glückseligkeit als eine notwendige Folge betrachten?

Was die Glückseligkeit angeht, soll diese in zwei verschiedene Arten aufgeteilt werden: die eigene und die fremde Glückseligkeit. Anhand dieser Unterscheidung wird unsere Erklärung deutlicher, da sich der Begriff der Glückselig-

14 KpV, 05: 27, 2–6.
15 KpV, 05: 22, 6–8.
16 RGV, 06: 3, 13–14.
17 Hier möchte ich Lewis W. Beck und seine Nachfolger nennen, vgl. Beck (1960), 242–245, Auxter (1979), 121–134.
18 KrV, 03: 526, 37, 03: 527, 3, B 839.
19 Vgl. KpV, 05: 113, 26–27; vgl. auch RGV, 06: 4, 14–15, KU, 05: 448, 17–22.

keit in der kantischen Darstellung manchmal auf die eigene Glückseligkeit und manchmal auf die der anderen bezieht. Klaus Düsing hat eine wichtige Beobachtung dazu vorgelegt: „Die notwendige Einstimmigkeit der eigenen Zwecke und die Zusammenstimmung des eigenen Willens mit dem Willen der Anderen nach allgemeinen Gesetzen ist die Bedingung für das Zustandekommen wahrer Glückseligkeit. Dieser Gedanke der Zusammenstimmung des Willens aller nach allgemeinen Gesetzen liegt der späteren Formulierung des Sittengesetzes mit Hilfe des Begriffs des Reichs der Zwecke zugrunde. Der Pluralismus der freien Wesen, der keineswegs selbstverständlich ist, wird hierbei vorausgesetzt."[20] Da der Pluralismus der freien Wesen vorausgesetzt worden ist, wird jeder Mensch sowohl auf seine eigene als auch auf die fremde Glückseligkeit eine Einwirkung haben. Im Folgenden möchte ich zuerst auf die Tatsache hinweisen, dass die Glückseligkeit keine natürliche Folge der moralischen Handlung ist, vielmehr führt eine solche oft zum Unglück. Dafür sollen folgende mögliche Gründe dargestellt werden:

(1) Auf der Seite des Verhältnisses zwischen der Sittlichkeit und der eigenen Glückseligkeit:

(a) Die moralische Handlung des Menschen wird oft seine eigene Glückseligkeit beschränken. Kant zufolge ist die Glückseligkeit „die Befriedigung aller unserer Neigungen (sowohl extensive der Mannigfaltigkeit derselben als intensive dem Grade und auch protensive der Dauer nach)."[21] Also müssen alle Neigungen erfüllt werden, um Glückseligkeit zu erreichen. Allerdings werden unsere Neigungen zurückgehalten, wenn wir moralisch handeln. Rudolf Eisler fasst den betreffenden Punkt in der *Grundlegung* wie folgt zusammen: „An sich sind die Neigungen aber nicht böse, wenn sie auch für die Sittlichkeit als solche nicht in Betracht kommen, ja diese sich im Kampfe gegen jene durchsetzen und bewähren muß. Moralisch handelt, wer auch ohne, ja gegen seine Neigungen seine Pflicht, aus Achtung vor dem Sittengesetz allein, ausübt."[22] Deswegen verursacht die moralische Handlung manchmal einen Kampf gegen die Neigungen. Kant ist klar bewusst, dass das Streben nach der Sittlichkeit nicht notwendig die Glückseligkeit verneint: „Hiebei hatte ich nicht verabsäumt anzumerken, daß dadurch dem Menschen nicht angesonnen werde, er solle, wenn es auf Pflichtbefolgung ankommt, seinem natürlichen Zwecke, der Glückseligkeit, entsagen; denn das kann er nicht, so wie kein endliches vernünftiges Wesen überhaupt."[23] Allerdings gibt Kant zu: „wenn das Gebot der Pflicht eintritt," muss

---

20 Düsing (1971), 19.
21 KrV, 03: 523, 25–27, B 834.
22 Eisler (1984), 385.
23 TP, 08: 278, 15–19.

der Mensch „gänzlich von dieser Rücksicht abstrahiren“[24]. Daraus folgt, dass die Sittlichkeit und die Glückseligkeit nicht gleichzeitig erfüllt werden können, wie Kant in der KpV behauptet: „Könnte nämlich ein vernünftig Geschöpf jemals dahin kommen, alle moralische Gesetze völlig gerne zu thun, so würde das so viel bedeuten als, es fände sich in ihm auch nicht einmal die Möglichkeit einer Begierde, die ihn zur Abweichung von ihnen reizte; denn die Überwindung einer solchen kostet dem Subject immer Aufopferung, bedarf also Selbstzwang, d. i. innere Nöthigung zu dem, was man nicht ganz gern thut.“[25]

(b) Die eigene Glückseligkeit ist keine (direkte) Pflicht. Die Frage, ob die Glückseligkeit eine moralische Pflicht oder der Gegenstand der reinen praktischen Vernunft ist, ist schwierig zu beantworten. Der Stellenwert dieser Frage liegt im Folgenden: Wenn die Glückseligkeit eine moralische Pflicht wäre, dann würden die Glückseligkeit und die Tugend unbedingt zueinander gehören und wären untrennbar. Aber Kants Antwort darauf ist nicht eindeutig. Auf der einen Seite scheint die eigene Glückseligkeit ein Gegenstand für die moralischen Gesetze zu sein, z. B. ist in der *Grundlegung* klar gesagt: „Seine eigene Glückseligkeit sichern, ist Pflicht (wenigstens indirect), denn der Mangel der Zufriedenheit mit seinem Zustande in einem Gedränge von vielen Sorgen und mitten unter unbefriedigten Bedürfnissen könnte leicht eine große Versuchung zu Übertretung der Pflichten werden.“[26] In der KpV kommt eine ähnliche Meinung zum Ausdruck: „Es kann sogar in gewissem Betracht Pflicht sein, für seine Glückseligkeit zu sorgen: theils weil sie (wozu Geschicklichkeit, Gesundheit, Reichthum gehört) Mittel zu Erfüllung seiner Pflicht enthält, theils weil der Mangel derselben (z. B. Armuth) Versuchungen enthält, seine Pflicht zu übertreten.“[27] Auf der anderen Seite formuliert Kant die einschränkende Bedingung, nämlich „wenigstens indirekt“ und „in gewissem Betracht“, das bedeutet, die eigene Glückseligkeit ist nicht direkt eine Pflicht. Nur um der Moral willen sollen wir unsere eigene Glückseligkeit sichern. Für das erste Zitat

24 TP, 08: 278, 19–20.

25 KpV, 05:83, 27–84, 1. Vgl. GMS, 04: 442, 12–22: „Doch ist das Princip der eigenen Glückseligkeit am meisten verwerflich, nicht bloß deswegen weil es falsch ist, und die Erfahrung dem Vorgeben, als ob das Wohlbefinden sich jederzeit nach dem Wohlverhalten richte, widerspricht, auch nicht bloß weil es gar nichts zur Gründung der Sittlichkeit beiträgt, indem es ganz was anderes ist, einen glücklichen, als einen guten Menschen, und diesen klug und auf seinen Vortheil abgewitzt, als ihn tugendhaft zu machen: sondern weil es der Sittlichkeit Triebfedern unterlegt, die sie eher untergraben und ihre ganze Erhabenheit zernichten, indem sie die Bewegursachen zur Tugend mit denen zum Laster in eine Classe stellen und nur den Calcul besser ziehen lehren, den specifischen Unterschied beider aber ganz und gar auslöschen […]“

26 GMS, 04: 399, 3–7.

27 KpV, 05: 93, 15–21.

nimmt Kant einen Podagristen als Beispiel, der aus der Pflicht seine Glückseligkeit genießt, weil „er nach seinem Überschlage hier wenigstens sich nicht durch vielleicht grundlose Erwartungen eines Glücks, das in der Gesundheit stecken soll, um den Genuß des gegenwärtigen Augenblicks gebracht hat."[28] Allerdings soll hier behauptet werden, dass der Podagrist ein unglückliches Leben hat, d. h. er lebt schon im Unglück und neigt zur Aufgabe seines Genusses. Deswegen ist er nicht gemäß seiner Neigung zum „Genuß des gegenwärtigen Augenblicks" aufzufassen. Folglich stellt Kant nichts anderes dar als den Streit zwischen den Neigungen und den moralischen Gesetzen. Aus diesem Grund wird Kants Meinung durch den folgenden Absatz veranschaulicht: „Nur, seine Glückseligkeit zu befördern, kann unmittelbar niemals Pflicht, noch weniger ein Princip aller Pflicht sein."[29] In der *Metaphysik der Sitten* beschreibt Kant die „eigene Vollkomenheit" und die „fremde Glückseligkeit" als die Zwecke, die zugleich Pflichten sind.[30] Dazu gehört die *eigene* Glückseligkeit nicht. Es lässt sich festhalten, dass die eigene Glückseligkeit nicht direkt als Pflicht betrachtet wird. Sie ist nur deswegen eine Pflicht, weil die Unglückseligkeit ein Hindernis für die Durchsetzung der moralischen Gesetze ist; aber dies ist das Merkmal vom Streit zwischen der Neigung und den Gesetzen.

(2) Dies wird verdeutlicht durch die Erörterung des Verhältnisses zwischen der Tugend und der fremden Glückseligkeit. Obwohl die fremde Glückseligkeit eine direkte Pflicht darstellt, führt das sittliche Handeln nicht immer oder nur zufällig[31] zur fremden Glückseligkeit. Der Grund dafür liegt zuerst im Formalismus der Moral, das bedeutet, dass die moralischen Gesetze nicht als die Prinzipien der Klugheit gelten können: „die reine praktische Vernunft will nicht, man solle die Ansprüche auf Glückseligkeit aufgeben, sondern nur, so bald von Pflicht die Rede ist, darauf (auf die Glückseligkeit) gar nicht Rücksicht nehmen."[32] Deswegen ist es durchaus möglich, dass das sittliche Handeln ein Unglück für die Anderen zur Folge hat. Der wichtigere Grund liegt aber in der Schwierigkeit, die Glückseligkeit zu erfüllen. In der KU wird die Erfüllung der Glückseligkeit als unmöglich beschrieben: „Der Begriff der Glückseligkeit, den der Mensch etwa von seinen Instincten abstrahirt und so aus der Thierheit in ihm selbst hernimmt; sondern ist eine bloße Idee eines Zustandes, welcher er den letzteren unter bloß empirischen Bedingungen (welches unmöglich ist)

28 GMS, 04: 399, 18–21.

29 KpV, 05: 93, 19–21.

30 MS, 06: 385, 32f.

31 Vgl. KpV, 05: 115, 6–8: „welche Verbindung in einer Natur niemals anders als *zufällig* stattfinden und zum höchsten Gut nicht zulangen kann." (Hervorgehoben von Zhou.)

32 KpV, 05: 93, 13–15.

adäquat machen will."[33] Daraus folgt, dass niemand seine eigene Glückseligkeit und die Glückseligkeit der Anderen erfüllen kann. Das sittliche Handeln hat nicht notwendig glückliche Folgen für die Anderen – vielleicht ist dies sogar unmöglich.

Durch die Analysen in den Punkten (1) und (2) wird veranschaulicht, dass die Sittlichkeit und die Glückseligkeit oft miteinander im Streit liegen und nur sehr schwer gleichzeitig erfüllt werden können. Allgemein gesagt kann hier festgestellt werden, dass die Sittlichkeit und die Glückseligkeit zu den verschiedenen Ordnungen gehören: diese ist vom Naturgesetz abhängig und steht in der sinnlichen Welt, jene aber wird von den moralischen Gesetzen bestimmt und gehört zur intellektuellen Welt. Beide sind miteinander durch das menschliche moralische Handeln verbunden. So fasst Kant wie folgt zusammen: „weil alle praktische Verknüpfung der Ursachen und der Wirkungen in der Welt als Erfolg der Willensbestimmung sich nicht nach moralischen Gesinnungen des Willens, sondern der Kenntniß der Naturgesetze und dem physischen Vermögen, sie zu seinen Absichten zu gebrauchen, richtet, folglich keine nothwendige und zum höchsten Gut zureichende Verknüpfung der Glückseligkeit mit der Tugend in der Welt durch die pünktlichste Beobachtung der moralischen Gesetze erwartet werden kann."[34] Aufgrund dieses Zitates wird die Kausalität zwischen der Tugend und der Glückseligkeit zu einer schwierigen Frage. Jetzt soll wieder auf die oben genannten Frage Bezug genommen werden: Warum muss der moralische Mensch seine eigene Glückseligkeit als notwendige Folge der Tugend betrachten?

(a) Die oberflächliche Antwort darauf kann wie folgt formuliert werden: Das Unglück würde ein Hemmnis für die Durchsetzung der moralischen Gesetze darstellen. Im Gegensatz dazu würde die Glückseligkeit zu einer Forderung werden. Die oben genannten Zitate aus der *Grundlegung* und der KpV zeigen deutlich: „theils weil sie (wozu Geschicklichkeit, Gesundheit, Reichthum gehört) Mittel zu Erfüllung seiner Pflicht enthält, theils weil der Mangel derselben (z. B. Armuth) Versuchungen enthält, seine Pflicht zu übertreten."[35] Um der Sittlichkeit und um der Moral Willen soll die Glückseligkeit als eine Folge der Tugend betrachtet werden. Dieser Grund hat jedoch keine Notwendigkeit, weil unsere Neigungen bzw. unsere Glückseligkeit aufgeopfert werden müssen, wenn sie direkt im Konflikt mit der Pflicht und der Sittlichkeit stehen. In diesem Fall würde die Tugend niemals zur Glückseligkeit führen.

---

33 KU, 05: 431, 6–10.

34 KpV, 05: 113, 30–114, 1.

35 KpV, 05: 93, 15–21.

(b) Vielleicht kann die Antwort folgendermaßen formuliert werden: Wenn wir die Glückseligkeit nicht als eine notwendige Folge betrachten, dann würde die Moral selbst vernichtet. Um dieses Problem aufzulösen, stellt Peter Byrne einen Atheismus vor, der moralisch handelt, ohne das materielle Ziel zu berücksichtigen. Peter Byrne behauptet: „thus: individual moral acts are possible for this atheist, but in the long term only disabling moral despair awaits."[36] Daraus ergibt sich, dass der Atheist, den Kant in der KU als den exemplarisch tugendhaften, aber unglücklichen Menschen nennt, wahrscheinlich Spinoza sein soll:

> „Wir können also einen rechtschaffenen Mann (wie etwa den Spinoza) annehmen, der sich fest überredet hält: es sei kein Gott und (weil es in Ansehung des Objects der Moralität auf einerlei Folge hinausläuft) auch kein künftiges Leben; wie wird er seine eigene innere Zweckbestimmung durch das moralische Gesetz, welches er thätig verehrt, beurtheilen? er verlangt von Befolgung desselben für sich keinen Vortheil, weder in dieser noch in einer andern Welt; uneigennützig will er vielmehr nur das Gute stiften, wozu jenes heilige Gesetz allen seinen Kräften die Richtung giebt. Aber sein Bestreben ist begränzt; und von der Natur kann er zwar hin und wieder einen zufälligen Beitritt, niemals aber eine gesetzmäßige und nach beständigen Regeln (so wie innerlich seine Maximen sind und sein müssen) eintreffende Zusammenstimmung zu dem Zwecke erwarten, welchen zu bewirken er sich doch verbunden und angetrieben fühlt. Betrug, Gewaltthätigkeit und Neid werden immer um ihn im Schwange gehen, ob er gleich selbst redlich, friedfertig und wohlwollend ist; und die Rechtschaffenen, die er außer sich noch antrifft, werden unangesehen aller ihrer Würdigkeit glücklich zu sein dennoch durch die Natur, die darauf nicht achtet, allen Übeln des Mangels, der Krankheiten und des unzeitigen Todes gleich den übrigen Thieren der Erde unterworfen sein und es auch immer bleiben, bis ein weites Grab sie insgesammt (redlich oder unredlich, das gilt hier gleichviel) verschlingt und sie, die da glauben konnten, Endzweck der Schöpfung zu sein, in den Schlund des zwecklosen Chaos der Materie zurück wirft, aus dem sie gezogen waren."[37]

Das ist ein sehr schmerzhaftes Bild für einen rechtschaffenen Mann, da seine moralischen Handlungen die Welt nicht besser machen können. Peter Byrne zufolge funktioniert die der Tugend proportionierte Glückseligkeit als ein notwendiges Motiv, das den Menschen treibt, dauerhaft und im ganzen Leben moralisch zu handeln. Dazu legt Jacqueline Mariña eine wahrscheinlich gewichtigere Antwort vor: „Insofar as the ends of the will must ultimately relate to its

36 Byrne (2010), 97.
37 KU, 05: 452, 8–30.

one final end, namely happiness, were *happiness* thought of as *impossible* when the moral law is followed, the will would be left with no ends whatsoever. Since the moral law itself, as a purely formal principle, can provide the will with no ends or matter, if the following of the moral law were to *exclude* the possibility of happiness *altogether,* (that end for the sake of which all other ends are adopted), the will would have no ends and the moral law would be useless and invalid, *for it would no longer have any matter to limit and organize.*"[38]

Kurzum, es wird berücksichtigt, dass eine einzelne moralische Handlung keine Folge hat. Dies entspricht dem Formalismus der Moral. Wenn es aber letztendlich keine positive Folge gäbe, dann würde die Sittlichkeit zum Nihilismus führen, wie Kant in der KpV schreibt: „Da nun die Beförderung des höchsten Guts, welches diese Verknüpfung in seinem Begriffe enthält, ein a priori nothwendiges Object unseres Willens ist und mit dem moralischen Gesetze unzertrennlich zusammenhängt, so muß die Unmöglichkeit des ersteren auch die Falschheit des zweiten beweisen. Ist also das höchste Gut nach praktischen Regeln unmöglich, so muß auch das moralische Gesetz, welches gebietet dasselbe zu befördern, phantastisch und auf leere eingebildete Zwecke gestellt, mithin an sich falsch sein."[39]

(c) An dieser Stelle soll auf diesen Grund eingegangen werden. Die aus der *Grundlegung* und der *Analytik* der KpV stammende Schlussfolgerung, nämlich der Formalismus der Moral, macht auf den ersten Blick den Eindruck, dass die Moral selbst genug ist. Dieser Eindruck entsteht aber nur daraus, dass die Menschen nur als freie und rein vernünftige Wesen verstanden werden, d.h. die moralischen Gesetze gelten für alle vernünftigen Wesen. Die Menschen sind aber nicht rein vernünftige Wesen. Sie sind vernünftig und sinnlich (unvernünftig) zugleich, deswegen strebt die praktische Vernunft der Menschen nicht nur nach den obersten moralischen Gesetzen, sondern auch nach den ganzen Gegenständen seiner Begehrungsvermögen. Michael Albrecht hat richtigerweise darauf hingewiesen: „Der Begriff des höchsten Gutes kann nur dann ein ‚Ganzes' bedeuten, wenn bei seiner Aufstellung berücksichtigt wird, dass zum Willen immer auch die ‚Materie' gehört."[40] D.h. der Mensch, der sowohl vernünftig als auch sinnlich ist, strebt nach der Form und Materie der Handlung zugleich. Die Endlichkeit der Menschen erfordert, dass seine moralische Handlung einen Unterschied für seine eigene Glückseligkeit machen muss. Dazu bietet Patrick Kain eine sehr wichtige und hilfreiche Beobachtung, nämlich „the deduction of moral law in Groundwork III and the account of the

38 Mariña (2000), 346. Vgl. auch Düsing (1971), 30f.
39 KpV, 05: 114, 1–9.
40 Albrecht (1978), 69.

fact of reason" „may be adequate for other kinds of rational beings, as is fitting a general deduction".[41] Allerdings sind Menschen als endliche Wesen nicht nur mit Vernunft ausgestattet, sondern auch mit sinnlichen Neigungen. Sie sind zugleich noumenale und phänomenale Wesen (*homo noumenon* und *homo phanomenon*). Beide Ordnungen, in denen der Mensch lebt, verknüpfen sich, der eine kann nicht ohne den anderen sein. So sagt Kant:

> „Könnte nämlich ein vernünftig Geschöpf jemals dahin kommen, alle moralische Gesetze völlig gerne zu thun, so würde das so viel bedeuten als, es fände sich in ihm auch nicht einmal die Möglichkeit einer Begierde, die ihn zur Abweichung von ihnen reizte; denn die Überwindung einer solchen kostet dem Subject immer Aufopferung, bedarf also Selbstzwang, d.i. innere Nöthigung zu dem, was man nicht ganz gern thut. Zu dieser Stufe der moralischen Gesinnung aber kann es ein Geschöpf niemals bringen. Denn da es ein Geschöpf, mithin in Ansehung dessen, was es zur gänzlichen Zufriedenheit mit seinem Zustande fordert, immer abhängig ist, so kann es niemals von Begierden und Neigungen ganz frei sein [...]"[42]

Daraus ergibt sich, dass die Moral, lediglich ausgehend von der moralischen Gesinnung, keine Glückseligkeit braucht, um ihre dringliche Kraft umzusetzen. Aber der Mensch hat wegen seiner Endlichkeit auch seine Neigungen und Begierden, folglich kommt es unausweichlich dazu, dass der Mensch nach der Glückseligkeit bzw. nach dem Zweck seiner weltlichen Neigungen strebt. Daraus folgt, dass die Forderung des höchsten Gutes und das Postulat Gottes für die endlichen Menschen gelten und nicht für alle vernünftigen Wesen. Mit anderen Worten, es ist eben die Existenz des Menschen, die das Ideal des höchsten Gutes und das Postulat Gottes notwendig und erforderlich macht.[43] Würden

---

41 Vgl. Kain (2006), 145–146, Anm. 29. Dort behauptet er: „This is one way in which the postulate of transcendental freedom and the postulate of God's existence differ. Freedom is supposed to be a necessary condition for the applicability of the moral law to *any* being [...] while the moral law directly entails the first postulate, the second postulate can only be derived in conjunction with these additional claims about *us* and our world [...] It need not be the case that *every* rational agent to whom the moral law applies has a rational need for the postulate of God's existence like we do. This is part of the point of the ‚so far' qualifications at R 6:3 and KpV 5:143."

42 KpV, 05: 83, 27–84, 5.

43 Langthaler (2007: 13) hat diese existenzielle Perspektive ausführlich dargestellt: „Aus dieser das ‚Bewusstsein deiner Existenz' bestimmenden Einheit der Erfahrung seiner ‚kosmischen Nichtigkeit' und seiner ‚wahren Unendlichkeit' resultiert für den Menschen die Forderung, seiner durch solche Selbst-Erfahrung qualifizierten ‚eigenen Existenz einen Endzweck' (V 553) zu setzen. Auch dies bestätigt, dass Kants anthropologisch-praktische Kennzeichnung dieser ‚Existenz' auf das Ganze der ‚moralischen Lebensgeschichte' (IV 811) eines ‚Vernünftigen aber endlichen Wesens' – d.h. auf dessen

die moralischen Handlungen keinen Unterschied machen oder sogar nur das negative Unglück verursachen, dann hätten die Menschen keine langfristige Triebfeder, um moralisch zu handeln.

Oben wurde bereits dargestellt, dass die eigene Glückseligkeit nicht die natürliche und notwendige Folge der moralischen Handlung sei, weil die moralischen Gesetze den Menschen zwingen, seine Neigungen und Begierden aufzuopfern. Deswegen führt die Sittlichkeit manchmal zum Unglück. Aber Kant insistiert darauf, dass die Glückseligkeit notwendigerweise die Folge der Tugend sein muss. Worin liegt diese Notwendigkeit? Antwort: In unserer Endlichkeit, in der notwendigen Verknüpfung der moralischen Gesinnungen mit den sinnlichen Neigungen bei uns als endlichen Wesen. Kant behauptet, dass die Glückseligkeit und die Tugend nicht analytisch verbunden sind.[44] Jedoch verwirklicht sich ihre synthetische Verbindung nicht direkt in der sinnlichen Welt, „welche Verbindung in einer Natur, die blos Object der Sinne ist, niemals anders als zufällig stattfinden und zum höchsten Gut nicht zulangen kann". [45] D.h. ohne Gott wird die Tugend nur zufällig zur Glückseligkeit in der sinnlichen Welt führen und die Glückseligkeit keineswegs „in dem Ebenmaße mit der Sittlichkeit der vernünftigen Wesen"[46] stehen. Das bedeutet: Im Weltbild Kants ist es zufällig, dass der moralisch gute Mensch ein glückliches Leben führt, weil sein Leben immer wieder dem Schicksal und dem natürlichen Mechanismus unterworfen ist. Das ist eben das Leben von Spinoza (oder sogar von Hiob). Demnach ist Spinozas Bestreben „begränzt, und von der Natur kann er zwar hin und wieder einen zufälligen Beitritt, niemals aber eine gesetzmäßige und nach beständigen Regeln [...] eintreffende Zusammenstimmung zu dem Zwecke erwarten."[47] Was geschieht Spinoza dann? Kant behauptet: „Den Zweck also, den dieser Wohlgesinnte in Befolgung der moralischen Gesetze vor Augen hatte und haben sollte, müßte er allerdings als unmöglich aufgeben."[48] Das wird „einen

---

theoretische, praktische und hoffende Lebensorientierung – abzielt und es in solcher Daseinsorientierung zuletzt auch unumgänglich macht, rationale Maßstäbe für den Zusammenhang von Moral und Religion auszubilden." Hier werden die Absätze nach der 6-bändigen Weischedel-Ausgabe zitiert.

44 KpV, 05:112, 37. Das ist eine Ursache für die Kritik Kants an die Epikureer und Stoiker.

45 KpV, 05:115, 6–8.

46 KrV, 03: 528, 13, B 842. Hier entsteht eine Frage: Kann das höchste Gut als das „genaue Ebenmaß", die „Proportion" der Glückseligkeit mit der Sittlichkeit verstanden werden, oder als das unbedingte und vollkommene Gut, das die reine Sittlichkeit und die proportionierte vollkommene Glückseligkeit in sich enthält? Wir werden sie später analysieren.

47 KU, 05: 452, 16–19.

48 KU, 05: 452, 30–32.

der moralischen Gesinnung widerfahrenden Abbruch“[49] bewirken. Jetzt kann festgehalten werden, dass die moralische Gesinnung ohne die Glückseligkeit als ihre Folge für Kant eine Hemmung für die Moral selbst bei uns als den Endlichen (nämlich den teils vernünftigen, teils sinnlichen Wesen) sein würde.

Jetzt kann die Diskussion über die notwendige Verknüpfung zwischen der Moral und der Glückseligkeit wie folgt zusammengefasst werden: Obwohl die moralischen Gesetze ihre Kraft, ihren Bestimmungsgrund und ihre Triebfeder in der reinen praktischen Vernunft haben, ohne ihre Folge, Materie und Zwecke zu berücksichtigen, streben wir als endliche Wesen nach der guten Folge der moralischen Handlung in der Welt und hoffen, dass die moralische Gesinnung einen Unterschied in der Welt macht, sonst würde die Moral für uns langfristig an Kraft verlieren. Die moralische Handlung ohne gute Folge würde ein Hindernis für die Moral: „denn der Glückseligkeit bedürftig, ihrer auch würdig, dennoch aber derselben nicht theilhaftig zu sein, kann mit dem vollkommenen Wollen eines vernünftigen Wesens, welches zugleich alle Gewalt hätte, wenn wir uns auch nur ein solches zum Versuche denken, gar nicht zusammen bestehen.“[50]

3.1.1.2 Die Verknüpfung zwischen der Moral und dem höchsten Gut

Nachdem die Verknüpfung zwischen der Tugend und der Glückseligkeit erklärt wurde, soll an dieser Stelle gefragt werden, warum die Moral uns nötigt, das höchste Gut in der Welt zu fordern oder zu verwirklichen. Vielleicht würde man sagen: Da die Glückseligkeit als eine notwendige Folge der Moral betrachtet wird, und da das höchste Gut die Sittlichkeit und die Glückseligkeit als Bestandteile in sich enthält, führt die Moral notwendig zum höchsten Gut. Betrachtet man diese Frage weiter und eingehender, ist die Antwort nicht einfach. Ich möchte zuerst einige Tatsachen veranschaulichen.

(1) Kant betrachtet das höchste Gut als den Gegenstand und als den Zweck der reinen praktischen Vernunft. Das höchste Gute ist nämlich „der nothwendige höchste Zweck eines moralisch bestimmten Willens, ein wahres Object derselben“[51]. In der *Analytik* der KpV erklärt Kant, dass er unter dem Begriff

---

49 KU, 05: 452, 37. Vgl. GMS, 04: 399, 3–7: „Seine eigene Glückseligkeit sichern, ist Pflicht (wenigstens indirect), denn der Mangel der Zufriedenheit mit seinem Zustande in einem Gedränge von vielen Sorgen und mitten unter unbefriedigten Bedürfnissen könnte leicht eine große Versuchung zu Übertretung der Pflichten werden.“

50 KpV, 05: 110, 27–31.

51 KpV, 05: 115, 10–11. Vgl. auch RGV, 06: 4. In kantischer Terminologie sind Materie, Gegenstand und Ziel der Moral einander gleich, z. B. in der *Grundlegung* hält Kant fest, dass alle Maximen „eine Materie, nämlich einen Zweck“ (GMS, 04: 436, 19.) haben. Vgl. GMS, 04: 436, 26–29: „Der Fortgang geschieht hier wie durch die Kategorien der Einheit der Form des Willens (der Allgemeinheit desselben), der Vielheit der Materie

eines Gegenstandes der praktischen Vernunft „die Vorstellung eines Objects als einer möglichen Wirkung durch Freiheit“[52] versteht. Deswegen sind „die alleinigen Objecte einer praktischen Vernunft“ „die vom Guten und Bösen.“[53] Der Gegenstand der praktischen Vernunft in der *Analytik* der KpV soll sich nur auf die *Form* des freien Willens beziehen, ohne die Materie einzubeziehen. Im Vergleich dazu handelt es sich beim höchsten Gut, das auch ein Gegenstand des Willens ist, um die Materie. Dementsprechend ist das Gut in der *Analytik* nur formal betrachtet, dagegen beinhaltet das höchste Gute das vollendete Gut bzw. das materielle und formale Gute in sich. Folglich kann daraus abgeleitet werden, dass sich der Begriff vom Gegenstand und der vom Guten von der *Analytik* zur *Dialektik* der KpV deutlich verändern. So behauptet Ulrich Barth: (a) „Die Lehre vom höchsten Guten interpretiert den Begriff des Gegenstands der Praktischen Vernunft sonach als das Objekt alles neigungsaffizierten Wollens, welches der Tugendgesinnung selbst entspricht und damit zugleich glückswürdig macht.“[54] Im Gegensatz dazu erklärt Kant den Gegenstand in der *Analytik* der KpV nur als den der freien und moralischen Handlung, ohne die eigene Glückseligkeit zu berücksichtigen. (b) Dementsprechend hat der Begriff des Guten auch eine erweiterte Bedeutung. „Rückt man das Verhältnis indes auf eine kategoriale Ebene, dann bezeichnet ‚das Gute‘ im Sinn der ‚Analytik‘ die ethische Wertigkeit eines ausschließlich durch Vernunft bestimmten Willens, ‚das Gute‘ im Sinn der ‚Dialektik‘ hingegen den Inbegriff dessen, was endliche Wesen, deren Wille ebensowohl durch das Sittengesetz bestimmt wie durch Neigungen affiziert wird, in der Welt anstreben sollen.“[55]

(2) Kant definiert das Höchste als „das Oberste (*supremum, originarium*)“ und „das Vollendete (*consummatum, perfectissimum*)“[56], das bedeutet, wir sollen zuerst die oberste Sittlichkeit verwirklichen und dann die der Sittlichkeit proportionierte vollendete Glückseligkeit erhalten. Es ist jedoch notwendig, über die Bedeutung der Glückseligkeit zu diskutieren. Klaus Düsing unterscheidet zwei verschiedene Arten von Glückseligkeit, nämlich (a) die intellektuelle und (b) die physische oder die empirische Glückseligkeit. Er zitiert eine Definition

---

(der Objecte, d.i. der Zwecke) und der Allheit oder Totalität des Systems derselben.“ Außerdem behauptet Kant in der KpV, dass „die Materie eines praktischen Princips“ „der Gegenstand des Willens“ ist (KpV, 05: 27, 7).

52 KpV, 05: 57, 17–19.

53 KpV, 05: 58, 6–7.

54 Barth (2005), 279.

55 Barth (2005), 279.

56 KpV, 05: 110, 14–18.

in der *Reflexion*[57] und weist darauf hin, dass die *Reflexion* und die KrV eine andere Glückseligkeit als die in den späteren Schriften entwickelt haben. Dort ist nämlich die Bedeutung der intellektuellen Glückseligkeit vorherrschend; im Vergleich dazu wird in der KpV das Festhalten an der physischen Glückseligkeit vertreten.

(3) Es sind noch verschiedene Bedeutungen der Sittlichkeit zu analysieren. Es gibt nach meiner Auffassung zwei verschiedene Arten von Sittlichkeit in der kantischen Philosophie, nämlich (a) die reine und (b) die unreine Sittlichkeit. Dafür sind mindestens zwei Gründe zu nennen: Erstens erklärt Kant bei der Darstellung vom Postulat der Unsterblichkeit der Seelen den Begriff der Angemessenheit: „In diesem [sc. dem Willen] aber ist die völlige Angemessenheit der Gesinnungen zum moralischen Gesetze die oberste Bedingung des höchsten Guts."[58] Aber diese Angemessenheit kann nicht in dieser Welt verwirklicht werden: „Die völlige Angemessenheit des Willens aber zum moralischen Gesetze ist Heiligkeit, eine Vollkommenheit, deren kein vernünftiges Wesen der Sinnenwelt in keinem Zeitpunkte seines Daseins fähig ist."[59] Diese Unfähigkeit, die Heiligkeit der Gesinnung in der Welt zu verwirklichen, führt zum Postulat der Unsterblichkeit der Seelen. Daraus folgt, dass „der moralisch vollkommenste Wille" in der Welt in Frage steht.[60] Zweitens bezeichnet die *Religionsschrift* eine Welt, in der das böse Prinzip neben dem guten Prinzip besteht. Außerdem bleibt das „radikale Böse" lebenslang in der menschlichen Natur, folglich ist es unmöglich, dass das gute Prinzip völlig unser Gemüt beherrscht. Die Hindernisse zur Realisierung des höchsten Gutes, die hier erwähnt werden, sind unterschiedlich: die körperlichen Neigungen und der Hang zum Bösen. Deswegen bezeichnet Kant die menschliche Existenz und sogar die ganze Geschichte als Entwicklung hin zur reinen Sittlichkeit.

---

57 RR, 19: 202, 22–29, Nr. 6907: „Die Glükseeligkeit ist zwiefach: entweder die, so eine Wirkung der freyen Willkühr vernünftiger Wesen an sich selbst ist, oder die nur eine Zufellige und äußerlich von der Natur abhängende Wirkung davon ist. Vernünftige Wesen könen sich durch handlungen, welche auf sich und aufeinander wechselseitig gerichtet sind, die Wahre Glükseeligkeit machen, die von allem in der Natur unabhängig ist. und die Natur kan ohne diese auch nicht die eigentliche Glükseeligkeit liefern. Dieses ist die Glükseeligkeit der Verstandeswelt."

58 KpV, 05: 122, 5–7.

59 KpV, 05: 122, 9–12.

60 Ricken (2002: 198) behauptet: „Eine mittelbare Beziehung zum höchsten Gut wird damit jedoch nicht bestritten: Die Unsterblichkeit ist notwendige Bedingung für die vollständige Erfüllung des moralischen Gesetzes, und diese ist wiederum notwendige Bedingung des höchsten Guts."

Da es je zwei verschiedene Arten von Sittlichkeit und Glückseligkeit gibt, können wir aufgrund der Kausalität zwischen der Tugend und der Glückseligkeit eine Tabelle erstellen. Dadurch wird Kants Meinung besser verständlich:

	Intellektuelle Glückseligkeit jenseits der Welt	**Physische Glückseligkeit in der Welt**
Reine Sittlichkeit	(a)	(b)
Unreine Sittlichkeit	(c)	(d)

Tab. 1: Tugend und Glückseligkeit bei Kant

Daraus ergeben sich vier verschiedene Möglichkeiten. Die kantische Lehre vom höchsten Gut durchläuft eine Entwicklung: In der KrV und in der *Reflexion* hält Kant die Möglichkeit (a) fest, doch allmählich verändert Kant seine Meinung. Dadurch wird schließlich die Möglichkeit (b) gewählt.

Zuerst möchte ich die Möglichkeit (a) in der KrV und der *Reflexion* erklären. Ich habe schon darauf hingewiesen, dass die Bedeutung der intellektuellen Glückseligkeit in der *Reflexion* und der KrV vorherrscht. Z. B. sagt Kant in der KrV: „Die Sittlichkeit an sich selbst macht ein System aus, aber nicht die Glückseligkeit, außer sofern sie der Moralität genau angemessen ausgetheilt ist. Dieses aber ist nur möglich *in der intelligibelen Welt* unter einem weisen Urheber und Regierer."[61] Wäre das höchste Gut nur in der intelligiblen Welt möglich, müsste die mit der Sittlichkeit proportionierte Glückseligkeit die intellektuelle Glückseligkeit sein. Deswegen werden die Möglichkeit (b) und (d) ausgeschlossen. Damit bleiben die Möglichkeiten (a) und (c). Unter der Möglichkeit (c) kann man verstehen, dass die unreine Sittlichkeit (z. B. 50 %) der unvollkommenen Glückseligkeit (nämlich 50 % der Seligkeit) entspricht. Aber das ist unmöglich, weil Kant behauptet: „Ich nenne die Idee einer solchen Intelligenz, in welcher der moralisch vollkommenste Wille, mit der höchsten Seligkeit verbunden, die Ursache aller Glückseligkeit in der Welt ist, so fern sie mit der Sittlichkeit (als der Würdigkeit glücklich zu sein) in genauem Verhältnisse steht, das Ideal des höchsten Guts."[62] Das bedeutet, das Ideal des höchsten Gutes setzt „den moralisch vollkommensten Willen" und „die höchste Seligkeit" voraus.

61 KrV, 03: 526, 31–34, B 839. Hervorgehoben von Zhou.
62 KrV, 03: 526, 15–19, B 838.

Demzufolge bleibt nur die Möglichkeit (a). Wir sollen also das höchste Gut im höchsten Grad fordern. Ich möchte den Gedankengang in der KrV zusammenfassen. Da der Mensch vernünftig und sinnlich zugleich ist, strebt er neben der Sittlichkeit auch nach der proportionierten Glückseligkeit als Folge seiner moralischen Handlung, sonst würde die Moral vernichtet. Nun gehört die Herstellung der Reinheit der moralischen Gesinnung zu den Geboten, deswegen sollen und können die Menschen nach Reinheit und Heiligkeit streben. Daher muss die mit der Sittlichkeit im genauen Verhältnis stehende Glückseligkeit auch im höchsten Grad bestehen, d. h. sie wird zur Seligkeit. Die moralische Heiligkeit und die Seligkeit bilden also den Begriff des höchsten Gutes. Die Bedingungen für den Übergang von der Moral zum höchsten Gut lauten wie folgt: die Endlichkeit des Menschen, das Ebenmaß zwischen der Sittlichkeit und der Glückseligkeit, die Reinheit und Heiligkeit der moralischen Gesinnung.

Es ist jedoch wichtig darauf hinzuweisen, dass sich der Begriff vom höchsten Gut in der KpV verändert hat. In der KrV ist nur eine Möglichkeit der Verknüpfung zwischen der Sittlichkeit und der Glückseligkeit geblieben. Das höchste Gut besteht nämlich aus der reinen Sittlichkeit und der intellektuellen Glückseligkeit. In der intelligiblen Welt würden die Heiligkeit und die Seligkeit notwendig miteinander verknüpft sein und damit würde das höchste Gute verwirklicht sein. Allerdings hat sich Kants Meinung in der KpV erheblich geändert. Diese Veränderung macht Klaus Düsing deutlich: „Die Moraltheologie nimmt damit in den damaligen *Reflexionen* und in der *Kritik der reinen Vernunft* eine andere systematische Stelle ein als später. Dieser moralische Glaube selbst ist jedoch begründet in der Hoffnung auf die moralisch ausgeteilte Glückseligkeit in einer intelligiblen Welt, d. h. in der Hoffnung auf das höchste Gut."[63] Im Gegensatz dazu betont Kant in der KpV, dass das höchste Gut als möglich in der sinnlichen Welt betrachtet werden muss.[64] Dementsprechend versteht Kant die Glückseligkeit nicht als die der intellektuellen Welt oder sogar die des zukünftigen Lebens, sondern als die Glückseligkeit der sinnlichen Welt: „Glückseligkeit ist der Zustand eines vernünftigen Wesens in der Welt, dem es im Ganzen seiner Existenz alles nach Wunsch und Willen geht."[65] Die Glückseligkeit muss in dieser Welt

63 Düsing (1971), 17. Eine sehr wichtige Analyse zur frühen Position Kants gibt auch Michael Albrecht, vgl. Albrecht (1978), 133 f. In der englischsprachigen Literatur haben viele Forscher diese Veränderung bemerkt, vgl. Yovel (1980), 72.

64 KpV, 05: 125, 14–15: „Also ist das höchste Gut in der Welt nur möglich, sofern eine oberste Ursache der Natur angenommen wird." Vgl. Förster (2002), 183–184.

65 KpV, 05: 124, 21–22.

verwirklicht werden,[66] weil die Glückseligkeit eng mit unserem Körper und mit den sinnlichen Neigungen verbunden ist. Aufgrund dessen würde die Verknüpfung zwischen der Sittlichkeit und der Glückseligkeit im zukünftigen Leben oder in der intellektuellen Welt sinnlos.[67]

Es gibt aber zwei Probleme, die die KpV nicht auflösen kann. Zum einen: Wenn die Glückseligkeit physisch oder sinnlich ist, warum postuliert Kant dann die Unsterblichkeit der Seelen? Die Unsterblichkeit der Seelen richtet sich auf ein zukünftiges Leben. Dadurch würden die Glückseligkeit und das höchste Gut keineswegs in dieser sinnlichen Welt realisiert. Zum anderen: Warum kann der Mensch nicht nach der obersten Tugend streben, während er nicht die unvollkommene Glückseligkeit (oder z. B. nur 90 % von der vollkommenen Glückseligkeit) erlangen möchte? Mit anderen Worten, warum soll der Menschen nach 100 % der Tugend und 100 % der Glückseligkeit streben?

Meiner Meinung nach hat Kant seine Ansichten in der KU und in der *Religionsschrift* geändert. In der KU behauptet Kant, dass das höchste Gut ein Gegenstand des Willens sein muss, weil die reflexive Urteilskraft das höchste Gut notwendig als den Zweck des Universums betrachtet. Kant weist darauf hin, dass die natürliche Teleologie einen Mangel in sich enthält, weil wir sie durch die theoretische Vernunft nicht auffinden können. Sie wird durch eine moralische Teleologie ergänzt: „ein guter Wille ist dasjenige, wodurch sein Dasein allein einen absoluten Werth und in Beziehung auf welches das Dasein der Welt einen Endzweck haben kann."[68] D.h. der Mensch als das moralische Wesen wird ein Endzweck der Schöpfung. Kant findet im freien vernünftigen Wesen eine moralische Teleologie, „welche die Beziehung unserer eigenen Causalität auf Zwecke und sogar auf einen Endzweck, der von uns in der Welt beabsichtigt werden muß, imgleichen die wechselseitige Beziehung der Welt auf jenen sittlichen Zweck und die äußere Möglichkeit seiner Ausführung (wozu keine physische Teleologie uns Anleitung geben kann) betrifft."[69] „Die Beziehung unserer eigenen Causalität auf einen Endzweck" ist die Beziehung zwischen der Tugend und der Glückseligkeit, zwischen dem moralischen Willen und dem höchsten Gut. Deswegen macht Kant klar, dass das höchste Gut der Bestimmungsgrund des Willens sein soll:

---

66 Vgl. Mariña (2000), 329–355; Außerdem zitiert Jacqueline Mariña auch Albrecht (1978), 51f.

67 Josef Schmucker hat die körperlose Glückseligkeit analysiert, dazu siehe Schmucker (1967), 155–158.

68 KU, 05: 443, 10–13.

69 KU, 05: 447, 32–448, 2.

> Wenn man das Dasein gewisser Dinge (oder auch nur gewisser Formen der Dinge) als zufällig, mithin nur durch etwas anderes als Ursache möglich annimmt: so kann man zu dieser Causalität den obersten und also zu dem Bedingten den unbedingten Grund entweder in der physischen, oder teleologischen Ordnung suchen (nach dem nexu effectivo, oder finali).[70]

Obwohl das höchste Gut die Folge unserer moralischen Handlungen sein soll (*nexu effectivo*), ist es ein Bestimmungsgrund unseres Willens, wie die Religionsschrift sagt: „Nun ists aber eine von den unvermeidlichen Einschränkungen des Menschen und seines (vielleicht auch aller andern Weltwesen) praktischen Vernunftvermögens, sich bei allen Handlungen nach dem Erfolg aus denselben umzusehen, um in diesem etwas aufzufinden, was zum Zweck für ihn dienen und auch die Reinigkeit der Absicht beweisen könnte, welcher in der Ausübung (*nexu effectivo*) zwar das letzte, in der Vorstellung aber und der Absicht (*nexu finali*) das erste ist."[71] Der Mensch wird unvermeidlich seine reflexive Urteilskraft gebrauchen und den Zweck der zufälligen Welt hinterfragen. Danach weist Kant darauf hin: „Die moralischen Gesetze aber sind von der eigenthümlichen Beschaffenheit, daß sie etwas als Zweck ohne Bedingung, mithin gerade so, wie der Begriff eines Endzwecks es bedarf, für die Vernunft vorschreiben: und die Existenz einer solchen Vernunft, die in der Zweckbeziehung ihr selbst das oberste Gesetz sein kann, mit anderen Worten die Existenz vernünftiger Wesen unter moralischen Gesetzen, kann also allein als Endzweck vom Dasein einer Welt gedacht werden."[72]

Aufgrund der moralischen Teleologie diskutiert Kant weiter über das höchste Gut als Endzweck. Die moralischen Gesetze allein verpflichten uns, „aber es [sc. das moralische Gesetz] bestimmt uns doch auch und zwar *a priori* einen Endzweck, welchem nachzustreben es uns verbindlich macht: und dieser ist das höchste durch Freiheit mögliche Gut in der Welt."[73] In der KU führt Kant also die Einsicht und den Durchbruch in der KpV fort, dass nämlich das höchste Gut in der Welt realisiert werden soll. Dieser Endzweck ist die Übereinstimmung der Sittlichkeit mit der Glückseligkeit im höchsten Grad. Die subjektive Bedingung für die Verwirklichung dieses Endzweckes ist die Glückseligkeit: „folglich, das höchste in der Welt mögliche und, so viel an uns

70 KU, 05: 448, 17–22.
71 RGV, 06: 6, 20–26.
72 KU, 05: 449, 10–450, 1.
73 KU, 05: 450, 6–9.

ist, als Endzweck zu befördernde, physische Gut ist Glückseligkeit."[74] Hier ist es notwendig darzustellen, dass Kant die Glückseligkeit als das physische Gut charakterisiert. Das ist ein offensichtlicher Beweis für die Veränderung des Begriffs der Glückseligkeit. Die objektive Bedingung ist die Übereinstimmung des Menschen mit den Gesetzen der Sittlichkeit. Deswegen stellt sich der Mensch ausgehend von der moralischen Teleologie die ganze Welt vor und betrachtet das höchste Gut als Endzweck oder apriorischen Bestimmungsgrund seines Willens.

Aufgrund der moralischen Teleologie werden die Probleme in der KpV aufgelöst. Erstens: Die Unsterblichkeit der Seelen ist nicht mehr das Postulat oder die Bedingung für das höchste Gut, weil die Glückseligkeit nun physisch ist. Daher können wir erkennen, dass das Postulat der Unsterblichkeit in der KU und in der Vorrede der *Religionsschrift* nicht mehr vorkommt.[75] Aufgrund dessen führt das höchste Gut direkt zum Postulat Gottes, ohne die Unsterblichkeit der Seelen zu berücksichtigen. Zweitens: Das höchste Gut ist ein notwendiger Gegenstand der moralischen Gesinnung, d.h. durch die reflexive Urteilskraft werden wir unbedingt die Welt als von der Idee des höchsten Gutes geleitet denken. Die Welt muss demnach als eine Verbindung der höchsten Glückseligkeit mit der obersten Sittlichkeit betrachtet werden.

Bisher wurde die notwendige Verknüpfung der Moral mit dem höchsten Gut thematisiert. Die Notwendigkeit der Verknüpfung liegt in den Menschen selbst, bzw. in ihrer moralischen Existenz: Die Moral wird notwendig zur moralischen Teleologie führen und diese wieder notwendigerweise zum höchsten Gut in der Welt. Kant betrachtet die Förderung des höchsten Gutes in der Welt als einen synthetischen Satz *a priori*, wie er in der *Religionsschrift* behauptet: „der Satz: mache das höchste in der Welt mögliche Gut zu deinem Endzweck! ist ein synthetischer Satz a priori, der durch das moralische Gesetz selber eingeführt wird."[76] Daraus ist klar zu ersehen, dass die Motive, das höchste Gut in der Welt zu fördern, aus der Moral selbst stammen. Die Einführung des höchsten Gutes in die Ethik kann niemals der Autonomie der Moralität widersprechen, sondern kann vielmehr die kantische Sittenlehre vervollständigen: der morali-

74 KU, 05: 450, 12–14.
75 Vgl. KU, 05: 450, 26–30, RGV, 06: 6, 8–10.
76 RGV, 06: 7, 31–33.

sche Zustand eines endlichen vernünftigen Wesens wird dadurch vollständig bezeichnet.[77]

---

77 Lewis W. Beck hat zwei einflussreiche Vorwürfe gegen die Lehre vom höchsten Gut erhoben. (1) Das höchste Gut kann nicht aus der „eigenen Vollkommenheit“ und der „fremden Glückseligkeit“, die das Ende und die Pflicht zugleich sind, abgeleitet werden: „In *Metaphysics of Morals*, where he will be directly concered with what the law requires of us, the highest good, as he developed the concept here, is not among the ends which are also duties. And it is easy to see why this command of reason is not fully expounded: it does not exist.“ (Beck [1960], 244) (2) Die Einführung des höchsten Gutes in der Sittenlehre würde der Autonomie der moralischen Gesinnung widersprechen, wie Beck behauptet: „The theory of the Analytic requires him to deny that the concept of the highest good provides an autonomous motive. While the hope for the highest good may in fact be a necessary incentive to do that to which the concept of duty would not move man, it is clear that to admit the latter human-all-too-human-fact into the determination of conduct in accord with moral norm is to surrender autonomy.“ (Beck [1960], 243) Beide Vorwürfe sind große Herausforderungen für Kants Lehre vom höchsten Gut. Gegen diese Entwürfe insistiert John Silber auf der Kohärenz dieser Lehre und behauptet, dass das höchste Gut aus der „eigenen Vollkommenheit“ und der „fremden Glückseligkeit“ abgeleitet werden kann, obwohl Silber selbst diese Ableitung nicht vorgenommen hat. Außerdem behauptet Silber, dass es eine Pflicht ist, das höchste Gut zu befördern (promote). Im Gegensatz dazu sie es keine Pflicht, das höchste Gut zu verwirklichen (fully obtain). (Silber [1959], 469–492.) Um John Silbers Verteidigung zu vollenden, haben Stephen Engstrom und Pauline Kleingeld jeweils eigene Ansätze entwickelt. Sie möchten aus der „eigenen Vollkommenheit“ und der „fremden Glückseligkeit“ den Begriff vom höchsten Gut ableiten, siehe Engstrom (1992), 747–780, Kleingeld (2015), 33–49. Meines Erachtens haben die Verteidiger (John Silber, Stephen Engstrom und Pauline Kleingeld) drei verschiedene Probleme verursacht: (1) Sie unterschieden zwischen der Beförderung und der Verwirklichung des höchsten Gutes. Diese Unterscheidung beeinflusst die deutschsprachigen Forscher, z. B. Wimmer (1990), 74–75. Allerdings akzeptiert Kant selbst diese Unterscheidung nicht, weil er beide Ausdrücke benutzt. Vgl. KpV, 05: 109, 23–25: „das moralische Gesetz muß allein als der Grund angesehen werden, jenes und dessen *Bewirkung oder Beförderung* sich zum Objecte zu machen.“ KpV, 05: 143, 6: „das praktisch mögliche höchste Gut zu befördern.“ KpV, 05: 144, 33–34: „Es ist Pflicht, das höchste Gut nach unserem größten Vermögen *wirklich zu machen*.“ (Vgl. Albrecht [1978], 155, Wood [1970], 74–75.) (2) Sie übersehen das genaue Verhältnis der Sittlichkeit mit der Glückseligkeit, weil sie es so betrachten, als sei es unmöglich zu verwirklichen. Das Weglassen des Ebenmaßes zwischen der Sittlichkeit und der Glückseligkeit entspricht der Meinung Kants nicht. (3) Sie folgen Lewis Beck und möchten das höchste Gut aposteriorisch als eine Verbindung zwischen der „eigenen Vollkommenheit“ und der „fremden Glückseligkeit“ denken. Allerdings hat Kant niemals diese Verbindung behauptet, sondern er plädiert für eine apriorische Verbindung zwischen der Sittlichkeit und der Glückseligkeit: „Weil aber diese Verbindung als a priori, mithin praktisch nothwendig, folglich nicht als aus der Erfahrung abgeleitet erkannt wird, und die Möglichkeit des höchsten Guts also auf keinen empirischen Principien beruht, so wird die Deduction dieses Begriffs transscendental sein müssen.“ (KpV, 05: 113, 5–8.) Sowohl die Gegner als auch die Verteidiger von Kants Lehre vertreten fehlerhafte Ansichten. Der Grund ihrer Fehler liegt darin, dass sie das höchste Gut nur empirisch und aposteriorisch verstehen wollen. Diese Untersuchung aber möchte die notwendige

3.1.2 Eine Untersuchung über die Notwendigkeit, vom höchsten Gut zum Postulat Gottes fortzuschreiten

Im vorigen Abschnitt wurde veranschaulicht, dass die Moral beim endlich vernünftigen Wesen notwendigerweise zum höchsten Gut führt. Aber die Frage, ob das höchste Gut notwendig die Existenz Gottes voraussetzt, ist umstritten unter den Forschern. Vor allem soll die „Deduktion", die sich auf das Postulat Gottes in der KpV bezieht, kurz rekonstruiert werden. Die Schritte der Rekonstruktion werden folgendermaßen formuliert:

Die Aufgabe: „wir sollen das höchste Gut (welches also doch möglich sein muß) zu befördern suchen."[78] Das ist das höchste abgeleitete Gut (die beste Welt), es ist also nicht das höchste ursprüngliche Gut bzw. Gott selbst.

Diese Aufgabe enthält in sich zwei Aufgaben, die sich nicht voneinander trennen lassen. Die Aufgabe (1): Glückseligkeit „beruht also auf der Übereinstimmung der Natur zu seinem [sc. des Menschen] ganzen Zwecke, imgleichen zum wesentlichen Bestimmungsgrunde seines Willens."[79] Die Aufgabe (2): die Glückseligkeit und die Sittlichkeit müssen im genauen Verhältnis zueinander stehen. Bei der Aufgabe (1) handelt es sich um die Glückseligkeit, bei der Aufgabe (2) aber um die Würdigkeit, glückselig zu sein.

Die vorhandene Situation: „Das handelnde vernünftige Wesen in der Welt aber ist doch nicht zugleich Ursache der Welt und der Natur selbst [...] welches eben darum durch seinen Willen nicht Ursache dieser Natur sein und sie, was seine Glückseligkeit betrifft, mit seinen praktischen Grundsätzen aus eigenen Kräften nicht durchgängig einstimmig machen kann."[80] D.h. das endlich vernünftige Wesen allein kann weder Aufgabe (1) noch Aufgabe (2) vollenden.

Schlussfolgerung: Die Existenz Gottes muss postuliert werden.

Zuerst möchte ich betonen, dass die Notwendigkeit des Überganges vom höchsten Gut zum Postulat Gottes hauptsächlich in der Spannung zwischen der notwendigen Aufgabe, das höchste Gut zu befördern, und der Unfähigkeit des Menschen, diese Aufgabe durchzuführen, liegt. Mit anderen Worten, die Notwendigkeit, Gott zu postulieren, geht aus der Endlichkeit des Menschen hervor. Ausgehend davon sind nun drei Alternativen zu diskutieren, die zur Ablehnung dieses Postulates führen können: (1) Die Glückseligkeit in der Welt kann durch die menschliche Gesellschaft realisiert werden. (2) Das höchste Gut

Verknüpfung zwischen der Moral und dem höchsten Gut aus der menschlichen Natur bzw. aus der moralischen Teleologie ableiten.

78 KpV, 05: 125, 3–4.

79 KpV, 05: 124, 23–25.

80 KpV, 05: 124, 28–125, 1.

wird nur als ein regulatives Prinzip betrachtet. (3) Die Proportionalitätslehre setzt die Gerechtigkeit Gottes voraus, es gibt aber keine Garantie für Kant, dass Gott gerecht sein muss.

(1) Die Glückseligkeit in der Welt kann durch die menschliche Gesellschaft realisiert werden. Dass der Mensch in der Lage ist, tugendhaft zu leben, ist selbstverständlich und unstrittig. Das Kernproblem des Postulates Gottes liegt darin, dass es dem Menschen unmöglich ist, die Glückseligkeit und ihre Proportionalität mit der Sittlichkeit in der Welt zu erzeugen. Wäre es möglich, dann würde das Postulat Gottes unnötig. Die Vertreter dieser Ansicht meinen: *Erstens*: Es gibt bei Kant mindestens zwei verschiedene Arten des höchsten Guts, eine theologische und eine säkulare. Z. B. stellt John Rawls mindestens zwei Versionen vom Begriff des höchsten Gutes bei Kant fest: „the full highest good" und „the highest good of a particular social world".[81] Außerdem vertritt auch Andrews Reath eine ähnliche Meinung: „there are different conceptions of the Highest Good in the texts, both a theological conception and a secular (or political) conception."[82] Sowohl Rawls als auch Reath sind davon überzeugt, dass Kant in der langen gedanklichen Entwicklung die theologische Version aufgegeben hat. *Zweitens*: Es ist in unserer Gewalt, die Glückseligkeit in dieser Welt bzw. in der Gemeinschaft oder in der Geschichte zu erzeugen. In diesem Horizont würde das höchste Gut als Gerechtigkeit der Gesellschaft oder als Ende der Geschichte betrachtet.[83] *Drittens*: Rawls und Reath glauben, dass die Proportionalitätslehre für Kant unwesentlich ist. Dadurch würde das Postulat Gottes aus der kantischen Sittenlehre ausgeschlossen.[84] Aufgrund dessen würde die Gotteslehre keinen Platz besitzen, und dementsprechend würde die Sittenlehre Kants vollständig säkularisiert.

Es zeigt sich, dass der Begriff vom höchsten Gut sehr kompliziert und im Hinblick auf verschiedene Interpretationsrichtungen offen ist. Trotzdem ist es doch problematisch zu behaupten, dass das Postulat Gottes aus der Lehre vom höchsten Gut ausgeschlossen werden soll. Ich möchte einige Punkte nennen, die der radikalen Säkularisierung des höchsten Gutes widersprechen.

Erstens: Die Glückseligkeit wird schwierig in der Welt zu verwirklichen sein. In der KrV legt Kant eine Definition der Glückseligkeit vor: „Glückseligkeit ist die Befriedigung aller unserer Neigungen (sowohl extensive der Mannigfaltig-

81 Rawls (2000), 313–316.
82 Reath (1988), 594.
83 Zur Ansicht, das höchste Gut als das Ende der Geschichte zu beschreiben, siehe Yovel (1980), 29f.
84 Der zweite und der dritte Punkt wird von Andrews Reath systematisch formuliert, vgl. Reath (1988), 593–619.

keit derselben, als intensive dem Grade und auch protensive der Dauer nach)."[85] Es ist ersichtlich, dass die Glückseligkeit eine Summe von Befriedigungen ist und ihre Erfüllung für die Menschen unmöglich zu sein scheint: „Nach dergleichen Begriffen suchte der Herr v. Maupertuis in seinem Versuche der moralischen Weltweisheit die Summe der Glückseligkeit des menschlichen Lebens zu schätzen, und sie kann auch nicht anders geschätzt werden, nur daß diese Aufgabe für Menschen unauflöslich ist, weil nur gleichartige Empfindungen können in Summen gezogen werden, das Gefühl aber in dem sehr verwickelten Zustande des Lebens nach der Mannigfaltigkeit der Rührungen sehr verschieden scheint."[86] In der KU führt Kant diese Ansicht weiter aus:

> „Der Begriff der Glückseligkeit ist nicht ein solcher, den der Mensch etwa von seinen Instincten abstrahirt und so aus der Thierheit in ihm selbst hernimmt; sondern ist eine bloße Idee eines Zustandes, welcher er den letzteren unter bloß empirischen Bedingungen (welches unmöglich ist) adäquat machen will [...] Aber selbst wenn wir entweder diesen auf das wahrhafte Naturbedürfniß, worin unsere Gattung durchgängig mit sich übereinstimmt, herabsetzen, oder andererseits die Geschicklichkeit sich eingebildete Zwecke zu verschaffen noch so hoch steigern wollten: so würde doch, was der Mensch unter Glückseligkeit versteht, und was in der That sein eigener letzter Naturzweck (nicht Zweck der Freiheit) ist, von ihm nie erreicht werden; denn seine Natur ist nicht von der Art, irgendwo im Besitze und Genusse aufzuhören und befriedigt zu werden. Andrerseits ist so weit gefehlt, daß die Natur ihn zu ihrem besondern Liebling aufgenommen und vor allen Thieren mit Wohlthun begünstigt habe, daß sie ihn vielmehr in ihren verderblichen Wirkungen, in Pest, Hunger, Wassergefahr, Frost, Anfall von andern großen und kleinen Thieren u. d. gl., eben so wenig verschont, wie jedes andere Thier; noch mehr aber, daß das Widersinnische der Naturanlagen in ihm ihn noch in selbstersonnene Plagen und noch andere von seiner eigenen Gattung durch den Druck der Herrschaft, die Barbarei der Kriege usw. in solche Noth versetzt [...]"[87]

In dem oben Ausgeführten hat Kant wenigstens drei Ursachen genannt, warum die Glückseligkeit schwer zu befriedigen ist, nämlich begriffliche, natürliche und soziale Ursachen. Die begriffliche Ursache besteht darin, dass die Schwierigkeit schon in der Definition von Glückseligkeit liegt, was bedeutet, dass die Glückseligkeit nur eine Idee ist, weil die Neigungen und Begierden nicht zu jeder Zeit befriedigt werden und die Befriedigung aller Neigungen auch unmöglich zu sein scheint. Die natürliche Ursache besteht darin, dass die Glückseligkeit nicht der

85 KrV, 03: 523, 25–27, B 834.
86 Vgl. NG, 02: 181, 31–182, 2.
87 KU, 05: 430, 6–31.

Zweck der Natur ist, dagegen führt der Mechanismus der Natur die Menschen oft ins Unglück oder zur bloß zufälligen Glückseligkeit. Soziale Ursachen, z. B. Kriege, sind ebenfalls ein Hindernis für die Erfüllung der Glückseligkeit. Dass die oben genannte Säkularisierungslehre die höchste Glückseligkeit nur durch die Auflösung der sozialen Probleme hervorbringen möchte, ist einseitig: Es ist untauglich für Kants Auffassung der Glückseligkeit und des höchsten Gutes.

Zweitens: Auch wenn die natürlichen und begrifflichen Hindernisse durch hoch entwickelte Technologie überwunden werden können, ist das genaue Verhältnis zwischen der Sittlichkeit und der Glückseligkeit ein Problem. Die Proportionalität ist ein wichtiger Bestandteil der Verwirklichung des höchsten Gutes. Die Forscher, in deren Auffassung das Postulat Gottes bei der Verwirklichung des höchsten Gutes keine Rolle spielt, schieben die Proportionalitätslehre an den Rand.[88] Meiner Meinung nach ist ihre Position offensichtlich Kants Position entgegengesetzt. Es wurde schon veranschaulicht, dass das Ebenmaß zwischen der Sittlichkeit und der Glückseligkeit eine Voraussetzung für das höchste Gut sein muss, sonst würde die Glückseligkeit der Sittlichkeit nicht mehr entsprechen und damit zur Unwürdigkeit führen. Kants Sittenlehre geht es nicht um die Glückseligkeit, sondern um die Würdigkeit, glücklich zu sein.[89]

Drittens: Die betreffenden Forscher haben den Begriff vom höchsten Gut falsch verstanden. Sie glauben, dass Kant die sogenannte theologische Version des höchsten Gutes schon in seiner späten Zeit aufgegeben hat, wie Andrews Reath behauptet: „For our purposes, the important feature of a theological conception of the Highest Good is that it would be a state of affairs that comes about in another world through the activity of God. By contrast, a secular conception of the Highest Good can be described entirely in naturalistic terms,

88 Reath (1988), 594: „critics and defenders of the notion have taken it for granted that it should be understood as a world in which happiness would exist in proportion to virtue. [...] The idea of a proportionality of virtue and happiness seems to lead to heteronomy." Vgl. auch Rawls (2000), 114.

89 Albrecht (1978: 79) hat schon darauf hingewiesen: „Die *Kritik der praktischen Vernunft* jedenfalls geht auf das Problem des ungerechtfertigten Leidens nicht ein." Dieses Ebenmaß bedeutet eine prästabilierte Harmonie zwischen der Freiheit und der Natur wie bei Leibniz, dessen Meinung Kant offensichtlich in der KrV angeführt: „Leibniz nannte die Welt, so fern man darin nur auf die vernünftigen Wesen und ihren Zusammenhang nach moralischen Gesetzen unter der Regierung des höchsten Guts Acht hat, das Reich der Gnaden und Unterschied es vom Reiche der Natur, da sie zwar unter moralischen Gesetzen stehen, aber keine andere Erfolge ihres Verhaltens erwarten, als nach dem Laufe der Natur unserer Sinnenwelt." (KrV, 03: 527, 8–13, B 840.) Diese prästabilierte Harmonie zwischen der Sittlichkeit und der Glückseligkeit muss die Existenz Gottes voraussetzen, ohne Gott würde diese Harmonie unmöglich.

as a state of affairs to be achieved in *this* world, through *human* activity."[90] Er ist richtig zu zeigen, dass die theologische Version für die Ausführung in der KpV nicht geeignet ist, wie wir schon in Unterabschnitt 3.1.1.2 erklärt haben. Allerdings kann das höchste Gut nicht gänzlich durch das menschliche Handeln verwirklicht werden, d.h. das höchste Gut kann nicht gänzlich in der Welt erlangt werden, auch wenn der Mensch verpflichtet ist, das höchste Gut in der Welt zu befördern. Unter dem höchsten Gut in dieser Welt verstehe ich: (a) Das höchste Gut soll in der Welt verwirklicht werden, weil es das Objekt der praktischen Vernunft ist. Deswegen behauptet Kant: „wir sollen das höchste Gut (welches also doch möglich sein muß) zu befördern suchen."[91] (b) Das höchste Gut kann in der Welt nicht schon jetzt oder auch erst am Ende der Geschichte verwirklicht werden, mit anderen Worten, das menschlichen Bemühen, es zu befördern, kann nur als eine Annäherung an das höchste Gut bezeichnet werden.[92] John Silber stellt dieses Problem deutlich dar: „The idea of the highest good is not merely the object of moral volition; it is likewise an idea of pure reason, the canon of pure reason, the final idea toward which all rational striving is directed. As such, it is incapable of realization in the sense world. At the same time, however, Kant insists that, inasmuch as it is the object of moral volition, it must be capable of realization lest the law that commands it be discredited as illusory and false."[93] John Silber nennt beide Versionen jeweils „die konstitutive Immanenz" (the constitutive immanence) und „die regulative Transzendenz" (the regulative transcendence) des höchsten Gutes. Diese Unterscheidung ist sehr lehrreich, obwohl sie ihre Fehler hat. Der größte Fehler besteht darin, dass John Silber beide Perspektiven des höchsten Gutes vollständig voneinander trennt. Dadurch wird nur die Beförderung, nicht aber die Verwirklichung des höchsten Gutes eine Pflicht für die Menschen. Meines Erachtens sollten beide Perspektiven bei der Erklärung des höchsten Gutes zusammengefügt werden: Es ist eine Pflicht für die Menschen, das höchste Gut in dieser Welt zu verwirklichen (nicht nur zu befördern), d.h. wir sollen das höchste Gut in dieser Welt realisieren. Allerdings wir können uns dieser Idee nur annähern. Viele Forscher haben schon den obigen Punkt (a) bemerkt, insofern sie richtig die sogenannte theologische Version für aufgehoben halten,

---

90 Reath (1988), 601.

91 KpV, 05: 125, 3–4.

92 Vgl. Byrne (2010), 96: „Strictly speaking, all that the duty to seek for the promotion of the highest good entails is that it must be possible to seek its realisation, not that it must be possible to realise it. In the case of asymptotic goals, I precisely engage in activities that seek to realise an end, while knowing that the end lies forever beyond attainment."

93 Silber (1959), 486.

jedoch übersehen sie den Punkt (b), so dass sie glauben, das höchste Gut könne in der Gesellschaft oder am Ende der Geschichte verwirklicht werden. Jacqueline Mariña hat richtig gezeigt, dass diese Forscher die transzendente Version des höchsten Gutes mit der theologischen verwechselt haben.[94] Das bedeutet, das höchste Gut hat seine transzendente Seite und seine Verwirklichung liegt außerhalb der menschlichen Kraft. Die transzendente Seite des höchsten Gutes setzt die Existenz Gottes voraus, um es in der sinnlichen Welt verwirklichen zu können.[95]

Zusammenfassend scheinen die höchste Glückseligkeit und das Ebenmaß zwischen der Sittlichkeit und der Glückseligkeit unmöglich durch die menschliche Kraft realisiert werden zu können. Außerdem bleibt die transzendente Seite des höchsten Gutes erhalten, auch wenn Kant die theologische Version in der KrV und in der *Reflexion* schon aufgegeben hat.

(2) Das höchste Gut wird nur als ein regulatives Prinzip betrachtet. Wenn das höchste Gut nur ein regulatives Prinzip wäre, dann würde das höchste Gut nur eine Idee wie die Idee Gottes in der theoretischen Philosophie. Dadurch würde aber die Realität der Idee vom höchsten Gut problematisch und das Postulat Gottes unnötig. Exemplarisch dafür stehen John Silber und Klaus Düsing. Klaus Düsing untersucht eingehend und ausführlich die Entwicklungsgeschichte des Begriffes des höchsten Gutes bei Kant und führt aus:

> Kants Verknüpfung dieser praktischen Idee des höchsten Gutes mit der Postulatenlehre wurde hier nur an einigen Stellen angedeutet; sie stellt ein eigenes schwieriges Problem dar. Wie es scheint, ist diese Verknüpfung nicht so eng und so notwendig, wie Kant wohl angenommen hat. Denn er zeigt eigentlich nicht, warum denn der endliche Wille, der nur bestimmte sittliche Zwecke realisieren kann und also nur die Möglichkeit solcher Zwecke überhaupt erwarten muß, notwendig die Möglichkeit bzw. objektive Realität des höchsten Gutes insgesamt, d.h. des besten Weltganzen postuliert. Eine regulative Idee könnte für das sittliche Handeln nach Zwecken ausreichen.[96]

Dieses Zitat kann wie folgt paraphrasiert werden: Der endlich vernünftige Mensch kann nur bestimmte partikulare Zwecke erreichen. Deswegen ist es unnötig für den Menschen, das höchste Gut des höchsten Weltganzen zu verwirklichen. Dies führt wiederum dazu, dass das Postulat Gottes nicht notwendig

---

94 Vgl. Mariña (2000), 330–331.

95 Hier möchte ich dies nicht eingehend untersuchen. Zur Frage, was die transzendente Seite des höchsten Gutes eigentlich bedeutet, siehe Albrecht (1978), 125 f.

96 Düsing (1971), 41.

ist,[97] d.h. das höchste Gut als eine regulative Idee ist für das menschliche Handeln schon genug. Die Voraussetzungen für diese Ansicht sind die folgenden: das Postulat Gottes ist nur nützlich für das höchste Gut des Weltganzen; der Mensch strebt nicht nach dem höchsten Gut des Weltganzen. Während die Alternative (1) die Fähigkeit des Menschen, das höchste Gut in der Welt zu verwirklichen, voraussetzt, betrachtet die Alternative (2) das höchste Gut als unerreichbar für den Menschen.

Ich widerspreche der Ansicht von Klaus Düsing aus den folgenden Gründen: *Erstens*: Düsing ist der Auffassung, dass, gemäß der Terminologie Kants, die Unmöglichkeit des höchsten abgeleiteten Gutes (bzw. der besten Welt) zur Unmöglichkeit des höchsten ursprünglichen Gutes (bzw. Gott) führt. Allerdings sollte hier eine Unterscheidung zwischen der Unfähigkeit der Menschen und der Unmöglichkeit des Begriffes durchgeführt werden. Jene ist nicht mit dieser gleich, d.h. obwohl der Mensch das höchste abgeleitete Gut nicht durch sich selbst allein realisieren kann, muss die „objektive Realität des höchsten Gutes" postuliert werden, sonst würde „das moralische Gesetz, welches gebietet dasselbe zu befördern, phantastisch und auf leere eingebildete Zwecke gestellt, mithin an sich falsch sein."[98] Daraus ergibt sich, dass das höchste Gut nicht nur als eine regulative Idee betrachtet werden kann, sondern zugleich als konstitutive. *Zweitens*: Klaus Düsing scheint nicht zu berücksichtigen, dass die objektive Realität hier praktisch und subjektiv gemeint ist, ohne theoretisch und diskursiv zu sein. Diese praktische Realität stammt aus dem Bedürfnis der praktischen Vernunft: „Hier ist nun wohl zu merken, daß diese moralische Nothwendigkeit subjectiv, d.i. Bedürfniß, und nicht objectiv, d.i. selbst Pflicht, sei; denn es kann gar keine Pflicht geben, die Existenz eines Dinges anzunehmen (weil dieses blos den theoretischen Gebrauch der Vernunft angeht)."[99] Diese Perspektive werde ich in Abschnitt 3.2 deutlicher veranschaulichen. *Drittens*: Auch wenn das höchste Gut eine regulative Idee für das sittliche Handeln wäre, würde es niemals eine regulative Idee für die Natur. Wir werden nicht müde zu betonen, dass die Verwirklichung des höchsten Gutes nicht nur durch das sittliche Handeln realisiert werden kann, sondern auch durch die Unterwerfung der Natur unter die moralischen Gesetze, die nur durch die göttliche Handlung ermöglicht wird. Damit behauptet Kant: „Hier werden sie [sc. die transzendentalen Ideen] immanent und constitutiv, indem sie Gründe der Möglichkeit sind, das nothwendige Object der reinen praktischen Vernunft

---

97 Die Postulate der Unsterblichkeit der Seelen würde das Problem komplizierter machen, daher möchte ich darauf nicht eingehen, siehe dazu Albrecht (1978), 123–132.

98 KpV, 05: 114, 6–9.

99 KpV, 05: 125, 31–34.

(das höchste Gut) wirklich zu machen, da sie ohne dies transscendent und blos regulative Principien der speculativen Vernunft sind, die ihr nicht ein neues Object über die Erfahrung hinaus anzunehmen, sondern nur ihren Gebrauch in der Erfahrung der Vollständigkeit zu näheren auferlegen."[100]

Diese Alternative (2) hat eine Gemeinsamkeit mit der Alternative (1): Sie schenkt ihre Aufmerksamkeit nur dem sittlichen Handeln, aber keineswegs dem Gehorsam der Natur. Klaus Düsing leugnet die Realität des höchsten Gutes und macht die Fähigkeit der Menschen zum Kriterium für die Pflicht zur Verwirklichung des höchsten Gutes. Allerdings widerspricht die Pflicht, das höchste Gut in der Welt zu verwirklichen, der Unfähigkeit des Menschen, es zu verwirklichen, in der kantischen praktischen Philosophie. Diese Pflicht stammt aus der Moral selbst bzw. aus der sittlichen Existenz der Menschen, wie ich in Unterabschnitt 3.1.1 schon dargelegt habe. Deshalb muss das höchste Gut des Weltganzen der Bestimmungsgrund unseres Willens sein. Die Unfähigkeit des Menschen ist in seiner Endlichkeit gegründet, deswegen brauchen die Menschen das Postulat Gottes.

(3) Die Proportionalitätslehre setzt die Gerechtigkeit Gottes voraus. Es gibt aber für Kant keine Garantie, dass Gott gerecht sein muss. Um die Proportionalität zwischen der Sittlichkeit und der Glückseligkeit zu realisieren, muss Gott selbst gut sein, sonst würde Gott das Unglück dem moralisch guten Menschen zuteilen. In der kantischen Sittenlehre gibt es aber keinen Beweis für einen gerechten Gott. Dieser Beweis bedarf des theoretischen Gebrauches der Vernunft.

Ich möchte diesem Einwand kurz widersprechen. *Erstens*: Die Annahme, dass es einen gerechten Gott gibt, stammt aus dem Bedürfnis der praktischen Vernunft, nicht aus dem theoretischen Gebrauch der Vernunft, wie Kant behauptet: „Ich versuche nun diesen Begriff [sc. der Begriff Gottes] an das Object der praktischen Vernunft zu halten, und da finde ich, daß der moralische Grundsatz ihn nur als möglich unter Voraussetzung eines Welturhebers von höchster Vollkommenheit zulasse. Er muß allwissend sein, um mein Verhalten bis zum Innersten meiner Gesinnung in allen möglichen Fällen und in alle Zukunft zu erkennen; allmächtig, um ihm die angemessenen Folgen zu ertheilen; eben so allgegenwärtig, ewig usw."[101] Gemäß diesem Absatz sind die meisten Eigen-

100 KpV, 05: 135, 27–33.

101 KpV, 05: 140, 1–7, vgl. KrV, 03: 529, 2–8, B 843: „Dieser Wille muß allgewaltig sein, damit die ganze Natur und deren Beziehung auf Sittlichkeit in der Welt ihm unterworfen sei; allwissend, damit er das Innerste der Gesinnungen und deren moralischen Werth erkenne; allgegenwärtig, damit er unmittelbar allem Bedürfnisse, welches das höchste

schaften Gottes moralisch und nicht theoretisch notwendig. Das bedeutet, dass die Gerechtigkeit Gottes in der kantischen Sittenlehre vorausgesetzt werden muss, sonst würde die Moral samt ihren Zwecken zum Nihilismus führen. *Zweitens*: Kant hat ausgehend von seiner Sittenlehre eine Lösung des Theodizee-Problems versucht. Kant vertritt dort, kurz gesagt, die Auffassung, die sogenannte doktrinelle Theodizee könne das Problem nicht auflösen, weil das endlich vernünftige Wesen den Willen Gottes theoretisch nicht erkennen kann. Im Gegensatz dazu betrachtet die authentische kantische Theodizee Gott als das moralische und weise Wesen, weil „Gott durch unsre Vernunft selbst der Ausleger seines durch die Schöpfung verkündigten Willens“[102] wird. Aufgrund dessen wird der gute Wille Gottes durch die sittliche Gesinnung bewiesen. Es ist leicht zu ersehen, dass die moralische Handlung der Menschen die Bedingung für einen guten Willen Gottes ist, nicht umgekehrt.[103]

Durch die Auseinandersetzungen mit den verschiedenen Alternativen und Einwänden zeigt sich die Bedeutung des höchsten Gutes: Auf der transzendenten Seite kann das höchste Gut niemals durch die Menschen allein realisiert werden, auf der immanenten Seite soll aber das höchste Gut in der sinnlichen Welt befördert und verwirklicht werden. Anhand dieser Spannung soll dieser komplizierte Begriff nachvollzogen werden. Angesichts des Anliegens dieser Dissertation betone ich seine transzendente Seite. Aus diesem Grund muss die Existenz Gottes postuliert werden. Zusammenfassend liegt die Notwendigkeit, vom höchsten Gut zum Postulat Gottes überzugehen, darin, dass es viele Gründe gibt, die die Verwirklichung des höchsten Gutes in dieser Welt verhindern: (1) die höchste Glückseligkeit ist unmöglich zu erfüllen, (2) die Proportionalität zwischen der Sittlichkeit und der Glückseligkeit ist ohne den göttlichen Eingriff unmöglich. Aus (1) und (2) folgt, dass die Menschen aufgrund ihrer Endlichkeit diesen Zweck nicht erreichen können. Unter diesen Bedingungen wird das Postulat Gottes notwendig.

Wir fassen den Abschnitt 3.1 wie folgt zusammen: In diesem Abschnitt diskutieren wir nicht detailliert über den moralischen Gottesbeweis, sondern über die Notwendigkeit, moralisch die Existenz Gottes anzunehmen. Die Notwendigkeit der Postulatenlehre ist abhängig von der Realität der Moralität. Demnach ist die Verknüpfung zwischen der Moral und dem Postulat Gottes nur für die endlich vernünftigen Menschen notwendig. In anderen Worten, für das rein vernünftige Wesen spielen die Glückseligkeit, das höchste Gut und damit das Postulat Gottes

---

Weltbeste erfordert, nahe sei; ewig, damit in keiner Zeit diese Übereinstimmung der Natur und Freiheit ermangele, usw. “

102 MpVT, 08: 264, 26–28.

103 Für eine eingehende Diskussion über die Theodizee Kants siehe Brachtendorf (2002).

keine Rolle. Außerdem merken wir an, dass der Formalismus der kantischen Sittenlehre leicht zum Konflikt zwischen der Tugend und der Glückseligkeit führt. Deswegen wird der tugendhafte, aber unglückliche Mensch (wie Spinoza) immer auftauchen. Allerdings strebt die praktische Vernunft nach der Totalität der praktischen Gegenstände,[104] die nicht nur die sittlichen Gegenstände (die Sittlichkeit), sondern auch die sinnlichen Gegenstände (die Glückseligkeit) umfassen. Wegen der Endlichkeit der Menschen streben diese ausgehend von der Moral nach der Glückseligkeit bzw. dem höchsten Gut. Kant behauptet sogar, dass die Verwirklichung des höchsten Gutes in der Welt eine Pflicht ist. Wegen der Unfähigkeit der Menschen wird Gott notwendigerweise postuliert, um das höchste Gut in der sinnlichen Welt zu realisieren. Folglich ist es die Endlichkeit der Menschen, die zum Postulat Gottes führt.

In meiner Darstellung betone ich die Endlichkeit des Menschen, um die Notwendigkeit, die Existenz Gottes zu postulieren, auf die Subjektivität bzw. auf die sittliche Existenz der Menschen zurückzuführen. Dadurch wird der Vergleich zwischen Kant und Schleiermacher besser durchführbar. Außerdem kann ich dadurch die Frage nach der Gewissheit der Existenz Gottes in Abschnitt 3.2 besser beantworten. Beim moralischen Beweis Kants geht es um zahlreiche Themen, z. B. um das Verständnis der Glückseligkeit, um den Zweck der Natur und Geschichte, um die moralische Autonomie usw. Alle diese Themen sind bis jetzt noch umstritten und ohne endgültige Antwort. Leider kann darauf hier nicht ausführlich eingegangen werden.

3.2 Die Gewissheit der Existenz Gottes in der Postulatenlehre

Mit dem moralischen Gottesbeweis beweist Kant nicht, wie viele Forscher schon zu Recht gezeigt haben, die Existenz Gottes. Kant erklärt damit vielmehr die Notwendigkeit des Postulates von Gottes Existenz aus der praktischen und moralischen Perspektive.[105] Für Kant ist der Satz „Gott existiert“ eine theoretische Aussage, die man nicht bestätigen kann, weil der Idee Gottes keine korrespondierende Anschauung zukommt. Deswegen schreibt Kant, dass „durch die praktischen Postulate jenen Ideen doch Objecte gegeben wurden,

104 „Die reine Vernunft hat jederzeit ihre Dialektik, man mag sie in ihrem speculativen oder praktischen Gebrauche betrachten; denn sie verlangt die absolute Totalität der Bedingungen zu einem gegebenen Bedingten, und diese kann schlechterdings nur in Dingen an sich selbst angetroffen werden.“ (KpV, 05:107, 6–9.)

105 Vgl. Barth (2005), 288; Düsing (2010), 68, dort kann man in Anmerkung 17 Literatur über dieses Thema finden.

indem ein blos problematischer Gedanke dadurch allererst objective Realität bekam".[106] Außerdem wird die Idee Gottes „immanent und constitutiv"[107]. Allerdings soll diese „objektive Realität" als praktische und nicht als theoretische verstanden werden. In diesem Abschnitt möchte ich zuerst darstellen, was für ein Gott von der Verwirklichung des höchsten Gutes postuliert wird (3.2.1). Außerdem soll die Analogie, die der moralischen Erkenntnis Gottes zugrunde liegt, veranschaulicht werden. Anhand dieser Erklärung wird die Beziehung und die Unterscheidung zwischen dem moralischen und dem physikotheologischen Gottesbeweis verdeutlicht (3.2.2). Danach soll folgende Frage diskutiert werden: Wenn die Existenz Gottes nur subjektiv, moralisch und praktisch gesichert wird, bedeutet dies dann, dass sich die Gewissheit der Existenz Gottes vermindert (3.2.3)?

3.2.1 Gott als der Richter der Sitten und der Urheber der Natur

Es ist klar, wie ich in Kapitel 1 erklärt habe, dass die Vorstellung Gottes als der höchsten Intelligenz (Verstand und Willen) den natürlichen Theologien, zu denen die Physikotheologie und Moraltheologie gehören, gemeinsam ist.[108] In der KpV spielt Gott bei der Verwirklichung des höchsten Gutes eine Rolle als die höchste Intelligenz, z. B. behauptet Kant in der „Deduktion" des Postulates von Gott: „Also ist die oberste Ursache der Natur, sofern sie zum höchsten Gute vorausgesetzt werden muß, ein Wesen, das durch Verstand und Willen die Ursache (folglich der Urheber) der Natur ist, d.i. Gott."[109] Da Gott die Glückseligkeit oder die Befriedigung der natürlichen Neigungen dem sittlichen Menschen in genauem Verhältnis zuteilen soll, muss er der Urheber der Natur sein, um die natürliche Ordnung harmonisch mit der Sittlichkeit verknüpfen zu können. Mit anderen Worten, die Zweckmäßigkeit der Natur wird hier vorausgesetzt, sie ist eng mit der Physikotheologie verbunden.

Doch sollte hier auch berücksichtigt werden, dass der vom moralischen Beweis postulierte Gott nicht nur der Urheber der Natur, sondern auch der Richter unserer sittlichen Gesinnung sein soll, weil Gott „den Grund dieses Zusammenhanges, nämlich der genauen Übereinstimmung der Glückseligkeit mit der Sittlichkeit"[110], enthält. Wir können Gott nicht als den Urheber der moralischen Gesetze betrachten, weil die moralische Autonomie in diesem Fall

106 KpV, 05: 135, 15–17.
107 KpV, 05: 135, 27.
108 Vgl. KrV, 03: 421, 2, B 660.
109 KpV, 05: 125, 19–22. Vgl. auch KpV, 05: 137, 6–7.
110 KpV, 05: 125, 6–7.

gänzlich vernichtet würde. Die moralischen Gesetze und die Triebfeder dazu sollen allein von der Freiheit und Autonomie des Menschen ausgehen. Dagegen sollen wir Gott als den Richter (den „Herzenskündiger") unserer sittlichen Gesinnung bezeichnen, damit er die exakte Proportion zwischen der Sittlichkeit und der Glückseligkeit realisieren kann.

Oben haben wir zwei Bedingungen genannt, die für den Übergang vom höchsten Gut zum Postulat Gottes notwendig vorausgesetzt werden: das Ebenmaß zwischen der Sittlichkeit und der Glückseligkeit und die Unterwerfung der Natur unter die Moral. Jetzt erfüllt der postulierte Gott beide Bedingungen: als Richter der Sitten wird er dazu beitragen, dass die Glückseligkeit zur Sittlichkeit in genauem Verhältnis steht; als der Urheber der Natur lässt er die Natur, deren Zweck von sich selbst aus niemals die menschliche Glückseligkeit ist, die der Sittlichkeit entsprechende Glückseligkeit schaffen, wie Kant in der *Vorlesung über Rationaltheologie* sagt:

> „Die Moral giebt mir auch allein einen bestimmten Begriff von Gott. Sie lehret mich, ihn als ein Wesen, das alle Vollkomenheit hat, erkennen; denn der Gott, welcher mich nach Grundsätzen der Moralität beurtheilen soll, ob ich der Glückseligkeit würdig bin, und der mich in diesem Falle wirklich der Glückseligkeit theihaftig machen soll, muß alle, auch die geheimsten Regungen meines Herzens kennen, weil eben hierauf in der Schätzung meines Verhaltens das meiste ankommt; er muß aber auch die ganze Natur in seiner Gewalt haben, um Ihrem Laufe das künftige Glück für mich plangemäßig ordnen zu können; er muß endlich selbst die Folge der verschiedenen Zustände meines Daseyns einrichten und lenken. Kurz, er muß allwissend, allmächtig, ewig und nicht in der Zeit seyn."[111]

Aus diesem Zitat ist leicht zu erkennen, dass alle Eigenschaften Gottes zur Verwirklichung des höchsten Gutes postuliert werden müssen: „Er muß allwissend sein, um mein Verhalten bis zum Innersten meiner Gesinnung in allen möglichen Fällen und in alle Zukunft zu erkennen; allmächtig, um ihm die angemessenen Folgen zu ertheilen; eben so allgegenwärtig, ewig usw."[112]

Es lässt sich leicht ersehen, dass Moraltheologie und Physikotheologie eng verbunden sind, da die Intelligenz für beide als die wichtigste Eigenschaft

111 V-Phil-Th/Pölitz, 28: 1073, 14–26.

112 KpV, 05: 140, 4–7, vgl. KrV, 03: 529, 2–8, B 843: „Dieser Wille muß allgewaltig sein, damit die ganze Natur und deren Beziehung auf Sittlichkeit in der Welt ihm unterworfen sei; allwissend, damit er das Innerste der Gesinnungen und deren moralischen Werth erkenne; allgegenwärtig, damit er unmittelbar allem Bedürfnisse, welches das höchste Weltbeste erfordert, nahe sei; ewig, damit in keiner Zeit diese Übereinstimmung der Natur und Freiheit ermangele, usw. "

Gottes gilt. Diese Beziehung zwischen beiden kann so verstanden werden, dass die Physikotheologie von der Zweckmäßigkeit der Natur ausgeht, die Moraltheologie aber bezieht sich auf das höchste Gut, dem die Zweckmäßigkeit der Natur und die Erfüllung der moralischen Gesetze zugehören. Deswegen kann man sogar behaupten, dass die Physikotheologie ein Bestandteil der Moraltheologie ist und jene durch diese vervollkommnet wird, und dass der Zweck der Physikotheologie durch die Moraltheologie ergänzt wird. Diese Behauptung soll durch folgendes Zitat aus der KpV belegt wird:

> „Und da zeigt sich nicht allein in ihrer [sc. der Vernunft] unvermeidlichen Aufgabe, nämlich der nothwendigen Richtung des Willens auf das höchste Gut, die Nothwendigkeit, ein solches Urwesen in Beziehung auf die Möglichkeit dieses Guten in der Welt anzunehmen, sondern, was das Merkwürdigste ist, etwas, was dem Fortgange der Vernunft auf dem Naturwege ganz mangelte, nämlich ein genau bestimmter Begriff dieses Urwesens. Da wir diese Welt nur zu einem kleinen Theile kennen, noch weniger sie mit allen möglichen Welten vergleichen können, so können wir von ihrer Ordnung, Zweckmäßigkeit und Größe wohl auf einen weisen, gütigen, mächtigen etc. Urheber derselben schließen, aber nicht auf seine Allwissenheit, Allgütigkeit, Allmacht usw."[113]

Für Kant gibt es einen Nachteil der Physikotheologie: die Ordnung, die Zweckmäßigkeit und die systematische Einheit der Natur können nicht vollständig wahrgenommen werden, „da wir diese Welt nur zu einem kleinen Theile kennen, noch weniger sie mit allen möglichen Welten vergleichen können." Daher wird nur ein unvollkommenes Schema der Idee Gottes gegeben, folglich können wir nur „auf einen weisen, gütigen, mächtigen etc. Urheber derselben schließen", aber nicht auf den höchsten Grad dieser Prädikate selbst. Dagegen entwickelt die Moraltheologie „einen genau bestimmten Begriff dieses Urwesens". Dass die Unvollkommenheit der Physikotheologie durch die Moraltheologie ergänzt wird, stellt Kant in der KU umfassend dar, und es ist ein Kernthema der *Methodenlehre der teleologischen Urtheilskraft*. „Die Physikotheologie, so weit sie auch getrieben werden mag, kann uns doch nichts von einem Endzwecke der Schöpfung eröffnen; denn sie reicht nicht einmal bis zur Frage nach demselben."[114] Der Endzweck der Schöpfung kann niemals durch die Erweiterung der Beobachtung der Natur erreicht werden: „Nach bloß theoretischen Principien des Vernunftgebrauchs (worauf die Physikotheologie sich allein gründet) kann also niemals der Begriff einer Gottheit, der für unsere teleologische Beurtheilung

113 KpV, 05: 139, 14–24.
114 KU, 05: 437, 18–20.

der Natur zureichte, herausgebracht werden."[115] Im Vergleich dazu ist das höchste Gut der Endzweck der Schöpfung:

> „Auch kann man hieraus ersehen: daß, wenn man nach dem letzten Zwecke Gottes in Schöpfung der Welt frägt, man nicht die Glückseligkeit der vernünftigen Wesen in ihr, sondern das höchste Gut nennen müsse, welches jenem Wunsche dieser Wesen noch eine Bedingung, nämlich die der Glückseligkeit würdig zu sein, d. i. die Sittlichkeit eben derselben vernünftigen Wesen, hinzufügt, die allein den Maßstab enthält, nach welchem sie allein der ersteren durch die Hand eines weisen Urhebers theilhaftig zu werden hoffen können."[116]

Demzufolge sind das sittliche Gut und zugleich die Zweckmäßigkeit der Natur im höchsten Gut, welches der Endzweck der Schöpfung ist, enthalten. Das höchste Gut kann nicht durch den theoretischen Gebrauch der Vernunft erkannt, sondern nur durch die Freiheit als Endzweck der Moral gesetzt werden. Beim Setzen der Freiheit besteht jene Schwierigkeit nicht, die die Physikotheologie bei der Bestimmung des Endzweckes hat.

An dieser Stelle ist eine Zusammenfassung vorzunehmen. Die Eigenschaften Gottes werden um der Verwirklichung des höchsten Gutes willen postuliert, die die Proportionalität zwischen der Sittlichkeit und der Glückseligkeit und die Unterwerfung der Natur unter den moralischen Zweck voraussetzt. Deshalb wird Gott als die höchste Intelligenz (Verstand und Wille) der Richter der moralischen Gesinnung und der Urheber der Natur, um das höchste Gut zu realisieren. Außerdem wurde bereits dargestellt, dass die Moraltheologie und die Physikotheologie eng miteinander verknüpft sind: Diese wird durch jene ergänzt und vervollkommnet. Die Gemeinsamkeit zwischen der Moraltheologie und der Physikotheologie liegt darin, dass beide Gott in seinem Verhältnis zur Welt verstehen: für die Moraltheologie ist „ein solches Urwesen in Beziehung auf die Möglichkeit dieses Guten in der Welt anzunehmen"[117], im Vergleich dazu versteht die Physikotheologie Gott in seinem Verhältnis zur Ordnung, Zweckmäßigkeit und systematischen Einheit der Welt. D.h. die Analogie spielt für beide eine wichtige Rolle. Deshalb wird im folgenden Unterabschnitt 3.2.2 diese grundlegende Analogie erklärt.

115 KU, 05: 440, 5–8.
116 Vgl. KpV, 05: 130.
117 KpV, 05: 139, 16–17.

3.2.2 Die Analogie als eine grundlegende Methode

Im Aufsatz *Preisschrift über die Fortschritte der Metaphysik* (1791) beschreibt Kant ausführlich die Analogie als eine Methode zur Erkenntnis des Übersinnlichen:

> „Das moralische Argument würde also ein argumentum κατ' ἄνθρωπον heißen können, gültig für Menschen, als vernünftige Weltwesen überhaupt, und nicht blos für dieses oder jenes Menschen zufällig angenommene Denkungsart, und vom theoretisch-dogmatischen κατ' ἀλήθειαν, welches mehr für gewiß behauptet, als der Mensch wohl wissen kann, unterschieden werden müssen."[118]

Abschnitt 2.2 dieser Dissertation handelte bereits von der Unterscheidung zwischen *an sich* und *für uns*. Das Zitat zeigt uns deutlich, dass die durch die Moral postulierte Gotteslehre als eine Wahrheit für uns (κατ' ἄνθρωπον) betrachtet wird. Für Kant ist „der metaphysische Gott" (das *ens realissimum*) nur „ein leerer Begriff" [119]. Nur durch die Analogie kann er von uns erkannt werden: „Auf diese Art kann ich vom Übersinnlichen, z. B. von Gott, zwar eigentlich kein theoretisches Erkenntniß, aber doch ein Erkenntniß nach der Analogie, und zwar die der Vernunft zu denken nothwendig ist, haben."[120] Hier möchte ich noch einmal zwei wichtige Tatsachen, die ich in Abschnitt 2.2 schon erwähnt habe, zur analogischen Erkenntnis Gottes in Erinnerung rufen:

Erstens: Diese Erkenntnis Gottes ist nicht theoretisch, sondern praktisch angewandt, sie ist nämlich notwendig *für uns* angenommen worden, aber sie gilt nicht für das Ding *an sich*: „In diesem Falle würden wir das übersinnliche Ding nicht nach dem, was es *an sich* ist, sondern nur, wie wir es zu denken, und seine Beschaffenheit anzunehmen haben, um dem praktisch-dogmatischen Object des reinen sittlichen Prinzipes, nämlich dem Endzweck, welcher das höchste Gut ist, *für uns* selbst angemessen zu seyn, zu untersuchen haben."[121] Deshalb gehen die Erkenntnisse bzw. die Eigenschaften Gottes keineswegs vom theoretischen Gebrauch der Vernunft aus, weil sie niemals etwas über Gott an sich ausdrücken.

---

118 FM, 20: 306, 1–6.

119 FM, 20: 304, 13.

120 FM, 20: 280, 14–16.

121 FM, 20: 296, 29–33. Hervorgehoben von Zhou. Vgl. auch KpV, 05: 133, 26–32: „Denn wir erkennen zwar dadurch weder unserer Seele Natur, noch die intelligibele Welt, noch das höchste Wesen nach dem, was sie an sich selbst sind, sondern haben nur die Begriffe von ihnen im praktischen Begriffe des höchsten Guts vereinigt, als dem Objecte unseres Willens, und völlig a priori durch reine Vernunft, aber nur vermittelst des moralischen Gesetzes und auch blos in Beziehung auf dasselbe, in Ansehung des Objects, das es gebietet."

Zweitens: Wir kennen „ein solches Urwesen in Beziehung auf die Möglichkeit dieses Guten in der Welt“, d. h. wir kennen die Eigenschaften Gottes, der als das ursprüngliche höchste Gut der Grund für das abgeleitete höchste Gut in der Welt ist, nur in seinem Verhältnis zur Welt: „Ein solcher Glaube ist das Fürwahrhalten eines theoretischen Satzes, z. B. es ist ein Gott, durch praktische Vernunft, und in diesem Falle, als reine praktische Vernunft betrachtet, wo, indem der Endzweck die Zusammenstimmung unsrer Bestrebung zum höchsten Gut, unter einer schlechterdings nothwendigen praktischen, nämlich moralischen Regel steht, deren Effekt wir uns aber nicht anders, als unter Voraussetzung der Existenz eines ursprünglichen höchsten Gutes, als möglich denken können, wir dieses in praktischer Absicht anzunehmen, *a priori* genöthigt werden.“[122] In der *Logik* vertritt Kant die folgende Meinung: das Glauben unterscheidet sich „vom Meinen nicht durch den Grad, sondern durch das Verhältniß, was es als Erkenntniß zum Handeln hat.“[123] D.h. das Glauben an Gott wird durch das Verhältnis der Erkenntnis zum Handeln für wahr gehalten.

Daraus ergibt sich, dass Gott (das ursprüngliche höchste Gute) durch die Analogie als der Grund des abgeleiteten höchsten Gutes bezeichnet wird. Dieses abgeleitete höchste Gut muss in der Welt verwirklicht werden und wird als Endzweck der Schöpfung angesehen. Ähnlich wie durch die Physikotheologie können wir durch die Moraltheologie nicht auf die Eigenschaften Gottes *an sich* schließen, sondern nur auf die Eigenschaften Gottes *für uns* bzw. *für die Verwirklichung des höchsten Gutes in der Welt.* Dieser analogische Gedanke ist für die Moraltheologie sehr wichtig und sogar grundlegend. Anhand der Analogie können wir zwei wichtige Themen in der kantischen Moraltheologie besser verstehen:

(1) In der KrV schreibt Kant: „Das Fürwahrhalten oder die subjective Gültigkeit des Urtheils in Beziehung auf die Überzeugung (welche zugleich objectiv gilt) hat folgende drei Stufen: Meinen, Glauben und Wissen.“[124] Das Glauben ist das subjektiv zureichende, aber objektiv unzureichende Fürwahrhalten. Innerhalb des Glaubens unterscheidet Kant noch das „doctrinale und das moralische Glauben“. Angesichts des Glaubens an die Existenz Gottes ist das erste ein Glauben aus der physikotheologischen Perspektive wegen der Zweckmäßigkeit der Welt, das zweite aus der moraltheologischen Perspektive wegen der Verwirklichung des höchsten Gutes. Allerdings ist die Gewissheit beider Arten des Glaubens unterschiedlich: „der bloß doctrinale Glaube hat etwas Wankendes in sich“[125], dagegen ist das moralische Glauben absolut notwendig: „so werde

122 FM, 20: 297, 33–298, 2.
123 Log, 09: 67, 35–36.
124 KrV, 03: 532, 36–533, 1, B 850.
125 KrV, 03: 536, 8, B 855.

ich unausbleiblich ein Dasein Gottes und ein künftiges Leben glauben und bin sicher, daß diesen Glauben nichts wankend machen könne."[126] Der Grund dieser Unterscheidung liegt darin, wie ich oben bereits erwähnt habe, dass die Zweckmäßigkeit der Welt durch die theoretische Vernunft nicht gänzlich erkannt wird. Im Vergleich dazu wird das höchste Gut in der Welt ein von der praktischen Vernunft gesetzter Endzweck. Außerdem wird die Gewissheit seiner Existenz durch die Realität der moralischen Gesetze gesichert.

(2) Das transzendentale Ideal Gottes erhält durch die praktische Vernunft seine objektive Realität oder sein Objekt. In der KpV stellt Kant die Frage: „Wird nun aber unser Erkenntniß auf solche Art durch reine praktische Vernunft wirklich erweitert, und ist das, was für die speculative transscendent war, in der praktischen immanent?"[127] Und die Antwort dazu lautet: „Allerdings, aber nur in praktischer Absicht."[128] Deswegen bekommt die theoretische Erkenntnis „einen Zuwachs", aber sie wird dadurch nicht erweitert. Dieser Gedanke kann nur durch die Analogie verstanden werden.[129] Da die Idee Gottes nur ein leerer Begriff ist, sie also theoretisch keine Erweiterung erhalten kann, so kann sie durch die Analogie als Grund des höchsten Gutes in der Welt betrachtet werden. Dieses höchste Gut als ihre Folge wird hier als ihr Objekt gesehen. Dadurch erhält die Idee Gottes ihre objektive Realität und die Erkenntnis Gottes bekommt einen Zuwachs in dem Sinn, dass die Eigenschaften Gottes (Verstand und Wille) *für uns* bzw. im Verhältnis mit der Verwirklichung des höchsten Gutes bestimmt werden. Allerdings wird Gott *an sich* niemals theoretisch erkannt und die Erkenntnis Gottes wird dadurch niemals erweitert, wie Kant in der KpV schreibt:

> „Dieses letztere ist so augenscheinlich und kann so klar durch die That bewiesen werden, daß man getrost alle vermeinte natürliche Gottesgelehrte (ein wunderlicher Name) auffordern kann, auch nur eine diesen ihren Gegenstand (*über die blos ontologischen Prädicate hinaus*) bestimmende Eigenschaft, etwa *des Verstandes oder des Willens*, zu nennen, an der man nicht unwidersprechlich darthun könnte, daß, wenn man *alles Anthropomorphistische* davon absondert, uns nur das bloße Wort übrig bleibe, ohne damit den mindesten Begriff verbinden zu können, dadurch eine Erweiterung der theoretischen Erkenntniß gehofft werden dürfte. In Ansehung des Praktischen aber bleibt uns von *den Eigenschaften eines Verstandes und Willens* doch noch der Begriff eines Verhältnisses übrig, welchem das praktische Gesetz (das gerade

126 KrV, 03: 536, 22–24, B 856.

127 KpV, 05: 133, 23–25.

128 KpV, 05: 133, 25–26.

129 Lewis W. Beck diskutiert tiefgehend über die Bedeutung der „Postulate", jedoch ohne Blick auf die Analogie, siehe Beck (1960), 251–253. Diesem Aufsatz liegt die Analogie der Postulatenlehre zugrunde, deshalb kann ich nicht ausführlich auf „Postulate" eingehen.

> dieses Verhältniß des Verstandes zum Willen a priori bestimmt) objective Realität verschafft. Ist dieses nun einmal geschehen, so wird dem Begriffe des Objects eines moralisch bestimmten Willens (dem des höchsten Guts) und mit ihm den Bedingungen seiner Möglichkeit, den Ideen von Gott, Freiheit und Unsterblichkeit, auch Realität, aber *immer nur in Beziehung auf die Ausübung des moralischen Gesetzes (zu keinem speculativen Behuf)* gegeben."[130]

Der in diesem Zitat präsentierte Gedankengang kann auch als „der symbolische Anthropomorphismus" bezeichnet werden, wie ich in Abschnitt 2.2 geschrieben habe. Für Kant sind diese Eigenschaften (wie Verstand und Wille) menschlich, sie beziehen sich nur analogisch auf Gott.

Wie kann die Gewissheit der Existenz Gottes anhand der Analogie verstanden werden? Vor allem geht der Satz, dass Gott existiert, vom theoretischen Gebrauch der Vernunft aus. Doch als Menschen können wir nicht theoretisch behaupten, dass Gott ist. Gott *an sich* bleibt immer ein Mysterium. In Kapitel 2 habe ich erklärt, dass die theoretische Vernunft keine Sicherheit hinsichtlich der Existenz Gottes gewähren kann. Die Existenz Gottes kann auf diese Weise niemals bestätigt oder geleugnet werden. In der Moraltheologie wird die Situation immer unveränderlich bleiben, wie Kant in der KrV behauptet: „Nein, die Überzeugung ist nicht logische, sondern *moralische* Gewißheit, und da sie auf subjectiven Gründen (der moralischen Gesinnung) beruht, so muß ich nicht einmal sagen: *es ist* moralisch gewiß, daß ein Gott sei etc., sondern: *ich bin* moralisch gewiß etc."[131] Dass ein Gott sei, ist ein theoretischer Satz. Wir können nur behaupten: „ich bin moralisch gewiß." D.h. ob Gott existiert oder nicht, kann man nicht an sich beurteilen. Vielmehr ist Gott die höchste Intelligenz nur für mich oder nur für die Verwirklichung des höchsten Gutes. Deshalb hat der Satz „Gott existiert" theoretisch gesehen keine Gewissheit. Im Vergleich dazu hat die Existenz Gottes samt seinen Eigenschaften (Verstand und Wille) nur ausgehend von der Perspektive des moralischen Subjektes ihre Sicherheit. Deswegen ist es sinnlos zu fragen, ob die Existenz Gottes als möglich oder wirklich postuliert wird,[132] weil die Analogie zu einer Erkenntnis der Eigenschaften Gottes und nicht der Existenz Gottes führt. In Hinsicht auf die Existenz Gottes ist die Möglichkeit seiner Existenz bzw. die Widerspruchsfreiheit der Idee Gottes zureichend.[133]

---

130 KpV, 05: 137, 33–138, 15. Hervorgehoben von Zhou.

131 KrV, 03: 536, 36–537, 2, B 857.

132 Diese Frage wird heftig diskutiert unter den angelsächsischen Philosophen, z. B. Allen Wood, M. Jemie Ferreira, Paul Guyer, siehe Snow (2013), 6, Anm. 4.

133 Vgl. Dörflinger (2010), 207–224, Müller (2005), 129–141, bes. 149.

Zusammenfassend lässt sich sagen, dass die Analogie für die Moraltheologie so grundlegend wie für die Physikotheologie ist. Durch die Analogie in der Moraltheologie werden die Eigenschaften Gottes genauer bestimmt als in der Physikotheologie. Hinter der Analogie steht auch der symbolische Anthropomorphismus, der zum Erkenntniszuwachs bezüglich der Eigenschaften Gottes beiträgt, aber nicht zur Erweiterung dieser Erkenntnis führt. Deshalb wird der Grad der Gewissheit in Bezug auf die Existenz Gottes nicht steigen, da der theoretische Satz, dass Gott existiert, nicht durch die Analogie oder durch den praktischen Gebrauch der Vernunft als wahr erwiesen wird.

Zur Veranschaulichung empfiehlt sich immer wieder der Vergleich zwischen der Physikotheologie und der Moraltheologie: Beide werden ohne Ausnahme durch die Analogie begründet. Obwohl die Moraltheologie keine stichhaltigere Gewissheit der Existenz Gottes bietet, wird der Idee Gottes dadurch eine genauere Bestimmung gegeben: „Der Begriff von Gott bleibt also auf dem empirischen Wege (der Physik) immer ein nicht genau bestimmter Begriff von der Vollkommenheit des ersten Wesens, um ihn dem Begriffe einer Gottheit für angemessen zu halten.“[134] D.h. es kann ausgehend von der Ordnung, der Zweckmäßigkeit und der systematischen Einheit der Welt wohl auf einen weisen, gütigen, mächtigen Urheber geschlossen werden, jedoch nicht auf seine Allwissenheit, Allgütigkeit und Allmacht. Im Vergleich dazu: „Ich versuche nun diesen Begriff an das Object der praktischen Vernunft zu halten, und da finde ich, daß der moralische Grundsatz ihn nur als möglich unter Voraussetzung eines Welturhebers von *höchster Vollkommenheit* zulasse.“[135] D.h., um das höchste Gut in der Welt zu realisieren, muss dieser Welturheber allwissend, allmächtig, allgegenwärtig usw. sein. Jetzt stellt sich die Frage: Da die Bestimmungen Gottes in der Moraltheologie nicht durch die Beobachtung der Natur wie in der Physikotheologie festgelegt werden, sondern durch einen frei gesetzten Endzweck, nämlich durch das höchste Gut: Werden die Bestimmungen Gottes dann bloß willkürlich?

3.2.3 Die subjektiv notwendige Bestimmtheit Gottes

Diese Frage wird von Kant verneint. Für Kant stammt der Vernunftglaube an die Existenz Gottes aus dem Bedürfnis der Vernunft. Schon im Jahr 1787 hat Thomas Wizenmann eine klassische Kritik an Kant vorgenommen, die Kant in einer Anmerkung der KpV erwähnt und beantwortet:

134 KpV, 05: 139, 33–36.
135 KpV, 05: 140, 1–4.

„Im deutschen Museum, Febr. 1787, findet sich eine Abhandlung von einem sehr feinen und hellen Kopfe, dem sel. Wizenmann, dessen früher Tod zu bedauren ist, darin er die Befugniß, aus einem Bedürfnisse auf die objective Realität des Gegenstandes desselben zu schließen, bestreitet und seinen Gegenstand durch das Beispiel eines Verliebten erläutert, der, indem er sich in eine Idee von Schönheit, welche blos sein Hirngespinst ist, vernarrt hätte, schließen wollte, daß ein solches Object wirklich wo existire. Ich gebe ihm hierin vollkommen Recht in allen Fällen, wo das Bedürfniß auf *Neigung* gegründet ist, die nicht einmal nothwendig für den, der damit angefochten ist, die Existenz ihres Objects postuliren kann, viel weniger eine für jedermann gültige Forderung enthält und daher ein blos *subjectiver* Grund der Wünsche ist. Hier aber ist es ein *Vernunftbedürfniß*, aus einem *objectiven* Bestimmungsgrunde des Willens, nämlich dem moralischen Gesetze, entspringend, welches jedes vernünftige Wesen nothwendig verbindet, also zur Voraussetzung der ihm angemessenen Bedingungen in der Natur a priori berechtigt und die letztern von dem vollständigen praktischen Gebrauche der Vernunft unzertrennlich macht."[136]

Kants Antwort kann anhand folgender Schritte rekonstruiert werden: Das Bedürfnis, auf die objektive Realität des Gegenstandes zu schließen, kommt nicht aus der Neigung, sondern aus der Vernunft, nämlich aus den moralischen Gesetzen. Deswegen gilt dieses Bedürfnis notwendig für jedes vernünftige Wesen, weil seine allgemeine Notwendigkeit aus der Moral stammt. Nun ist die Verwirklichung des höchsten Gutes eine Pflicht für alle vernünftige Wesen bzw. für alle Menschen, und damit wird die Bedingung dieser Verwirklichung, nämlich die Existenz Gottes, auch notwendig vorausgesetzt. „Die Voraussetzung ist so nothwendig als das moralische Gesetz, in Beziehung auf welches sie auch nur gültig ist,"[137] nämlich nur nach der Analogie ist sie gültig. Daraus folgt, dass das vernünftige Bedürfnis, die objektive Realität der Idee Gottes zu postulieren, notwendig und für jedes vernünftige Wesen gültig ist.[138]

Allerdings soll die Aussage Kants hier zum Teil korrigiert werden. Das Kernargument Kants liegt darin, dass es Pflicht ist, das höchste Gut in der Welt zu erhalten oder zu befördern. Dieses Argument ist schon im Abschnitt 3.1.1 diskutiert worden. Dort behaupte ich, dass die Endlichkeit des Menschen

136 KpV, 05: 143, 32–35, 144, 23–33.

137 KpV, 05: 143, 37–38.

138 Da Lewis W. Beck es für nicht stichhaltig hält, von der Moral zum höchsten Gut überzugehen, vertritt er die folgende Ansicht: „If, however [...] the command to seek the *summum bonum* is merely the command to do my duty, the close connection of the moral law with the postulates (with the exception of that of freedom) cannot be established. [...] In the light of this fact, it is hard to agree that Kant has met the difficult issue posed by Wizenmann." (Beck [1960], 253.)

zur Notwendigkeit der Beförderung oder Verwirklichung des höchsten Gutes beiträgt. Deswegen ist es wohl nicht richtig, wenn Kant das Bedürfnis für notwendig für jedes vernünftige Wesen hält, weil das höchste Gut kein Objekt des rein vernünftigen Wesens ist. Obwohl die Verwirklichung des höchsten Gutes nicht aus dem Bedürfnis der Neigungen, sondern aus dem der Vernunft stammt, braucht das rein vernünftige Wesen keine Glückseligkeit bzw. kein höchstes Gut wegen des Mangels an Neigungen. Aufgrund dessen soll die Aussage Kants wie folgt korrigiert werden: Aus der Endlichkeit des Menschen entsteht das Bedürfnis, die objektive Realität des höchsten Gutes zu postulieren. Dadurch wird die Realität desselben samt der Bedingung dafür (der Existenz Gottes) so notwendig gesetzt wie die moralischen Gesetze.

Aus dem oben Ausgeführten folgt, dass die Bestimmtheit Gottes aus dem Bedürfnis des Subjektes beziehungsweise des vernünftigen Teiles des Subjektes stammt. Dadurch gründet sich die Gewissheit der Bestimmtheit Gottes auf die Gewissheit der Moral, die durch das „Faktum der reinen praktischen Vernunft" schon bewiesen wurde.[139] Deshalb werden die Eigenschaften Gottes subjektiv notwendig bestimmt. Es ist notwendig, hier einige Anmerkungen hinzuzufügen.

(1) Subjektiv heißt nicht willkürlich. In der *Logik* heißt es: „Obgleich dieses *objectiv* keine nothwendige Beziehung unsrer Willkür wäre: so ist das höchste Gut doch *subjectiv* nothwendig das Object eines guten (selbst menschlichen) Willens, und der Glaube an die Erreichbarkeit desselben wird dazu nothwendig vorausgesetzt."[140] Deswegen ist das höchste Gut das notwendige Objekt des Willens: „Dieses ist eine subjective Nothwendigkeit, die Realität des Objects um der nothwendigen Willensbestimmung halber anzunehmen."[141] Mit anderen Worten, der sittliche Mensch muss das höchste Gut als sein Objekt betrachten, daher ist es notwendig für ihn, die Voraussetzung des höchsten Gutes (die Existenz Gottes bzw. die höchste Intelligenz Gottes) zu postulieren.

(2) Diese subjektive Annahme gilt für alle Menschen. Einerseits drückt Kant in der *Logik* die Meinnung aus: „Ich kann also nur sagen: Ich sehe mich durch meinen Zweck nach Gesetzen der Freiheit genöthigt, ein höchstes Gut in der Welt als möglich anzunehmen, aber ich kann keinen Andern durch Gründe nöthigen (der Glaube ist frei)."[142] Andererseits stammt diese Meinung aus der Sicht des „ich" als des vernünftigen Wesens, folglich wird diese Behauptung für

139 Auf die Auslegung dieses Faktums können wir hier nicht eingehen, dazu siehe O'Neill (106), 81–98.

140 Log, 09: 068, 24–26.

141 Log, 09: 068, 38–39.

142 Log, 09: 069, 22–25.

alle anderen endlich vernünftigen Wesen gelten. Dies lässt sich aus der Antwort Kants auf Wizenmann ersehen.

(3) Dass die Erkenntnis Gottes subjektiv bestimmt ist, heißt nicht, dass die Gewissheit dieser Erkenntnis dadurch beschädigt wird. Bernd Dörflinger schreibt dazu: „Insofern Glaube nun als Überzeugung bestimmt ist, d.h. als subjektiv zureichendes Fürwahrhalten, das objektiv unzureichend ist, ist diese unzureichende Objektivität nicht schon als Grund einer Einschränkung des Grades seiner Gewißheit zu nehmen. Wenn es auch andere Gründe der Einschränkung geben mag, so drückt die Bestimmung objektiv unzureichend doch nur aus, daß der Glaube sich auf nichts Gegebenes und auch nichts Gegebenes in der reinen oder empirischen Anschauung gründen kann, unter welcher Bedingung theoretische Beweise und die mit ihnen verbundene Gewißheit des Wissens stehen."[143] Umgekehrt ist es für Kant gerade ein Vorteil der Moraltheologie, weil es für die Physikotheologie unmöglich ist, die Zweckmäßigkeit der Welt gänzlich zu erhalten. Dagegen ist das höchste Gut ein Objekt des frei bestimmenden Willens und damit wird der Idee Gottes eine objektive Realität gegeben. Dieser Punkt wurde in dieser Arbeit schon mehrfach dargestellt.

(4) Schließlich sollte bemerkt werden, dass die praktische Erkenntnis Gottes ohne den theoretischen Gebrauch der Vernunft nicht vollständig ist. Wie bereits erwähnt ist der Satz, dass Gott existiert, vor allem theoretisch. Außerdem kann die Idee Gottes sich nicht widersprechen. Der Beweis der Widerspruchsfreiheit kann nur durch den theoretischen Gebrauch der Vernunft erreicht werden kann. Josef Schmucker hat diesen Punkt eingehend untersucht. Er sagt: „In Wirklichkeit spielt nämlich die theoretische Erkenntnis bei dieser Realisierung der Ideen aufgrund der praktischen Gegebenheiten eine erheblich größere Rolle, als es auf den ersten Blick nach den Formulierungen Kants den Anschein hat."[144] Josef Schmucker zufolge hat die praktische Vernunft das Recht, die mit ihr notwendig verbundene Idee des höchsten Gutes und daher die Bedingungen für seine Realisierung (die Existenz Gottes) für gewiss zu halten, wenn die theoretische Vernunft die Unmöglichkeit des höchsten Gutes bzw. die Unmöglichkeit des Daseins Gottes nicht mit Gewissheit beweisen kann.[145]

---

143 Dörflinger (2010), 217.

144 Schmucker (1967), 169.

145 Nach der Beobachtung Edith Düsings sieht Max Wundt „entwicklungsgeschichtlich bei Kant eine gesteigerte Betonung, der Glaube an die Welt des Intelligiblen sei auch eine theoretische Überzeugung, was sich an Kants Wortwahl zeige, die zunächst vom moralischen Glauben, dann lieber vom vernünftigen Glauben redet und schließlich die moralische Gewißheit des Übersinnlichen dezidiert als praktische Erkenntnis anspricht." Siehe Düsing (2004), 441, Anm. 9.

Zusammenfassend bildet Kant zufolge die Bestimmung Gottes als Verstand und Wille eine subjektive Gewissheit, die auf der Notwendigkeit der Moral basiert und damit auch notwendig ist. Außerdem gelten diese Bestimmungen für alle endlich vernünftigen Wesen und sind damit allgemein notwendig. Diese subjektiv notwendige Bestimmtheit Gottes wird dadurch auch nicht in ihrer Gewissheit beschädigt, sondern sie ist im Vorteil gegenüber der Physikotheologie. Letztlich spielt auch die theoretische Vernunft eine Rolle dabei, da sie die Unmöglichkeit der Existenz Gottes und des höchsten Gutes nicht apodiktisch beweisen kann, wie in Kapitel 2 diskutiert wurde.

In Abschnitt 3.2 wurde die von der Verwirklichung des höchsten Gutes postulierte Existenz Gottes ausgeführt. Um das höchste Gut zu verwirklichen, muss Gott der Richter („Herzenskündiger“) der moralischen Gesinnung und der Urheber der natürlichen Welt sein, deshalb muss die Intelligenz (Verstand und Wille) Gott als Eigenschaft zugeschrieben werden. In diesem Gedankengang hat die Analogie einen wichtigen Platz: Wir können Gott *an sich* nicht erkennen, damit ist seine Existenz auch ungewiss für uns. Der Satz, dass Gott existiert, bleibt immer theoretisch; allerdings wird Gott in seinem Verhältnis zu uns bzw. mit der Realisierung des höchsten Gutes als die höchste Intelligenz bestimmt. Dieser analogische Gedankengang ist parallel zu dem der Physikotheologie, jedoch hat die Moraltheologie einen Vorteil gegenüber der Physikotheologie, weil die Zweckmäßigkeit der Welt durch die theoretische Vernunft nicht zweifelsfrei bewiesen wird. Im Vergleich dazu ist die Zweckmäßigkeit der Welt ein Bestandteil des höchsten Gutes, das der Endzweck der Schöpfung ist, durch den freien Willen gesetzt wird und auf den moralischen Gesetzen gründet. Damit existiert es mit der höchsten Gewissheit. Auf diese Weise wird der Idee Gottes eine praktische objektive Realität gegeben. Zuletzt soll diese subjektive Bestimmtheit Gottes diskutiert werden. Diese Bestimmtheit ist notwendig, allgemein, apodiktisch und besitzt eine mehr oder weniger theoretische Gewissheit.

3.3 Die Gewissheit der Existenz Gottes bei Kant: Eine Zusammenfassung

Bis jetzt wurden drei verschiedene Arten von Erkenntnissen bezüglich Gottes ausgeführt: eine apriorische (durch das Prinzip der durchgängigen Bestimmung) und zwei aposteriorische (durch die Analogie). Sie stehen im Zusammenhang: apriorisch gedacht wird Gott als das *ens realissimum* bezeichnet. Zu ihm gehören viele verschiedene ontologische Prädikate. Allerdings hat diese Idee Gottes keine Wirkung oder keinen Nutzen für die Religion und die Moral. Um die Idee Gottes nützlich und sinnvoll für den Menschen zu machen, muss Gott die höchste Intelligenz zugeschrieben werden. Durch die Analogie wird Gott als intelligent oder als die höchste Intelligenz gedacht. Gleichzeitig lässt sich ein dogmatischer Anthropomorphismus vermeiden. Die Analogie führt zum symbolischen Anthropomorphismus, der Gott nicht direkt, sondern indirekt bestimmt, nämlich Gott nicht *an sich* denkt, sondern sein Verhältnis zu uns. Auf diese Weise wird die Bestimmtheit Gottes eine Wahrheit *für uns*. Die Analogie wird wieder zweifach aufgeteilt: Der Analogieschluss erfolgt entweder durch die theoretische Beobachtung der Natur oder durch die praktische Bestimmung der Freiheit. Jene betrachtet Gott als den Grund der Zweckmäßigkeit der Natur, diese aber hält das ursprüngliche höchste Gut (nämlich Gott) für den Grund des abgeleiteten höchsten Gutes in der Welt. Die Moraltheologie ist der Physikotheologie überlegen, weil die Moraltheologie eine genauere Bestimmtheit Gottes als die Physikotheologie bietet. Der Grund liegt darin, dass das höchste Gut in der Welt von der Freiheit gesetzt wird und auf den moralischen Gesetzen basiert. Deshalb ist die Existenz des höchsten Gutes mit größerer Sicherheit gewährleistet als die zweckmäßige Einrichtung der Welt. Im Aufsatz *Was heißt: Sich im Denken orientieren?* hat Kant das vernünftige Bedürfnis, die leere Idee nützlich zu machen, beschrieben:

> „Man kann aber das Bedürfniß der Vernunft als zwiefach ansehen: erstlich in ihrem theoretischen, zweitens in ihrem praktischen Gebrauch. Das erste Bedürfniß habe ich eben angeführt; aber man sieht wohl, daß es nur bedingt sei, d. i. wir müssen die Existenz Gottes annehmen, wenn wir über die ersten Ursachen alles Zufälligen vornehmlich in der Ordnung der wirklich in der Welt gelegten Zwecke urtheilen wollen. Weit wichtiger ist das Bedürfniß der Vernunft in ihrem praktischen Gebrauche, weil es unbedingt ist, und wir die Existenz Gottes voraus zu setzen nicht bloß alsdann genöthigt werden, wenn wir urtheilen wollen, sondern weil wir urtheilen müssen. Denn der reine praktische Gebrauch der Vernunft besteht in der Vorschrift der moralischen Gesetze. Sie führen aber alle auf die Idee des höchsten Gutes, was in der Welt möglich ist, so fern es allein durch Freiheit möglich ist: die Sittlichkeit; von der anderen Seite auch auf das, was nicht bloß auf menschliche Freiheit, sondern auch auf die Natur ankommt, nämlich auf die größte Glückseligkeit, so fern sie in Proportion der ersten ausgetheilt ist. Nun bedarf die Vernunft, ein solches abhängiges höchstes Gut und zum Behuf desselben eine oberste Intelligenz als höchstes unabhängiges Gut anzunehmen […]“[146]

146 WDO, 08: 139, 6–24.

Dieses Zitat kann als eine sehr gute Zusammenfassung der aposteriorischen Wege, Gott zu denken, angesehen werden. In den Abschnitten 1.3 und 3.2.2 habe ich beide Wege mittels der Analogie rekonstruiert. Durch die Analogie kann der Zustand der Erkenntnisse von Gott wie folgt festgehalten werden: (1) Die Eigenschaften Gottes, nämlich die höchste Intelligenz (Verstand und Wille) oder die Allwissenheit, die Allmächtigkeit usw., sollen nicht als Bestimmungen Gottes an sich gedacht werden, sondern nur als die Bestimmtheiten für uns, nämlich im Verhältnis Gottes zur Zweckmäßigkeit der Welt oder der Verwirklichung des höchsten Gutes in der Welt. Dadurch wird ein dogmatischer Anthropomorphismus vermieden. (2) Durch die Analogie werden die Eigenschaften Gottes bestimmt. Dagegen wird das Problem der Existenz Gottes nicht aufgelöst und nicht einmal angetastet, weil der Satz, dass Gott existiert, immer theoretisch ist. Allgemein gesagt, ist die Existenz Gottes noch eine offene Frage.

Es ist leicht zu sehen, dass die Erkenntnisse Gottes nur eine subjektive Notwendigkeit haben. Gott kann notwendigerweise wie folgt gedacht werden: Als das *ens realissimum* ist er der Grund für die Materie der Welt, als die höchste Intelligenz spielt er eine Rolle als Baumeister der Zweckmäßigkeit der Welt und als das ursprüngliche höchste Gut ist er für die Verwirklichung des höchsten Gutes in der Welt verantwortlich. Ohne diese Ideen von Gott kann man weder die Welt noch die Religion noch die Moral verstehen. Ob sich Gott eigentlich oder an sich so verhält, kann der endlich vernünftige Mensch nicht feststellen. Mit einem Wort: für den endlich vernünftigen Menschen sind die Erkenntnisse Gottes nur subjektiv notwendig.

B. Schleiermacher: Gott ist mitgesetzt im Selbstbewusstsein

Schleiermachers Gedanken werden häufig missverstanden, z. B. von Hegel und Emil Brunner. Der Grund dafür liegt darin, dass der metaphysische Hintergrund von Schleiermachers Religionsphilosophie nicht richtig oder gar nicht behandelt worden ist. Seine Religionsphilosophie systematisch darzustellen, ist nicht die Aufgabe dieses Teiles meiner Arbeit. Wichtiger für diese Untersuchung ist die ausführliche Erklärung der metaphysischen Grundlagen Schleiermachers, auf denen seine Gedanken zur Religion basieren. Die Erkenntnis und Existenz Gottes als des Unendlichen und Absoluten spielen eine zentrale Rolle in Schleiermachers Theorie der Religion und ermöglichen einen Vergleich mit Kant. Obwohl Schleiermacher viele Prinzipien aus der kritischen Philosophie aufnimmt, gibt seine Beschäftigung mit Spinoza, Platon, Schelling usw. ihm die Chance, die kantische Philosophie zu überschreiten. Jedoch ist seine Treue zur kritischen Philosophie, die eine Beschränkung der menschlichen Erkenntnis vornimmt, manchmal spürbar. In diesem Teil werde ich darauf hinweisen, dass Schleiermacher die Erkenntnis Gottes bzw. die Erkenntnis der Eigenschaften Gottes für unmöglich hält, und dass er die Existenz Gottes unmittelbar und nicht theoretisch begreift. Im Gegensatz dazu behauptet Kant, dass unsere Vernunft die Eigenschaften Gottes bestimmen kann, obwohl die Gewissheit der Existenz Gottes immer eine offene Frage bleibt, wie wir in den Kapiteln 1, 2 und 3 schon gesehen haben.

Teil B ist in drei Kapitel gegliedert. Zuerst werde ich in Kapitel 4 kurz beschreiben, wie Schleiermacher in seiner Frühzeit die kantische Verbindung zwischen dem höchsten Gut und der Existenz Gottes kritisiert und wie Spinozas Philosophie ihm eine realistische und lebendige Vorstellung von Gott ermöglicht. All dies zeigt seine Rezeption der kantischen Philosophie und seine kritische Absetzung davon. Außerdem wird die Gottesfrage in der ersten und zweiten Auflage der *Reden* diskutiert. Danach werde ich in Kapitel 5 die Aufmerksamkeit auf die *Dialektik* richten und darauf hinweisen, dass die radikale Unerkennbarkeit bzw. Undenkbarkeit Gottes eine wichtige metaphysische Grundlage bei Schleiermacher bildet. Anschließend wird das Kapitel 6 eine Antwort auf die Frage liefern, wie Schleiermacher diesen undenkbaren Gott durch „das unmittelbare Selbstbewußtsein" (Gefühl) begreifen kann.

4 Die Gottesfrage beim frühen Schleiermacher

Obwohl Schleiermacher sein philosophisches System am ausführlichsten in der *Dialektik* erörtert, ist es doch notwendig zu diskutieren, wie er die kantische Lehre von Gott in seiner Frühzeit betrachtet, weil das theoretische Anliegen Schleiermachers und seine Differenz zu Kant durch diese Diskussion leichter zu verstehen sind. Dies ist die Aufgabe von Abschnitt 4.1. Zuerst werde ich beschreiben, wie Schleiermacher die kantische Lehre vom höchsten Gut kritisiert. Obwohl er diese Kritik nicht lebenslang aufrechterhält, ist sie direkt mit Kant verbunden (4.1.1). Danach soll die Bedeutung der Philosophie Spinozas, die als ein Hilfsmittel dient, um über Kants Postulatenlehre hinaus zu gehen, dargestellt werden. Gleichzeitig möchte ich auch diskutieren, wie Schleiermacher die Kritik, die Kant an der rationalen Theologie formuliert hat, und die Grenze, die Kant für die theoretische Erkenntnis gezogen hat, akzeptiert. Dadurch wird die spinozianische Gotteslehre auch von Schleiermacher anhand der kritischen Philosophie umgestaltet (4.1.2).

In den *Reden* (1799) stellt Schleiermacher die *Religionstheorie* anstatt der *Theo*logie in den Mittelpunkt, so dass nun das Universum anstatt Gottes den Zentralbegriff darin darstellt. Dieses Faktum bringt die Schwierigkeit hervor, wie man die Idee Gottes darin verstehen soll oder welches Verhältnis zwischen Gott, dem Universum und der Welt besteht. Was die Aporie noch erschwert, ist, dass Schleiermacher diese Schrift wenigstens zweimal umgeschrieben (1806, 1821) und dadurch viele hermeneutische Probleme verursacht hat. In diesem Abschnitt wird darauf fokussiert, welche Rolle die Unerkennbarkeit Gottes in Schleiermachers erstem Hauptwerk spielt. Außerdem wird der Zugang zu Gott als ein zentrales Thema behandelt (4.2).

4.1 Schleiermachers frühe Aneignung und Trennung von Kant

Ohne Zweifel hat Kant einen großen Einfluss auf Schleiermachers Gedanken, was jedoch nicht bedeutet, dass Schleiermacher keine Kritik übt und keine Korrekturen an Kant anbringt. Aus der *kritischen Gesamtausgabe* von Schleiermachers Werken ergibt sich, dass er sich in seiner Frühzeit (1787–1796) vielfach mit den kantischen Schriften beschäftigt hat.[1] Diese Lektüre führte dazu, dass sich Schleiermacher einerseits viele der kantischen Gedanken aneignete und diese andererseits korrigiert hat. Zum stärksten Anlass dieser Korrektur gehört die Philosophie Spinozas, die Schleiermacher mit Hilfe des Buches von Jacobi, *Über die Lehre des Spinoza in Briefen an den Herrn Moses Mendelssohn*, im Jahr 1793 sorgfältig untersucht hat. Damals nahm Schleiermacher diese Philosophie in sein eigenes System auf. Dadurch hat er die kantische Philosophie umgestaltet, die wiederum die Philosophie Spinozas verwandelt hat. Durch diese wechselseitige Umgestaltung entwickelte Schleiermacher einige wichtige Charakteristika seiner Gedanken über Gott.

Im folgenden Abschnitt werde ich diese Wechselwirkung kurz darstellen, um die Aneignung und Trennung Schleiermachers von Kant in seinem Frühwerk deutlich zu machen und damit den geschichtlichen Hintergrund für seine zukünftigen Vorstellungen Gottes zu beschreiben. Dieser Abschnitt ist zweigeteilt. Zunächst wird die Frage, wie Schleiermacher die kantische Idee vom höchsten Gut einer scharfen Kritik unterzieht, in Abschnitt 4.1.1 beantwortet. In Abschnitt 4.1.2 werde ich dann diskutieren, wie die spinozianische und die kritische Philosophie sich gegenseitig kritisieren, wie sie sich bei Schleiermacher wechselseitig umgestalten und wie dadurch eine neue Idee von Gott entsteht.

4.1.1 Schleiermachers Kritik am kantischen Begriff vom höchsten Gut

Im Jahr 1789, ein Jahr nach der Veröffentlichung der KpV, schrieb Schleiermacher seinen Aufsatz *Über das höchste Gut*. Darin untersucht er den kantischen Begriff vom höchsten Gut, auf dem Kants Moraltheologie basiert, wie ich in Kapitel 3 schon dargestellt habe. Schleiermacher ist mit diesem Begriff nicht zufrieden, weil er im Widerspruch zur kantischen Moralphilosophie zu stehen scheint. Die Folge von Schleiermachers Kritik ist die Abtrennung des höchsten Gutes vom Postulat Gottes.

Für Kant wird das höchste Gut durch ein genaues Verhältnis der Sittlichkeit zur Glückseligkeit erreicht, d. h. die Glückseligkeit ist ein unentbehrlicher Bestandteil des höchsten Gutes. Schleiermacher zufolge aber widerspricht diese Vorstellung vom höchsten Gut den kantischen Moralprinzipien, weil die Moral durch diese Rolle der Glückseligkeit als ein Mittel zu einem bestimmten Zweck dienen würde. Deshalb beschränkt Schleiermacher das höchste Gut nur auf den Bereich der Moral und schließt die Glückseligkeit davon aus: „Wenn also das höchste Gut kein Zwek ist, was wird es denn seyn müßen? Nichts anders als

1 Vgl. Dilthey ([2]1922), Meckenstock (1988).

der vollkomne Inbegrif alles deßen was nach gewißen Regeln in einer gewißen Verfahrungsart nemlich der ungemischten rein rationalen zu erlangen möglich ist."[2] Daraus ergibt sich, dass das höchste Gut „als der gesamte Gegenstand der reinen praktischen Vernunft" „die Totalität der sittlichen Akte, die nach reinen Vernunftprinzipien möglich sind", umfasst.[3] Im Gegensatz dazu ist das höchste Gut für Kant „das ganze und vollendete Gut, als Gegenstand des Begehrungsvermögens vernünftiger endlicher Wesen"[4]. Also soll für Schleiermacher das höchste Gut nur der Inbegriff aller moralischen Handlungen sein. Mit dieser neu formulierten Idee vom höchsten Gut setzt Schleiermacher wie folgt zwei wichtige Kritikpunkte.

Erstens schreibt Schleiermacher: „Diese Notwendigkeit beruht auf der Forderung das höchste Gut hervorzubringen oder wirklich zu machen, aber diese Forderung scheint mir so gegründet nicht zu seyn, das man wol denken sollte."[5] Aus diesem Absatz wird ersichtlich, dass Schleiermacher die kantische Idee des höchsten Gutes richtig versteht, denn für Kant ist die Idee vom höchsten Gut nicht nur regulativ wie die Ideen in der theoretischen Philosophie.[6] Jedoch liegt der Fehler Kants nach Schleiermacher im Folgenden: „Außer dem daß der Begrif des höchsten Guts ein unentbehrliches Dokument des Sittengesezes ist, ist er für uns nur ein regulatives Princip welches wir zum Ziel unsrer Willensbearbeitung sezen müßen, ohne bei irgend einem Grad der Vollkommenheit als dem höchstmöglichsten stehn zu bleiben – Herr Kant aber hat ihn zu einem *constitutiven* gemacht, als ob es zu erreichen uns nicht nur möglich sondern auch nothwendig wäre."[7] Schleiermacher glaubt, dass das höchste Gut für uns als endlich vernünftige Wesen unmöglich ist, weil die Triebfeder der Menschen immer eine Vermischung von Vernunft und Neigung ist. Dies führt dazu, dass das regulative höchste Gut für unsere Willensbestimmung ausreichend ist. Die implizite Schlussfolgerung wäre, dass das Postulat Gottes, welches die Verwirklichung des höchsten Gutes in dieser Welt garantiert, unnötig ist.

---

2 ÜdhG, KGA, I/1, 90, 39–91, 2.
3 Meckenstock (1988), 31.
4 KpV, 05: 110, 22–23.
5 ÜdhG, KGA, I/1, 100, 5–8.
6 Vgl. KpV, 05: 135, 27–33: „Hier werden sie [sc. die transzendentalen Ideen] immanent und constitutiv, indem sie Gründe der Möglichkeit sind, das nothwendige Object der reinen praktischen Vernunft (das höchste Gut) wirklich zu machen, da sie ohne dies transscendent und blos regulative Principien der speculativen Vernunft sind, die ihr nicht ein neues Object über die Erfahrung hinaus anzunehmen, sondern nur ihren Gebrauch in der Erfahrung der Vollständigkeit zu näheren auferlegen."
7 ÜdhG, KGA, I/1, 100, 34–101, 1.

Zweitens widerspricht Schleiermacher der Verknüpfung der Tugend und der Glückseligkeit in der kantischen Theorie. Er argumentiert wie folgt: Wenn die Verknüpfung in dieser Welt stattfindet, dann würde die Glückseligkeit eine andere Triebfeder für das moralische Handeln sein und damit die Reinheit der Moral beschädigen; wenn diese Verknüpfung aber in der jenseitigen Welt stattfindet, dann würde die sinnliche Glückseligkeit unmöglich und unnötig. In dieser Welt ist die Verbindung zwischen der Sittlichkeit und der Glückseligkeit nur zufällig, weil die notwendige Verbindung dazwischen nur zu einem von reiner Vernunft bestimmten Wesen gehört. Im Gegensatz dazu wird der menschliche Wille von den Moralgesetzen und den sinnlichen Triebfedern *zugleich* bestimmt. Schleiermacher möchte hier die Glückseligkeit aus der Moral ausschließen: „Wenn wir den Begrif der Glükseligkeit noch etwas näher ansehn, so werden wir leicht gewahr werden, daß er ganz unmöglich als ein reiner Vernunftbegrif gedacht werden kann."[8] Günter Meckenstock bezeichnet Schleiermachers Verständnis von diesem Begriff zu Recht als „radikale Transzendentalisierung der praktischen Vernunft"[9], d.h. die praktische Vernunft soll radikal von der sinnlichen Welt getrennt werden. Dadurch hat die Glückseligkeit nichts zu tun mit dem höchsten Gut, das nur ein Inbegriff aller moralischen Handlungen sein soll, ohne die Folgen zu berücksichtigen.

Die wichtigere Schlussfolgerung daraus ist Schleiermachers Kritik an der Postulatenlehre Gottes. Diese Kritik soll aus zwei Perspektiven dargestellt werden: einerseits bestreitet Schleiermacher die kantische Meinung, dass die Existenz Gottes eine Voraussetzung ist, um das höchste Gut zu realisieren. Schleiermacher zufolge gehört die Glückseligkeit nicht mehr zum höchsten Gut, welches nach der Auffassung Schleiermachers nur regulativ ist. Deshalb wird das Postulat Gottes sinnlos. Andererseits wird das Postulat Gottes neu formuliert: Kurz gesagt, gründet Schleiermacher das Postulat Gottes auf den Boden des Postulates von der Unsterblichkeit der Seelen, das wiederum unmittelbar auf der Angemessenheit unseres Willens hinsichtlich des moralischen Gesetzes fußt. Kant hat in der *Dialektik* der KpV diese Angemessenheit dargestellt. So schreibt Schleiermacher:

> „Zwar könnten wir uns alle diese Ableitungen gefallen laßen ohne unsern Hauptsaz aufzugeben und ohne die Glükseligkeit als einen Theil des höchsten Guts anzusehn; denn was die Unsterblichkeit betrift, so leitet sie ja auch HErr Kant allein von dem ab, was wir als das ganze höchste Gut ansehn, er aber blos als die oberste Bedingung, als das vorzüglichere Element desselben betrachtet, und das Daseyn Gottes anbelangt, so

8 ÜdhG, KGA, I/1, 105, 1–4.
9 Meckenstock (1988), 33.

scheint es mir, daß wir uns die Unsterblichkeit nicht als möglich denken können ohne dieses vorauszusezen."[10]

Schleiermacher ist der Meinung, dass der unendliche Progress in der Sittlichkeit es zur Notwendigkeit macht, die Angemessenheit des Willens zu erreichen. Dafür ist das Postulat von der Unsterblichkeit der Seele unentbehrlich, welches aber wiederum ohne die Existenz Gottes undenkbar ist. Auf diese Weise führt die Sittlichkeit selbst zum Postulat Gottes, ohne ihr Verhältnis zur Glückseligkeit bzw. zum höchsten Gut zu berücksichtigen.

Zusammenfassend lässt sich sagen, dass Schleiermacher in dieser Periode den kantischen Begriff des höchsten Gutes kritisiert. Das Ziel seiner Kritik ist hauptsächlich die Ausschließung der Glückseligkeit aus dem höchsten Gut. Dies gilt als Einwand gegen das kantische Postulat Gottes einerseits; andererseits entsteht dadurch eine neue Formulierung des Postulates Gottes, die direkt auf der Angemessenheit des Willens und daher auf dem Postulat der Unsterblichkeit der Seele basiert. All dies führt zur Kritik an Kant und zugleich zu Schleiermachers Fixierung auf die kantische These, dass die Moral und ihre Erfüllung die Existenz Gottes notwendig machen. Deshalb wird Schleiermacher in dieser Periode besonders von der Postulatenlehre beeinflusst. In kritischer Absetzung von Kant entwickelt er danach mit Hilfe der Philosophie Spinozas eine Idee von einem realen und lebendigen Gott. Dies bedeutet in der Gotteslehre Schleiermachers einen großen Schritt nach vorne.

4.1.2 Die wechselseitige Umgestaltung der spinozianischen und kantischen Philosophien

In den Jahren 1793/1794 untersucht Schleiermacher die spinozianische Philosophie durch die Vermittlung von Jacobis Schrift. In dieser Zeit hat er zwei Werke verfasst: *Spinozismus* und *Kurze Darstellung des Spinozistischen Systems.*[11] Jene beinhaltet 44 Zitate, die aus Jacobis *Über die Lehre des Spinoza* stammen und die Philosophie Spinozas behandeln, mit zusätzlichen und beiläufigen Kommentaren; diese ist aber eine ausführliche Darstellung seines Verständnisses der Gedanken Spinozas. In dieser Schrift versteht er die Lehre Spinozas aus der Perspektive der kritischen Philosophie (und auch von Leibniz). Deshalb

10 ÜdhG, KGA, I/1, 98, 8–15.

11 Eine dritte Schrift heißt: *Über dasjenige in Jacobis Briefen und Realismus, was den Spinoza nicht betrifft, und besonders über seine eigene Philosophie*, vgl. KGA, I/1, 583–587. Da sie über die Philosophie Jacobis anstatt der von Spinoza diskutiert, wird sie hier nicht behandelt.

umfasst seine Darstellung die wechselseitige Umgestaltung der kantischen und spinozianschen Philosophie.[12]

(A) Zuerst möchte ich darauf hinweisen, dass die Philosophie Spinozas eine wichtige Quelle für Schleiermacher ist, um das Verhältnis zwischen dem Unendlichen und dem Endlichen zu denken. Jetzt ist das Unendliche nicht mehr ein postuliertes Wesen, um das Postulat der Unsterblichkeit zu unterstützen, sondern das lebendige und das Endliche umfassende Wesen. Für Schleiermacher lautet der Hauptsatz Spinozas: „Es muß ein Unendliches geben, innerhalb dessen alles Endliche ist."[13] Dieses Inhärenzprinzip bedeutet einerseits, dass das Endliche nicht ohne das Unendliche verstanden werden kann, und andererseits, dass das Unendliche nicht als ein Wesen außerhalb des Endlichen betrachtet werden sollte. Dies führt dazu, dass ein Wesen außerhalb der Welt (*ens extramundanum*) unmöglich ist:

> „Das Unendliche Ding bringt die endlichen Dinge und was zu ihnen gehört nicht auf eine vorübergehende Weise hervor, nicht so fern eines durch das andere zerstört wird, sondern nur in so fern sie alle zum ewigen unwandelbaren Daseyn gehören. Auf die vorübergehende Weise, als wandelbar im causalen Verhältniß bringen die endlichen Dinge einander hervor. Spinoza hängt gewiß nicht nur an dem ex nihilo nihil fit, sondern auch an dem nihil ex nihilo fit sondern jedes Ding muß etwas haben, aus dem es herkommt, d. h. jedes Ding muß als eine Wirkung angesehn werden, also auch jede Veränderung des Denkenden."[14]

---

12 Die Auswirkung Spinozas auf Schleiermacher hat Dilthey schon klar bemerkt, Paul Tillich und Emanuel Hirsch haben diese Einsicht weiterentwickelt. Vgl. Ellsiepen (2006), 3–4. Nach der Veröffentlichung der KGA im Jahr 1984 haben Günter Menckenstock und Julia Lamm in ihren Monographien diese Auswirkung ausführlich behandelt. Vgl. Meckenstock (1988), Lamm (1996). Was den Einfluss Spinozas auf Schleiermachers Religionstheorie betrifft, fokussieren die Forscher besonders auf den Anschauungsbegriff und verbinden ihn mit dem Begriff „scientia intuitiva" bei Spinoza. Allerdings ist die Bewertung unter den Forschern unterschiedlich: Während Konrad Cramer behauptet, dass Spinoza und Schleiermacher andere Wege gehen (vgl. Cramer [2000] und Grove [2004], 115–156), argumentiert Christof Ellsiepen, dass es „eine systematische Parallele" „zwischen Schleiermachers religiösem Anschauungsbegriff und Spinozas dritter Erkenntnisart" gibt (vgl. Ellsiepen [2006], 5). Es ist nicht die Aufgabe dieser Untersuchung, die Gemeinsamkeit und die Differenz zwischen Spinoza und Schleiermacher darzustellen. Wir beschränken unsere Aufmerksamkeit nur darauf, dass die Philosophie Spinozas Schleiermacher Einsichten liefert, um über die Postulatenlehre Kants hinauszugehen, und dass diese Einsichten die Gotteslehre in den *Reden* beeinflusst haben.

13 Spin, KGA, I/1, 564, 21–22.

14 KDdSS, KGA, I/1, 529, 3–12.

Die Lehre *ex nihilo nihil fit* steht der traditionellen Theorie der *creatio ex nihilo* direkt gegenüber und plädiert für die Idee eines Unendlichen, das immer und ewig im Endlichen tätig ist. Zugleich glaubt Schleiermacher, dass Spinoza auch der Lehre von *nihil ex nihilo fit* treu sei, d. h., „jedes Ding muß als eine Wirkung angesehn werden."

Daraus ergibt sich, dass für Schleiermacher (1) das Unendliche immer eine Wirkung auf das Endliche hat und (2) jedes Endliche das andere bewirkt. Dadurch bildet die ganze Welt eine zusammenwirkende organische Ganzheit und Einheit. In Bezug auf (1) stimme ich Julia Lamm zu. Sie ist der Ansicht, dass Schleiermacher im Anschluss an Spinoza „an organic Monism" vertritt.[15] Eine wichtige Schlussfolgerung daraus ist Schleiermachers Verneinung des Willens und Verstandes Gottes:

> „Wollen aber ist nur da, wo ein neues Verhältniß eines Dinges zu andern entstehn soll, denn Wollen ist nur da, wo Begierden und Entschlüße sind; in dem unveränderlichen Wesen aber kann kein neues Verhältniß zu andern Dingen entstehn; also *hat Gott keinen Willen*; eben so ist Verstand nur wo Vorstellungen und Urtheile sind, diese sind aber nur da wo eben ein neues Verhältniß gegen andere Dinge (es mag nun vom Willen oder von den äußern Dingen herrühren) wahrgenommen wird; beides wird bei Gott unmöglich, also *hat Gott auch keinen Verstand*."[16]

Dieser Absatz weist deutlich darauf hin, dass Gott Schleiermacher zufolge keinen Willen und Verstand hat, sonst würde ein neues Verhältnis zu anderen Dingen im unveränderlichen Wesen entstehen. „Hieraus folgt nun aber eigentlich für das unendliche Ding nichts, als daß es die endlichen Dinge nicht außer sich hervorgebracht habe."[17] Die wichtigste Folge aus (2) muss das Verhältnis zwischen Gedanken und Ausdehnung sein:

> „Weil beide sich auf das ganze Verhältniß beziehn, so ist alles was in der Darstellung ist auch in der Vorstellung, und alles, was in der Vorstellung ist, auch in der Darstellung. Mit eben dem Recht also, mit welchem ich sagen kann: Gedanke und Empfindung sind nichts als Begriffe von Ausdehnung, Bewegung und Geschwindigkeit, könnte ich auch sagen: Ausdehnung Bewegung und Geschwindigkeit sind nichts als Darstellung von Geist, Wollen und Talent."[18]

In diesem Zitat wird eine neue Theorie vom Verhältnis zwischen dem Gedanken und der Ausdehnung veranschaulicht: sie sind nicht getrennt oder sogar wider-

15 Lamm (1996), 26–36.
16 KDdSS, KGA, I/1, 563, 13–21. Hervorgehoben von Zhou.
17 KDdSS, KGA, I/1, 564, 2–3.
18 Spin, KGA I/1, 530, 23–30.

sprechend, sondern sie sind miteinander verbunden. Sie sind zwei Seiten einer Medaille, wie Schleiermacher schreibt: „die Verhältniße eines Dinges laßen sich aber von zwei Seiten ansehn und bestehn gleichsam aus zwei einander genau harmonierenden Theilen, der Darstellung dieses neuen Verhältnißes, dem äußerlichen Theil der in der Ausdehnung besteht, und der Vorstellung desselben, dem innerlichen Theil, der im Denkenden besteht. “[19]

Die oben genannte Theorie vom Verhältnis zwischen dem Unendlichen und dem Endlichen wird in den *Reden* weiterentwickelt. An dieser Stelle wird auf diese Entwicklung nicht eingegangen.[20] Ich möchte an dieser Stelle nur darauf hinweisen, dass sich diese Theorie von der kantischen Gotteslehre deutlich unterscheidet. (1) Gott kann nicht außerhalb der Welt gefunden werden, wie Kant ihn als das *ens extramundanum* bezeichnet, denn Schleiermacher zufolge inhäriert er dem Endlichen: „welches nicht außerhalb der Reihe sondern nur in dem ganzen Inbegrif derselben zu finden ist."[21] Allerdings sucht Kant das Unbedingte außerhalb der Reihe, wie er es in der vierten Antinomie getan hat.[22] Dagegen behauptet Schleiermacher, dass Kants Suche danach nur durch „einen inkonsequenten Rest des alten Dogmatismus"[23] veranlasst wird, da sie der kritischen Philosophie widerspricht. (2) Gott hat keinen Willen oder Verstand. Er wirkt ewig in den endlichen Dingen. Im Vergleich dazu betrachtet Kant Willen und Verstand als wichtige Eigenschaften Gottes, so dass Gott eine Wirkung auf die Moral und auf die Religion hat. Mit anderen Worten, um die Zweckmäßigkeit der Welt zu erklären und um das höchste Gut zu realisieren, soll Gott bei Kant durch die Analogie als die höchste Intelligenz angesehen werden. Aus dem Inhärenzprinzip Spinozas erfolgt bei Schleiermacher eine wichtige Kritik an der kantischen Gotteslehre. (3) Gott wird nicht mehr von uns postuliert, sei es durch die Realisierung des höchsten Gutes oder direkt durch die Unsterblichkeit unserer Seelen. Er ist vielmehr ein realistisches und lebendiges Wesen, welches ewig in den endlichen Wesen tätig ist.

(B) Auf der anderen Seite sollte nicht vergessen werden, dass die Lehre Spinozas zugleich durch die kritische Philosophie umgestaltet wird. Die wichtigste Umgestaltung entsteht durch die Analogie des Verhältnisses zwischen dem Unendlichen und dem Endlichen mit dem zwischen dem Ding an sich und dem Phänomen: „die Sinnenwelt ist bloß ein Erzeugniß des Verstandes weit und des Menschen, und die Welt der noumena ist grade auf eben die Art die

19 Spin, KGA I/1, 530, 21–23.
20 Vgl. Eckert (1983), 35f. Ellsiepen (2006), 255–271.
21 KDdSS, KGA, I/1, 567, 12–13.
22 KrV, 03, 314f, B. 480f.
23 KDdSS, KGA, I/1, 570, 38.

Ursach der Sinnenwelt, wie Spinozas unendliches Ding die Ursach der endlichen Dinge ist."[24] Daher verhält sich das Unendliche zum Endlichen wie die noumena zur Sinnenwelt. Außerdem behauptet Schleiermacher, dass die Vielzahl der *noumena* bei Kant auf ein *noumenon* reduziert werden sollte: „Wenn man also gar keinen Grund hat eine Mehrheit der Noumenen zu behaupten, und wir nichts von ihnen sagen sollen als was sich nothwendig auf die Erscheinung bezieht, so ist es schon eine Anmaßung, wenn wir uns anders ausdrüken, als das noumenon, die Welt als noumenon."[25] Daraus ergibt sich, dass das Unendliche für uns nichts anderes als ein noumenon ist. Mit Hilfe der Theorie vom Unendlichen als noumenon erhellt sich eine offensichtliche Kritik Schleiermachers an Spinoza:

> „Eben so wenig geht es nun aber an sich weiter zu versteigen, und mit Spinoza eine positive Einheit und Unendlichkeit zu behaupten; davon konnte aber dieser dem der kritische Idealism fremd war nichts wissen."[26]

Durch die Lehre vom Unendlichen als einem Ding an sich (einem noumenon) behauptet Schleiermacher die Unerkennbarkeit des Unendlichen. Anhand der Beschränkung unserer Erkenntnis, die Kant darzustellen versucht, kritisiert Schleiermacher Spinozas positive Behauptungen über Gott. Er nennt sogar das Unendliche „die unvorstellbare Materie", die das einzige Ding an sich ist. Man könne „sich keinen allgemeinen Begrif davon machen und anschauen kann man es auch nicht"[27]. Kurz gesagt, können wir davon nichts erkennen oder anschauen.

(C) Ausgehend von dieser wechselseitigen Umgestaltung hat Andreas Arndt zu Recht geschrieben: „Diese Konfrontation läuft auf eine wechselseitige Korrektur beider Positionen aneinander hinaus: Spinoza macht dem kritischen Idealismus Kants die unabdingbare Voraussetzung eines bewusstseinstranszendenten Seins deutlich und begrenzt damit den Anspruch der Vernunft auch objektiv; Kant hingegen macht dem Spinozismus deutlich, dass dieses Sein für uns nur im Rahmen begrenzter subjektiver Erkenntnisvermögen und nicht an und für sich thematisierbar ist."[28] Schleiermacher hält an diesem Rahmen lebenslang fest, der einen großen Einfluss auf die Thesen in den *Reden* hat. Wir können den Einfluss wie folgt beschreiben:

Erstens: Die Philosophie Spinozas bietet Schleiermacher eine Methode, um das Verhältnis zwischen dem Unendlichen und dem Endlichen zu beschreiben.

---

24 KDdSS, KGA, I/1, 570, 30–33.
25 KDdSS, KGA, I/1, 574, 20–24.
26 KDdSS, KGA, I/1, 574, 24–27.
27 KDdSS, KGA, I/1, 567, 10–11.
28 Arndt (2013), 84.

Im vorherigen Abschnitt wurde schon beschrieben, wie durch das Inhärenzprinzip das Endliche im Unendlichen existiert und dieses in jenem wirkt. Dies führt dazu, dass das Absolute in den einzelnen endlichen Dingen angeschaut werden kann, wie Schleiermacher in den *Reden* veranschaulicht hat: „Nun laßt uns höher steigen, dahin wo alles streitende sich wieder vereinigt, wo das Universum sich als Totalität, als Einheit in der Vielheit, als System darstellt, und so erst seinen Namen verdient; sollte nicht der, der es so anschaut als Eins und Alles, auch ohne die Idee eines Gottes mehr Religion haben, als der gebildetste Polytheist? Sollte nicht Spinoza eben so weit über einem frommen Römer stehen, als Lukrez über einem Gözendiener?“[29] Daraus ergibt sich, dass Spinoza für eine Position steht, die das Universum als Eins und Alles (Ἑν καὶ Πᾶν) ansieht. Hier kann auf das „Eins und Alles“ nicht ausführlich eingegangen werden, ich möchte nur zeigen, dass das Unendliche für Schleiermacher in den endlichen Dingen angeschaut werden soll und dass diese so betrachtet werden müssen, dass sie am Unendlichen Anteil haben. Diese These ist stark von Spinoza beeinflusst.

Zweitens: Durch die spinozianische Philosophie erwirbt Schleiermacher eine realistische Perspektive, d. h. Gott kann nicht mehr als ein von uns postuliertes Wesen angesehen werden, er ist vielmehr ein Wesen, das außerhalb der Vernunft existiert. Außerdem bewirkt Gott uns und andere endliche Dinge ewig. Solch ein „bewusstseinstranszendentes Sein“ (wie Andreas Arndt es nennt) unterwirft sich niemals der subjektiven Konstruktion, sondern transzendiert immer das Bewusstsein des Subjekts. Mit anderen Worten, Schleiermacher kritisiert den subjektiven Idealismus. Besonders in den *Reden* übt er heftige Kritik an Fichte[30]: „Und wie wird es dem Triumph der Spekulation ergehen, dem vollendeten und gerundeten Idealismus, wenn Religion ihm nicht das Gegengewicht hält, und ihn einen höheren Realismus ahnden läßt als den, welchen er so kühn und mit so vollem Recht sich unterordnet? Er wird das Universum vernichten, indem er es zu bilden scheint, er wird es herabwürdigen zu einer bloßen Allegorie, zu einem nichtigen Schattenbilde unserer eignen Beschränktheit. Opfert mit mir ehrerbietig eine Locke den Manen des heiligen verstoßenen Spinoza!“[31] Obwohl viele Forscher ausgehend von diesem Zitat Schleiermacher als einen Spinozisten oder sogar einen Pantheisten darstellen möchten,[32] hebt er hier nur mit Hilfe der Lehre Spinozas „einen höheren Realismus“ hervor, weil die Spekulation oder der Idealismus das Universum „zu einer bloßen Allegorie“ herabwürdigen. Dadurch

29 KGA, I/2, 245, 5–11.

30 Vgl. Lamm (1996), 81, Arndt (2013), 64–76.

31 R^1, KGA, I/2, 213, 20–28. Vgl. Auch R^2, KGA I/12, 57, 32.

32 Vgl. König (2016), 5–7.

kritisiert Schleiermacher Kants Postulatenlehre und seine eigene Position in *Über das höchste Gut.*

Drittens: Gemäß der kritischen Philosophie ist das Unendliche nicht erkennbar. Was ist Gott an sich? Welche Eigenschaften gehören zu ihm? Diese Fragen können wir nicht beantworten. Allerdings eröffnet das Inhärenzprinzip noch einen neuen Zugang zu Gott. Jetzt steht Gott nicht außerhalb der Welt und dem Endlichen, sondern er ist darin tätig. Deshalb hat Gott einen unmittelbaren Einfluss auf die Menschen und die endlichen Dinge, und dadurch können die Menschen Gott bzw. die Einwirkungen Gottes durch die Anschauung der endlichen Dinge begreifen. „Sezt man nun statt Eigenschaften der Gottheit —Eigenthümlichkeiten des anschauenden, so heißt das: Der absolute Stoff ist fähig die Form eines jeden Vorstellungsvermögens anzunehmen, er besizt bei der vollkomnen unmittelbaren Nichtvorstellbarkeit eine unendliche (mittelbare) Vorstellbarkeit. Eben dahin gehört das was Hemsterhuis und mit ihm Jakobi über die verschiedenen Ansichten der Welt nach der Receptivität der Organe philosophiren."[33] Daraus folgt, dass die „Receptivität der Organe" anstatt des spontanen Vermögens eine zentrale Rolle spielt, um Gott zu begreifen. Dieser Gedanke entwickelt sich weiter in den *Reden*: „Anschauen will sie [sc. die Religion] das Universum, in seinen eigenen Darstellungen und Handlungen will sie es andächtig belauschen, von seinen unmittelbaren Einflüssen will sie sich in kindlicher Passivität ergreifen und erfüllen lassen."[34] Hier ist die kindliche Passivität eine Bezeichnung für die „Receptivität der Organe".

Das Inhärenzprinzip, der Realismus und die Unerkennbarkeit Gottes an sich sind charakteristisch für Schleiermachers Gotteslehre. Meine Thesen beschränken sich auf die folgenden Fragen: Inwiefern Schleiermacher seine eigene Position in *Über das höchste Gut* überwindet, inwiefern die Philosophie Spinozas die fundamentalen Behauptungen seiner Gotteslehre beeinflusst und inwiefern Schleiermacher an der kritischen Philosophie festhält. Zusammenfassend eröffnen die Philosophien Spinozas und Kants ihm die grundlegende Weltanschauung, dass das Unendliche (Gott) lebendig und realistisch ist und allen endlichen Dingen inhäriert. Allerdings können wir Gott keineswegs unmittelbar erkennen. Der einzige Zugang zu ihm heißt: Anschauung und Gefühl durch die endlichen Dinge. Diese Punkte ausführlich darzustellen, ist Aufgabe der Kapitel 5 und 6.

Der vorherige Abschnitt wird wie folgt zusammengefasst: zuerst bestreitet Schleiermacher in *Über das höchste Gut* die Verbindung zwischen dem höchsten

33 KGA, I/1, 575, 12–18.
34 KGA, I/2, 211, 33–36.

Gut und Gott, imdem er die Glückseligkeit vom höchsten Gut ausschließt. Allerdings gründet er die Gotteslehre noch auf die Moral, und damit folgt er in der Tat noch Kants Einsicht. Sein Durchbruch findet in den Jahren 1793/94 statt, wo er sich durch das Studium der spinozianischen Philosophie den Begriff eines realistischen und lebendigen Gottes erwirbt. Dabei spielt die Erkenntnistheorie Kants eine maßgebliche Rolle für ihn. Dies führt dazu, dass das Unendliche an sich von uns nicht erkannt werden kann. Anhand des Inhärenzprinzips schafft er einen neuen Zugang zu Gott: Anschauung und Gefühl durch das Endliche.

4.2 Die Darstellungen Gottes in R^1 (1799) und R^2 (1806)

Nun ist das Denken Schleiermachers hinsichtlich der Gottesfrage in der ersten Auflage der *Reden* (=R^1, 1799) und in der zweiten Auflage dieser Schrift (=R^2, 1806) zu thematisieren. Im Rahmen der Religionstheorie bezeichnet er die Religion zunächst als Anschauung und Gefühl des Universums, danach wird in R^2 die Rolle des Gefühls hervorgehoben und die der Anschauung schwächer als in R^1. Seine Bezeichnung der Religion als Anschauung und Gefühl und die begrifflichen Änderungen stehen im Zentrum der Forschungsgeschichte.[35] Der andere Brennpunkt für die Forscher besteht darin, wie das Verhältnis des Universums zum traditionellen Gott verstanden werden soll, weil Schleiermacher seine Religionstheorie eben so formuliert, dass die Unsterblichkeit und Gott „nicht die Angel und Hauptstück der Religion seien"[36], und dass „eine Religion ohne Gott beßer sein kann, als eine andre mit Gott"[37]. Diese Formulierungen erwecken den Eindruck, dass Schleiermacher damals ein Atheist war.

Im Rahmen dieser Dissertation möchte ich den oben genannten Fragen Aufmerksamkeit schenken. Dieser Abschnitt ist folgendermaßen gegliedert: In Unterabschnitt 4.2.1 wird eine Rekonstruktion der schleiermacherschen Religionstheorie dargestellt. Damit soll beschrieben werden, wie die Unerkennbarkeit des Universums (des Unendlichen, Gottes) an sich eine Voraussetzung bei Schleiermacher bildet. Danach werde ich in Unterabschnitt 4.2.2 ausführlich die Gottesfrage in R^1 diskutieren. Als Textgrundlage dient der Anhang am Ende der zweiten Rede.[38] In 4.2.3 soll die Unerkennbarkeit des Unendlichen

35 Zur vielfältigen Diskussion darüber in der Forschungsgeschichte vgl. Albrecht (1994), 107–111.

36 R^1, KGA I/2, 243, 3–4.

37 R^1, KGA I/2, 244, 16–17.

38 Nach der Gliederung Christian Albrechts liegt der Text, der über Gott diskutiert, im Anhang der zweiten Rede: R^1, KGA I/2, 242, 36–247, 11, vgl. Albrecht (1994), 341–342.

und die Gottesfrage in R^2 weiter diskutiert werden. Hier ist zu bemerken, dass die Gottesfrage in der dritten Auflage (1821) nicht zur Diskussion in diesem Kapitel gehört. Da sie chronologisch nach den drei Versionen der *Dialektik* (1811, 1814, 1818) erschienen ist und inhaltlich mit der *Glaubenslehre* (1821/22) verbunden war, entsteht dadurch eine andere hermeneutische Schwierigkeit in der Schleiermacher-Forschung.[39]

4.2.1 Religion als Anschauung und Gefühl des Universums

Die Definition der Religion in der zweiten Rede Schleiermachers hatte einen großen Einfluss auf die Geschichte der Religionsphilosophie. Es ist an dieser Stelle notwendig, den Gedankengang zu rekonstruieren, um die Basis für die folgenden Diskussionen zu schaffen. Die Rekonstruktion bezieht sich vollständig auf den Gesichtspunkt der Unerkennbarkeit des Universums.

Die zweite Rede Schleiermachers fängt damit an, sich von falschen Definitionen der Religion abzugrenzen. Diese Abgrenzung konzentriert sich auf die Differenz zwischen der Religion und der Metaphysik nebst der Moral. Schleiermacher weist darauf hin, dass die Metaphysik und die Moral „mit Religion denselben Gegenstand haben, nemlich das Universum und das Verhältniß des Menschen zu ihm"[40]. Aufgrund dieser Gleichheit des Gegenstandes entstehen viele Missverständnisse über die Religion. Das wichtigste und größte Missverständnis ist die Vermischung der Religion mit der Metaphysik und der Moral. Schleiermacher hat gezeigt, dass „die Religion nie rein erscheint, das alles sind nur die fremden Teile, die ihr anhängen."[41] Die Aufgabe Schleiermachers liegt darin, die Religion von dieser Vermischung zu reinigen. Mit dieser Darstellung kritisiert Schleiermacher die metaphysischen und moralischen Vorstellungen von der Religion. Auf der einen Seite kritisiert er wie folgt: „die Theoretiker in der Religion, die aufs Wissen über Natur des Universums und eines höchsten Wesens, dessen Werk es ist, ausgehen, sind Metaphysiker."[42] Dieser Absatz bezieht sich auf die Kritik an der rationalen Theologie, die von Kant und auch Fichte intensiv abgelehnt wird. Dies ist die Gemeinsamkeit Schleiermachers mit Kant. Auf der anderen Seite widerspricht Schleiermacher aufgrund einer Kritik am moralischen Verständnis der Religion Kant (und Fichte), weil Kant „die Idee

39 Dazu vgl. Strauss (1844), 3–212. Dazu siehe auch Graf (1978), 147–158.
40 R^1, KGA I/2, 207, 37–39.
41 R^1, KGA I/2, 210, 31–32.
42 R^1, KGA I/2, 208, 32–34.

eines Urwesens" „aus der Metaphysik" nimmt und „sie in die Moral" trägt.[43] Dadurch möchte Schleiermacher die Selbständigkeit der Religion sicherstellen.

Schleiermacher entwickelt seine Auffassung der Religion aus dem menschlichen Gefühl. Er behauptet in der ersten Rede: „in die innersten Tiefen möchte ich geleiten, aus denen sie [sc. die Religion] zuerst das Gemüth anspricht; zeigen möchte ich Euch aus welchen Anlagen der Menschheit sie hervorgeht, und wie sie zu dem gehört was Euch das Höchste und Theuerste ist."[44] Dies kann als Leitfaden der zweiten Rede betrachtet werden. Bekanntlich sagt Schleiermacher, dass das Wesen der Religion „weder Denken noch Handeln, sondern Anschauung und Gefühl"[45] ist. Daraus ergibt sich, dass das metaphysische Denken und das moralische Handeln das Wesen der Religion nicht tangieren. Nur die Anschauung und das Gefühl können das Wesen der Religion bilden. Nach dieser Abgrenzung möchte Schleiermacher eine positive Definition der Religion geben. Die Struktur, der die Darstellung Schleiermachers folgt, kann folgendermaßen formuliert werden: Einerseits geht die Darstellung der Anschauung der des Gefühls voran und spielt die Anschauung damit eine wichtigere Rolle als das Gefühl; andererseits erklärt Schleiermacher in der Regel zuerst die allgemeinen Bedeutungen von Anschauung und Gefühl und interpretiert dann genauer, wie sich diese allgemeinen Bedeutungen auf die religiöse beziehen.[46]

(A) Zuerst erklärt Schleiermacher die Bestimmungen der Anschauung. „Anschauen des Universums" ist die „Angel" der ganzen Rede und „die allgemeinste und höchste Formel der Religion"[47]. Davon werden zwei Punkte genannt:[48]

(1) „Alles Anschauen gehet aus von einem Einfluß des Angeschauten auf den Anschauenden, von einem ursprünglichen und unabhängigen Handeln des ersten, welches dann von dem letzteren seiner Natur gemäß aufgenommen, zusammengefaßt und begriffen wird."[49] Die Anschauung vollzieht sich nicht nur auf der Seite des Anschauenden, sondern auch auf der Seite des Angeschauten. Die religiöse Anschauung geht vom ursprünglichen und unabhängigen Handeln

---

43 Vgl. R^1, KGA I/2, 208, 39–40.

44 R^1, KGA I/2, 197, 19–22.

45 R^1, KGA I/2, 211, 32–33.

46 Zur Argumentationsstruktur Schleiermachers vgl. Albrecht (1994), 338–339, Grove (2004), 273ff.

47 Vgl. R^1, KGA I/2, 213, 35–36.

48 Christian Albrecht zufolge gibt es doch dritte Bestimmung der Anschauung, nämlich die formale und inhaltliche Unbeschränktheit (R^1, KGA I/2, 216, 27–218, 20), vgl. Albrecht (1994), 338. Da diese Unbeschränktheit der Anschauung keine direkte Beziehung mit dem Thema dieser Untersuchung hat, werde ich nicht darüber diskutieren.

49 R^1, KGA I/2, 213, 38–214, 1.

des Universums aus. Was hier hervorgehoben wird, ist die Selbsttätigkeit des Universums, d.h. dieses ist nicht das Abbild des Ichs wie im subjektiven Idealismus. Hier soll dargestellt werden, dass das Angeschaute nicht das Universum selbst ist, sondern sein Handeln oder seine Wirkung auf die Organe des Anschauenden. Hier kritisiert Schleiermacher die traditionelle rationale Theologie, die die Erkenntnis des Universums (des Absoluten) erhalten möchte:

> „Und so alles Einzelne als einen Theil des Ganzen, alles Beschränkte als eine Darstellung des Unendlichen hinnehmen, das ist Religion; was aber darüber hinaus will, und tiefer hineindringen in die Natur und Substanz des Ganzen ist nicht mehr Religion, und wird, wenn es doch noch dafür angesehen sein will, unvermeidlich zurücksinken in leere Mythologie."[50]

Wie in Abschnitt 4.1 dargestellt wurde, hat die kritische Philosophie einen erheblichen Einfluss auf Schleiermacher. Für ihn wird der Versuch, auf „die Natur und Substanz des Ganzen" einzugehen, nur eine „Mythologie" sein, wie er später sagt: „über das Sein dieses Gottes vor der Welt und außer der Welt grübeln...in der Religion wird auch das nur leere Mythologie."[51] Das alles wurde aus den Meinungen in *Kurze Darstellung des Spinozistischen Systems* entwickelt.

Außerdem soll der andere Charakter der Anschauung dargestellt werden: Ist die Anschauung nur passiv oder auch aktiv, nur sinnlich oder auch geistig? Aus welcher Tradition nimmt Schleiermacher sie auf?[52] Um diese Fragen zu beantworten, muss zuerst untersucht werden, welche Funktion die Anschauung bei Schleiermacher hat. Manche Forscher glauben, dass die Anschauung nur passiv sei,[53] weil Schleiermacher selbst schon behauptet, dass die Religion sich „von seinen [sc. des Universums] unmittelbaren Einflüssen [...] in kindlicher Passivität ergreifen und erfüllen lassen"[54] will. Allerdings betont Schleiermacher auch eine aktive und tätige Funktion der Anschauung: „Und so alles Einzelne als einen Theil des Ganzen, alles Beschränkte als eine Darstellung des Unendlichen hinnehmen, das ist Religion"[55]. In dieser Formulierung ist nicht die passive

50 R^1, KGA I/2, 214, 14–18.

51 R^1, KGA I/2, 214, 39–215, 1.

52 Gemäß der Forschungsliteratur könnte der Ursprung des Anschauungsbegriffs, der von Schleiermacher benutzt wird, bei Spinoza (Christof Ellsiepen), Hemsterius (Kurt Nowak), Kant (Peter Grove), Fichte (John Neubauer, Emanuel Hirsch) und Reinhold (Peter Grove) liegen, vgl. Ellsiepen (2006), Nowak (1986), 167, Grove (2004), 285f., Neubauer (1972), Hirsch (^{5}1975), 491f.

53 Z.B. schreibt Lönker (1998: 55), dass „es Schleiermacher darauf ankommt, an der Anschauung das Moment der reinen Empfänglichkeit hervorzuheben."

54 R^1, KGA I/2, 211, 35–36.

55 R^1, KGA I/2, 214, 14–15.

Empfänglichkeit der Anschauenden hervorzuheben, sondern die Struktur, nach der das Einzelne und Endliche als die Darstellung und das Bild des Ganzen und Unendlichen gesehen wird.[56] Mit anderen Worten, was in der Anschauung erscheint, ist nicht direkt das Einzelne oder das Handeln des Universums, sondern eine Darstellung des Universums im Einzelnen, nämlich das Verhältnis zwischen dem Unendlichen und dem Endlichen. Dieses Verhältnis wird Schleiermacher weiter als eine Alleinheit bezeichnen.[57]

Kurzum ist der Inhalt der religiösen Anschauung das Handeln und die Wirkung des Universums, nicht das Universum an sich selbst. Zugleich hat die Anschauung eine positive und tätige Seite, wobei das Einzelne als die Darstellung des Universums betrachtet wird.

(2) Der zweite von Schleiermacher genannte Punkt der Anschauung lautet: „Anschauung ist und bleibt immer etwas einzelnes, abgesondertes, die unmittelbare Wahrnehmung, weiter nichts; sie zu verbinden und in ein Ganzes zusammenzustellen, ist schon wieder nicht das Geschäft des Sinnes, sondern des abstrakten Denkens."[58] In dieser Darstellung über die Anschauung möchte Schleiermacher zwei Charaktere betonen: Einzelheit und Unmittelbarkeit. Beide tragen dazu bei, dass das Ganze (das ganze Universum, das Unendliche) an sich nicht das Geschäft der Anschauung, sondern des abstrakten und alles zusammenstellenden Denkens ist. So ist es auch mit der religiösen Anschauung: „bei den unmittelbaren Erfahrungen von Dasein und Handeln des Universums, bei den einzelnen Anschauungen und Gefühlen bleibt sie [sc. die Religion] stehen."[59] Einerseits haben viele Forscher zu Recht in der Unmittelbarkeit eine unreflektierte[60] oder vorprädikative[61] religiöse Anschauung erkannt; das bedeutet, dass in der Religionstheorie Schleiermachers nicht die Rede von einem begrifflich erkennbaren Unendlichen ist. Diese Untersuchung stimmt gänzlich damit überein. Andererseits führt die Einzelheit der Anschauung dazu, dass einige Forscher das Absolute (oder das Unendliche) in Schleiermachers Religionstheorie vernachlässigen, wenn nicht negieren, so sieht z. B. Günter

---

56 Dazu hat Grove (2004: 295) zu Recht behauptet: „In der Religion ist die Anschauung nicht einfach Anschauung von etwas, sondern Anschauung von *etwas als etwas*, nämlich Anschauung von einzelnem als Darstellung des Universums." In diesem Sinne ist die Behauptung von Eilert Herms nicht überzeugend, dass die Reden unter der Anschauung „das empirische, vermittelte Gegenstandbewußtsein verstehen". (Herms [1974], 181)

57 Vgl. Eckert (1983), 22–56, bes. 45 f.

58 R^1, KGA I/2, 215, 3–7.

59 R^1, KGA I/2, 215, 7–9.

60 Lönker (1998), 60.

61 Barth (1998), 459.

Meckenstock darin eine „Verendlichung des Universums“[62]. Dazu möchte ich darauf hinweisen, dass die religiöse Anschauung eine Darstellung des Universums im Einzelnen ist. In ihrem Zentrum steht immer ein Verhältnis zwischen dem Endlichen und dem Unendlichen, deshalb soll das Universum immer als Einheit und Totalität betrachtet und nicht vernachlässigt werden. Genau wie Jörg Dierken die Totalität als „ein im Endlichen pluralisiertes Absolutes“[63] betrachtet, begleitet das Absolute immer das jeweilige Einzelne. Leider hat Schleiermacher diese Struktur in den *Reden* nicht zum Ausdruck gebracht, sondern er tut dies in der *Dialektik*. In den *Reden* besteht die hauptsächliche Aufgabe in der Abgrenzung gegen die rationale Theologie, deshalb ist der Schwerpunkt hier die Unerkennbarkeit des Absoluten, nicht die Inhärenz der endlichen Dinge im Unendlichen.[64]

(B) Der nächste Schritt ist die Bestimmung des Gefühls. Schleiermacher behauptet, dass „jede Anschauung ihrer Natur nach mit einem Gefühl verbunden ist“[65], weil das Gefühl ein unentbehrlicher Bestandteil der Religion ist. Ein Gefühl setzt einen Gegenstand voraus, dessen Einfluss unsere Organe „auf mancherlei Weise erregen“ und damit in unserem Bewusstsein „eine Veränderung hervorbringen“[66] muss. Diese Veränderung des Bewusstseins hat zwei verschiedene Erscheinungen: (1) Die Differenz zwischen dem Gegenstand und dem Ich fällt weg. Im Gefühl findet man den Indifferenzpunkt zwischen Objekt und Subjekt auf Seiten des Subjekts. Dies bestätigt zugleich den unreflektierten Charakter der Religion, weil eine Reflexion die Differenz zwischen dem Gegenstand und dem Ich voraussetzt.[67] (2) Das Gefühl wird ein Handeln und eine Bewegung im Gemüt hervorbringen. Allerdings sollte beachtet werden, dass das religiöse Handeln nur im Bewusstsein stattfindet und daher keine äußere Handlung hervorbringt. Dabei grenzt Schleiermacher das moralische oder eigentliche Handeln ab. Wenn wir über das religiöse Gefühl hinaus zu Taten übergehen

---

62 Meckenstock (1988), 34.

63 Dierken (2000), 681.

64 Zu den anderen Auseinandersetzungen über die Einzelnheit der Anschauung, siehe Grove (2004), 301–306.

65 R^1, KGA I/2, 218, 21–22.

66 R^1, KGA I/2, 218, 24–26.

67 Vgl. Grove (2004), 311–12: „Im Gefühl ist das Subjekt sich selbst nicht bewußt. Das heißt, daß das Gefühl – wie die Anschauung – Teil eines *dunklen* Bewußtseins ist.“ Allerdings stimme ich Grove nicht zu, wenn er gegen Fred Lönker sagt: „Hat ein Gefühl ein Objekt, kann es nur um ein *inneres* Objekt gehen, Sein Gegenstand ist subjektiv, eine Veränderung im Zustand des Subjekts.“ (a. a. O., 312.) Das Gefühl bewirkt ja eine Veränderung im Zustand des Subjekts, aber die Ursache dafür kommt aus dem äußeren Gegenstand, wie Schleiermacher schreibt: „das werdet Ihr doch nicht den Einflüßen äußerer Gegenstände zuschreiben? “(R^1, KGA I/2, 218, 32–33.)

wollten, würden wir „in unheilige Superstizion“[68] versinken. Schleiermacher zufolge soll man mit Ruhe und Besonnenheit handeln, denn „wenn der Mensch sich durch die heftigen und erschütternden Gefühle der Religion zum Handeln treiben läßt,“[69] dann würde er die Ruhe und Besonnenheit verlieren. Hier möchte Schleiermacher das Gefühl (die Religion) vom Handeln (von der Moral) unterscheiden.

Das Verhältnis zwischen dem religiösen Gefühl und dem moralischen Handeln beschreibt Schleiermacher so: „Alles eigentliche Handeln soll moralisch sein und kann es auch, aber die religiösen Gefühle sollen wie eine heilige Musik alles Thun des Menschen begleiten; er soll alles mit Religion thun, nichts aus Religion.“[70] Warum die religiösen Gefühle alle moralischen Handlungen begleiten sollen, hat Schleiermacher aber hier nicht erklärt. Diese Frage wird in der *Dialektik* behandelt und in dieser Arbeit in Kapitel 6 geklärt werden.

Zusammenfassend lässt sich sagen, dass sich der Indifferenzpunkt zwischen dem Angeschauten und dem Anschauenden im Gefühl befinden soll. Das religiöse Gefühl bedeutet ein vom Universum bewegtes und erregtes Bewusstsein, das eine moralische Handlung nicht verursacht, sondern begleitet.

(C) Außerdem soll das Verhältnis zwischen der Anschauung und dem Gefühl dargestellt werden. Die bisherigen Darstellungen scheinen die Anschauung und das Gefühl zu trennen. Dadurch würde „der feinste Geist der Religion“ verloren gehen. Schleiermacher weist darauf hin, dass nur „eine notwendige Reflexion“[71] Anschauung und Gefühl voneinander trennt: „Nicht nur wenn wir eine innere Handlung des Gemüths mitteilen, auch wenn wir sie nur in uns zum Stoff der Betrachtung machen, und zum deutlichen Bewußtsein erhöhen wollen, geht gleich diese unvermeidliche Scheidung vor sich.“[72] Allerdings sollen die religiöse Anschauung und das religiöse Gefühl nicht „zum deutlichen Bewußtsein“ zu bringen sein, weil die Differenz zwischen dem Universum und dem Ich in dieser Verbindung nicht auftauchen wird. Durch die Reflexion wird nicht nur der Zusammenhang zwischen der Anschauung und dem Gefühl, sondern auch die Einheit des Universums mit dem Ich zerstört. So formuliert Schleiermacher wie folgt:

68 R^1, KGA I/2, 219, 21.
69 R^1, KGA I/2, 219, 29–31.
70 R^1, KGA I/2, 219, 21–24.
71 R^1, KGA I/2, 220, 35. Peter Grove achtet auf die Funktion der Reflexion und damit der Trennung der Anschauung vom Gefühl, vgl. Grove (2004), 317–327.
72 R^1, KGA I/2, 220, 37–221, 2.

> „Anschauung ohne Gefühl ist nichts und kann weder den rechten Ursprung noch die rechte Kraft haben, Gefühl ohne Anschauung ist auch nichts: beide sind nur dann und deswegen etwas, wenn und weil sie ursprünglich Eins und ungetrennt sind."[73]

Dieser Absatz erinnert uns unzweifelhaft an den berühmten Ausdruck Kants: „Gedanken ohne Inhalt sind leer, Anschauungen ohne Begriffe sind blind."[74] Für Kant liefert die Anschauung dem Begriff den Stoff, um die Erkenntnis zu schaffen. Im Gegensatz dazu hat die Religion bei Schleiermacher gerade nichts zu tun mit der Erkenntnis, daher verbindet sich die Anschauung nicht mit dem Begriff, sondern mit dem Gefühl. Diese Ersetzung macht klar, dass die Religion keine gegenständliche und reflexive Betrachtung des Universums hervorbringt, sondern ein unmittelbares und ungegenständliches Verhältnis zwischen dem Universum und dem Bewusstsein. Andererseits betont Schleiermacher auch die Anschauung, denn ohne sie wäre das Gefühl nichts, mit anderen Worten, wenn es an der Anschauung fehlt, würde das Gefühl nur subjektiv, es würde sich nicht mehr mit dem Handeln des Universums verbinden.

Schleiermacher zufolge entsteht die Untrennbarkeit zwischen der Anschauung und dem Gefühl im sogenannten „ersten geheimnißvollen Augenblick", „der bei jeder sinnlichen Wahrnehmung vorkommt, ehe noch Anschauung und Gefühl sich trennen, wo der Sinn und sein Gegenstand gleichsam in einander gefloßen und eins geworden."[75] Daraus folgt, dass der Moment, in dem die Anschauung und das Gefühl sich vereinigen, gerade derjenige Moment sein soll, in dem das Subjekt und das Objekt, der Sinn und der Gegenstand, der Mensch und das Universum eins werden.

Bisher wurde das Wesen der Religion rekonstruiert und kann wie folgt zusammengefasst werden: Das Wesen der Religion ist nicht Denken oder Handeln, sondern Anschauung und Gefühl, nur darin kann sich das Universum als ein Ganzes repräsentieren und widerspiegeln. Damit wird eine Einheit zwischen dem Universum und dem Menschen geschaffen. Durch die Analyse der Anschauung und des Gefühls kann festgehalten werden, dass das Universum an sich niemals erscheint, weil nur seine Handlungen und Einflüsse vom Menschen angeschaut werden, und dass das Universum als Ganzes nie erkannt wird, weil jede Anschauung vereinzelt ist und nur die Darstellungen des Universums im Einzelnen angeschaut werden. Diese Rekonstruktion zielt nicht auf eine vollständige und ausführliche Darstellung von Schleiermachers Religionstheorie

---

73 R^1, KGA I/2, 221, 16–19.
74 KrV, 03: 75, 14–15, B 75.
75 R^1, KGA I/2, 221, 20–23.

ab, vielmehr erschöpft sie sich darin darzustellen, wie Schleiermacher seine Religionslehre auf die Unerkennbarkeit Gottes gründet.

4.2.2 Die Gottesfrage im Anhang der zweiten Rede in R^1

Bekanntlich diskutiert Schleiermacher in den *Reden* nur über die „Anschauung des Universums", und damit muss die Frage, welche Rolle die Idee Gottes in seiner Theorie spielt, zur Sprache gebracht werden. Darin liegt ein anderes wichtiges hermeneutisches Problem in der Geschichte der wissenschaftlichen Auseinandersetzung neben der Anschauung und dem Gefühl. Wie Christian Albrecht schon gezeigt hat, endet der Schluss der zweiten Rede ohne Hinsicht auf Gott und Unsterblichkeit,[76] d.h. die Diskussion über Gott und über die Unsterblichkeit ist nur ein Anhang, wie Schleiermacher selbst behauptet: „Es scheint mir aber als ob Viele unter Euch nicht glaubten, daß ich mein gegenwärtiges Geschäft hier könne endigen wollen, als ob Ihr dennoch der Meinung wäret, es könne vom Wesen der Religion nicht gründlich geredet worden sein, wo von der Unsterblichkeit gar nicht, und von der Gottheit so gut als nichts gesagt worden ist."[77] Gegen den Willen der Hörer macht Schleiermacher klar, „daß dies nicht die Angel und Hauptstück der Religion seien."[78] Allerdings stellt Schleiermacher die Gottesfrage am Ende der zweiten Rede noch in den Vordergrund, um die traditionelle Idee Gottes seiner Darstellung über das Wesen der Religion einzuordnen.

Schleiermacher gibt zu: „ich fürchte mich ein ordentliches Wort über die Gottheit zu sagen, weil es gefährlich werden will davon zu reden, bevor eine zu Recht und Gericht beständige Definition von Gott und Dasein ans Licht gebracht und im deutschen Reich sankzionirt worden ist"[79]. Diese Passage bezieht sich offensichtlich auf den sogenannten Atheismusstreit um Fichte. Die zeitliche Nähe[80] und die Ähnlichkeit des Inhaltes zwischen der Veröffentlichung der *Reden* und Fichtes Atheismusstreit bringen den Eindruck hervor, dass

76 Albrecht (1994), 341.

77 R^1, KGA I/2, 242, 36–243, 2.

78 R^1, KGA I/2, 243, 4.

79 R^1, KGA I/2, 243, 8–11.

80 Fichtes „Ueber den Grund unsers Glaubens an eine göttliche Weltregierung" und Forbergs „Entwicklung des Begriffs der Religion" sind im Herbst 1798 veröffentlicht, und Fichtes „Appellation an das Publikum über die durch ein Churf. Sächs. Confiscationsrescript ihm beigemessenen atheistisch Aeußerungen" im Januar 1799, während Schleiermacher die zweite Rede etwa im Februar 1799 abgeschlossen hat. (Vgl. KGA I/2, LVI.)

Schleiermachers Idee Gottes direkt von Fichte beeinflusst ist.[81] Schleiermachers Gottesverständnis ist wie das von Fichte[82] ein unpersönliches Gottesverständnis, damit die Folgerung „kein Gott, keine Religion" nicht mehr richtig ist.[83] Schleiermacher ist der Meinung, „daß eine Religion ohne Gott beßer sein kann, als eine andere mit Gott."[84] Dieser Absatz bedeutet keineswegs, dass Schleiermacher ein Atheist wäre, vielmehr hat ein persönlicher Gott keinen Platz in seiner Theorie des ursprünglichen religiösen Erlebnisses.

Schleiermacher analysiert drei verschiedene Ideen Gottes unter seinen Hörern (den Verächtern der Religion): (1) Gott als der Genius der Menschheit, oder der Mensch ist das Urbild Gottes. Das ist eine anthropomorphistische Idee Gottes. (2) Gott als „ein von der Menschheit gänzlich unterschiedenes Individuum, ein einziges Exemplar einer eigenen Gattung"[85]. Das ist eine höhere und dichterische Idee Gottes. (3) Gott als ein höchstes Wesen und der Geist des Universums, „der es mit Freiheit und Verstand regiert."[86] Das ist eine höchste und persönliche Idee Gottes. Alle Ideen Gottes stimmen nicht mit dem überein, was Schleiermacher mit der Anschauung des Universums meint. Dies erinnert an die Kritik Kants an denjenigen, die das *ens realissimum* realisieren, hypostasieren, personifizieren.[87]

Für Schleiermacher kann „die Gottheit nichts anders sein" „als eine einzelne religiöse *Anschauungsart*, von der wie von jeder andern die übrigen unabhängig sind."[88] Das heißt, die Gottheit ist nicht eine einzelne *Anschauung*, wie Schleiermacher originell schreibt. Erst nach der Veröffentlichung der zweiten Rede

---

81 Typisch dafür ist Hirsch (^{5}1975), 515: „Die Reden über die Religion sind *unter Anregung des Atheismusstreits* – der seit November 1798 die deutsche Öffentlichkeit erregte – geschrieben." Die Auseinandersetzungen mit Hirsch findet man bei Hertel (1965), 185, Christ (1982), 96 und Grove (2004), 354, all diese Forscher aber leugnen den Einfluss des Atheimusstreits nicht.

82 Fichte behauptet: „Dies ist der wahre Glaube, diese moralische Ordnung ist das *Göttliche*, das wir annehmen." „Jene lebendige und wirkende moralische Ordnung ist selbst Gott." Nach dieser Identität des Göttlichen mit der moralischen Ordnung kritisiert Fichte die Persönlichkeit und das Bewusstsein Gottes: „Was nennt ihr denn nun Persönlichkeit und Bewußtsein? Doch wohl dasjenige, was ihr in euch selbst gefunden, an euch selbst kennen gelernt, und mit diesem Namen bezeichnet habt." (Vgl. UdGuG, 185, 186, 187.) Fichte zufolge ist der Personalismus Gottes eng mit dem Anthropomorphismus verbunden und soll damit vermieden werden. Dies ist gerade auch die Meinung Schleiermachers.

83 Vgl. R^1, KGA I/2, 243, 19–20.

84 R^1, KGA I/2, 244, 16–17.

85 R^1, KGA I/2, 243, 35–36.

86 R^1, KGA I/2, 244, 10.

87 KrV, 03: 392, 26–34, B 611.

88 R^1, KGA I/2, 243, 16–18. Hervorgehoben von Zhou.

fängt Schleiermacher an, die fünfte Rede zu schreiben, wo er drei verschiedene Anschauungsarten diskutiert. Danach arbeitet er die zwei Stellen der zweiten Rede um, und dadurch wird die originale *Anschauung* zur *Anschauungsart* umgestaltet.[89] So wird jetzt die Gottheit als eine Anschauungsart bezeichnet, jeder Anschauungsart entspricht eine bestimmte Art von Gottheit. (1) Zuerst stellt sich das Universum „dem rohen Menschen" „als eine Einheit dar, in der nicht mannigfaltiges zu unterscheiden ist, als ein Chaos gleichförmig in der Verwirrung."[90] Damit repräsentiert sich das Universum als „ein blindes Geschik"[91]. (2) „Auf einer anderen Stufe der Bildung stellt sich das Universum dar als eine Vielheit ohne Einheit."[92] Damit repräsentiert sich das Universum als „eine motivierte Nothwendigkeit"[93]. (3) Auf die höchste Stufe steigen wir, „wo das Universum sich als Totalität, als Einheit in der Vielheit, als System darstellt, und so erst seinen Namen verdient."[94] Diese Anschauungsart betrachtet das Universum als Alleinheit, nämlich als κόσμος, eine ordentliche Welt. Bekanntlich behauptet Schleiermacher an dieser Stelle: „Sollte nicht der, der es [sc. das Universum] so anschaut als Eins und Alles, auch ohne die Idee eines Gottes mehr Religion haben, als der gebildetste Polytheist? Sollte nicht Spinoza eben so weit über einem frommen Römer stehen, als Lukrez über einem Gözendiener?"[95]

Daraus folgt: (1) Um den traditionellen Namen von Gott zu vermeiden, bezeichnet Schleiermacher die Anschauungsart des Universums als die Gottheit. (2) Die Gottheit ist nichts anderes als eine Art, wie wir das Universum anschauen. Mit anderen Worten, die Gottheit ist die Art der Darstellung des Universums. (3) Die Anschauungsart des Universums hängt von der jeweiligen Stufe der Bildung ab.[96] Die drei verschiedenen Anschauungsarten korrespondieren mit der Aussage in der fünften Rede,[97] damit entsprechen sie den drei verschiedenen Stufen der Religion: Fetischismus, Polytheismus und Monotheismus, unter der Bedingung, dass sie mit der Gottesidee verbunden

89 Wie die Anmerkung in KGA I/2, 243 zeigt. Zur Umarbeitung der zweiten Rede siehe auch Christ (1982), 96.

90 Vgl. R[1], KGA I/2, 244, 18–21.

91 R[1], KGA I/2, 244, 24–25.

92 R[1], KGA I/2, 244, 28–29.

93 R[1], KGA I/2, 244, 32–33.

94 R[1], KGA I/2, 245, 6–7.

95 R[1], KGA I/2, 245, 7–11.

96 Hier geht es um das Verhältnis zwischen Religion und Religionen, vgl. König (2016), 388 f., König (2015), 37–64.

97 „Jene drei so oft angeführten Arten des Universums anzuschauen als Chaos, als System und in seiner elementarischen Vielheit, sind weit davon entfernt eben so viel einzelne und bestimmte Religionen zu sein." (R[1], KGA I/2, 301, 36–38)

sind. Allerdings ist die Verbindung zwischen den Anschauungsarten und den Gottesideen nicht notwendig, wobei die Phantasie eine wichtige Rolle spielt:

> „Welche von diesen Anschauungen des Universums ein Mensch sich zueignet, das hängt ab von seinem Sinn fürs Universum, das ist der eigentliche Maßstab seiner Religiosität, ob er zu seiner Anschauung einen Gott hat, das hängt ab von der Richtung seiner Phantasie. In der Religion wird das Universum angeschaut, es wird gesetzt als ursprünglich handelnd auf den Menschen. Hängt nun Eure Phantasie an dem Bewußtsein Eurer Freiheit so daß sie es nicht überwinden kann dasjenige was sie als ursprünglich wirkend denken soll anders als in der Form eines freien Wesens zu denken; wohl, so wird sie den Geist des Universums personifizieren und Ihr werdet einen Gott haben; hängt sie am Verstande, so daß es Euch immer klar vor Augen steht, Freiheit habe nur Sinn im Einzelnen und fürs Einzelne; wohl, so werdet Ihr eine Welt haben und keinen Gott.“ [98]

Schleiermacher macht deutlich, dass die Richtung der Phantasie dazu beitragen kann, ob die Anschauung des Universums zur Idee Gottes führt. Hier werden zwei Alternativen genannt: (1) Die Phantasie hängt am Bewusstsein der Freiheit oder (2) am Verstand, wobei nur die mit dem Bewusstsein der Freiheit verbundene Phantasie „den Geist des Universums personifizieren“ und eine Idee Gottes hervorbringen würde. Schleiermacher bezeichnet die Phantasie als „das höchste und ursprünglichste“[99] im Menschen, sie ist ein Vermögen des Menschen neben dem Verstand.[100] In freier Phantasie wird das handelnde Universum als ein freies Wesen gedacht. Im Gegensatz dazu wird das Universum in der vom Verstand

---

98 R^1, KGA I/2, 245, 13–25.

99 R^1, KGA I/2, 245, 27.

100 Wie Christ (1982: 103) gezeigt hat, ist die Phantasie für Schleiermacher schon in „Über den Werth des Lebens“ (1792/3) „neben dem Verstand die zweite Quelle einer Welt von Ideen, welche die erfahrbare Welt ordnet, vervielfältigt und genießbar macht.“ Christ (1982: 108) fasst die Bedeutung der Phantasie Schleiermachers zusammen: „Die lebendige, schöpferische Phantasie entspricht mit ihrer Vorstellung der im Sinne empfangenen Anschauung. Insofern ist es das Höchste und Ursprünglichste im Menschen und der Anschauung adäquat. Es gibt im Menschen kein höheres und ursprünglicheres Vermögen als das Vermögen, dem, was er in der Anschauung des Universums und in der Selbstanschauung unmittelbar wahrgenommen hat, spontan zu entsprechen. Aber gerade in diesem Vermögen der Phantasie bildet der Mensch gänzlich individuelle Vorstellungen. Insofern ist die Phantasie freie Willkür, und die Gefäße, die sie bildet, vermögen den Gehalt der Anschauung nicht zu fassen. Der Sinn bewahrt die Anschauung von Bild der Phantasie getrennt, und der Verstand verbietet ihr einen Anspruch auf Erkenntnis und erkannte Wahrheit, auch wenn gerade die Phantasie zwischen dem wahrnehmbaren Sinn und dem abstrakten Denken vermittelt.“

abhängigen Phantasie zu klarem Bewusstsein gebracht, damit es niemals als ein freies Wesen gedacht wird. Auf diese Weise bekommen wir eine Welt ohne Gott.

In dieser Ausführung stellt Schleiermacher immer die Anschauung des Universums ins Zentrum. Darauf basiert seine Religionstheorie, und dadurch wird die Gottesfrage zweitrangig. In 4.2.1 wurde bereits dargestellt, dass das Angeschaute die Darstellung des Unendlichen im Endlichen ist. Nicht alle Anschauungen werden das Universum anschauen als die Alleinheit, die der dritten Anschauungsart angehört. Diese Alleinheit, oder die Inhärenz alles Endlichen im Unendlichen, ist das, was bei Schleiermacher eigentlich mit der Gottesidee gemeint ist. Das Problem ist jedoch, dass Schleiermacher diese Alleinheit auch das Universum nennt, so dass er das Universum mit Gott zu vermischen oder zu identifizieren scheint: „Auch Gott kann in der Religion nicht anders vorkommen als handelnd, und göttliches Leben und Handeln des Universums hat noch niemand geläugnet, und mit dem seienden und gebietenden Gott hat sie nichts zu schaffen."[101] Das bedeutet, die Religion interessiert sich nicht für den seienden und moralischen Gott wie bei den Metaphysikern und den Moralisten, vielmehr erfasst sie Gott nur „als handelnd". Ebenso erfassen wir „göttliches Leben und Handeln des Universums", das ein Symbol des unerkennbaren Gottes ist.[102] Für Schleiermacher ist dieses alleinheitliche und handelnde Universum (die Welt-Einheit) selbst das Göttliche. Daraus folgt, dass Schleiermacher, wenn er „eine Welt ohne Gott" im oben genannten Zitat anspricht, das Universum oder die alleinheitliche Welt als das Göttliche selbst betrachten möchte. Ob man das handelnde Universum oder die alleinheitliche Welt als ein freies Wesen (als einen persönlichen Gott) personalisiert, hängt von der Richtung der Phantasie ab. Der persönliche Gott aber ist nicht der Kern der Religion.

So diskutiert Schleiermacher hier über das Göttliche und nicht über Gott, weil Gott selbst niemals erkennbar oder wahrnehmbar ist oder von uns angeschaut werden kann, und weil Gott nicht vom Universum getrennt und abgesondert

101 R^1, KGA I/2, 245, 38–246, 1.

102 Paul Seifert unterscheidet zwischen „Universum-Gott" und „Universum-Welt", und ebenso auch zwischen „Universum als Weltganzes, als Totalität des Seins und Geschehens", „Universum als Menschheit" und „Universum als Welt". Seifert behauptet: „Dies Universum als tiefe Welt-Einheit ist in den Reden Synonym für Gott, der auch ‚Weltgeist', der ‚Ewige' (R 295) oder ähnlich genannt werden kann." (Vgl. Seifert [1960], 77–80.) Im Gegensatz dazu bezeichnet Friedrich Beßer das Universum als „den tatsächlichen Grund aller Wirklichkeit" und unterscheidet zwischen dem Universum und der Welt, die „die Gesamtheit alles Seienden" ist. „Dieser Unterschied, eine wahrhaft ontologische Differenz, ist auch die Ursache für das Übergewicht, welches das Universum über die Welt hat." (Beißer [1970], 42–43.)

gedacht werden kann. Das Göttliche heißt das handelnde Universum oder die alleinheitliche Welt.

4.2.3 Die verbesserte Darstellung Gottes in R^2

Im Jahr 1806 schrieb Schleiermacher die Reden um, die zweite und die fünfte Rede wurden stark verändert. Auffallend sind das Hervorheben des Gefühls- und Gottesbegriffs und dementsprechend das Zurücktreten des Anschauungs- und Universumsbegriffs in der Definition von Religion.[103] Unter den Forschern ist die Änderung, die die Begriffe von Anschauung und Gefühl betrifft, heftig und vielfach diskutiert worden, dagegen sind die Diskussionen über den Gottes- und Universumsbegriff im Vergleich dazu seltener. Im Rahmen dieser Untersuchung sind beide Seiten gleich wichtig, jedoch ist es unmöglich, hier alle Details darzustellen. Die terminologischen Änderungen sind schon in vielen Forschungsergebnissen gezeigt worden.[104] Wo liegt der Grund für diese Änderung? Dies ist zu einem klassischen Problem in der Schleiermacher-

---

103 KGA I/12, XX.

104 Vgl. Huber (1901), 55f., Fuchs (1903), Graf (1978), KAG I/12, XIX-XVIII. Hier möchte ich den Schluss von Graf (1978: 168–169) aufnehmen:

Die berühmte Formel von R^1, das Wesen der Religion sei „weder Denken noch Handeln, sondern Anschauung und Gefühl", wird durch den Satz ersetzt: „Alles Zeitliche im Ewigen und durch das Ewige" „suchen und finden in Allem, was lebt und sich regt, ... in allem Thun und Leiden und das Leben selbst nur haben und kennen im unmittelbaren Gefühl als dieses Sein [sc. alles Endliche im Unendlichen], das ist Religion." Dieser Konzentration auf den Gefühlsbegriff gemäß muß Schleiermacher seine Behauptung zurücknehmen, daß „Anschauen des Universums" die „Angel" seiner „ganzen Rede" sei. Seiner Funktion als der zentrale Bestimmungsbegriff der Religion wird der Anschauungsbegriff entkleidet. Daraus erklären sich die Eingriffe in den Text, die auf eine ersatzlose Streichung des Anschauungsbegriffs zielen. Solcher Tilgung der „Anschauung" entspricht, daß Schleiermacher an ca. acht weiteren Stellen den Anschauungsbegriff direkt durch den Gefühlsbegriff substituiert. Gewisse Formeln aus R^1 bleiben erhalten, indem Anschauung durch Gefühl ersetzt wird. So kann Schleiermacher etwa die alte Formel „Anschauung des Universums" zum Ausdruck „Gefühl des Universums" umbilden. Entsprechend treten Sätze in den Vordergrund, die ihre inhaltliche Bestimmtheit aus einer exklusiven Verwendung des Gefühlsbegriffs empfangen. Schleiermacher kann für „die Religion" nun „das Gefühl" einsetzen. In Formeln, die vom parallelismus membrorum von Anschauung und Gefühl zehren, wird der Anschauungsbegriff durch andere Ausdrücke substituiert. Wo er 1799 die Religion zum Haben von „Anschauungen und Gefühlen" erklärt hatte, schreibt Schleiermacher nun, sie repräsentiere das Haben von „Wahrnehmungen und Gefühlen". Sollten den Angesprochenen 1799 „religiöse Anschauungen" nicht fremd sein, so rekurriert der Redner nun auf „religiöse Wahrnehmungen und Gefühle".

Forschung geworden.[105] Die Untersuchungen dazu können grob in zwei Schulen eingeteilt werden: in die Theorie der inneren Transformation und in die Theorie des äußeren Einflusses. Die Theorie der inneren Transformation behauptet, dass Schleiermachers oben erwähnte Transformation aus der Änderung des Verständnisses der beiden Begriffe von Anschauung und Gefühl zwischen 1799 und 1806 hervorgegangen ist, die sich hauptsächlich in der Ethik von 1804/05 und 1805/06 widerspiegelt. Schleiermacher schreibt die Anschauung in dieser Zeit eindeutig der wissenschaftlichen Erkenntnis und das Gefühl der Religion zu.[106] Die Theorie des externen Einflusses geht hingegen davon aus, dass die oben genannte Veränderung vom Einfluss externer philosophischer Trends herrührt und dass der wichtigste Einfluss von Fichte[107] und Schelling[108] stammt. Ich werde meine Untersuchung darauf beschränken zu klären, wie das Hervorheben des Gefühlsbegriffs die Idee Gottes beeinflusst und wie sich die veränderte Idee Gottes zum persönlichen Gott verhält.

Ich möchte die These beweisen, dass das Hervorheben des Gefühlsbegriffs dem Trend entspricht, dass Schleiermacher in der zweiten Auflage der *Reden* das Universum als Eins oder als Einheit (nämlich Gott) in den Vordergrund stellt. Friedrich Wilhelm Graf weist darauf hin, dass Schleiermacher in der ersten Rede von R^2 schon darum bemüht ist, „Universum" zunehmend durch Termini wie „Welt" und „Weltall" zu ersetzen[109] oder dem Universum als Einheit vor dem Universum als Mannigfaltigkeit den Vorrang zu geben. Außerdem hat Hermann Süskind vor etwa hundert Jahren die wichtige Beobachtung vorgelegt, „dass Schleiermacher in R^2 wirklich mit dem Grundgedanken von R^1 vollständig gebrochen hat." Genauer gesagt: „Jener originale metaphysische Grundgedanke von R^1, nach welchem das einzelne Endliche als Solches, vermöge seiner Besonderheit, der positive Ausdruck des Unendlichen ist, ist jetzt verlassen, und dafür fällt die Auffassung von R^2 zurück auf dem metaphysischen Standpunkt Spinozas: Individualität ist Determination und als Negation."[110] Obwohl Hermann Süskind zu Recht die metaphysischen Unterschiede der beiden Auflagen in den Vordergrund stellt, sollte diese Verschiedenheit als eine unterschiedliche Betonung, aber nicht als Bruch verstanden werden, weil die metaphysische Alleinheit in R^1 gleichfalls zugrunde liegt. Manchmal drückt Schleiermacher

105 Für eine ausführliche Zusammenfassung der Literatur siehe Albrecht (1994), 109–111.

106 Gottschick (1889), Süskind (1909), 134–172, Jiang (2020), 262–263.

107 Hirsch ([5]1975), 563–564.

108 Vgl. Huber (1901), Fuchs (1903), Süskind (1909), Wehrung (1920). Ob Schellings Gedanken Schleiermacher beeinflusst haben oder umgekehrt, ist in der Forschung umstritten. Vgl. Albrecht (1994), 111, Anm. 29.

109 Graf (1978), 158.

110 Süskind (1909), 162–163.

auch das Verschwinden des Individuums im Unendlichen aus: „[...] wie alles Verschiedenheit und alle Entgegensetzung nur scheinbar und relativ ist, und alle Individualität nur leerer Name [...]“[111] Deswegen ist es besser zu sagen, dass in R^2 das Ganze, das Unendliche und Gott in dem All-Einheit-Verhältnis mehr Bedeutung als der Teil, das Endliche und das Individuum gewonnen haben.

Diesen Vorrang des Unendlichen und Ganzen können wir an einem Punkt besonders gut sehen. In R^1 stellt Schleiermacher die Einzelheit der Anschauung wie folgt dar: „Anschauung ist und bleibt immer etwas Einzelnes, Abgesondertes, die unmittelbare Wahrnehmung, weiter nichts [...] Ein System von Anschauungen, könnt Ihr Euch selbst etwas Wunderlicheres denken? [...] Eben wegen dieser selbstständigen Einzelheit ist das Gebiet der Anschauung so unendlich.“ [112] Hier sind die Anschauung und ihre Einzelheit hervorgehoben und hier wird „ein System von Anschauungen“ völlig abgelehnt. Im Gegensatz dazu sind in R^2 alle diese Passagen verschwunden, an ihre Stelle tritt Schleiermachers Darstellung über das Gefühl und das Ganze. Zuerst führt er seine Haltung zum System aus. Zur Frage, „ob die Religion ein System ist oder nicht,“ antwortet er: „Meint Ihr nämlich damit ob sie sich nach einem inneren notwendigen Zusammenhang gestaltet, so dass die Art wie der eine so, der andere anders in religiösem Sinne bewegt wird ein Ganzes in sich ausmacht, und nicht etwa zufällig in einem jeden jetzt dieses jetzt etwas anderes durch denselben Gegenstand erregt wird: meinet Ihr dies, so ist sie gewiss ein System.“[113] Daraus folgt, dass er jetzt für ein System und Ganzes in der Religion plädiert. Er bezieht dieses System auf eine Einheit zwischen Protestantismus und Katholizismus und kommt zu folgendem Schluss: „Und so ist zuletzt die Frömmigkeit jedes Einzelnen mit der er ganz in jener größeren Einheit gewurzelt ist wieder in sich eins und als ein Ganzes gerundet und gegründet in dem was Ihr seine Eigentümlichkeit nennt oder seinen Charakter, dessen eine Seite sie eben ausmacht.“[114] So betont Schleiermacher jetzt das Verwurzeltsein des Einzelnen in der größeren Einheit, während er in R^1 auf der Eigenständigkeit des Einzelnen insistiert.[115] Dies entspricht dem Hervortreten des Gottesbegriffs in der Bestimmung des Wesens der Religion: „Und so ist sie [sc. die Religion] freilich ein Leben in der unendlichen Natur des Ganzen, im Einen und allen, in Gott, und sieht alles in Gott und Gott in allen. Aber das Wissen und Erkennen ist sie nicht, weder der Gott noch Gottes, sondern dieses erkennt sie nur an ohne es zu sein; es ist ja auch eine Regung

111 R^1, KGA I/2, 227, 7–8.
112 R^1, KGA I/2, 215, 3–5, 14–15; 216, 17–18.
113 R^2, KGA I/12, 69, 18–23.
114 R^2, KGA I/12, 70, 3–7.
115 Zum Standpunkt Schleiermachers in R^1 vgl. Dierken (2000).

und Offenbarung des Unendlichen im Endlichen, die Sie auch sieht in Gott und Gott in Ihr."[116]

Die Frage, wie das Hervorheben des Gefühlsbegriffs diesem Vorrang des Unendlichen und Ganzen entspricht, ist jetzt zu beantworten. Wie in 4.2.1 gezeigt wurde, bleibt die Anschauung immer einzeln, und „Anschauen des Universums" heißt nicht, das Universum an sich direkt zu erblicken, sondern das Spiegelbild oder die Darstellung des Universums im Einzelnen anzuschauen. Im Vergleich dazu wird der Anschauende durch das Gefühl unmittelbar mit dem Angeschauten eins sein, und dadurch muss eine Einheit zwischen dem Ich und dem Universum in den Vordergrund gestellt werden, wie Schleiermacher schreibt: „Ich liege am Busen der unendlichen Welt: ich bin in diesem Augenblik ihre Seele, denn ich fühle alle ihre Kräfte und ihr unendliches Leben, wie mein eigenes, sie ist in diesem Augenblike mein Leib, denn ich durchdringe ihre Muskeln und ihre Glieder wie meine eigenen, und ihre innersten Nerven bewegen sich nach meinem Sinn und meiner Ahndung wie die meinigen."[117] So wird m. E. die Funktion des Gefühls in R^1 nun hervorgehoben in R^2. Das Gefühl ist mit dem Ganzen und Unendlichen unmittelbar verknüpft:

> „Zuerst erinnert Euch dass uns jedes Gefühl nur insofern als eine Regung der Frömmigkeit galt, als in demselben nicht das Einzelne als solches, sondern in und mit ihm das Ganze uns berührt, und also nicht ein Einzelnes und Endliches, sondern eben Gott, in welchem ja allein durch das Besondere ein und alles ist, in unser Leben eingeht, und so auch in uns selbst nicht etwa diese oder jene einzelne Funktion, sondern unser ganzes Wesen, wie wir damit der Welt gegenübertreten und zugleich in ihr sind, also unmittelbar das Göttliche in uns erregt wird und hervortritt."[118]

Hier beschreibt Schleiermacher das Gefühl, welches das Ganze oder Gott in uns anregt. In diesem Absatz wird betont, dass das Ganze „unser ganzes Wesen" beeinflusst und sogar „das Göttliche in uns erregt". Dies bedeutet, dass sich das Gefühl nicht nur unmittelbar auf Gott außerhalb von uns bezieht, sondern auch auf das Göttliche in uns selbst. Demnach ist das Gefühl nicht nur eine einzelne Funktion unseres Gemütes, sondern eine einheitliche Funktion, die unser ganzes Leben und Wesen repräsentiert. Mit anderen Worten, im Gefühl liegt das einheitliche Ich, das das Göttliche in uns darstellt. Auf diese Weise wird sich Gott auch in uns repräsentieren. Dies entspricht zugleich dem Versuch Schleiermachers in R^2, die Religion als das Einheitsmoment der Metaphysik und der Moral zu betrachten und damit das Gefühl als das Einheitsmoment des

116 R^2, KGA I/12, 53, 19–24.
117 R^1, KGA I/2, 221, 35–40.
118 R^2, KGA I/12, 119, 3–11.

Gemüts (Wissen und Handeln) anzusehen.[119] Deshalb werden beide Einheiten, nämlich Gott als die Einheit der Welt und als Ich-Einheit, im Gefühl miteinander verknüpft. Wie diese Verknüpfung beschaffen ist, wird in der *Dialektik* ausführlich diskutiert (vgl. Kapitel 6).

Nachdem wir über die Verknüpfung zwischen dem Gefühlsbegriff und dem Gottesbegriff diskutiert haben, ist es wichtig, die Auseinandersetzung zwischen Gefühl und Erkenntnis (oder Begriff) des Universums zu veranschaulichen. Durch den Anschauungsbegriff in R¹ wird das Risiko, das Universum begrifflich zu erkennen, nicht ausgeschlossen.[120] Danach tilgt Schleiermacher in R² jeden epistemologischen Hinweis durch das Hervortreten des Gefühlsbegriffs: „Nämlich wie jenes Wissen, wovon wir vorher sprachen, jene Lehrsätze und Meinungen, welche sich näher an die Religion anschließen wollten als ihnen zukam, nur Bezeichnungen und Beschreibungen des Gefühls waren, kurz ein Wissen um das Gefühl, keineswegs aber ein unmittelbares Wissen um die Handlungen des Universums [...]“[121] Da das Gefühl hier der unmittelbare und ursprüngliche Zugang zum Universum ist, stammen alle Lehrsätze über Gott nur aus der Bezeichnung des Gefühls, also sind sie kein unmittelbarer Zugang zu Gott. Dies ist ein Leitfaden der *Glaubenslehre* in Hinsicht auf die Beschreibung der Eigenschaften Gottes (vgl. Abschnitt 6.5 dieser Arbeit). Im Anhang der zweiten Rede in R² führt Schleiermacher diesen Gedankengang fort:

> „Wie könnte also jemand sagen, ich habe Euch eine Religion geschildert ohne Gott, da ich ja nichts anders dargestellt als eben das unmittelbare und ursprüngliche Sein Gottes in uns durch das Gefühl.“[122]

Hier hält Schleiermacher an der „Religion ohne Gott“ in R¹ fest. Schleiermacher zufolge kann das Sein Gottes als Einheit niemals direkt durch die Spekulation

---

119 In Hinsicht auf das Gefühl als ein Einheitsmoment behauptet Graf (1978: 177): „Die Religion muß als Identität von Anschauung und und Gefühl erfaßt werden, wenn sie als Garant der Einheit der drei Vermögen bestimmt wird. Wird sie aber als das Dritte zu Denken und Handeln gezeigt, so bestimmt Schleiermacher ihr Wesen als Gefühl.“ In dieser Arbeit steht nicht die Anschauung, sondern das Gefühl im Vordergrund. Außerdem konzentriere ich mich auf die Einheit des Gemütes im Gefühl.

120 Nach der Veröffentlichung von R¹ wird die Anschauung eher der Wissenschaft, die der Religion gegenübersteht, zugeteilt. Dies ist in *Ethik* (1805/06) schon festgelegt. Vgl. Süskind (1909), 138. Doch wie KGA I/12, XXIII gezeigt hat, hat die Anschauung in R² zwei verschiedene und widersprüchliche Bedeutungen: „In einigen Passagen wir die Anschauung der Wissenschaft zugeordnet, also in ein Gegenüber zur Religion gesetzt. In anderen Passagen sind Anschauung und Gefühl zusammen für die Religion charakteristisch.“

121 R², KGA I/12, 81, 11–15.

122 R², KGA I/12, 119, 11–14.

und den Begriff erfasst werden. Eine Religion ohne Gott ist nicht gleichzusetzen mit Atheismus, vielmehr bedeutet sie eine Verleugnung der spekulativen Begriffe von Gott. Was wir über Gott wissen, ist nur „das unmittelbare und ursprüngliche Sein Gottes in uns durch das Gefühl", welches von Schleiermacher als „ein Wissen um Gott" oder „ein Haben Gottes"[123] betrachtet wird, also als „ein unmittelbares Wissen um Gott", „welches die Quelle ist alles Anderen, nur wir sprachen jezt nicht von der Wissenschaft sondern von der Religion."[124] Daraus ist ersichtlich, dass die religiöse Darstellung Gottes das Ursprüngliche und Unmittelbare ist, die wissenschaftlichen Begriffe Gottes sind demgegenüber sekundär und daraus entsteht eine abgeleitete Beschreibung der Eigenschaften Gottes: „Ein Begriff, aus Merkmalen zusammengesezt, die sie Gottes Eigenschaften nennen, und die sämtlich nichts anders sind, als das Auffassen und Sondern der verschiedenen Arten wie im Gefühle die Einheit des Einzelnen und des Ganzen sich ausspricht."[125]

Im Vordergrund steht nun „das Göttliche in seinem [sc. dem menschlichen] Gefühl"[126]. Daraus entstehen verschiedene Ideen Gottes. Während Schleiermacher in R^1 Gott als eine Anschauungsart beschreibt (vgl. 4.2.2), funktioniert das Gefühl in R^2 als die Grundlage der Vorstellungen Gottes. Parallel zu den Formulierungen in R^1, wo sich das Universum jeweils als Chaos, als Vielheit ohne Einheit und als Totalität darstellt, sind die drei verschiedenen Darstellungsweisen des Universums in R^2 jetzt stark von den Stufen des Gefühls abhängig: (1) „das Gefühl des Menschen [ist] noch ein dunkler Instinkt"[127], (2) „das Gefühl [wird] bewußter", „im Gefühl des Universums" tritt die Vielheit „der heterogenen Elemente und Kräfte" vor,[128] (3) das Universum „als Totalität, als Einheit in der Vielheit, als System" wird „mit ihm [sc. dem Menschen] im Gefühl".[129] Daraus folgt, dass der jeweilige Typ des Gefühls für die Art der Gottesidee maßgeblich und entscheidend ist, wie Schleiermacher selbst sagt: „Also durchgängig und auch hier entscheidet die Art wie dem Menschen die Gottheit im Gefühl gegenwärtig ist, über den Wert seiner Religion, nicht die Art wie er diese, immer unzugänglich in dem Begriff, von welchem wir jetzt handeln, abbildet."[130]

123 R^2, KGA I/12, 119, 24.
124 R^2, KGA I/12, 119, 30–120, 2.
125 R^2, KGA I/12, 120, 9–12.
126 R^2, KGA I/12, 121, 10.
127 R^2, KGA I/12, 121, 33.
128 R^2, KGA I/12, 122, 17–21.
129 R^2, KGA I/12, 123, 13–16.
130 R^2, KGA I/12, 123, 18–22.

Ob diese drei Gottesideen allerdings zum Begriff eines persönlichen Gottes führen, wird wiederum von der Richtung der Phantasie bestimmt, es kommt darauf an, „nach welcher Seite seine [sc. des Menschen] Phantasie nehmlich hängt, nach der des Seins und der Natur, oder der des Bewußtseins und des Denkens.“[131] Anstelle der Freiheit und des Verstandes in R^1 ergeben sich nun das Sein und die Natur sowie das Bewusstsein und das Denken als Richtungen der Phantasie. Nur wenn die Phantasie zur Seite des Bewusstseins und des Denkens neigt, entsteht eine Idee vom freien Wesen und damit der Personalismus Gottes, andernfalls bekommt der Mensch den Begriff „von der fast unabänderlichen Notwendigkeit“[132]. Doch es ist zu betonen, dass der Personalismus Gottes nicht zum zentralen Thema der Religion gehört: „Mit dem persönlichen Gott aber, dem außerweltlichen und von außen her gebietenden, hat die Religion ursprünglich nichts zu schaffen.“[133] Dies ist Schleiermachers Auffassung sowohl in R^1 als auch in R^2.

Ausgehend vom oben dargestellten Gedankengang Schleiermachers zeigt dies deutlich, dass die Hervorhebung des Gefühlsbegriffs in R^2 dem Trend entspricht, dem Ganzen (dem Unendlichen, Gott) im All-Einheit-Verhältnis das Übergewicht über das Einzelne und das Endliche zu geben, da das Gefühl mehr zu tun hat mit dem Unendlichen als die Anschauung. Im Gefühl ist Gott als die Welt-Einheit mit der Ich-Einheit unmittelbar verbunden, damit spielt die Ich-Einheit in R^2 eine wichtige Rolle, aber eine noch wichtigere Rolle in der *Dialektik*. Mit der Betonung des Gefühls übt Schleiermacher eine heftige Kritik am wissenschaftlichen Begreifen Gottes, weil alle Beschreibungen Gottes, die die Wissenschaft begrifflich versucht hat, ohne Ausnahme aus dem ursprünglichen Gefühl abgeleitet werden. Das unmittelbare und ursprüngliche Dasein Gottes wird beim Menschen durch das Gefühl erzeugt, und damit sind alle Beschreibungen oder Begriffe von den Eigenschaften Gottes nichts anderes als Ableitungen aus diesem unmittelbaren und ursprünglichen Verhältnis zwischen Gott und dem Ich. Die Unerkennbarkeit Gottes an sich und die unmittelbare Gewissheit der Existenz Gottes ist in R^2 offensichtlicher als in R^1 und wird in der *Dialektik* und in der *Glaubenslehre* weiterentwickelt.

---

131 R^2, KGA I/12, 124, 10–11.

132 R^2, KGA I/12, 125, 15.

133 Dieser Absatz wird in R^3 (1821) umgeschrieben: „Wer aber darauf beharrt, müßte er auch noch so viele und vortreffliche Männer ausschließen, das Wesen der Frömmigkeit bestehe in dem Bekenntniß, das höchste Wesen sei persönlich denkend und außerweltlich wollend, der muß sich nicht weit umgesehen haben in dem Gebiet der Frömmigkeit, ja die tiefsinnigsten Worte der eifrigsten Vertheidiger seines eignen Glaubens müssen ihm fremd geblieben sein.“ (R^3, KGA I/12,125, 31–126, 3.)

Der Inhalt dieses Kapitels ist eine Vorgeschichte der systematischen Auflösung der Gottesfrage in der *Dialektik* und legt die grundsätzliche Struktur der Religionstheorie Schleiermachers fest. Zusammenfassend lässt sich sagen: Schleiermacher kritisiert in seiner frühen Zeit die Postulatenlehre Kants. Allerdings wird er in *Über das höchste Gut* noch innerhalb des Rahmens der kantischen Postulatenlehre bleiben. Mit Hilfe des Studiums von Spinozas Philosophie kommt der Durchbruch, mit dem Schleiermacher einerseits einen realen und lebendigen Gott vor Augen bringt, anderseits anhand der kritischen Philosophie das Wissen um Gott nur auf die Handlungen und Erscheinungen Gottes beschränkt. Dadurch bleibt Gott als das Ding an sich für die Menschen verborgen. Durch diese wechselseitige Umgestaltung der spinozianischen und kritischen Philosophie erhält Schleiermacher eine grundlegende Struktur, mit der er die kantische Kritik an der rationalen Theologie weiterentwickelt und auch eine Trennung von der kantischen moralischen Theologie vollzieht, weil Schleiermacher glaubt, dass der Zugang zum lebendigen Gott nur in der Anschauung und dem Gefühl liegt, während Kant den postulierten Gott nur moralisch erreichen möchte.

Entsprechendes zeigt sich in den *Reden*, wo die Religion als Anschauung und Gefühl des Universums bezeichnet wird: In der Anschauung können sich die Handlungen des Universums unmittelbar offenbaren, denn in der Anschauung wird das Einzelne als eine Darstellung des Unendlichen wahrgenommen. Die Anschauung ist aber immer einzeln und unendlich. Durch das Gefühl wird der Anschauende mit dem Universum eins, ohne das Subjekt und das Objekt zu trennen. So bezeichnet Schleiermacher in R^1 Gott als eine Anschauungsart. Außerdem stellt er fest, dass es von der Richtung der Phantasie abhängig ist, ob Gott in der Anschauung als ein persönlicher Gott wahrgenommen wird oder nicht. Die Religion stellt nur die Handlungen des Universums in den Mittelpunkt. In R^2 steht der Gefühlsbegriff im Vordergrund, dementsprechend hebt Schleiermacher das Ganze und Unendliche hervor, welches uns durch das Gefühl unmittelbar erregt. Daher wird Gott durch die Entwicklungsstufe des Gefühls beschrieben. Trotz unterschiedlicher Gewichtung ist R^1 und R^2 gemeinsam, dass Gott an sich unerkennbar bleibt, dass das Dasein (die Existenz) Gottes unmittelbar für uns durch das Gefühl gesichert ist und dass der Personalismus Gottes nur von der Richtung der Phantasie abhängt, obwohl der persönliche Gott in *Kurze Darstellung des Spinozistischen Systems* abgelehnt wurde.

Durch diese Ausführungen wurde deutlich, dass sich Schleiermacher von Kant in Hinsicht auf den persönlichen Gott unterscheidet. Für die Moraltheologie Kants spielt der persönliche Gott eine wichtige Rolle. Da das *ens realissimum* keine Intelligenz besitzt, wird die höchste Intelligenz durch die Analogie

Gott zugeschrieben, um die Idee Gottes für die Moral und Religion nutzbar zu machen. Im Vergleich dazu hat Schleiermacher keinen Begriff der Personalität Gottes, weil die Religion nur die Anschauung und das Gefühl des Universums ist. Damit ist der Begriff Gottes nur von der Anschauungsart oder der Entwicklungsstufe des Gefühls abhängig und außerdem ist ein persönlicher Gott nur mit der Richtung der Phantasie verbunden. Dieser Unterschied wird erzeugt durch die verschiedenen Vorstellungen Gottes bei Kant und Schleiermacher. Dies werde ich in Kapitel 7 weiter ausführen.

5 Die radikale Unerkennbarkeit Gottes in der *Dialektik*

Die *Dialektik* bildet einen systematischen Ausdruck von Schleiermachers Philosophie, deren Grundstruktur aber schon sehr früh deutlich war, d.h. dass die Konzeption der *Dialektik* von Schleiermacher schon lange entwickelt worden war. Dafür können viele Beispiele genannt werden: in R¹ steht „eine höchste Philosophie“ neben dem „Parallelismus zwischen dem Theoretischen und Praktischen“, und „so nahe läge dieser die Religion“.[1] Danach erwähnt Schleiermacher in der *Grundlinie einer Kritik der bisherigen Sittenlehre* (1803) die „Wissenschaft von den Gründen und dem Zusammenhang aller Wissenschaft“[2]. Dies zeigt eine gewisse Übereinstimmung mit dem Programm von Schelling, der in den *Vorlesungen über die Methode des akademischen Studiums* (1802) versucht, die philosophischen Wissenschaften einem System zuzuordnen und die absolute Identität des Idealen und Realen aufzufinden,[3] obwohl sich Schleiermacher in seiner *Rezension* (1804) dagegen ausspricht, dass Schelling den Indifferenzpunkt des Idealen und Realen zum Gegenstand der realen Wissenschaft macht.[4] Dieser Standpunkt Schleiermachers ist mit seiner Auffassung von der Unerkennbarkeit Gottes verbunden.[5] Obwohl die Grundstruktur der *Dialektik* Schleiermachers mit der Identitätsphilosophie Schellings Ähnlichkeit hat, hält Schleiermacher an der Unerkennbarkeit Gottes fest. Dadurch unterscheidet er sich deutlich und

---

1 R¹, KGA I/2, 209, 36–37; 210, 3; 210, 5.

2 GKS, KGA I/4, 48, 2–3.

3 Vgl. SW, I/5, 216 f.

4 Schleiermacher fragt: „Aber kann es überhaupt statt finden? kann wohl überall der Indifferenzpunkt der Gegenstand einer realen Wissenschaft werden? Jenes andere Wissen S. 153, welches sich in diese Wissenschaften verzweigt, ist ja dasjenige, in welchem durchaus Trennung und Absonderung herrscht, und kann diese herrschen in der Wissenschaft des absoluten göttlichen Wesens?“ (Rez, KGA I/4, 470, 1–2)

5 Eine Darstellung der Vorgeschichte der *Dialektik* gehört natürlich nicht in diese Arbeit, dazu vgl. Wehrung (1920), 12-63; Arndt, (Hrsg.) (1984), Einleitung XVII f.; KGA, II/10.1, Historische Einführung, VIII f. Georg Wehrung betrachtet *Grundlinie, Rezension, Ethik* (1805/06), R² und die Schriften über die Universität als die Vorgeschichte der *Dialektik*. Im Gegensatz dazu kritisiert Falk Wagner, dass Georg Wehrung „nicht eigentlich eine Vorgeschichte zum Begriff und zur Idee der Dialektik, sondern in weiterem Maße eine Vorgeschichte zu bestimmten Gehalten, die in der Dialektik abgehandelt werden“ bietet. (Wagner [1974], 15, Anm. 1.) Deswegen bezieht er nur die *Grundlinie* und die *Rezension* in die Diskussion ein. Außerdem kritisiert Andreas Arndt: Während „die Vorgeschichte der Dialektik-Konzeption“ „als geklärt gelten kann“, „ist die Herkunft des *Begriffs* weitgehend im Dunkel geblieben.“ (Arndt [1993], 315.) Deswegen diskutiert er die Vorgeschichte des Begriffs der Dialektik ausführlich.

grenzt sich von Schelling ab. In diesem Kapitel möchte ich die Gottesfrage in der *Dialektik* darstellen und analysieren, wie Schleiermacher Gott epistemologisch zu erkennen versucht. Daraus werde ich ableiten, warum dieser Versuch am Ende scheitert.

Zunächst ist die Textgestalt der *Dialektik* zu behandeln. Schleiermacher versucht vor seinem Tod, seine Dialektik-Vorlesungen in einem Kompendium zu veröffentlichen. Dies gelingt ihm leider nicht. Dieses Faktum sorgt für folgende materielle und hermeneutische Probleme. (1) Das materielle Problem. In der neu erbauten Universität Berlin hatte Schleiermacher mehrmals Vorlesungen zur Dialektik gehalten: 1811, 1814, 1818, 1822, 1828 und 1831. Außerdem schrieb er im Jahr 1833 eine Einleitung zur Dialektik, um die Dialektik zu veröffentlichen. Bis zum Jahr 1839 ist jedoch die erste Ausgabe der Dialektik-Vorlesungen von Ludwig Jonas publiziert worden. Diese Ausgabe von Ludwig Jonas basiert auf der *Dialektik* (1814), die er das „Grundheft" nennt und die durch Auszüge aus der *Dialektik* (1818) ergänzt wird.[6] Dieses „Grundheft" stand lange im Zentrum der Forschungsgeschichte, genauer gesagt bis zum Jahr 1942,[7] in dem Rudolf Odebrecht auf der Grundlage des bislang unveröffentlichten Materials eine neue Ausgabe vorgelegt hat, die sich um die *Dialektik* (1822), nämlich um die Beilage C bei Ludwig Jonas, zentriert.[8] 2001 hat Manfred Frank die *Dialektik* (1814) mit Auszügen aus der *Dialektik* (1818) und die *Dialektik* (1822) verbunden und in einer zweibändigen Ausgabe herausgebracht. Damit haben beide Dialektik-Vorlesungen an Bedeutung gewonnen. Der Inhalt des zweiten Bands von Manfred Franks Ausgabe ist mit der Ausgabe von Rudolf Odebrecht identisch. Man kann die Ausgabe von Manfred Frank annähernd als eine Kombination der Ausgaben von Ludwig Jonas und Rudolf Odebrecht betrachten. Allerdings hat Rudolf Odebrechts Ausgabe der *Dialektik* (1822), d. h. der zweite Band von Manfred Franks Ausgabe, offensichtlich einen redaktionellen Mangel. Der Haupttext dieser Ausgabe entstammt nämlich einigen Nachschriften von Hörern dieser Vorlesung, zusammen mit der eigenen Ausarbeitung Schleiermachers (die Beilage C bei Ludwig Jonas) im Anmerkungsapparat. Andreas Arndt kriti-

6 SW, III/4.2. Außerdem fügt Ludwig Jonas die verschiedenen Vorlesungen als Beilagen zum Grundheft: *Dialektik* (1811) = Beilage A, *Dialektik* (1818) = Beilage B, *Dialektik* (1822) = Beilage C, *Dialektik* (1828) = Beilage D, *Dialektik* (1831) = Beilage E, *Einleitung* (1833) = Beilage F.

7 Vor der Ausgabe von Rudolf Odebrecht hatten auch Bruno Weiß und Otto Braun die Dialektik Schleiermachers veröffentlicht, ihre Ausgaben haben jedoch wenig geschichtliche Wirkung, vgl. Arndt, (Hrsg.) (1984), Einleitung LIV f.; KGA, II/10.1, Historische Einführung, LVV f.

8 Odebrecht (1942).

siert diesen Mangel im Rahmen der *Kritischen Gesamtausgabe* (KGA) und betrachtet die sogenannte „Ausarbeitung zum Kolleg 1822" (die Beilage C bei Ludwig Jonas) als einen Teil der originalen Quellen. Deswegen ordnet er sie dem ersten Band (KGA, I/10.1) zu. Dadurch müssen alle Nachschriften der Hörer dieser Vorlesung in den zweiten Band (KGA, I/10.2) verschoben werden. Die Ausgabe von Andreas Arndt hat den Vorteil, dass die Quellen Schleiermachers und die Nachschriften der Hörer voneinander getrennt sind.[9]

(2) Das hermeneutische Problem. Für dieses Problem ist das materielle verantwortlich. Da Schleiermacher verschiedene Manuskripte (mit den Worten von Andreas Arndt: Notizen, Aufzeichnungen, Ausarbeitungen, Vorarbeiten und Reinschrift) hatte und sich Schleiermachers Gedankengang von 1811 bis 1833 auch verändert hat, da uns außerdem viele Nachschriften zur Verfügung stehen (vgl. KGA, I/10.2), wäre es unmöglich, alle Materialien systematisch zusammenzustellen. Es wäre auch für uns problematisch zu entscheiden, welches Manuskript im Zentrum stehen sollte. So beklagt Falk Wagner in seiner großartigen Arbeit über die *Dialektik*: „Geht man davon aus, daß Schleiermacher seine Dialektik als Grundlage seines philosophischen Systems verstanden hat, so ist es verwunderlich, daß es, soweit ich sehe, bis heute so gut wie keine Arbeit gibt, die die Dialektik auf dem Boden des Denkens systematisch-philosophisch zu durchdringen sucht."[10] Der Grund dafür liegt hauptsächlich darin, dass eine systematische und philosophische Rekonstruktion die verschiedenen Manuskripte, die Veränderung des Gedankengangs und die terminologische Entwicklung betrachten muss.

Angesichts der materiellen und hermeneutischen Probleme liegt die *Dialektik* (1822) dieser Dissertation zugrunde. Diese Entscheidung ist jedoch nicht willkürlich. Obwohl es viele Manuskripte gibt, hat die Dialektik-Vorlesung aus dem Jahr 1822 einen eigentümlichen Inhalt: Nur in der *Dialektik* (1822) wird ein analogisches Verhältnis zwischen „dem unmittelbaren Selbstbewußtsein" (dem Gefühl) und dem transzendenten Grund (Gott) behandelt.[11] Außerdem beschäftigt sich Schleiermacher nur darin ausführlich mit den Unterschieden zwischen dem unmittelbaren und dem reflektierten Selbstbewusstsein. Wichtiger ist jedoch, dass dieser Vorlesungs-Entwurf zeitlich der Veröffentlichung der ersten Auflage der *Glaubenslehre* (1821/22) und der dritten Auflage der *Reden* (1821, = R^3) nahe ist. Aus diesem Grund eignet sich die *Dialektik* (1822) für diese Untersuchung, die auf die Gottesfrage fokussiert, und ich werde

---

9 Ausführlicher zur Beurteilung von Arndts Ausgabe: Rehme-Iffert (2005).

10 Wagner (1974), 27.

11 Wagner (1974), 152, Anm. 17.

mich in der folgenden Ausführung auf die *Dialektik* (1822) konzentrieren. Außerdem werde ich auch Darstellungen aus den anderen Manuskripten, insbesondere aus dem „Grundheft“ (1814), zitieren, um die Schwierigkeiten zu veranschaulichen.

Was die Ausgabe des Grundtextes angeht, so habe ich mich bei dieser Untersuchung für die Ausgabe Manfred Franks entschieden, unter Zuhilfenahme der Edition Andreas Arndts, die einige neue Stoffe vorlegt. Der Grund für diese Entscheidung besteht darin, dass die Ausgabe Manfred Franks die Texte von Ludwig Jonas und Rudolf Odebrecht enthält, auf denen viele Forschungen seit langem beruhen und mit denen eine lange Forschungsgeschichte verbunden ist. Außerdem ist diese Ausgabe dafür geeignet, eine Gesamtübersicht der Dialektik zu gewinnen, um die wichtigsten Punkte Schleiermachers zu begreifen. Weiterhin konzentriert sich diese Untersuchung auf die *Dialektik* (1822); sie kann und will keine Analyse der geschichtlichen Entwicklung von Schleiermachers Dialektik liefern. Deswegen ist diese Ausgabe ausreichend. Allerdings ist die Edition Andreas Arndts zur Beobachtung der Entfaltung des schleiermacherschen Gedankengangs sehr tauglich. Um die Quelle der Texte deutlich zu machen, wird in dieser Untersuchung möglichst die Herkunft jedes Zitats in beiden Ausgaben angegeben.

Dieses Kapitel kreist um die radikale Unerkennbarkeit Gottes in der *Dialektik* und ist in folgende Abschnitte unterteilt. Zuerst werde ich in Abschnitt 5.1 einen Überblick über das vollständige Programm der *Dialektik* geben, um die Richtung meiner Forschung im Folgenden zu bestimmen. Anschließend ist in Abschnitt 5.2 zu erklären, dass die Entsprechung zwischen dem Idealen und Realen oder dem Denken und Sein eine Voraussetzung der Erkenntnis ist. Wir werden darauf hinweisen, dass diese Entsprechung für den empirischen Charakter der Erkenntnis bei Schleiermacher verantwortlich ist. Nach der Beschreibung von Schleiermachers Erkenntnistheorie werde ich in Abschnitt 5.3 die Idee der Welt als die Grenze der Erkenntnis diskutieren. Da die Idee der Welt noch einen Gegensatz enthält, ist es unmöglich, dass die Erkenntnis die Identität oder den Indifferenzpunkt zwischen dem Realen und dem Idealen erreicht. Daraus ergibt sich in Abschnitt 5.4, dass Gott für die Menschen unerkennbar oder sogar apriorisch undenkbar ist.

5.1 Eine kurze Darstellung zum Aufriss der *Dialektik*

Anders als Kant, der die Dialektik als „die Logik des Scheins" und die transzendentale Dialektik als die Kritik „des transzendentalen Scheins" definiert,[12] schreibt Schleiermacher der Dialektik einen positiven Wert zu, um Wissen zu erhalten.[13] Soviel wir heute sehen, findet sich Schleiermachers erste Erwähnung seiner eigenen Dialektik in einem Brief an Gaß vom 29.12.1810, in dem er schreibt: „Ich bin schon angesprochen worden um die Ethik. Allein ich habe einmal verschworen, so lange Fichte der einzige Professor der Philosophie ist, kein philosophisches Collegium zu lesen; und sollte sich das bis Ostern ändern, so hätte ich Lust, erst als Einleitung zu meinen philosophischen Vorlesungen die Dialektik zu versuchen, die mir lange im Kopfe spukt."[14] Wie wir eben gesagt haben, „spukt" die Grundstruktur der Dialektik lange in seinem Kopf. Schleiermacher bestimmt in der *Dialektik* (1811) den titelgebenden Begriff als die Kunst zu philosophieren: „Unter Dialektik verstehn wir nämlich die Prinzipien der Kunst zu philosophieren."[15] In der *Dialektik* (1814) drückt Schleiermacher eine änliche Meinung aus: „Dialektik muss irgendwie die Prinzipien des Philosophierens enthalten."[16] Philosophieren heißt „den innern Zusammenhang alles Wissens machen".[17] Schleiermacher zufolge hängt jedes einzelne Wissen auf zweifache Weise von der Dialektik ab: „in wiefern es sich auf ein frühes Wissen bezieht als Verknüpfung, und in wiefern es sich auf einen Gegenstand bezieht als den innersten Gründen des Wissens und seines Zusammenhanges

---

12 KrV, 03: 234, 9f., B 349f.

13 Andreas Arndt weist darauf hin, dass Schleiermacher Fichte zuvor als Dialektiker gesehen und eine negative Einstellung zur Dialektik im Sinne des Idealismus hatte. Schleiermachers positive Einschätzung der Dialektik bezog sich auf das intellektuelle Umfeld der damaligen Zeit. Schlegel schlug zunächst eine Dialektik als Instrument zur Erlangung des höchsten Wissens vor: „Sehr bedeutend ist der Griechische Nahme *Dialektik.* Die *ächte* Kunst, (nicht der Schein wie bey Kant), sondern die Wahrheit mitzutheilen, zu reden, gemeinschaftlich die Wahrheit zu suchen, zu *widerlegen* und zu *erreichen* (so bey Plato Gorgias – cfr. Aristoteles); ist ein Theil der Philosophie oder Logik und notwendiges Organ der Philosophen." (Schlegel: KA 18, 509 [Beilage I Nr. 50]), und Schellings *Vorlesungen über die Methode des akademischen Studiums* praktizierten diese Idee erstmals in einer öffentlichen Publikation: „Das, was von der Philosophie, nicht zwar eigentlich gelernt, aber doch durch Unterricht geübt werden kann, ist Kunstseite dieser Wissenschaft, oder was man allgemein Dialektik nennen kann. Ohne dialektische Kunst ist keine wissenschaftliche Philosophie!" (VMaS, 267) Davon beeinflusst sah auch Schleiermacher die Dialektik als die höchste Wissenschaft an. Vgl. Arndt (1991), 316f.

14 Brief, KGA V/11, 536, Nr. 3556, 55–60.

15 Dial, KGA II/10.2, 5, 29–31.

16 Dial (2001), Bd. 1, 147. Dial, KGA II/10.1, 75, 14–15.

17 Dial (2001), Bd. 1, 148. Dial, KGA II/10.1, 75, 17–18.

mit dem Sein unterwerfen."[18] Daraus folgt, dass die Dialektik jedem einzelnen Wissen als dasjenige dient, das alles Wissen in Verknüpfung bringt und einen Grund bietet, der einen Zusammenhang zwischen Wissen und Sein garantiert. Deshalb trennt sich die Dialektik in zwei verschiedene Teile: die Logik oder Formale Philosophie und die Metaphysik oder transzendentale Philosophie.[19] Diese Unterscheidung entspricht den zwei Teilen der *Dialektik* (1814), nämlich dem technischen oder formalen Teil (§§ 230–346) und dem transzendentalen Teil (§§ 86–229). Doch bezeichnet Schleiermacher beide Teile als eine Einheit: „Also Logik, formale Philosophie, ohne Metaphysik, transcendentale Philosophie ist keine Wissenschaft und Metaphysik ohne Logik kann keine Gestalt gewinnen als eine willkührliche und fantastische."[20] Daraus ergibt sich, dass Logik und Metaphysik eins und untrennbar sind.

Doch im Jahre 1822 funktioniert die Dialektik als die Kunst der Gesprächsführung: „So ist also die Dialektik die Kunst, auf die kürzeste und sicherste Art bei jeder Vorstellung von einem gegebenen Anfangspunkte zu einem dieser Endpunkte zu gelangen."[21] Dieses Verständnis der Dialektik bezieht sich offensichtlich auf Platon, der die Dialektik aus διαλέγεσθαι abgeleitet hat: „Die Dialektik nach der Ableitung von διαλέγεσθαι heißt im Grunde also weiter nichts als die Kunst, ein Gespräch zu führen."[22] In der *Dialektik* (1822) fängt Schleiermacher mit den verschiedenen Vorstellungen oder Meinungen im Kopf an, egal ob sie sich auf verschiedene Menschen aufteilen oder sich innerhalb eines Menschen finden. Um eine gemeinsame Vorstellung hervorzubringen, ist es nötig, „die Streitigkeit in der Entgegensetzung des Bewußtseins und des Gegenstandes"[23] zu bewältigen und eine Übereinstimmung allen Wissens zu erhalten, d.h. die Prinzipien und der Zusammenhang des Wissens sind unentbehrlich. So bestimmt Schleiermacher die Aufgabe der Dialektik: „1. von jedem gegebenen Punkt aus, wo ein Streit ist, zu einer gemeinsamen Vorstellung zu kommen; 2. die gemeinsame Methode der Fortschreitung von jedem bestimmten gegebenen Punkt aus zu finden."[24] Die Lösung der ersten Aufgabe besteht darin, ein Urwissen, die αρχή und das Prinzip zu finden, wovon alles Wissen ausgeht. Die Suche nach einer Verknüpfung oder dem Zusammenhang allen

---

18 Dial (2001), Bd. 1, 151. Dial, KGA II/10.1, 76, 21–24.

19 Dial (2001), Bd. 1, 152. Dial, KGA II/10.1, 77, 5.

20 Dial (2001), Bd. 1, 152. Dial, KGA II/10.1, 77, 5–7. Aus Gründen der Leserfreundlichkeit verzichte ich in dieser Dissertation bei Zitaten aus der *Dialektik* auf die Wiedergabe der Kursivschreibung, mit der die Herausgeber ihre Ergänzungen gekennzeichnet haben.

21 Dial (2001), Bd. 2, 49. Dial, KGA II/10.2, 400, 11–14.

22 Dial (2001), Bd. 2, 47. Dial, KGA II/10.2, 399, 13–15.

23 Dial (2001), Bd. 2, 62.

24 Dial (2001), Bd. 2, 114. Dial, KGA II/10.2, 443, 35–37.

Wissens gehört zur zweiten Aufgabe. Wie die *Dialektik* (1814) gliedert sich diese Dialektik-Vorlesung (1822) dementsprechend auch in einen transzendentalen Teil und einen technischen oder formalen Teil.

Obwohl die Definition der Dialektik in beiden Entwürfen unterschiedlich ist,[25] werden der Dialektik ähnliche Aufgaben zugeschrieben: nämlich den transzendentalen Grund und die Verknüpfung des Wissens zu suchen. Doch diese beiden Teile sind voneinander nicht zu trennen. Schleiermacher verbindet Logik und Metaphysik und stimmt daher mit den Bestrebungen von Fichte, Schelling und Hegel überein, wenn auch mit gewissen Unterschieden.[26] Während der transzendentale Grund die Identität zwischen dem Denken (Idealen) und dem Gegenstand (Realen) sichert, stellt die logische und formale Übereinstimmung einen gemeinsamen Denkprozess zwischen verschiedenen Menschen in den Vordergrund und trägt dazu bei, das wahrhafte Wissen zu erhalten.

Nach der allgemeinen Darstellung ist der transzendentale Teil zu erklären, auf den sich meine folgende Darstellung beschränken wird. Der technische oder formale Teil wird nicht behandelt, weil er nur wenig Zusammenhang mit dem Inhalt dieses Kapitels hat. Im transzendentalen Teil verfolgt Schleiermacher das Ziel, den Grund der Übereinstimmung des Denkens mit dem Gegenstand zu suchen. Auf der Seite des Denkens werden zwei Funktionen oder Pole des Gemütes definiert: die organischen und die intellektuellen Funktionen, die der Rezeptivität und der Spontaneität bei Kant entsprechen. Beide Funktionen dürfen jedoch nicht getrennt voneinander betrachtet werden. Jedes Denken setzt ein Minimum von organischen und intellektuellen Funktionen voraus, sonst würden das Chaos und reines Sein entstehen: „Das Chaos ist also nichts

---

25 Schleiermacher kritisiert sogar das Verständnis der Dialektik als Prinzip des Philosophierens: „Philosophie ist die unmittelbare Beschäftigung mit den Prinzipien und dem Zusammenhang des Wissens; und das Zurückgehen darauf ist das Philosophieren. Diese scheint also von der Dialektik verschieden zu sein, denn die Regeln der letzteren haben ihre Bedeutung für jeden Gegenstand, abgesondert von seinem philosophischen Gehalte." (Dial [2001], Bd. 2, 66–67, Dial, KGA II/10.2, 412, 11–15.)

26 Zur Besonderheit der schleiermacherschen Dialektik vgl. Scholtz (1984: 106): „Denn die Dialektik verzichtet auf einen absoluten philosophischen Standpunkt, der von der Ebene des gemeinen und empirischen Denkens durch einen Sprung geschieden ist, und nennt lediglich die jedem wirklichen inhaltlichen Wissen zugrundeliegenden Voraussetzungen und Regeln; die Dialektik als reine Philosophie hat keinen aparten Objektbereich jenseits der realen Wissenschaften, sondern ist lediglich ihr Bewußtsein." Andreas Arndt führt die Konzeption der Einheit von Logik und Metaphysik auf Kant zurück, vgl. Arndt (2003), 137 f.

anderes als der absolute Anfang des Denkens von der organischen Seite aus."[27] „Denken wir auch die Möglichkeit der organischen Affektion fort, so haben wir die Grenze des Denkens, die wir sprachlich bezeichnen können als die bloße Vorstellung des Seins."[28] Daraus ergibt sich, dass das Chaos und das Sein als die Möglichkeit oder Grenze des Wissens oder des wirklichen Denkens betrachtet werden können. Das bedeutet, dass der Gegensatz zwischen dem Idealen und dem Realen nicht aufgehoben werden kann im Denken: „Der Gegensatz des Realen und Idealen sei der höchste, unter welchem das ganze Sein, der Gegensatz von Raum- und Zeiterfüllung der höchste, unter welchem die chaotische Mannigfaltigkeit der Impressionen zusammengefaßt sei."[29]

Dieser Unterschied zwischen der organischen und der intellektuellen Funktion begründet die logische und formale Unterscheidung zwischen Begriff und Urteil. Während der Begriff eng mit der intellektuellen Funktion verbunden ist, hat das Urteil mehr mit der sinnlichen und organischen Funktion zu tun. Entsprechend haben der Begriff und das Urteil ihre eigenen Grenzen. „Der Begriff ist in sich schon immer eine schwebende Einheit; und es ist mit demselben immer zugleich ein relativer Gegensatz des Allgemeinen und Besonderen, des Höheren und Niederen gesetzt."[30] Daraus ergibt sich, dass sich alle Begriffe im Raum zwischen dem höchsten und niedrigsten Begriff bewegen und schweben. Schleiermacher zufolge ist der höchste Begriff das absolute Sein. Doch gibt es keinen niedrigsten Begriff, welcher „die Möglichkeit einer Mannigfaltigkeit von Urteilen"[31] ist. Da das Urteil eine Verknüpfung der Begriffe ist, beeinflusst die Grenze des Begriffs auch die des Urteils, das Urteil hat nämlich auch seine Grenze: „Der Begriff des absoluten Subjekts und der Begriff der absoluten Gemeinschaftlichkeit der Prädikate sind die Grenzen, in denen das Gebiet des Urteils eingeschlossen ist."[32]

Bisher erhalten wir die Grenze des Wissens: das Sein und das Chaos. Dieses entsteht durch die reine organische Funktion ohne die des Intellekts, jenes kommt aus der reinen intellektuellen Funktion ohne die Sinnlichkeit; hinsichtlich der Formen (Begriff und Urteil) des Wissens können wir diese Grenzen wie folgt formulieren: das absolute Sein und die Möglichkeit der Mannigfaltigkeit von Urteilen (dem Begriff nach); das absolute Subjekt und die

27 Dial (2001), Bd. 2, 147. Vgl. Dial, KGA II/10.2, 463, 2–5: „Das Chaos also ist der absolute Anfang des Denkens von der organischen Seite aus, indem man von der intellectuellen selbst noch als Tendenz abstrahirt."

28 Dial (2001), Bd. 2, 148. Vgl. Dial, KGA II/10.2, 463, 14–18.

29 Dial (2001), Bd. 2, 184. Dial, KGA II/10.2, 490, 12–15.

30 Dial (2001), Bd. 2, 194. Dial, KGA II/10.2, 497, 16–19.

31 Dial (2001), Bd. 2, 196.

32 Dial (2001), Bd. 2, 208. Dial, KGA II/10.2, 507, 1–3.

absolute Gemeinschaftlichkeit der Prädikate (dem Urteil nach). Im nächsten Abschnitt (vgl. 5.2) wird darauf hingewiesen, dass diese Grenzen in eine Einheit gebracht werden sollen.

Schleiermacher zufolge entsprechen alle Formen des Wissens (als die Formen des Denkens) dem Sein in der Außenwelt. Beispielsweise entspricht der Begriff der Kraft den Erscheinungen im Sein und das Urteil entspricht einem System von Ursache und Wirkung im Sein. Anschließend diskutiert Schleiermacher die Kraft und die Erscheinungen, die Ursache und Wirkung im Sein (bzw. in der Außenwelt). Wie der Begriff und das Urteil ihre Beschränkung haben, haben die Kraft und die Erscheinungen, die Ursache und Wirkung im Sein ihre Grenzen: zum einen die höchste Kraft und die mannigfaltigen Erscheinungen, zum anderen reine Freiheit und reine Notwendigkeit. Daraus entstehen vier verschiedene Vorstellungen Gottes, die Schleiermacher vier Formeln nennt: „1. Die *natura naturans*, 2. Die Gottheit im Gegensatz zur Materie, 3. Die Idee des Schicksals oder der Notwendigkeit und 4. die Idee der Vorsehung oder der Freiheit. “[33] Allerdings sind diese vier Formeln selbst in sich gegensätzlich. Damit sind sie nicht der transzendente Grund, welcher alle Gegensätze in sich aufhebt. Daraus folgt, dass der transzendente Grund nicht durch die Erkenntnis erreichbar ist.

An dieser Stelle wird berücksichtigt, dass Schleiermacher keine Unterscheidung zwischen dem transzendentalen und dem transzendenten Grund macht, wie er behauptet: „Man hat dabei noch einen Unterschied gemacht zwischen transcendent und trancendental, von dem wir aber ganz abstrahiren. Das Denken, welches wir hier suchen, geht über jede mögliche bestimmte Erfahrung und jedes mögliche bestimmte Denken hinaus, und darum nennen wir es transcendental, und dem Theil unsrer Untersuchung, der darauf ausgeht, es als den Anfangspunkt zu finden, den transcendentalen.“[34] Der transzendente Grund oder der Grund des Wissens kann sowohl transzendent als auch transzendental sein, wie Christian Albrecht ausgeführt hat: „Damit ist der Grund der Übereinstimmung des Wissens mit dem Sein zugleich das reale Wissen überschreitend, transzendent – und das reale Wissen ermöglichend, transzendental: Das Transzendente ist das Transzendentale.“[35] Mit der Aufhebung dieses Unterschieds grenzt sich Schleiermacher deutlich von Kant ab.[36] Dies wird die Unterschiede zwischen den schleiermacherschen und kantischen Gottesideen stark beeinflussen. Kurz gesagt, liegt Schleiermacher zufolge Gott anstelle des

33 Dial (2001), Bd. 2, 265. Dial, KGA II/10.2, 549, 30–32.

34 SW III/4.2, 38, Dial, KGA II/10.2, 731, 1–7.

35 Albrecht (1994), 69, Anm. 299.

36 Vgl. Grove (2004), 460. Für weitere Erklärungen vgl. Arndt (1993), 107.

Subjektes dem Wissen bzw. der Übereinstimmung des Denkens mit dem Sein zugrunde. Um die Terminologie zu vereinfachen, nenne ich im Folgenden den Grund der Übereinstimmung zwischen Denken und Sein „den transzendenten Grund".

Das Bemühen Schleiermachers, das Urwissen oder die Grundlage des Wissens im Denken zu erfassen, gelingt bisher nicht. Danach versucht Schleiermacher, den transzendenten Grund auf der Seite des Wollens zu erreichen. „Die Voraussetzung des transzendenten Grundes für das Wollen nennt man den Glauben an Gott."[37] Doch scheitert auch diese Sichtweise. Schleiermacher ist der Meinung, dass der im Wollen gesuchte transzendente Grund noch im Gegensätzlichen stehen bleibt. Die praktische Vernunft hat Gott postuliert, aber dieser postulierte Gott bezieht sich nur auf das Wollen: „Bei den meisten Menschen ruht der Glaube an Gott als den transzendentalen Grund alles Seins mehr auf dem, was im Gewissen gegeben ist, d. h. mehr auf der Construction des Wollens, als auf dem, was im Verstande gegeben ist."[38] Hier zeigt sich die Kritik Schleiermachers an Kant. Kant postuliert Gott nur auf der Seite der praktischen Vernunft. Im Gegensatz dazu möchte Schleiermacher den transzendenten Grund finden, der sowohl für die theoretische als auch für die praktische Vernunft gilt. Da es unmöglich ist, den Zugang zum transzendenten Grund sowohl im Denken als auch im Wollen zu erlangen, erfindet Schleiermacher einen Ausweg: man kann das Urwissen in der Identität des Denkens und Wollens, nämlich im unmittelbaren Selbstbewusstsein (Gefühl), suchen, in dem sich der transzendente Grund präsentiert. Dies ist der höchste Punkt der Dialektik. Außerdem bezeichnet Schleiermacher das unmittelbare Selbstbewusstsein (Gefühl) als das religiöse Gefühl oder das allgemeine Abhängigkeitsgefühl,[39] so dass der transzendente Grund in der Dialektik eng mit dem Gedankengang der Religionsphilosophie in der *Glaubenslehre* verknüpft ist.

So viel an dieser Stelle zum transzendentalen Teil. Der Gedankengang der *Dialektik* ist so kompliziert, dass diese grobe Darstellung viele Einzelheiten vernachlässigt. Doch der Aufriss ist ausreichend, um die folgenden Inhalte dieser Untersuchung übersichtlich zu veranschaulichen. Seit dem Studium der spinozianischen Philosophie ist Gott für Schleiermacher das Ding an sich bzw. das einzige *noumenon.* Aufgrund dessen vertritt Schleiermacher in den *Reden* die Meinung, dass das Erfassen Gottes im Denken nur zu leerer Mythologie führt, wie wir in Kapitel 4 dargestellt haben. Schleiermacher kommt jedoch nicht aufgrund einer Erkenntnistheorie wie Kant in der KrV zu diesem Schluss.

37 Dial (2001), Bd. 2, 281.
38 Dial (2001), Bd. 2, 281. Vgl. Dial, KGA II/10.2, 556, 21–25.
39 Dial (2001), Bd. 2, 289–290. Dial, KGA II/10.1, 267, 6–13.

Kant geht vielmehr gänzlich von dem Vermögen der Erkenntnis (Sinnlichkeit, Verstand, Vernunft) aus. D.h. Schleiermacher behauptet die Unerkennbarkeit Gottes nur „von oben", nämlich aufgrund einer Einsicht über Gott und sein Verhältnis mit der Welt. Nun füllt seine Dialektik diese Lücke „von unten", nämlich von der Erkenntnistheorie aus. Dies macht seine Behauptung über die Unerkennbarkeit Gottes stichhaltiger. Ich werde zeigen, dass Schleiermacher sogar über die Undenkbarkeit Gottes diskutiert.

5.2 Die Grenzen des Wissens

Mit der Übereinstimmung des Denkens mit dem Sein begründet Schleiermacher nicht nur seine eigene Epistemologie, sondern er macht darüber hinaus die Grenzen der Erkenntnis deutlich. Anders als Kant, der eine Grenze zwischen der Erscheinung und dem Ding an sich errichtet und damit die Erkenntnis auf die Erscheinung beschränkt, setzt Schleiermacher die Vorstellungen von Sein und Chaos als die Grenzen des Denkens und lässt daher die Erkenntnis im Raum zwischen dem reinen Sein und dem Chaos schweben, wie Andreas Arndt behauptet: „Schleiermacher zieht die Grenze des Erkennens nicht zwischen Ding-an-sich überhaupt und Erscheinung, wie Kant, sondern vielmehr zwischen denjenigen Dingen an sich, die uns in ihrem Ansichsein empirisch erscheinen und daher als solche gewusst werden können einerseits, und denjenigen Dingen an sich anderseits, die in ihrem Ansichsein nicht empirisch erscheinen und daher auch nicht gewusst werden können, wie z. B. die metaphysischen Gegenstände ‚Gott' und ‚Welt'".[40] Meiner Meinung nach sind die Grenzen der Erkenntnis in der schleiermacherschen Philosophie auf zweifache Weise zu erreichen: (1) Aufgrund der Theorie des Vermögens wird die Erkenntnis durch die Verbindung der organischen und intellektuellen Funktionen des Denkens hervorgebracht, und daraus folgt, dass die Vorstellung vom Sein, als Folge aus der bloß intellektuellen Funktion, und die vom Chaos, als Folge aus der bloß organischen, aus einer Trennung beider Funktionen stammt. Diese Untrennbarkeit beider Funktionen liegt dem höchsten Gegensatz zwischen dem Realen und Idealen im wirklichen Wissen zugrunde. Das ist eine Erklärung vom transzendentalen Standpunkt aus. (2) Ausgehend von den formalen Bestimmungen des Wissens, nämlich von Begriff und Urteil, wird die Erkenntnis durch Begriff und Urteil begrenzt. Damit können die Grenzen von Begriff und Urteil zugleich den Umfang der Erkenntnis bestimmen. Das ist eine Darstellung aus der Sicht des formalen oder logischen

40 Arndt (2003), 140–141.

Standpunktes. Demgemäß ist dieser Abschnitt auch in drei Teile gegliedert: zuerst werden beide Perspektiven getrennt erklärt, dann muss eine Darstellung über das Verhältnis zwischen beiden erfolgen.

Hier ist vorwegzunehmen, dass Schleiermacher in der Dialektik-Vorlesung dem Begriff „Sein" verschiedene Bedeutungen gibt. Diese Bedeutungen werden leicht vermischt und stürzen den Interpreten in Verwirrung. Meines Erachtens sind mindestens drei Bedeutungen zu unterschieden: (1) Das Sein im Sinne vom Gegenstand und Gedachten, damit steht das Sein dem Denken gegenüber. (2) Das Sein im Sinne von der Aufhebung der Differenz zwischen dem Setzen und Nichtsetzen, damit ist das Sein eine Vorstellung und eine Abstraktion der Vernunft, z. B. ist der höchste Begriff für Schleiermacher „das reine Sein". (3) Das Sein im Sinne von allen im Denken existierenden Inhalten der Gegenstände, sowohl in der Vernunft als auch in der Sinnlichkeit. Exemplarisch behauptet Schleiermacher: „Das Sein als Gegenstand des Denkens, in wiefern es uns durch die organische Funktion gegenwärtig wird und werden kann [...] ist das Reale [...] inwiefern das Sein durch den Denkenden ein Inneres wird und nun vorzugsweise die intellektuelle Funktion im Denken ist, ist das Ideale."[41] Daraus ergibt sich, dass das Reale und das Ideale das von uns erfasste Sein ist.

5.2.1 Die Grenzen des Wissens aufgrund einer Theorie des Vermögens

Ein wichtiges Merkmal des Wissens ist die Übereinstimmung des Denkens mit dem Sein, die durch die gemeinsamen Wirkungen von Vernunft und Organisation stattfindet: „Es ist der menschliche Organismus, wodurch wir überhaupt zum Gedachten als solchem kommen; und ist die Vernunft, wodurch das Denken als solches durch seine Form immer vom Gedachten geschieden bleibt."[42] Der Gegenstand wirkt auf unsere Organe und liefert damit den Inhalt oder den Stoff zum Denken, das Denken aber bezieht sich auf den Gegenstand und daher bestimmt das Denken den Gegenstand durch die Formen. Die Wirkung des Gegenstandes begründet die sinnliche Seite des Wissens und die Bestimmung des Denkens die intellektuelle Seite. Schleiermacher bezeichnet sie jeweils als Tätigkeiten der organischen und intellektuellen Funktionen.

Beide Funktionen werden als zwei Pole des Denkens angesehen und sind nicht voneinander zu trennen, sonst entsteht keine wirkliche Erkenntnis. Anders gesagt, die Erkenntnis setzt das Minimum der Vernunft und der Organisation voraus. Das Minimum der intellektuellen Funktion lässt sich bei der

41 Dial (2001), Bd. 2, 177. Dial, KGA II/10.2, 485, 22–27.
42 Dial (2001), Bd. 2, 139. Dial, KGA II/10.2, 457, 29–458, 1.

Fixierung des Gegenstandes finden: „Wenn wir ausgehen von der unbestimmten Mannigfaltigkeit der organischen Eindrücke und sagen, daraus soll ein gleichmäßiges, übereinstimmendes Denken entstehen, so muss jene Mannigfaltigkeit auf dieselbe Weise bestimmt werden durch das Fixieren von Gegenständen, indem wir sie zu Einheiten bringen."[43] Durch dieses Fixieren bekommt die Mannigfaltigkeit der organischen Impressionen einen besonderen Begriff.[44] Außerdem hat der Begriff eine Stufe, die vom besonderen Begriff zum allgemeinen aufsteigt. „Das Minimum der Intellektuellen Seite fängt schon bei der ersten Fixierung eines Gegenstandes an; das Maximum liegt im Allgemeinen, in der höchsten Abstraktion."[45] Das Maximum der intellektuellen Seite bezieht sich auch auf das Minimum der organischen Seite. D.h. das wirkliche Wissen bewegt sich zwischen dem Minimum der Vernunft (dem Maximum der Organisation) und dem Maximum der Vernunft (dem Minimum der Organisation).[46]

Um die Grenzen des Wissens zu erreichen, soll ein weiterer Schritt getan werden: „Nehmen wir aus der Vorstellung von der unbestimmten Mannigfaltigkeit der Impression die Bestimmbarkeit, welche die erste Tendenz der intellektuellen Funktion in sich schließt, hinweg, so bleibt übrig das Chaos, welches eigentlich keine Vorstellung mehr ist, weil wir sie weder durch Merkmale fixieren, noch zu einem sinnlichen Bild beleben können, sondern eine Gedankengrenze."[47] Daraus ergibt sich, dass durch das Chaos das Minimum der intellektuellen Funktion weggenommen wird. Schleiermacher nennt dieses Chaos auch „eine chaotische Mannigfaltigkeit von Impressionen"[48] oder „die Möglichkeit des Denkens"[49]. Es ist die bestimmbare Unbestimmbarkeit. Auf der anderen Seite gilt: „Nehmen wir von dem Ding die Möglichkeit, daß es organisch affiziere, weg, so bleibt (entsprechend dem Chaos) nichts übrig als das bloße Sein ohne Tun[50]. Dieses ist ebenfalls nur eine Gedankengrenze, wie man

43 Dial (2001), Bd. 2, 149. Vgl. Dial, KGA II/10.2, 464, 24–28.

44 Hier spricht Schleiermacher von einem besonderen Begriff und damit steht er Kant entgegen, vgl. dazu Frank (2001b), 65 f. Frank führt dies auf den Einfluss von Leibniz und Wolff zurück.

45 Dial (2001), Bd. 2, 145. Vgl. Dial, KGA II/10.2, 461, 19–26: „Es giebt ein minimum und maximum der intellectuellen Thätigkeit, wozwischen viele Stufen vorhanden sind, also viele Handlungen. Der organischen Thätigkeit scheint hier nichts zu bleiben, als Eindrücke zuzuführen; aber wenn Gegenstände fixirt werden, so modificirt sich auch der Eindruck anders."

46 Über die Synthesis beider Funktionen, vgl. Wagner (1974), 70.

47 Dial (2001), Bd. 2, 145. Dial, KGA II/10,1, 233, 34–234, 4.

48 Dial (2001), Bd. 2, 142. Dial, KGA II/10.2, 459, 37–460, 1.

49 Dial (2001), Bd. 2, 143. Dial, KGA II/10.2, 460, 8.

50 „Tun" heißt die Einwirkung „auf die organische Seite unseres Lebens". (Vgl. Dial [2001], Bd. 2, 148.)

daraus sieht, daß es nur die Indifferenz zwischen Gegensatz und Nichtgegensatz ist, und bezeichnet nichts anders als den möglichen Anfang des Denkens von der intellektuellen Seite, wie oben."[51] So bleibt Schleiermacher zufolge nur die Vorstellung vom bloßen Sein, falls das Minimum der organischen Seite des Denkens Null wird. Diese Vorstellung vom bloßen Sein ist auch nicht Wissen: „Dann ist es [sc. das Sein] eigentlich kein Gedanke mehr, sondern die Indifferenz des Setzens und Nichtsetzens; nichts mehr als Grenze des Denkens, als eigentlich Nichts."[52] Hier charakterisiert Schleiermacher das bloße Sein als den Indifferenzpunkt zwischen Setzen und Entgegensetzen: „Es ist ein Gleichsetzen und Entgegensetzen im Begriffe, und diese Operation ist im bloßen Sein verschwunden. Das Gleich- und Entgegensetzen ist das Resultat der intellektuellen Tätigkeit."[53]

Sein und Chaos zusammen legen die Grenzen des Denkens fest, indem sie nur aus der Trennung zwischen der organischen und der intellektuellen Tätigkeit stammen. Deshalb ist die Grenze hier der Punkt, den das wirkliche Wissen niemals erreichen kann. Die Erkenntnis bewegt sich in ihrem eigenen Spielraum, in dem das Reale und das Ideale einander entgegengesetzt sind:

> „Das Sein als Gegenstand des Denkens, in wiefern es uns durch die organische Funktion gegenwärtig wird und werden kann [...] ist das Reale. Das Denken aber, der Prozeß selbst, inwiefern das Sein durch den Denkenden ein Inneres wird und nun vorzugsweise die intellektuelle Funktion im Denken ist, ist das Ideale. Und beides zusammen ist die Totalität des Seins. Alles aber, was nun in dem Prozeß des Denkens in bezug auf das Sein geschieht, kann nur Wissen sein, wo wir überhaupt das Ideale und Reale als gleich setzen können."[54]

Durch die verschiedenen Funktionen der Tätigkeit wird der Gegenstand als das Ideale und Reale im Denken aufgenommen. Diese Unterscheidung zwischen dem Idealen und Realen wurde aus der Vermögenstheorie entwickelt: für das Wissen verhält sich die Organisation zur Vernunft wie das Reale zum Idealen im Denken. Der Grund liegt darin, dass die Entsprechung des Denkens mit dem Sein ein unentbehrliches Kriterium des Wissens sein muss.

Aus dem oben Gesagten kommt der Charakter des Wissens bei Schleiermacher zum Vorschein. Das Denken muss, wenn es zum Wissen werden soll, in der Verknüpfung mit dem Gegenstand (dem Sein) stehen, deshalb besitzt die Erkenntnis bei Schleiermacher einen empirischen Charakter. Obwohl die

---

51 Dial (2001), Bd. 2, 146. Dial, KGA II/10,1, 234, 11–17.
52 Dial (2001), Bd. 2, 150. Vgl. Dial, KGA II/10.2, 465, 3–5.
53 Dial (2001), Bd. 2, 150–151. Dial, KGA II/10.2, 465, 9–13.
54 Dial (2001), Bd. 2, 177. Vgl. Dial, KGA II/10.2, 485, 11–486, 1.

angeborenen Begriffe oder Ideen einen Platz bei Schleiermacher haben, sind sie nicht Wissen, wie Schleiermacher behauptet: „Angeborensein heißt aber eigentlich nur, dem Denken vorhergehend."[55] „Dies ist aber kein wirkliches Denken mehr."[56] Daraus ist zu ersehen, dass die angeborenen Begriffe kein wirkliches Wissen sind. Schleiermacher beschränkt das wirkliche Denken oder Wissen auf die Erfahrung bzw. die Welt oder die Totalität der Impressionen, nämlich auf den Gegensatz zwischen Denken und Gegenstand: „Sagen wir nun, es muß vorausgesetzt werden, die Totalität der Impressionen sei für alle dieselbe, und sie seien alle in derselben Welt, so ist Welt die Gesammtheit dessen, woraus die organischen Vorstellungen entstehn, und allen muß es dasselbe sein, woraus ihre organischen Vorstellungen entstehn." [57]

5.2.2 Die Grenzen des Wissens ausgehend von den formalen Bestimmungen des Wissens

Da die transzendentale und die formale oder logische Seite der Dialektik gewissermaßen identisch sind, werden die Grenzen des Wissens auch von der formalen Seite bestätigt. Der Begriff und das Urteil sind zwei voneinander verschiedene und doch miteinander verknüpfte Formen des Wissens. Jene bezieht sich mehr auf die Vernunft, diese aber mehr auf die organische Seite. Außerdem ist das Urteil die Verknüpfung von Begriffen, nämlich des Subjekt- und des Prädikat-Begriffs.

Der Begriff und das Urteil setzen einander voraus. Einerseits setzt das Urteil den Begriff voraus. Das Urteil ist umso vollkommener, „je mehr das darin Gesetzte als Begriff gesetzt ist."[58] Wenn man z. B. sagt „das Metall glänzt", ist „glänzen" nur die organische Affektion, es liegt darin keine allgemeine Vorstellung vor. Aber wenn dem „Glänzen" ein Name gegeben und es zum Begriff „Glanz" wird, dann bekommt der Begriff „Glanz" mehrere Modifikationen „nach den verschiedenen mineralogischen Benennungen von Glanz"[59]. Auf diese Weise wird das Urteil „das Metall glänzt" vollkommener, z. B. „das Metall hat den Glanz von Smaragd." Andererseits setzt der Begriff das Urteil voraus. „Wollen wir uns einen Begriff deutlich machen, so müssen wir so vollkommen wie

55 Dial (2001), Bd. 2, 151. Dial, KGA II/10.2, 466, 7–10: „Das Angeborensein geht dem Denken voraus, und es kann nichts andres damit gemeint sein, als daß dieselbe Richtung auf dasselbe System von Begriffen in allen angelegt ist, denn sonst würde aus allen organischen Impressionen kein Denken."

56 Dial (2001), Bd. 2, 146. Dial, KGA II/10.2, 462, 8–9.

57 Dial (2001), Bd. 2, 152. Dial, KGA II/10.2, 466, 23–27.

58 Dial (2001), Bd. 2, 190. Dial, KGA II/10.2, 495, 31–32.

59 Dial (2001), Bd. 2, 190. Vgl. Dial, KGA II/10.2, 496, 1–3.

möglich uns eine Mannigfaltigkeit von Merkmalen zusammenordnen. Zu den Merkmalen kommen wir nicht anders als durch das Urteil."[60] Wenn man z. B. den Begriff „Leben" definieren möchte, dann müssen die Merkmale des Lebens herausgefunden werden: vegetativ, animalisch usw. Diese Unterscheidungen dürfen durch nichts als durch Urteile vollgezogen werden: eine Art vom Leben ist vegetativ, eine andere Art ist animalisch. Daraus ergibt sich, „daß ein vollkommenes Urteil nur dadurch entsteht, daß ein möglichst großer Zyklus von Begriffen vorangeht, und umgekehrt."[61] Dieses wechselseitige Verhältnis zwischen Begriff und Urteil hat seinen Grund im Sein: das Beharrliche im Sein wird durch den Begriff bestimmt, dagegen das Wechselnde durch das Urteil, doch sind das Beharrliche und Wechselnde nur relativ, sie können sich gegenseitig verwandeln.[62]

Die Grenzen des Wissens werden nun durch das Gebiet der Begriffe und der Urteile geklärt. Zuerst ist das Gebiet der Begriffe zu erklären. „Der Begriff ist in sich schon immer eine schwebende Einheit; und es ist mit demselben immer zugleich ein relativer Gegensatz des Allgemeinen und Besonderen, des Höheren und Niederen gesetzt."[63] Ein Begriff ist höher, sofern er mehrere Modifikationen und Mannigfaltigkeiten unter sich begreift und mehrere Teilbarkeiten in sich umfasst, umgekehrt hingegen niedriger, wie Schleiermacher behauptet: „Die Teilbarkeit macht also den Wert des Begriffs aus."[64] Jeder Begriff ist eine Einheit der höheren und niedrigen Begriffe, z. B. der Begriff vom Menschen. Dieser Begriff bewegt sich zwischen dem höheren Begriff des Lebendigen und den niedrigen Begriffen des Männlichen und Weiblichen.

Nun sind die niedrigsten und höchsten Begriffe zu identifizieren. Die Vorstellung eines einzelnen Dings kann nicht als niedrigster Begriff betrachtet werden, weil sich das Sein immerwährend bewegt und verändert. Schleiermacher nimmt einen beweglichen Gegenstand als Beispiel, in dem „sich die Urteile der Ruhe und Bewegung ausschließen. Es ist also darin die Indifferenz der Ruhe und Bewegung,"[65] in diesem Gegenstand sind nämlich wieder verschiedene Zustände

60 Dial (2001), Bd. 2, 191. Vgl. Dial, KGA II/10.2, 496, 5–6.

61 Dial (2001), Bd. 2, 192. Vgl. Dial, KGA II/10.2, 496, 18–22: „Begriff und Urtheil setzen also einander vor aus, und der Begriff ist um so vollkommener, je mehr er auf einem Cyclus von Urthe/len ruht. Je mehr ich von einem Gegenstände Prädicate setze, desto deutlicher wird mir sein Begriff. Jemehr Begriffe aber da sind, desto vollkommener ist das Urtheil."

62 Vgl. Dial (2001), Bd. 2, 254, Dial, KGA II/10.2, 254, 1–7, wo Schleiermacher den Eleaten und Heraklit kritisiert.

63 Dial (2001), Bd. 2, 194. Dial, KGA II/10.2, 497, 16–19.

64 Dial (2001), Bd. 2, 195.

65 Dial (2001), Bd. 2, 195. Vgl. Dial, KGA II/10.2, 498, 8–10.

enthalten. Daraus schließt Schleiermacher: „Einen absolut niedrigen Begriff gibt es nicht."[66] Der Begriff mündet nach unten „in die Möglichkeit einer Mannigfaltigkeit von Urteilen"[67]. Ausgehend von der Möglichkeit einer Mannigfaltigkeit von Urteilen steigt der Begriff auf und schließt die Mannigfaltigkeit aus, exemplarisch vom Begriff der Tiere und Pflanzen zum Begriff der Arten und Gattungen, vom Begriff der Arten und Gattungen zum Begriff des Dings, usw. Auf diese Weise erhalten wir den Begriff des Seins als den höchsten Begriff, indem „der Gegensatz von Gegenstand und Gedanke aufgehoben ist."[68] Der Begriff des Seins ist die Identität aller Entgegensetzungen. Doch betont Schleiermacher: „Das Sein mit aufgehobener Entgegensetzung ist also kein wirkliches Wissen, weil es weder Begriff noch Urteil ist, und wir nur diese Arten kennen."[69] Dieser Begriff ist nur eine Abstraktion der intellektuellen Funktion. So begrenzt sich der Begriff innerhalb des Raums zwischen der Mannigfaltigkeit von Urteilen und dem Begriff des Seins.

Entsprechend hat das Urteil auch seine Grenze. Das Urteil ist eine Verknüpfung von Subjekt und Prädikat. Schleiermacher diskutiert hier nicht über das identische Urteil, nämlich A=A, weil es nur „die leere Form des Urteils"[70] ist. Danach unterscheidet er zwischen dem eigentlichen und uneigentlichen Urteil. Das uneigentliche Urteil versteht er so: „Wenn in einem Begriff schon etwas gesetzt ist, was auch im andern, so ist das Urteil ein uneigentliches."[71] Z. B. ist im Urteil „der Hund ist ein Tier" der Begriff „Tier" schon im Begriff „Hund" gesetzt. Aber wenn man sagt: „der Hund läuft", spricht man ein eigentliches Urteil aus, weil der Hund auch nicht laufen könnte. Mit dem eigentlichen Urteil wird der Inhalt im Subjekt-Begriff erweitert: „Vor dem Urteil ist das Prädikat außer dem Subjekt gesetzt; also das Nichtsein des Subjekts. Und die Totalität der Prädikate wäre die Totalität des Nichtseins des Subjekts."[72] Anders gesagt, das eigentliche Urteil muss synthetisch sein.

Jetzt lässt sich die Grenze des Urteils in der Totalität von Sein und Nichtsein beim Subjekt und Prädikat finden. Auf der einen Seite kommt das Urteil am Ende zu einem absoluten Subjekt, „in welchem alles Sein gesetzt und alles Nichtsein ausgeschlossen ist, so kann nichts von ihm ausgesagt werden in einem

66 Dial (2001), Bd. 2, 196. Dial, KGA II/10.2, 498, 17.
67 Dial (2001), Bd. 2, 196. Dial, KGA II/10.2, 498, 24–25.
68 Dial (2001), Bd. 2, 197. Vgl. Dial, KGA II/10.2, 499, 22–23: „denn darin ist der Unterschied von Gedanke und Gegenstand aufgehoben."
69 Dial (2001), Bd. 2, 198. Dial, KGA II/10.1, 245, 36–38.
70 Dial (2001), Bd. 2, 201. Dial, KGA II/10.2, 502, 22.
71 Dial (2001), Bd. 2, 201. Dial, KGA II/10.2, 503, 8–10.
72 Dial (2001), Bd. 2, 205. Vgl. Dial, KGA II/10.2, 505, 19–21.

eigentlichen Urteil. Das identische Urteil ist hier allein möglich: Das Sein ist."[73] Das absolute Subjekt schließt alles Sein in sich, so dass irgendein Prädikat nur eine analytische Bestimmung von ihm ist und kein eigentliches Urteil möglich ist. Auf der anderen Seite beruhigt sich das Urteil bei der Totalität aller Prädikate, dadurch ist das Subjekt aufgehoben, so dass kein Urteil stattfindet. Die Grenze des Urteils kann so zusammengefasst werden: „Der Begriff des absoluten Subjekts und der Begriff der absoluten Gemeinschaftlichkeit der Prädikate sind die Grenzen, in denen das Gebiet des Urteils eingeschlossen ist."[74]

Durch die Ausführungen bekommen wir zwei verschiedene Arten von Grenzen des Wissens: einerseits ist der Begriff im Raum begrenzt, wo der Begriff des Seins nach oben und der Begriff der Mannigfaltigkeit von Urteilen nach unten einander entgegensetzt sind, andererseits kommt das Urteil am Ende zum Begriff des absoluten Subjekts und zu dem der absoluten Gemeinschaftlichkeit der Prädikate.

5.2.3 Der Zusammenhang der unterschiedlichen Grenzen

Bisher haben wir drei Paare von Grenzen des Wissens veranschaulicht: die Vorstellung des Seins und des Chaos aufgrund der Trennung von organischen und intellektuellen Funktionen, der Begriff des Seins und der Mannigfaltigkeit von Urteilen aufgrund der Begriffsbildung und schließlich der Begriff vom absoluten Subjekt und von der absoluten Gemeinschaftlichkeit der Prädikate hinsichtlich der Urteilsbildung. Wie sie sich zueinander verhalten, wird nun erklärt. Schleiermacher selbst gibt darauf folgende Antwort:

> „*Wie verhalten sich die Denkgrenzen des Urteils und Begriffs gegeneinander?* Antwort: 1. Das Sein mit aufgehobenem Gegensatz verhält sich zum absoluten Subjekt wie der unvollkommene Begriff zum vollkommenen. 2. Ebenso verhält sich die unendliche Mannigfaltigkeit möglicher Urteile zur Totalität der Prädikate. 3. Beide gleichnamige sind identisch und verhalten sich zueinander wie die intellektuelle Seite zur organischen."[75]

Dieser Absatz gilt als Leitfaden zur Lösung der oben genannten Frage. (1) Wie oben gesagt, hängt die Vollkommenheit des Begriffs von der Mannigfaltigkeit

---

73 Dial (2001), Bd. 2, 206. Vgl. Dial, KGA II/10.2, 506, 6–9: „Bei einem absoluten Subject, in dem alles S ein gesetzt ist, ist alles Nichtsein ausgeschlossen, und von ihm kann nichts prädicirt werden in einem eigentlichen Urtheile; das identische Urtheil ist hier allem möglich: das Sein ist."

74 Dial (2001), Bd. 2, 208. Dial, KGA II/10.2, 507, 1–3.

75 Dial (2001), Bd. 2, 207. Dial, KGA II/10.1, 248, 8–14.

der Urteile ab. Der Begriff ist umso vollkommener, je mehr Teilbarkeiten und damit Urteile er in sich umfasst. Das absolute Subjekt beim Urteil schließt alle Prädikate ein, deshalb ist es der vollkommene Begriff. Im Gegensatz dazu schließt der Begriff des Seins bei der Begriffsbildung alle Entgegensetzungen aus, damit ist kein Urteil darüber möglich. Daher ist das absolute Subjekt der unvollkommenste Begriff im Gegensatz zum Begriff des Seins. Beide Begriffe sind jedoch einheitlich: „Beide kommen darin überein, daß nichts von ihnen ausgesagt werden kann.“[76] Das bedeutet, beide Begriffe enthalten kein wirkliches Wissen.

(2) Dieses Verhältnis gilt auch für den niedrigsten Begriff und für die Totalität der Prädikate; jener ist ein unvollkommener Begriff, dieser aber ein vollkommener: „Denn in der Vorstellung einer Totalität von Prädikaten ist die der Totalität von Urteilen vorausgesetzt. Der Begriff von dieser Totalität ist also vollkommen. Der Begriff der Möglichkeit der Urteile ist aber unvollkommen, weil noch nichts gesetzt ist.“[77] Beide Begriffe stimmen jedoch auch überein: „Beide stimmen also auch darin überein, daß sie unter der Form von Stellungen keine wirklichen Vorstellungen mehr sind, sondern nur die Grenzen derselben.“[78] Dieser Absatz weist darauf hin, dass beide Begriffe keine wirkliche Erkenntnis enthalten.

(3) Nach den Ausführungen über das Verhältnis zwischen den Grenzen von Begriff und Urteil ist ihr Zusammenhang nun in Beziehung zur Vernunft und zum Organismus zu erörtern. Auf der einen Seite sind der niedrigste Begriff und die Totalität der Prädikate Ausdruck von den Impressionen der organischen Funktion: „Die unendliche Mannigfaltigkeit von Urteilen ist nichts andres als die absolute Quelle aller organischen Impressionen, die chaotische Mannigfaltigkeit des Wahrnehmbaren, ein unbestimmtes Ineinandersein, in dem nichts unterschieden werden kann. Das ist die Totalität von Prädikaten, worin alles Subjektsein aufgehoben, wie auch nichts Bestimmtes gesetzt ist.“[79] Auf diese Weise kann man den niedrigsten Begriff und die Totalität von Prädikaten zur Einheit bringen. Auf der anderen Seite geht die Einheit zwischen dem absoluten Sein und dem absoluten Subjekt auf die intellektuelle Funktion zurück: „Es wird sehr leicht sein, zu zeigen, daß die beiden anderen Seiten die Grenze

---

76 Dial (2001), Bd. 2, 209. Vgl. Dial, KGA II/10.2, 507, 26–28: „Nun kommen sie aber nicht allein darin überein, daß nichts von ihnen ausgesagt werden kann, sondern auch darin, daß sie die Grenzen des Denkens sind.“

77 Dial (2001), Bd. 2, 209.

78 Dial (2001), Bd. 2, 209. Vgl. Dial, KGA II/10.2, 508, 4–6: „Diese sind auch darin gleich, daß sie unter der Form von Vorstellungen keine Vorstellungen wirklich sind, sondern nur die Grenzen derselben.“

79 Dial (2001), Bd. 2, 210. Vgl. Dial, KGA II/10.2, 508, 14–22.

des Denkens nach der intellektuellen Seite sind."[80] Beide Begriffe heben die Entgegensetzungen auf, die nur durch den Akt der intellektuellen Funktion oder der Vernunft verwirklicht werden.

(4) Jetzt beziehen sich die aus dem Begriff und Urteil hervorgebrachten Grenzen letztendlich auf die Vorstellung vom Sein von der intellektuellen Seite aus und auf die Vorstellung von Chaos von der organischen Seite aus. Hier ist noch eine weitere Frage zu beantworten: Wie verhält sich das Sein zum Chaos? Dazu bezieht Schleiermacher folgende Position: „Das absolute Sein, in welchem alle Entgegensetzung aufgehoben ist, und die absolute Mannigfaltigkeit des Erscheinens, in welchem die unendliche Mannigfaltigkeit von Urteilen liegt, welche die absolute Gemeinschaftlichkeit des Seins ist, weil noch keine Begriffsbildung ist, sind wesentlich ein und dasselbe; aber so, daß man bei dem einen absieht von dem wirklichen Denken und bei dem andern von der Vollendung des wirklichen Denkens."[81] Die Vorstellungen vom Sein und vom Chaos sind einheitlich, insofern diese die unendliche Mannigfaltigkeit des Erscheinens repräsentiert, jene aber eine intellektuelle Abstraktion der mannigfaltigen Entgegensetzungen ausdrückt. Der tiefere Grund für diese Einheit liegt darin, dass sich beide auf die Idee der Welt beziehen. Darauf werden wir in Abschnitt 5.3 eingehen.

Aus dem Gesagten folgt, dass Schleiermacher die Denkgrenzen der Begriffsbildung und der Urteilsbildung auf die organischen und intellektuellen Funktionen zurückzuführen versucht. Da beide Funktionen für das wirkliche Wissen untrennbar verbunden sind, wird unsere Erkenntnis niemals die Aufhebung der Entgegensetzungen oder die Totalität des unendlich mannigfaltigen Erscheinens erreichen können. Diese Lehre von den Denkgrenzen liegt der Darstellung über den transzendenten Grund zugrunde, weil dieser Grund außerhalb der Grenzen des Wissens zu finden sein soll.

5.3 Die Kritik an den vier Formeln für den transzendenten Grund

In der *Dialektik* (1822) erklärt Schleiermacher nicht nur die Grenzen des Wissens und den Zugang zum transzendenten Grund durch das unmittelbare Selbstbewusstsein (Gefühl), sondern er analysiert auch die verschiedenen (und unzureichenden) Begriffe, die er „Formeln" nennt, des transzendenten Grundes

80 Dial (2001), Bd. 2, 210. Dial, KGA II/10.2, 508, 22–23.

81 Dial (2001), Bd. 2, 211. Dial, KGA II/10.2, 509, 16–21.Vgl. auch Dial (2001), Bd. 2, 199, 217.

(bzw. Gottes) aufgrund seiner Lehre von den Denkgrenzen. Seine Analyse betrifft nicht nur den Ursprung der verschiedenen Ideen Gottes, er kritisiert diese Ideen auch. Seine Analyse ist für diese Untersuchung von Bedeutung, weil er darin eine Kritik an den traditionellen und rationalen Ideen Gottes formuliert. Dadurch macht Schleiermacher zugleich den Grund für die Unerkennbarkeit Gottes deutlich. In diesem Abschnitt werde ich den Ursprung (5.3.1) und die Funktionen (5.3.2) dieser Formeln darstellen.

5.3.1 Die Ableitung der vier Formeln aus der Lehre vom Begriff und Urteil

Bevor Schleiermacher seine Darstellung über das unmittelbare Selbstbewusstsein (Gefühl) formuliert, kritisiert er zunächst die vier nicht zufriedenstellenden Formeln für den transzendenten Grund. Diese Kritik führt zur Schlussfolgerung, dass der transzendente Grund dem Denken unerreichbar ist. Schleiermacher fasst zusammen: „Wir haben bis jetzt vier unzureichende Formeln des Transzendenten gefunden: 1. Die *natura naturans*, 2. Die Gottheit im Gegensatz zur Materie, 3. Die Idee des Schicksals oder der Notwendigkeit und 4. die Idee der Vorsehung oder der Freiheit."[82] Diese Formeln drücken den transzendenten Grund nur symbolisch aus, doch darauf beruht die traditionelle oder rationale Idee Gottes. Zunächst sollen diese vier Formeln auf die Denkgrenze bei der Begriffs- und Urteilsbildung zurückgeführt werden.

(1) Wie bereits dargestellt wurde, bewegt sich der Begriff zwischen dem Höchsten und Niedrigsten, und aufgrund dessen ist jeder Begriff eine Einheit zwischen dem höheren und niedrigeren Begriff. Z. B. ist der Begriff „Mensch" eine Einheit der Begriffe „Lebewesen" und „Männliches oder Weibliches". „Der niedere Begriff ist in dem höheren seiner Möglichkeit nach begründet und bringt ihn zur Anschauung in einer Mannigfaltigkeit näherer Bestimmtheiten."[83] Diese Struktur des Begriffs entspricht dem Zustand im wirklichen Sein: „Wenn es ein Wissen geben soll, so muß dem Verhältnis der Begriffe der *Gegensatz von Kraft und Erscheinung* im Sein entsprechen."[84] Alles, was wirklich existiert, ist eine Einheit von Kraft und Erscheinung, wie es heißt: „In einer gewissen Beziehung

82 Dial (2001), Bd. 2, 265. Vgl. Dial, KGA II/10.2, 549, 30–33: „Die reale Seite unsrer transzendentalen Voraussetzung war 1) die natura naturans, 2) die Gottheit in Bezug auf die Materie, 3) die Idee des Schicksals oder der Notwendigkeit und 4) der Vorsehung. Alle sind unzureichend, und dies mag unerwartet scheinen."

83 Dial (2001), Bd. 2, 237. Dial, KGA II/10.2, 528, 4–6.

84 Dial (2001), Bd. 2, 237. Vgl. Dial, KGA II/10.2, 528, 12–15: „Der Gegensatz von Kraft und Erscheinung muß einander entsprechen; Kraft ist reale Wahrheit des höhern Begriffs, die Erscheinung entspricht der Mannichfaltigkeit der niedern Begriffe."

ist das, was in einer anderen Beziehung Erscheinung ist, substantielle Kraft; und was substantielle Kraft ist, ist in einer anderen Beziehung Erscheinung."[85] Dementsprechend ist ein Begriff eine Kraft, insofern es darunter viele niedrigere Begriffe als Erscheinungen gibt, darüber hinaus ist er gleichzeitig eine Erscheinung, insofern er einen höheren Begriff zur Anschauung bringt. Daraus ergibt sich, dass der Begriff im Denken und das wirkliche Sein die gleiche Struktur haben.

Gemäß der Struktur des Begriffs sind die höchsten und niedrigsten Kräfte im wirklichen Sein zu suchen. Nach oben steigt der Begriff auf bis zur Einheit des Weltköpers, die die Totalität alles allgemeinen und besonderen Lebens ist. Obwohl diese Einheit für uns nicht wahrnehmbar ist und damit „außerhalb des Gebietes des Wirklichen liegt"[86], ist sie doch nicht das Höchste. Um das Höchste zu erreichen, müssen wir noch höher aufsteigen: „Wir kamen nur deshalb nicht weiter, weil es uns an organischen Affektionen fehlte. Diese aber können wir durch den Gedanken ergänzen und uns eine unendliche Mannigfaltigkeit solcher Weltköper denken in ihrer Einheit als Kraft."[87] Diese Einheit „der weltbildenden Kraft"[88] nennt Schleiermacher *natura naturans*, die der *natura naturata* als Erscheinung gegenübersteht. Hier bezieht sich dieser Ausdruck offensichtlich auf Spinoza, wie er behauptet: „Denn meines Erachtens ergibt sich bereits aus dem Vorangehenden, daß wir unter Natura naturans zu verstehen haben, was in sich selbst ist und durch sich selbst begriffen wird, also solche Attribute von Substanz, die eine eigene und unendliche Essenz ausdrücken, d.h. Gott, insofern er als freie Ursache angesehen wird. Unter *Natura naturata* verstehe ich dagegen all das, was aus der Notwendigkeit der Natur Gottes oder vielmehr der Natur irgendeine seiner Attribute folgt, d.h., alle Modi der Attribute Gottes, insofern sie als Dinge angesehen werden, die in Gott sind und ohne Gott weder sein noch begriffen werden können."[89] Spinoza ist der Meinung, dass *natura naturans* die Attribute der Substanz oder Gottes ausdrückt. Im Vergleich dazu wird die *natura naturans* Schleiermacher zufolge nicht als das Unbedingte betrachtet, weil sie immer im Gegensatz zur *natura naturata* steht und damit bedingt ist, während das Unbedingte oder das Transzendente absolut und von nichts abhängig ist.

---

85 Dial (2001), Bd. 2, 238. Vgl. Dial, KGA II/10.2, 528, 20–24.

86 Dial (2001), Bd. 2, 243. Dial, KGA II/10.2, 532, 17

87 Dial (2001), Bd. 2, 243–244. Dial, KGA II/10.2, 533, 13–16: „weil uns die organischen Functionen fehlen, können wir die Vorstellung davon nicht von unten aus erfüllen wie bei unsrer Erde. Nun können wir uns eine Unendlichkeit von Weltkörpern denken als eine Einheit der Kraft."

88 Dial (2001), Bd. 2, 244–5. Dial, KGA II/10.2, 533, 20.

89 Spinoza (2015), 63–65.

Nach unten kommt der Begriff bei der unendlichen Mannigfaltigkeit von Urteilen zum Ende, wie wir gesehen haben. Was diesem Begriff im wirklichen Sein entspricht, ist nichts anderes als die Materie. Die Materie ist die Voraussetzung der organischen Affektionen und sie ist „eine chaotische Unbestimmtheit"[90], deshalb ist sie kein Inhalt des wirklichen Denkens, sie ist vielmehr das Nichtsein, „das alles wirkliche Sein schon hinter sich hat."[91] Schleiermacher verneint die allgemeine Ansicht, dass das wirkliche Sein aus der Materie entsteht, weil die Materie nur eine Vorstellung unseres Denkens ist und besser als Nichtsein bezeichnet wird. „Jedes wirkliche Sein ist ein Zusammenfassen der Gegensätze und setzt die Entgegensetzung voraus,"[92] dagegen werden diese Gegensätze in der Materie aufgehoben. Mit der Idee der Materie ist eine Idee der Gottheit verbunden, die die Welt aus der Materie bildet. Bei dieser Idee ist die Materie „gleich ursprünglich und ewig mit der Gottheit"[93]. Doch dabei bleibt das Denken nicht stehen, sondern es geht so weit, dass die Materie als die Schöpfung der Gottheit gedacht wird, und daraus entsteht die traditionelle Idee der *creatio ex nihilo*. Allerdings versteht Schleiermacher diese die Welt aus nichts schaffende Gottheit nicht als den transzendenten Grund, weil es in dieser Idee der Gottheit eine Duplizität gibt: das Sein und die Materie schließen einander aus, was dazu führt, dass nichts in der Welt entsteht, auch wenn die Materie erschaffen wurde, so dass die Materie wieder aufgehoben werden muss, um das wirkliche Sein hervorzubringen. Die Kritik an der traditionellen Idee Gottes wurde schon in den Spinozaschriften formuliert, wie ich in Abschnitt 4.1 erwähnt habe. Daraus zieht Schleiermacher den Schluss: „Die Gottheit, welche aus der Materie die Welt schafft, ist nicht das unbedingte Sein; ebenso ist es aber auch nicht die Gottheit, welche die Welt aus nichts schafft, weil auch hierin eine Duplizität liegt."[94]

So sind durch die Analyse der Begriffsbildung zwei Formeln für den transzendenten Grund gefunden, nämlich die *natura naturans* und die Gottheit im Gegensatz zur Materie, die jeweils der höchsten Kraft und den unendlichen mannigfaltigen Erscheinungen im wirklichen Sein entsprechen. Allerdings befinden sie sich schon in Duplizität und Entgegensetzung, daher können sie nicht direkt als der transzendente Grund betrachtet werden.

(2) Die anderen beiden Formeln sind durch die Grenzen des Urteils herauszufinden. Das Urteil entspricht auch dem wirklichen Sein: „das Sein, insofern es den Typus der Urteilsbildung präsentiert, ist das System der Kausalität; das

90 Dial (2001), Bd. 2, 246.

91 Dial (2001), Bd. 2, 246. Dial, KGA II/10.2, 535, 9.

92 Dial (2001), Bd. 2, 246. Dial, KGA II/10.2, 535, 19–20.

93 Dial (2001), Bd. 2, 247. Vgl. Dial, KGA II/10.2, 536, 1.

94 Dial (2001), Bd. 2, 248. Vgl. Dial, KGA II/10.2, 536, 13–18.

Sein, insofern es dem Typus der Begriffsbildung entspricht, ist das System der Kräfte."[95] Hier bezieht sich das Urteil auf das System von Ursache und Wirkung, von Wirkendem und Leidendem, nämlich auf das wirkliche Sein in dynamischer Hinsicht. Deswegen bezeichnet das Urteil die Notwendigkeit im Sein, während der Begriff aufgrund seines Bezugs auf die Kräfte die Freiheit repräsentiert: „Nichts ist frei, als was als Kraft gesetzt wird; und notwendig ist etwas, insofern es als Ursache oder als Wirkung gesetzt ist."[96] Daraus folgt, dass die Notwendigkeit nicht nur auf der Wirkung, sondern auch auf der Ursache beruht: „Es gibt keine Ursache, die nicht zugleich Wirkung ist; und die Wirkung wird immer wieder Ursache."[97] Dadurch wird die ganze Welt oder das wirkliche Sein aus der Perspektive des Urteils als in universaler Kausalität stehend gedacht.

Schleiermacher identifiziert die absolute Gemeinschaftlichkeit des Seins im Urteil mit der Materie im Begriff. Unter der Materie versteht man nur die Trägheit, „so ist hier die Freiheit gleich null."[98] Doch die Materie ist Nichtsein, d.h. sie ist kein wirkliches Sein, jedes Sein schwebt zwischen der Notwendigkeit (oder Materie) und der Freiheit. Das Transzendente liegt aber außerhalb des Gebietes des wirklichen Seins. Mit dem Ausdruck „Schicksal" wird die Formel für den transzendenten Grund gerade in Richtung der Notwendigkeit ausgesprochen. „Es [sc. das Schicksal] ist die Idee, nach der die Grundlage alles Seins eine solche isolierte Notwendigkeit sei, woraus sich niemals die Freiheit entwickeln könnte."[99] Allerdings kann das Schicksal nicht direkt als transzendenter Grund betrachtet werden, es ist nur das Nichtsein wie die Materie, darin gibt es „lauter Bestimmtes, nichts Bestimmendes"[100]. Deshalb ist diese Vorstellung des Schicksals nur eine Negation, sie verneint „alle wirkliche Philosophie".[101] Immerhin ist das Schicksal eine Formel für den transzendenten Grund.

95 Dial (2001), Bd. 2, 256. Dial, KGA II/10.2, 543, 8–15.

96 Dial (2001), Bd. 2, 257. Dial, KGA II/10.2, 543, 21–22.

97 Dial (2001), Bd. 2, 259. Dial, KGA II/10.2, 544, 18–20: „Die Freiheit ist nur da, wie das Ganze aufs System der Kraft bezogen wird; das Nothwendige wird aufs Gebiet des Zusammenseins bezogen, sei es Ursach oder Wirkung"

98 Dial (2001), Bd. 2, 261. Dial, KGA II/10.2, 546, 11–12: „Die Freiheit der trägen Materie ist 0, denn, wo Trägheit ist, entwickelt sich nichts."

99 Dial (2001), Bd. 2, 262. Dial, KGA II/10.2, 547,1–4: „nämlich die Idee: zu allem wirklichen Sein sei die Grundlage eine isolirte Notwendigkeit, woraus sich nie die Freiheit entwickeln kann, sondern nur als Schein erscheint."

100 Dial (2001), Bd. 2, 262. Dial, KGA II/10.2, 547, 21.

101 Dial (2001), Bd. 2, 262.

Im Vergleich dazu ist das absolute Subjekt als das absolut Freie gedacht. Darunter werden unendlich mannigfaltige Notwendigkeiten von Ursache und Wirkung gesetzt. Die andere Formel für den transzendenten Grund ist auch dabei zu finden: „Diesem Ausdruck des Schicksals steht der Begriff der Vorsehung, πρόνοια, gegenüber, worunter wir uns eine transzendente Grundlage alles Seienden denken, welche die Freiheit nur als Schein, die Notwendigkeit aber als das Wirkliche darstellt."[102] Die Idee der Vorsehung hat aber auch ihre Schwäche, um den transzendenten Grund zu repräsentieren. Das absolut Freie steht also in einer Analogie mit dem wirklichen Sein, daher ist es keine transzendentale Grundlage des Seins: „Die Idee der Freiheit, worunter alles als Notwendigkeit enthalten ist, finden wie also schon im wirklichen Sein, nur eingeschränkter und mit dem Vorbehalt, daß sich das Einzelne niemals so vollkommen isolieren lässt. Was also in der Analogie mit dem wirklichen Sein steht, kann nicht dessen Grundlage sein."[103] Warum steht das absolut Freie in einer Analogie mit dem wirklichen Sein? Der Grund liegt darin, dass sie eine ähnliche Struktur haben: das absolut Freie ist ein Begriff wie *natura naturans*, worunter alles als Notwendigkeit und Gegensatz enthalten ist, allerdings ist jedes Sein auch eine Kraft, worunter alle Erscheinungen als Notwendigkeit stehen. Mit anderen Worten, das wirkliche Sein ist eine Einheit von Freiheit und Notwendigkeit. Deswegen ist das absolute Subjekt als das absolut Freie niemals der transzendente Grund selbst, sondern nur eine Formel dafür.

Durch diese Analyse vom Urteil haben wir wiederum zwei Formeln gefunden: die Idee des Schicksals oder der Notwendigkeit und die Idee der Vorsehung oder Freiheit. Allerdings entsprechen beide Ideen der transzendenten Grundlage des Seins nicht, „weil sie Analoges im wirklichen Sein haben."[104] Der transzendente Grund muss außerhalb des wirklichen Seins liegen und alle Entgegensetzungen in sich aufheben.

Bisher wurden diese vier Formeln durch die Begriffsbildung und Urteilsbildung gefunden und dargestellt. Normalerweise oder traditionell wird eine der vier Formeln als die Idee Gottes oder des transzendenten Grundes betrachtet. Doch sie sind für Schleiermacher unzureichend, um den transzendenten Grund zu repräsentieren, weil sie eine Duplizität enthalten. Indem er die Mängel der vier Formeln benennt, kritisiert Schleiermacher gleichfalls die traditionelle und die philosophische Idee Gottes, z. B. die spinozianische *natura naturans* und die

102 Dial (2001), Bd. 2, 264. Dial, KGA II/10.2, 549, 15–18. „Der Begriff der πρόνοια, darunter denken wir uns eine transzendentale Grundlage, alles Seins, welche die Freiheit nur als Schein, die Nothwendigkeit aber als das Wirkliche darstellt."

103 Dial (2001), Bd. 2, 264. Dial, KGA II/10.2, 549, 9–10.

104 Dial (2001), Bd. 2, 264-5. Dial, KGA II/10.2, 549, 23.

christliche Schöpfungslehre. Hier ist zudem zu betonen, dass Schleiermacher auch die kantische Idee des *entis realissimi* in Frage stellt. Später werde ich diesen Punkt ausführlich diskutieren. Dass Schleiermacher alle Formeln auf den Begriff und das Urteil bzw. auf die Formen des Wissens bezieht, zeigt, dass diese Formeln vom Denken ausgehen, und dies weist auf die Schwäche der vier Formeln hin, den transzendenten Grund zu repräsentieren. Es deutet zugleich die Schwierigkeiten des Denkens an, den transzendenten Grund zum Vorschein zu bringen. Mit anderen Worten, das Denken ist nicht in der Lage, den transzendenten Grund vollends auszudrücken. Diesbezüglich ist Schleiermacher einig mit Kant, wenn auch nicht ohne Unterschiede.

5.3.2 Die zweifachen Werte der Formeln

Die vier Formeln haben einen Wert trotz ihrer Beschränkungen. Im Rahmen dieser Untersuchung ist dieser Wert wie folgt zu verstehen: Die vier Formeln zeigen, dass erstens die Idee der Welt die Grenze des Wissens ist und dass zweitens der transzendente Grund nie durch das Denken begriffen werden kann. Über den Wert der Formeln sagt Schleiermacher:

> „Unsere Formeln für den transzendenten Grund haben einen doppelten Wert: erstens einen realen, inwiefern sie die Idee der Welt (Totalität des Seins) ausdrücken, und zwar a) in der Form des Begriffs (absolute Kraft und absolute Fülle der Erscheinung), und b) in der Form des Urteils (absolutes Subjekt und absolute Mannigfaltigkeit der Prädikate); zweitens einen approximativen oder symbolischen Wert, nämlich den transzendentalen Grund auszudrücken, was nicht adäquat geschieht."[105]

Für Schleiermacher haben die Formeln einen realen und einen approximativen oder symbolischen Wert, weil sie einerseits die Idee der Welt real, andererseits den transzendenten Grund symbolisch ausdrücken. Schleiermachers Absicht richtet sich hier auf das Verhältnis zwischen diesen beiden Funktionen der Formeln, um die Welt und Gott ungetrennt voneinander denken zu können. Ich möchte jedoch an dieser Stelle meine Aufmerksamkeit auf die Unerkennbarkeit Gottes richten.

Die Welt ist für Schleiermacher die Totalität des endlichen Seins. In Abschnitt 5.2 wurde schon darauf hingewiesen, dass das absolute Subjekt beim Urteil und das absolute Sein beim Begriff übereinstimmend sind, insofern sie die Grenzen der intellektuellen Funktion ausdrücken und das reine Sein als eine Grenze des Wissens zum Vorschein bringen. Dementsprechend sind die unendlichen

105 Dial (2001), Bd. 2, 299–300. Dial, KGA II/10.2, 576, 2–6.

Mannigfaltigkeiten von Urteilen beim Begriff und die Gemeinschaftlichkeit der Prädikate beim Urteil identisch, denn sie drücken das Chaos aus. Das reine Sein ist eine Bezeichnung der Welt als der Totalität des endlichen Seins von der intellektuellen Seite, und im Vergleich dazu ist das Chaos eine Beschreibung von der organischen Seite. Daraus folgt, dass sich alle aus den Grenzen vom Begriff und Urteil abgeleiteten Ideen oder Formeln auf die Idee der Welt richten. Dies führt dazu, dass die Idee der Welt in zwei Gruppen von Begriffen enthalten ist: einerseits in den Begriffen der höchsten Kraft, der *natura naturans* und der unendlich mannigfaltigen Erscheinungen, andererseits in den Begriffen des absolut Freien, der Vorsehung, der absoluten Notwendigkeit oder des Schicksals.

Aufgrund der Grenzen des Denkens begründet die Idee der Welt auch die Grenze unserer Erkenntnis: „Wenn wir sagen: Wir kommen an die Grenze des Denkens auf die Vorstellung von einem absoluten Subjekt, so heißt das: die Idee der Welt ist die Grenze unseres wirklichen Denkens, der transzendente Grund liegt außerhalb dieser Grenze."[106] Die Welt als die „Einheit mit Einschluß aller Gegensätze"[107] umfasst in sich alles wirkliche Wissen, daher kann unsere Erkenntnis niemals über die Idee der Welt hinaus gehen. Doch ist die Idee der Welt für uns auch nicht erreichbar: „[D]ie Totalität des Seins kann nie als Einzelnes gefasst werden; denn dann hörte sie auf, die Kraft zu sein, die nicht wieder Erscheinung ist, sie wäre selbst nur Erscheinung. Sie kann daher nur von der Seite der intellektuellen Funktion aufgefaßt werden als Formel oder als Idee und kann nie in der Wahrnehmung ausgehen und also auch nie ein Wissen werden. Die Idee der Welt ist also ebenso transzendent wie die Idee der Gottheit."[108] Wie das absolute Subjekt oder die höchste Kraft kann auch die Idee der Welt nicht organisch wahrgenommen werden, weil sie nur durch den Intellekt begriffen oder abstrahiert wird. Für Schleiermacher ist das nur aus der intellektuellen Seite stammende Denken kein wirkliches Wissen. Wie das absolute Sein als Grenze des Begriffs, die unerreichbar ist, so ist die Idee der Welt auch eine von uns nicht erfassbare Grenze.

So beschränkt sich die Erkenntnis auf die Totalität des endlichen Seins. Allerdings liegt der transzendente Grund außerhalb dieser Grenze. Er liegt aller Erkenntnis zugrunde (transzendental) und ist außerdem selbst nicht Gegenstand des Wissens (transzendent). Mit den vier Formeln können wir ihn nur symbolisch ausdrücken, d. h. sie sind unzureichend, um ihn zu repräsentieren. In Abschnitt 5.3.1 wurde erklärt, warum diese vier Formeln den transzendenten Grund nicht zureichend ausdrücken können. Schleiermacher zufolge liegt die

106 Dial (2001), Bd. 2, 299.
107 Dial (2001), Bd. 2, 303. Dial, KGA II/10.1, 269, 23–24.
108 Dial (2001), Bd. 2, 305. Dial, KGA II/10.2, 580, 4–9.

Ursache darin, dass die vier Formeln nur durch das Denken begriffen werden, der transzendente Grund damit jedoch nicht zu erfassen ist:

> „Das Unzureichende liegt allein darin, daß wir, von der Beziehung zwischen Denken und Gedachtem ausgehend, im Gebiet des Gegensatzes stehenbleiben. Nach vier verschiedenen Seiten sind wir auf bedingte Weise aus dem Gegensatz herausgegangen. Aus einer bedingten Weise ergibt sich aber kein Unbedingtes."[109]

In diesem Absatz kann man die letzte Ursache für die Unzulänglichkeit des Denkens finden, d.h. der Mangel der Formeln soll auf Mängel des Denkens zurückzuführen sein. Um diesen Gedankengang zu verdeutlichen, kann der ganze Prozess, der von den strittigen Vorstellungen bis zu den vier Formeln führt, kurz wiederholt werden. Schleiermacher beginnt damit, die strittigen Vorstellungen zur Übereinstimmung zu bringen, die voraussetzt, dass das Denken mit dem Gegenstand als Gedachtem übereinstimmt. Um diese Entsprechung zu sichern, muss der transzendente Grund dafür gesucht werden. Die Methode besteht darin, dass die organischen und intellektuellen Funktionen jeweils zu ihrem Maximum kommen, indem die eine ohne die andere ist. Auf diese Weise werden das Sein und das Chaos gefunden, sie stehen einander gegenüber. Dementsprechend werden die Grenzen des Denkens anhand der Formen des Wissens (nämlich Begriff und Urteil) gesucht, doch wir finden trotz der verschiedenen Formen nichts anderes als das Sein und das Chaos: das absolute Sein und die unendliche Mannigfaltigkeit von Urteilen, das absolute Subjekt und die Gemeinschaftlichkeit der Prädikate. Diese vier Formen entsprechen den vier Formeln für den transzendenten Grund, die aber nicht adäquat sind, um diesen Grund auszudrücken, und nur einen symbolischen oder approximativen Wert besitzen.

Aus dieser Rekonstruktion ergeben sich drei Folgerungen: dass die vier Formeln auf die Formen des Wissens zurückzuführen sind, dass sich die Formen des Wissens wieder auf den Unterschied zwischen dem Denken und dem Gedachten gründen und dass dieser Unterschied den verschiedenen Funktionen unseres Vermögens entspricht. Deshalb behauptet Schleiermacher, „daß wir, von der Beziehung zwischen Denken und Gedachtem ausgehend, im Gebiet des Gegensatzes stehenbleiben." In Hinsicht auf das Wissen wird der Gegensatz zwischen dem Denken und dem Gegenstand nicht aufgehoben, der für das Bedingtsein der vier Formeln verantwortlich ist. Der transzendente Grund als Identität des Denkens mit dem Sein schließt alle Gegensätze aus. Er ist das Unbedingte, sodass alles Bedingte mit ihm niemals vollständig übereinstimmt.

---

109 Dial (2001), Bd. 2, 270.

Die Unzulänglichkeit der vier Formeln zeigt auch die Beschränktheit des Wissens an.

In diesem Abschnitt wurde analysiert, wie die traditionellen Gottesvorstellungen in Schleiermachers *Dialektik* auf die Formen des Wissens (Begriff und Urteil) reduziert werden können und welche positiven und negativen Bedeutungen diese vier Formeln haben. Ihre positive Bedeutung liegt darin, dass sie die Idee der Welt ausdrücken, d. h. sie drücken die Gesamtheit und Totalität des endlichen Seins und auch die Grenzen des Wissens aus. Ihre negative Bedeutung ist, dass sie den transzendenten Grund nicht angemessen oder nur symbolisch oder approximativ zum Ausdruck bringen. Schleiermacher zeigt hier die Grenzen des Denkens und Wissens auf und kritisiert die traditionellen Gottesvorstellungen.

5.4 Die radikale Unerkennbarkeit Gottes: ein Vergleich mit Kant

Obwohl die Herleitung der Unerkennbarkeit Gottes die gemeinsame theoretische Absicht von Kant und Schleiermacher ist, gibt es einen großen Unterschied zwischen beiden: Kant zufolge können die Eigenschaften Gottes mit Hilfe unserer Vernunft gedacht werden, während die Existenz Gottes für uns unerkennbar ist; im Gegensatz dazu hält Schleiermacher die Eigenschaften Gottes für undenkbar, jedoch ist für ihn die Existenz Gottes durch das unmittelbare Selbstbewusstsein (Gefühl) gesichert. Da die Eigenschaften Gottes für Schleiermacher undenkbar sind, gebe ich diesem Kapitel die Überschrift „die radikale Unerkennbarkeit Gottes". Hier diskutiere ich nicht über die Existenz Gottes bei Schleiermacher, weil dieses Thema erst im nächsten Kapitel dargestellt werden kann. Ich beschränke mich auf die Diskussion über die Eigenschaften Gottes.

Wie in Kapitel 1 schon gezeigt wurde, bezeichnet Kant Gott apriorisch als das *ens realissimum*, das viele verschiedene Eigenschaften besitzt, z. B. Einigkeit, Allgenugsamkeit, Ewigkeit usw. Die Eigenschaften von Verstand und Willen werden durch die aposteriorische oder analogische Weise ergänzt: dies ist das Thema der physikotheologischen und moralischen Theologien. Dadurch erhält Kant alle Eigenschaften Gottes, die die traditionelle rationale Theologie festgeschrieben hat. Doch hält Kant die Existenz des mit solchen Eigenschaften ausgestatteten Gottes für unerkennbar, anders gesagt, der von uns definierte Gott ist nur ein Ideal, und damit ist es unmöglich, ihn zu realisieren und zu hypostatieren. Doch wird eine Personalisierung durch die physikotheologischen und moralischen Theologien mehr oder weniger (bzw. symbolisch) ermöglicht. Obwohl wir die Existenz Gottes nicht bestimmen können, stammt die Betrachtungsweise, Gott als *ens realissimum* und die höchste Intelligenz zu denken, aus der Notwendigkeit der Vernunft oder der Moral, wie ich in den Kapiteln 1 und 3 ausführlich diskutiert habe. Aus diesem Grund ist es für Kant notwendig, Gott als solchen zu denken.

Allerdings scheint die Idee Gottes bei Schleiermacher eine andere zu sein. Diese wurde in Einzelheiten bereits in Kapitel 4 beschrieben. In den Schriften über Spinoza betrachtet Schleiermacher Gott als das einzige Ding an sich. Damit ist Gott an sich mit seinen Eigenschaften für uns unerkennbar. Während Kant Gott durch die Vernunft zu denken versucht und daraus die Idee Gottes ableitet, negiert Schleiermacher die Möglichkeit, Gott durch das Denken zu erreichen. In diesem Sinne gibt Schleiermacher dem Wissen einen stärker empirischen Charakter als Kant. Nach Schleiermacher kann der Mensch nur etwas über Gott sagen, sofern dieser handelt und auf den Menschen wirkt. So ist das Angeschaute in den *Reden* nicht das Universum an sich, sondern seine Handlungen, wie Schleiermacher sagt: „was aber darüber hinaus will, und tiefer hineindringen in die Natur und Substanz des Ganzen ist nicht mehr Religion, und wird, wenn es doch noch dafür angesehen sein will, unvermeidlich zurücksinken in leere Mythologie."[110] Daraus ergibt sich, dass Schleiermacher die Handlungen Gottes in dieser von Zeit und Raum bestimmten sinnlichen Welt zu begreifen versucht. In diesem Sinne geht Schleiermacher noch konsequenter als Kant den Weg einer kritischen Philosophie, weil Kant Gott durch die Vernunft zu denken versucht. Am Ende der zweiten Rede diskutiert Schleiermacher den Personalismus Gottes, der aber nur von der Richtung der Phantasie abhängt und damit den Kern der Religion nicht besitzt. Im Gegensatz dazu hält Kant den Intellekt Gottes für eine notwendige Voraussetzung der physikotheologischen und moralischen Theologie. In diesem Sinne ist die Ansicht Schleiermachers weniger spekulativ und theologisch, aber empirischer als die Ansicht Kants.

Jetzt soll die radikale Unerkennbarkeit Gottes in der *Dialektik* bestätigt werden. Für Schleiermacher setzt die Erkenntnis die Entsprechung zwischen dem Denken und dem Gegenstand voraus, dieser wird durch die organische Seite von uns gefasst, jenes wird aber von der intellektuellen Seite vollzogen. Diese Entsprechung zwischen dem Denken und dem Gedachten repräsentiert sich in der Übereinstimmung der organischen und intellektuellen Seite. Dadurch bewegt sich das wirkliche Wissen immer zwischen dem Minimum und dem Maximum der intellektuellen Seite, und darüber hinaus ist die Grenze der Erkenntnis gefunden. Dieser Prozess entspricht der Suche nach den Denkgrenzen

---

110 R^1, KGA I/2, 214, 15–18.

bei Begriff und Urteil als den Formen des Wissens. Die durch die Formen des Wissens gesuchten Grenzen des Wissens sind selbst nicht das Wissen, wie Schleiermacher immer wieder betont: „Nachdem wir nun das Denken in der Duplizität des Begriffs und Urteils gefaßt und gesehen haben, daß dieser selbige Punkt weder ein Begriff sei noch ein Urteil, so haben wir doch recht gehabt, daß dies die transzendente Voraussetzung sei zu allem Wissen und nicht ein Wissen und Denken selbst. Wir haben nun doch den Schein aufzulösen, als sei dies ein eigentliches Wissen."[111] Der Grund dafür liegt darin, dass das wirkliche Wissen diese Punkte nicht erreichen kann, weil die rein intellektuelle Seite ohne die organische Seite kein Wissen gründet, sondern nur eine Abstraktion, und umgekehrt. Dies führt dazu, dass die Erkenntnis das reine Sein oder Chaos nicht erreichen kann. Die vier Formeln beruhen, wie bereits gezeigt wurde, auf der Lehre von den Denkgrenzen, deshalb liegen sie außerhalb des Gebietes des Wissens. So kann der Charakter der schleiermacherschen Theorie wie folgt dargestellt werden: Das Wissen fängt mit irgendeiner Entgegensetzung an und erweitert sich nach oben und nach unten, um seine transzendente Voraussetzung zu suchen; unsere Erkenntnis beginnt mit der Erfahrung und expandiert bis zur Totalität allen Wissens; die Frage nach Gott muss bei dem beginnen, was wir bereits kennen.[112] Doch lehrt die *Dialektik* uns, dass das Wissen bei dem absoluten Sein, dem absoluten Subjekt, der unendlichen Mannigfaltigkeit von Urteilen und der Gemeinschaftlichkeit der Prädikate ans Ende kommt. Sie sind aber für unsere Erkenntnis unerreichbar, ebenso wie die transzendente Grundlage. An dieser Stelle ist daran zu erinnern, wie Kant das *ens realissimum* ableitet: durch das Prinzip der durchgängigen Bestimmung entsteht der Inbegriff der Prädikate. Dieser Inbegriff ist ähnlich wie die unendliche Mannigfaltigkeit von Urteilen und die Gemeinschaftlichkeit der Prädikate bei Schleiermacher; ausgehend davon fährt Kant fort, indem er die abgeleiteten Prädikate und die nicht nebeneinander stehenden Prädikate von diesem Inbegriff ausschließt. Dadurch kommt man zum *ens realissmum.* Schleiermacher zufolge aber muss der transzendente Grund dem Denken unerreichbar sein, bzw. das *ens realissmum* ist keineswegs das Transzendente. Da Schleiermacher wie Kant die Erkenntnis auf die Erfahrung beschränkt, aber zugleich die Möglichkeit apriorischer Erkenntnis verneint, so bleiben die Eigenschaften Gottes immer ein Geheimnis für Schleiermacher.

---

111 Dial (2001), Bd. 2, 199. Dial, KGA II/10.2, 500, 20–22.

112 Diesen Charakter bezeichnet Frank (2001b: 15) zu Recht als „anti-fundamentalistisch", „weil sie [sc. die Dialektik] Wissen nicht im logischen Ausgang von einem Prinzip begründet, sondern ‚in der Mitte' beginnt. (*Dial* O, 195 M., 390, § 291 der Handschrift von 1814)."

Zusammenfassend wird in diesem Kapitel deutlich, wie die Suche nach Gott als dem transzendenten Grund durch das Denken und Wissen scheitert. Da diese Suche vom Gegensatz zwischen dem Denken und dem Gedachten ausgeht, stehen die vier gesuchten Formeln noch im Bereich der Gegensätze und sind daher bedingt. Durch das Denken können wir nur diese Formeln erreichen, obwohl sie selbst außerhalb des Gebiets des Wissens liegen. Die Erkenntnistheorie Schleiermachers ist stark empirisch geprägt, so dass Gott an sich und seine Eigenschaften undenkbar für uns sind. Diese Lehre von der Unerkennbarkeit Gottes liegt einer anderen Theorie zugrunde, die eine unmittelbare Gegenwärtigkeit Gottes im Gefühl thematisiert.

6 Das unmittelbare Selbstbewusstsein (Gefühl) als Zugang zu Gott

Wegen der Beschränktheit des Denkens soll ein neuer Zugang zum transzendenten Grund gesucht werden: „Um nun den Mangel der inneren Befriedigung zu ergänzen, müssen wir es aufgeben, von der Aktion des Denkens auszugehen, weil hier das Unbedingte nur ein Gedachtes ist, das den Gegensatz nicht verläßt."[1] Deshalb geht Schleiermacher nicht vom Denken, sondern vom denkenden Sein und seienden Denken aus. Damit wird der Mensch als eine Einheit von Sein und Denken, nämlich als ein Ganzes, betrachtet. Als das denkende Sein und seiende Denken stehen wir in einem wechselseitigen Verhältnis zwischen Sein und Denken, folglich sind wir uns als Leidende bewusst, insofern das Sein einen stärkeren Einfluss auf uns hat, und wir sind uns als das Tätige bewusst, insofern unser Denken sich mehr auf das Sein auswirkt. Auf diese Weise sind wir die Identität von Denken und Wollen, die gerade im unmittelbaren Selbstbewusstsein (Gefühl) liegt.[2] Schleiermacher zufolge repräsentiert sich der transzendente Grund im unmittelbaren Selbstbewusstsein (Gefühl). Bei diesem Thema bewegt sich die Ausführung Schleiermachers in der *Dialektik* zum höchsten Punkt, auf den ein Großteil der Forschungen seine Aufmerksamkeit richtet. Dadurch ist die *Dialektik* hinsichtlich der Theorie vom Frömmigkeitsgefühl als dem schlechthinnigen Abhängigkeitsgefühl eng mit der *Glaubenslehre* verbunden. Das ist ein Thema sowohl von philosophischem als auch von theologischem Interesse.

Die Rekonstruktion von Schleiermachers Darstellung und eine ausführliche Auseinandersetzung mit der Sekundärliteratur ist nicht Aufgabe dieses Kapitels. Es zielt vielmehr darauf ab, zu fragen, ob es der Unerkennbarkeit Gottes widerspricht, zu sagen, dass sich Gott oder der transzendente Grund im unmittelbaren Selbstbewusstsein (Gefühl) repräsentiert. Es ist nämlich zu fragen, ob die Verneinung der Erkennbarkeit Gottes und die Bezogenheit des unmittelbaren

---

1 Dial (2001), Bd. 2, 273–274. Dial, KGA II/10.2, 555, 20–23.

2 Dass Schleiermacher das unmittelbare Selbstbewusstsein und das Gefühl zu identifizieren scheint, ist hier schwer zu erklären, ohne seine Theorie ausführlich darzulegen. Dazu siehe Frank (2002: 195): „Mit unmittelbares Selbstbewußtsein ist vor allem gemeint, daß der Zustand und sein Gehalt präreflexiv bekannt sind [...] Als Gefühl dagegen ist dasselbe Phänomen nicht aus der präreflexiven Vermittlung des Übergangs zwischen seelischen Zuständen [...] bzw. auf die Fähigkeit des ‚Sich-selbst-habens' verpflichtet [...] sondern auf seinen Mangel an Sein."

Selbstbewusstseins (des Gefühls) auf Gott miteinander harmonieren. Dieses Kapitel ist wie folgt strukturiert: Zuerst werde ich den Mangel, durch das Wollen den transzendenten Grund zu begründen, verdeutlichen. Hier wird die Kritik Schleiermachers an der kantischen Postulatenlehre hervorgehoben (6.1). Anschließend wird das unmittelbare Selbstbewusstsein (Gefühl) diskutiert, wobei ich dieses als das vollständige Leben der Menschen darstellen möchte (6.2). Außerdem liegt der Schwerpunkt dieses Kapitels auf dem Verhältnis zwischen dem unmittelbaren Selbstbewusstsein (Gefühl) und dem transzendenten Grund. In diesem Abschnitt werde ich das analogische Verhältnis und das Repräsentationsverhältnis zwischen dem unmittelbaren Selbstbewusstsein (Gefühl) und dem transzendenten Grund unterscheiden und den Zusammenhang zwischen beiden erklären. Aus dieser Analyse werde ich ableiten, dass die Repräsentation Gottes im unmittelbaren Selbstbewusstsein (Gefühl) eine Erkenntnis Gottes voraussetzt (6.3). Danach werde ich die Bezogenheit des unmittelbaren Selbstbewusstseins (des Gefühls) auf Gott in der *Glaubenslehre* untersuchen, um zu prüfen, ob diese Bezogenheit die Erkenntnis Gottes voraussetzt. Ich werde in diesem Abschnitt darauf hinweisen, dass es nur in der Darstellung der zweiten Auflage (1830/31) gelingt, diese Voraussetzung zu vermeiden (6.4). Schließlich möchte ich über einige Eigenschaften Gottes diskutieren, doch ich beschränke diese Diskussion auf das Prinzip der Beschreibung der Eigenschaften Gottes und auf den Vergleich mit Kant (6.5).

6.1 Das Wollen und der transzendente Grund

Schleiermacher beginnt die Erklärung des Wollens damit, dass er neben dem Denken noch einen anderen Akt des Menschen feststellt, der an den organischen Affektionen tätig handelt. Der Mensch, als Einheit des Gegensatzes zwischen aktiver Agilität und passiver Organisation, fühlt sich manchmal als der Tätige und manchmal als der Leidende. Schleiermacher zufolge kann das Wollen als ein Akt bezeichnet werden, in dem das Tätigsein überwiegt. Durch das Denken und Wollen verhalten wir uns zweifach zum wirklichen Sein außerhalb von uns und dementsprechend entstehen zwei verschiedene Arten von Wissen: das physische und das ethische. „Das physische Wissen geht darauf aus, das Sein als Grund zu den organischen Affektionen zu erfassen, worin das Bewußtsein das Leidende ist; das ethische will das Sein so erfassen, wie es die organischen Affektionen begründet, worin das Bewußtsein das Tätige ist.“[3] Schleiermacher

3 Dial (2001), Bd. 2, 275. Dial, KGA II/10.2, 577, 1–2.

betont, dass der transzendente Grund für beide Arten von Wissen ein und derselbe ist: „Der transzendente Grund muß nun wohl derselbe Grund des Seins sein, das uns affiziert, als des Seins, welches unsere eigene Tätigkeit ist."[4] Mit dieser Voraussetzung zielt Schleiermacher darauf ab, dass der Mangel des Denkens beim Erfassen des transzendenten Grunds durch das Wollen ergänzt wird.

Es gibt einen Parallelismus zwischen Denken und Wollen. Hier fängt der den transzendenten Grund suchende Prozess mit dem „Zustand streitigen Wollens"[5] an. In diesem Zustand haben wir das Interesse, „die Konstruktion eines übereinstimmenden Wollens zustande zu bringen."[6] Jetzt entsteht die Aufgabe, „die Totalität alles menschlichen Wollens", „ein gemeinsames Wollen"[7], „die Totalität der Zweckbegriffe"[8] zu erreichen. Wir können aber das allgemeine Wollen nicht erhalten, ohne das Wollen auf das Sein zu beziehen. Dieses sich auf das Sein beziehende Wollen nennt Schleiermacher „das wirkliche Wollen"[9]. Diese Übereinstimmung des Wollens mit dem Sein setzt gerade den transzendenten Grund voraus.

Schleiermacher wird nicht müde zu betonen, dass der transzendente Grund, der jeweils durch das Denken und Wollen gesucht worden ist, ein und derselbe sein muss. Meiner Meinung nach ist die Behauptung nicht so dogmatisch wie Falk Wagner meint, wenn er sagt: „Diese Behauptung ist aber nur dann tragfähig, wenn eine das Denken und Wollen übergreifende Identität schon vorausgesetzt wird. Jedenfalls folgt aus dem durch Denken und Wollen veranlaßten Gegensatz im Sein zunächst einmal die Nichtidentität des transzendenten Grundes für Denken und Wollen. Auf diesen Tatbestand reflektiert Schleiermacher aber nicht."[10] Diese Kritik kann widerlegt werden, indem deutlich gemacht wird, dass Schleiermacher diese Behauptung nicht einfach voraussetzt, sondern durchaus beweist. Ein Argument dafür liegt in der Untrennbarkeit von Wollen und Denken. Jedes Wollen wird vom Denken begleitet, und somit ist „jeder Moment des Wollens mit dem anderen durch das Denken verknüpft,"[11] „jedem

4 Vgl. Dial (2001), Bd. 2, 275. Dial, KGA II/10.2, 577, 5–8. Vgl. Dial (2001), Bd. 2, 280, Dial, KGA II/10.2, 560, 29–31: „Jedes Wollen hat zum Grunde ein Denken, jede Verknüpfung im Denken hat zum Maße ein Wollen. Der transcendentale Grund beider muß also derselbe sein."

5 Dial (2001), Bd. 2, 277. Dial, KGA II/10.2, 558, 35.

6 Dial (2001), Bd. 2, 277. Dial, KGA II/10.2, 558, 30–559, 1.

7 Dial (2001), Bd. 2, 277. Dial, KGA II/10.2, 558, 2–3.

8 Dial (2001), Bd. 2, 279. Dial, KGA II/10.2, 558, 43.

9 Dial (2001), Bd. 2, 279, Dial, KGA II/10.1, 263, 26.

10 Wagner (1974),131, Anm. 137.

11 Dial (2001), Bd. 2, 278. Dial, KGA II/10.2, 559, 19–20.

Moment des Wollens als solchem geht ein Denken voran."[12] Umgekehrt ist jedes Denken vom Wollen begleitet, denn der Übergang von einem Denken zum anderen bedarf des Wollens. Für Schleiermacher gehören das Denken und das Wollen gemeinsam zu den Funktionen des geistigen Lebens. Sie bezeichnen die Bewegungen zwischen „den organischen Affektionen und des bewegten Bewußtseins"[13] mit seinen verschiedenen Richtungen: beim Denken überwiegen die organischen Affektionen, beim Wollen überwiegt aber das bewegte Bewusstsein. Anders gesagt, die Oszillation zwischen unserem Geist und dem Sein findet durch das Wollen und Denken statt, und der transzendente Grund für das Denken und Wollen ist nichts anderes als die Identität zwischen unserem Sein und dem äußerlichen Sein, nämlich die Identität des Idealen und Realen.[14] Ein andere Ursache, dass es nur einen einzigen transzendenten Grund gibt, kann so formuliert werden: „Denn wäre er ein zwiefacher, so wäre jedes Wollen, an sich betrachtet, durch sich begründet; insofern es aber mit dem Denken ineinandergeht, müßte es auch in dessen transzendentem Grund begründet sein. Es müsste also über beide hinaus noch ein Höheres existieren, das wir eben suchen wollen."[15] Daraus ergibt sich, dass die anfängliche Identität des transzendenten Grundes für das Denken und Wollen notwendigerweise zu einem höheren einheitlichen Grund führen würde. Deswegen muss der transzendente Grund für das Denken und Wollen ein und derselbe sein.

Aufgrund der Indifferenz des transzendenten Grundes für das Denken und Wollen kritisiert Schleiermacher die kantische Postulatenlehre, die die Übermacht des Wollens über das Denken in der Suche nach dem transzendenten Grund zum Ausdruck bringt. Schleiermacher zufolge nennt man die Voraussetzung des transzendenten Grundes für das Wollen „den Glauben an Gott"[16]. Normalerweise beruht dieser Glaube an Gott stärker auf dem, „was im Gewissen gegeben ist,"[17] also stärker auf dem Wollen als auf dem Verstand. Ein typisches Beispiel dafür ist Kant, der behauptet, „das Dasein Gottes könne auf theoretische Weise nicht bewiesen werden, sondern sei begründet durch die Postulate der

12 Dial (2001), Bd. 2, 278. Dial, KGA II/10.2, 559, 22–23.

13 Dial (2001), Bd. 2, 274–5. Dial, KGA II/10.2, 556, 23–25.

14 Vgl. Dial (2001), Bd. 2, 280: „In jedem Handelnden ist das Wollende das Tätige, der Gegenstand des Wollens, das Bestimmte in der Allgemeinheit des Seins, das Leidende. Könnte dieses nun nicht so leiden, wie jenes tätig ist, so wäre der ganze Prozeß unmöglich und das Wollen könnte nie realisiert werden. Und so werden wir wieder auf die Identität des Idealen und Realen getrieben." (Vgl. Dial, KGA II/10.2, 560, 25–29.)

15 Dial (2001), Bd. 2, 280.

16 Dial (2001), Bd. 2, 281. Dial, KGA II/10.2, 561, 22.

17 Dial (2001), Bd. 2, 281. Dial, KGA II/10.2, 561, 23.

praktischen Vernunft."[18] Schleiermacher ist der Meinung, dass Kants Postulatenlehre nur auf das Wollen begründet ist und damit einseitig bleibt. Es gibt nicht nur die Postulate der praktischen Vernunft, sondern auch die Postulate der theoretischen Vernunft: „Vergleichen wir unsern Gang mit dem Kantischen, so sind wir von Anfang an auf das Entgegengesetzte gekommen, weil wir gleich Postulate für das Wissen suchten."[19] Der transzendente Grund für das Denken besteht Schleiermacher zufolge gerade in den Postulaten für das Wissen und für die theoretische Vernunft, die mit dem transzendenten Grund für das Wollen identisch sind. Außerdem wird die Einseitigkeit derer, die nur durch das Denken oder nur durch das Wollen den transzendenten Grund (das Postulat) erfassen, dadurch überwunden, dass die Postulate für die theoretische Vernunft und für die praktische Vernunft zusammenhängen und keines davon zu vernachlässigen ist.

Es ist zutreffend zu sagen, dass Kant mehrere Schwerpunkte in der praktischen Vernunft setzt. Wie bereits in Kapitel 3 erklärt wurde, begründet Kant die Überzeugung von der Existenz Gottes stärker auf die moralische Gewissheit: „Nein, die Überzeugung ist nicht logische, sondern *moralische* Gewißheit, und da sie auf subjectiven Gründen (der moralischen Gesinnung) beruht, so muß ich nicht einmal sagen: *es ist* moralisch gewiß, daß ein Gott sei etc., sondern: *ich bin* moralisch gewiß etc. Das heißt: der Glaube an einen Gott und eine andere Welt ist mit meiner moralischen Gesinnung so verwebt, daß, so wenig ich Gefahr laufe, die letztere einzubüßen, eben so wenig besorge ich, daß mir der erste jemals entrissen werden könne."[20] Dieser Absatz beweist Schleiermachers Behauptung. Allerdings vernachlässigt Kant auch das Postulat der theoretischen Vernunft nicht: er bestimmt Gott apriorisch als das *ens realissimum*, das ein „fehlfreies" Ideal ist, und nur aufgrund dessen kann Kant den moralischen Gottesbeweis führen, wie ich in Kapitel 3 erklärt habe, so dass die apodiktische Gewissheit des moralischen Beweises ohne die theoretische Vernunft nicht gelingt.[21] Außerdem wird beim moralischen Beweis Kants Gott als Richter der

---

18 Dial (2001), Bd. 2, 281. Dial, KGA II/10.2, 562, 25–27.

19 Dial (2001), Bd. 2, 282. Vgl. Dial, KGA II/10.2, 563, 6–13: „Kants Ansicht ist also eine ganz populäre. Vergleichen wir unsern Gang mit diesem, so sind wir sogleich aufs Entgegengesetzte gekommen, indem wir fragten: was muß vorausgesetzt werden, wenn das Denken ein Wissen werden soll? Das ganze Denken betrachteten wir von seiner praktischen Seite (streitige Vorstellungen zu lösen), und daher kamen wir auch hier auf Postulate."

20 KrV, 03: 536, 36–537, 5. B 857.

21 Vgl. Wagner (1974), 132: „Aber dieses Postulat der praktischen Vernunft kann nach Kant nur deshalb aufgestellt werden, weil, wie schon woanders betont, die Idee Gottes für den bloß spekulativen Gebrauch der Vernunft ein bloßes, aber doch ‚fehlfreies Ideal' ist,

Sitten und Urheber der Natur betrachtet. Damit kann Gott das proportionierte Verhältnis zwischen Glückseligkeit und Sittlichkeit bzw. das höchste Gut verwirklichen. D.h. Gott ist nicht nur der Grund des Wollens und der moralischen Gesetze, sondern auch die Grundlage für die Zweckmäßigkeit der Natur. Diese Idee Gottes entspricht der Ausführung Schleiermachers über den Gesetzgeber und die Weltordnung: „Es ist die Idee des Sittengesetzes als des transzendenten Grundes alles einzelnen Wollens."[22] „Die Übereinstimmung des Sittengesetzes mit Erscheinung, auf welche das Wollen geht, also mit dem Naturgesetz, hat man durch die Formel ‚Weltordnung' bezeichnet."[23] Die Diskussion über den Gesetzgeber und die Weltordnung veranlasst Schleiermacher zu dem Schluss, dass der transzendente Grund für das Natur- und Sittengesetz, für das Wollen und Denken, zusammengeführt werden kann, um die Weltordnung zu vervollkommnen.[24]

Daraus ergibt sich der Unterschied zwischen Schleiermacher und Kant. Während Kant den transzendenten Grund allein von der Seite des Wollens zu sichern scheint, sucht Schleiermacher ihn ausgehend vom Parallelismus zwischen Wollen und Denken. Dabei wird ein Weg durch den jeweils anderen ergänzt. Wichtiger ist es, dass Kant das Postulat der praktischen Vernunft als den zureichenden Ausdruck für den transzendenten Grund betrachtet, dagegen haben das Denken und Wollen für Schleiermacher den Mangel, den transzendenten Grund nicht völlig zu begreifen. Einerseits drücken die vier

---

‚dessen objektive Realität [...] zwar nicht bewiesen, aber auch nicht widerlegt werden kann'. Schleiermacher übersieht, daß die Idee Gottes, rein als solche gedacht, ein notwendiger Gedanke für die Vernunft ist; der reine Gedanke Gottes als Schlußsatz eines disjunktiven Vernunftschlusses ist, für sich gedacht, ein richtiger und notwendiger Gedanke." Falk Wagners Meinung stimmt erstaunlich gut mit meiner Behauptung in Kapitel 3 überein.

22 Dial (2001), Bd. 2, 285. Dial, KGA II/10.2, 564, 5–7.

23 Dial (2001), Bd. 2, 285. Dial, KGA II/10.2, 564, 10–12.

24 Kant hat auch die Absicht, die praktische und theoretische Vernunft in eine Einheit zu bringen, vgl. GMS, 04: 391, 16–28: „Im Vorsatze nun, eine Metaphysik der Sitten dereinst zu liefern, lasse ich diese Grundlegung vorangehen. Zwar giebt es eigentlich keine andere Grundlage derselben, als die Kritik einer reinen praktischen Vernunft, so wie zur Metaphysik die schon gelieferte Kritik der reinen speculativen Vernunft. Allein theils ist jene nicht von so äußerster Nothwendigkeit als diese, weil die menschliche Vernunft im Moralischen selbst beim gemeinsten Verstande leicht zu großer Richtigkeit und Ausführlichkeit gebracht werden kann, da sie hingegen im theoretischen, aber reinen Gebrauch ganz und gar dialektisch ist: theils erfordere ich zur Kritik einer reinen praktischen Vernunft, daß, wenn sie vollendet sein soll, ihre Einheit mit der speculativen in einem gemeinschaftlichen Princip zugleich müsse dargestellt werden können, weil es doch am Ende nur eine und dieselbe Vernunft sein kann, die bloß in der Anwendung unterschieden sein muß."

Formeln, die durch das Denken erfasst werden, den transzendenten Grund nur symbolisch aus. Dies wurde in Kapitel 5 ausführlich dargestellt. Andererseits steht der transzendente Grund für das Wollen, nämlich der Gesetzgeber, auch im Gegensätzlichen, weil der Prozess von den Gegensätzen des Wollens zum Sein ausgeht. Dadurch kann der Gesetzgeber nicht gedacht werden, ohne die Naturgesetze und die mannigfaltigen Erscheinungen mit zu bedenken. D.h. Gott als Gesetzgeber sollte gleichfalls nicht als der transzendente Grund, der keinen Gegensatz in sich trägt, gedacht werden. Dass das Wollen unfähig ist, den transzendenten Grund völlig zu begreifen, kann als die schwerwiegendste Kritik an Kants Postulatenlehre betrachtet werden, wenn auch nicht ohne Missverständnis.

Schleiermacher führt weiter aus, dass der transzendente Grund für das Denken und Wollen ein und derselbe ist, und dass der transzendente Grund von der Seite des Denkens allein oder des Wollens allein nicht völlig erfasst werden kann. Dies ist die metaphysische Grundlage für die Behauptung Schleiermachers, dass die Religion weder Wissen noch Handeln ist. Der Mangel und die Einseitigkeit des Wollens und Denkens bei der Suche nach dem transzendenten Grund nötigen Schleiermacher dazu, diesen Grund in der Identität des Wollens und Denkens zu suchen: „Der transzendente Grund des Seins wird somit nur in der Identität des Denkens und Wollens erkannt werden können, d.h., wenn beide einander ergänzen und sich wechselseitig durchdringen.“[25] Diese Identität liegt in nichts anderem als im unmittelbaren Selbstbewusstsein (Gefühl).

6.2 Das unmittelbare Selbstbewusstsein und das Gefühl

Bis zu seiner philosophischen Ethik von 1816/17 spricht Schleiermacher vom unmittelbaren Selbstbewusstsein und erst in der *Dialektik* (1818) setzt er dieses mit dem Gefühl gleich.[26] Die Gleichsetzung des unmittelbaren Selbstbewusstseins mit dem Gefühl bedeutet nicht, dass sie identisch wären oder dass das eine durch das andere ersetzt werden könnte. Der Unterschied wird diskutiert, nachdem ich die Einführung und die Funktionen dieser Gleichsetzung im Denken und

25 Dial (2001), Bd. 2, 282. Vgl. KGA II/10.2, 563, 22–24.

26 Vgl. Grove (2004), 496, Reuter (1979), 217. Vgl. auch Wagner (1974), 139, Anm. 2: „Es ist doch darauf hinzuweisen, daß Schleiermacher 1811 und 1814 nur von Gefühl, aber noch nicht vom unmittelbaren Selbstbewußtsein spricht. In dem Entwurf von 1814 handelt Schleiermacher allein vom reflektierten Selbstbewußtsein. Die Identifizierung des Gefühls mit dem unmittelbaren Selbstbewußtsein bahnt sich 1818 an (J 156f.) und wird erst ab 1822 explizit vollzogen.“

Wollen erklärt habe. Das Scheitern der Erfassung des transzendenten Grundes durch das Denken und Wollen eröffnet einen dritten Weg:

> „Es bleibt indes noch übrig der Versuch, ihn aufzusuchen in der Identität des Denkens und Wollens. Betrachten wir das Leben als Reihe, so ist es ein Übergang aus Denken in Wollen und umgekehrt, beides in seinem relativen Gegensatz betrachtet. Der Übergang ist das aufhörende Denken und das anfangende Wollen, und dieses muß identisch sein. Im Denken ist das Sein der Dinge in uns gesetzt auf unsere Weise, im Wollen ist unser Sein in die Dinge gesetzt auf unsere Weise. Also, sofern nicht mehr das Sein der Dinge in uns gesetzt wird, wird unser Sein in die Dinge gesetzt. Aber unser Sein ist das setzende, und dieses bleibt im Nullpunkt übrig; also unser Sein, als setzend, in der Indifferenz beider Formen. Dies ist das unmittelbare Selbstbewußtsein = Gefühl […] “[27]

Aus dieser Passage ergeben sich zwei wichtige Punkte: (1) das unmittelbare Selbstbewusstsein (Gefühl) ist eng mit unserem Sein verbunden, (2) das unmittelbare Selbstbewusstsein (Gefühl) ist die Identität oder der Indifferenzpunkt des Denkens und Wollens. Diese Punkte bedürfen der Ausführung.

(1) Was ist das Verhältnis zwischen dem unmittelbaren Selbstbewusstsein (Gefühl) und unserem Sein? In der oben zitierten Passage wird das Leben als Reihe betrachtet, und damit sind das Denken und das Wollen als zwei seelische Funktionen voneinander untrennbar. Sie gehen ineinander über. Auf diese Weise verhalten wir uns als Sein immer zum Sein außerhalb von uns, worauf Schleiermacher hinweist: „Im Denken ist das Sein der Dinge in uns gesetzt auf unsere Weise, im Wollen ist unser Sein in die Dinge gesetzt auf unsere Weise.“ Daraus ergibt sich, dass wir und die Außenwelt beständig aufeinander wirken wie Wirkung und Gegenwirkung. Im Prozess dieser Wirkung muss unser Sein ein Ganzes sein, jedoch kann weder das Denken noch das Wollen unser Sein oder unser Leben als Ganzes sein. Dies führt dazu, dass nur die Identität des Denkens und Wollens unserem Sein oder unserem beständigen Leben entspricht. Nach Schleiermacher liegt diese Identität im unmittelbaren Selbstbewusstsein (Gefühl). Wir können uns daran erinnern, dass Schleiermacher nach dem Scheitern der Aufgabe, den transzendenten Grund durch das Denken zu begreifen, zu dem Schluss kommt: „Die Identität des Seins und Denkens tragen wir in uns selbst; wir selbst sind Sein und Denken, das denkende Sein und das seiende Denken.“[28] Nun findet Schleiermacher diese Identität in uns, im unmittelbaren Selbstbewusstsein (Gefühl), und aufgrund dessen sind wir „das

27 Dial (2001), Bd. 2, 288. Dial, KGA II/10.1, 262, 1–12.
28 Dial (2001), Bd. 2, 270, 274, 276. Dial, KGA II/10.2, 557, 15–18.

denkende Sein" und „das seiende Denken". Anders gesagt, wir sind nicht nur das denkende Ich (*res cogitans*) oder das Seiende (*res extensa*), sondern das Leben, welches das Denken und das Sein in sich umfasst. Wir sind lebendige Dinge und die Einheit von Spontaneität und Rezeptivität, von Setzen und Gesetztem, von Denken und Sein, von Wollen und Denken – all diese Gegensätze sind im unmittelbaren Selbstbewusstsein (Gefühl) miteinander identisch. Deshalb werden das Leben und unser Sein im unmittelbaren Selbstbewusstsein (Gefühl) als Ganzes betrachtet.[29]

Dass Schleiermacher unser Sein und Leben als das setzende Sein betrachtet, bedeutet nichts anderes als dass wir uns als Sein in ein Verhältnis zum wirklichen Sein setzen, wie Schleiermacher im oben zitierten Absatz behauptet: „Im Denken ist das Sein der Dinge in uns gesetzt auf unsere Weise, im Wollen ist unser Sein in die Dinge gesetzt auf unsere Weise. Also, sofern nicht mehr das Sein der Dinge in uns gesetzt wird, wird unser Sein in die Dinge gesetzt." Diese Behauptung wird dadurch bestätigt, dass Schleiermacher die organische Funktion des Denkens so definiert: „Organisation ist das Nach-außen-Geöffnet-sein des Lebens."[30] Aufgrund der Gleichsetzung unseres Seins mit dem setzenden Sein werden wir und die Außenwelt in Zusammenhang gebracht: Wir öffnen uns zur Welt und die Welt beeinflusst uns.

In der Interpretationsgeschichte hat Falk Wagner eine wichtige These aufgestellt, die diese Untersuchung widerlegen muss. Falk Wagner zufolge kann „das Setzen des setzenden Selbstbewußtseins" „nur auf es selbst gehen", um sich nicht auf etwas zu beziehen und damit vermittelt zu sein. Deswegen können das Setzen und das Gesetzte unmittelbar identisch sein. Dies führt dazu, dass

---

29 Hier möchte ich die Meinung von Friedrich Kümmel widerlegen, der behauptet: „um das Absolute in sich befassen zu können, muß er selber *ein solches* sein. Es muß im Menschen etwas geben, was diesseits der Gegensatzstruktur liegt und durch diese noch gar nicht tangiert wird […] Hier kann der Mensch dem transzendenten Grund irgendwie, aber doch realiter entsprechen, und hier bedarf es auch keiner Analogien mehr, die das Transzendente dem Menschen nahebringen sollen." (Kümmel [2008], 314.) Das unmittelbare Selbstbewusstsein (Gefühl) trägt die Identität des Denkens und Wollens in sich und damit ist es mit dem transzendenten Grund analogisch. Allerdings bedeutet dies nicht, dass das unmittelbare Selbstbewusstsein (Gefühl) „selber ein Absolutes *ist*" (a. a. O., 316), weil es nur ein transzendenter Grund *in uns* und daher idealiter ein transzendenter Grund für das Denken und Wollen, für unser Leben als Identität von Sein und Denken ist. Deshalb ist das unmittelbare Selbstbewusstsein (Gefühl) das Relative im Vergleich zum Gott als dem Absoluten, nur auf diesem Grund kann das Abhängigkeitsgefühl thematisiert werden. Die Auslegung Friedrich Kümmels bezeichnet Schleiermachers Ich als das vollständige und verschlossene Sein und gibt daher keinen Raum für seine Öffnung für das Absolute. Vgl. Grove (2004), 541.

30 Dial (2001), Bd. 2, 151. Vgl. Dial, KGA II/10.2, 466, 12–13.

„die logische Struktur des unmittelbaren Selbstbewußtseins" „mit der Struktur der causa sui oder der Fichteschen Tathandlung als Ausdruck des sich selbst setzenden Ich übereinstimmen" würde.[31] Aufgrund der sogenannten Zirkularität in Fichtes Wissenschaftslehre von 1794/95 legt Falk Wagner das unmittelbare Selbstbewusstsein Schleiermachers so aus, dass es gleichfalls passiv und aktiv, rezeptiv und spontan sei. Auf diese Weise verliert das unmittelbare Selbstbewusstsein seine Unmittelbarkeit, „sein Haben ist als Sich-Haben durch das Sich als Gehabtes *vermittelt*."[32] Im Wesentlichen interpretiert Falk Wagner das unmittelbare Selbstbewusstsein nach dem Sich-Setzen von Fichtes Ich.[33] Im Gegensatz dazu bietet Hans-Richard Reuter eine ganze andere Deutung: „Die Identität, die Unendlichkeit des Setzens, ist mithin nicht das Unendlich-in-sich-Zurückgehen des absoluten Subjekts, sondern das Ins-Unendliche-Fließen eines Stroms."[34] Damit bezeichnet Reuter das unmittelbare Selbstbewusstsein als „die Bewegung eines linearen, unendlichen Strebens"[35]. Während Falk Wagner das unmittelbare Selbstbewusstsein als das Sich-Setzen des Ichs interpretiert, begreift Hans-Richard Reuter es nur als die unendliche Bewegung oder „ekstatisches Aus-sich-Herausgehen".[36]

M. E. sind beide Interpretationen einseitig. Unser Sein als das setzende Sein verhält sich zum Sein außerhalb unser nicht wie das setzende Ich zum Nicht-Ich bei Fichte. Das liegt daran, dass Schleiermacher das Ich und das Nicht-Ich bzw. die Welt als das Sein bezeichnet, damit die Welt oder das Universum an uns handeln kann, und umgekehrt. Schleiermacher zufolge wirken das setzende Sein und die Welt wechselseitig aufeinander, wie oben gesagt: „Im Denken ist das Sein der Dinge in uns gesetzt auf unsere Weise, im Wollen ist unser Sein in die Dinge gesetzt auf unsere Weise." Schleiermacher ist kein Idealist wie Fichte.[37] Außerdem bleibt das setzende Sein „im Nullpunkt übrig"[38], damit das setzende Sein ein selbstständiges Sein ist. Das bedeutet, es ist nicht nur das

31 Vgl. Wagner (1974), 143. Über die Gleichsetzung der fichteschen Tathandlung und des schleiermacherschen unmittelbaren Selbstbewusstseins, vgl. a. a. O., 146–151.

32 Wagner (1974), 145. Mehre Folge aus der Wagnerschen Erklärungsweise, vgl. Albrecht (1994), 295, Anm. 140.

33 Grove (2004), 522.

34 Reuter (1979), 217.

35 Reuter (1979), 229.

36 Grove (2004: 522, Anm.161) sieht hier „subjektlos".

37 Vgl. Grove (2004), 523, Anm. 163: „Wenn dies mit Fichtes *Grundlage der gesamten Wissenschaftslehre* von 1794 verbunden werden sollte, dann nicht so sehr mit dem Satz: ‚Das Ich setzt ursprünglich schlechthin sein eigenes Seyn', als vielmehr mit Fichtes eigentlichem höchstem Grundsatz: ‚Ich bin', der dem Begriff des unmittelbaren Selbstbewußtseins bei Schleiermacher näher kommt."

38 Dial (2001), Bd. 2, 288. Dial, KGA II/10.1, 266, 9.

„sich-Heraussetzen", wie Hans-Richard Reuter behauptet,[39] sondern auch „Sich-selbst-haben"[40], und damit fasst es die Identität verschiedener Zustände in sich. Daraus ergibt sich, dass das setzende Sein die Einheit des „sich-Heraussetzens" und „Sich-selbst-habens" ist, die nur durch die Form des unmittelbaren Selbstbewusstseins (des Gefühls) verstanden werden kann.[41]

Durch diese Ausführung wird klar, dass das unmittelbare Selbstbewusstsein (Gefühl) unser Sein und Leben als das Ganze andeutet, welches beständig an der Welt handelt und von der Außenwelt „behandelt wird". Um diese Bedeutung weiter zu entwickeln, müssen wir das Verhältnis des unmittelbaren Selbstbewusstseins (des Gefühls) mit dem Denken und Wollen veranschaulichen.

(2) Es stellt sich die Frage nach dem unmittelbaren Selbstbewusstsein (Gefühl) als dem Indifferenzpunkt des Denkens und Wollens. Wie oben gesagt, können das Denken und das Wollen sich nicht voneinander trennen, sondern nur wechselseitig ineinander übergehen: „Der Übergang ist das aufhörende Denken und das anfangende Wollen, und dieses muß identisch sein."[42] Schleiermacher zufolge liegt „das zeitliche Leben"[43] im Wechsel zwischen Denken und Wollen. Im Übergang muss die Identität liegen, sonst würde das Leben seine Ganzheit verlieren: „Der Übergang beider Funktionen ineinander muß das Mitgesetztsein des andern einschließen, d. h., als reines unmittelbares Selbstbewußtsein gesetzt sein."[44] Das unmittelbare Selbstbewusstsein garantiert den Übergang beider Funktionen ineinander und begründet damit die mögliche Bedingung für diesen Übergang.[45] Der Übergang und die Identität zwischen Denken und Wollen wurzeln im unmittelbaren Selbstbewusstsein (Gefühl). Allerdings gibt es auch Unterschiede zwischen dem unmittelbaren Selbstbewusstsein und dem Gefühl, insofern der Übergang und die Identität zwischen Denken und Wollen sich unterscheiden: „in dem Übergang ist die Zeitform gesetzt, in der Identität ist sie

39 Vgl. Reuter (1979), 228–230.

40 Dial (2001), Bd. 2, 288. Dial, KGA II/10.2, 567, 7.

41 Für einige Kritikpunkte an beiden Interpretationen vgl. Grove (2004), 523 f., Barth (1983), 14f.

42 Dial (2001), Bd. 2, 288, Dial, KGA II/10.1, 266, 4–6.

43 Dial (2001), Bd. 2, 286. Dial, KGA II/10.2, 565, 6.

44 Dial (2001), Bd. 2, 287. Es ist erstaunlich, dass diese Passage in der KGA lautet: „Der Übergang beider Functionen in einander muß ein solches Mitgesetztsein eines andern ausschließen, als das reine, unmittelbare Selbstbewußtsein gesetzt sein." (Dial, KGA II/10.1, 565, 14–16.)

45 Wagner (1974: 139, Anm. 3) kritisiert zutreffend diejenigen, die das unmittelbare Selbstbewusstsein mit dem Übergang identifiziert haben. Meiner Meinung nach liegt dieser Irrtum in der Nachlässigkeit, dass der Übergang die Zeitform voraussetzt, die in der Identität aber negiert wird.

negiert."[46] Das unmittelbare Selbstbewusstsein hat mehr zu tun mit der zeitlosen Identität, während sich das Gefühl mehr auf den (die Zeit voraussetzenden) Übergang bezieht. Doch sollen wir beides als einheitlich betrachten: „Dieses unmittelbare Selbstbewußtsein, als wirklich erfüllte Zeit gesetzt, wollen wir durch den Ausdruck ‚Gefühl' bezeichnen."[47] D.h. das unmittelbare Selbstbewusstsein *ist* das Gefühl.[48] Diese Gleichsetzung „das unmittelbare Selbstbewußtsein = Gefühl" richtet sich sowohl auf die Einheit aller unserer Tätigkeiten und aller Arten von Bewusstsein, und sie begleitet auch das zeitliche wirkliche Denken und Sein.

Durch das oben Ausgeführte können wir zweifellos erschließen, dass das unmittelbare Selbstbewusstsein (Gefühl) die Identität und den Indifferenzpunkt zwischen Denken und Sein, Denken und Wollen, Subjekt und Objekt begründet. Hier scheint das Ziel Schleiermachers erreicht zu sein: „der transzendente Grund des Seins wird somit nur in der Identität des Denkens und Wollens erkannt werden können". Allerdings soll dieser transzendente Grund in uns bzw. im unmittelbaren Selbstbewusstsein (Gefühl) nur *idealiter* erfasst werden, denn der transzendente Grund außerhalb von uns ist noch unerreichbar. Wie sich der transzendente Grund in uns zu dem außerhalb von uns verhält, werde ich im Abschnitt 6.3 ausführlich diskutieren.

(3) Jetzt ist die Unverfügbarkeit des unmittelbaren Selbstbewusstseins (des Gefühls) hervorzuheben. Schleiermacher grenzt zwei Bestimmungen für das unmittelbare Selbstbewusstsein (Gefühl) voneinander ab: „welches [sc. das unmittelbare Selbstbewußtsein] ist 1. verschieden von dem reflectirten Selbstbewußtsein = Ich, welches nur die Identität des Subjekts in der Differenz der Momente aussagt und also auf dem Zusammenfassen der Momente beruht, welches allemal ein vermitteltes ist; 2. verschieden von der Empfindung, welche das subjektiv persönliche ist im bestimmten Moment, also mittelst der Affection gesetzt."[49] Folglich unterscheidet sich das unmittelbare Selbstbewusstsein vom reflektierten Selbstbewusstsein, und das Gefühl von der Empfindung. Durch die Abgrenzung vom reflektierten Selbstbewusstsein kritisiert Schleiermacher die Kantische Apperzeption, die durch die Reflexion auf sich selbst eine Einheit des Ichs hervorbringt. Kant behauptet: „Das: Ich denke, muß alle meine

46 Dial (2001), Bd. 2, 286.

47 Dial (2001), Bd. 2, 287. Dial, KGA II/10.2, 565, 16–566, 1: „Dies wollen wir als eine wirklich erfüllte Zeit durch den Ausdruck Gefühl bezeichnen."

48 Albrecht (1994: 299) bezeichnet diese Einheit als „Identität von Indifferenz und Begleitung".

49 Dial (2001), Bd. 2, 288–289. Dial, KGA II/10.1, 266, 12–17.

Vorstellungen begleiten können."[50] Schleiermacher zufolge ist aber das „Ich denke" nur durch die Selbstreflexion vermittelt, dagegen ist das unmittelbare Selbstbewusstsein wegen seiner Unmittelbarkeit niemals vermittelt. Damit lässt es sich nicht durch die Reflexion begreifen. Wäre es durch die Reflexion vermittelt, wäre es Objekt und keine Identität von Subjekt und Objekt.[51] Außerdem unterscheidet Schleiermacher zwischen dem Gefühl und der Empfindung, um die gewöhnlichen Bedeutungen des Gefühls zu vermeiden: „Wir haben in unserer Sprache keinen anderen Ausdruck hierfür, und es ist nur Mangel an Distinktion, wenn man glaubt, daß dieser Ausdruck noch etwas anders bedeuten könnte. Es ist diese keine subjektive Passivität; diese heißt vielmehr ‚Empfindung'. Der Gegensatz Subjekt-Objekt bleibt hier gänzlich ausgeschlossen als ein nicht anwendbarer."[52] Deshalb ist das Gefühl nichts Subjektives, sondern die Aufhebung des Gegensatzes von Subjekt und Objekt. „Es ist die allgemeine Form des Sich-selbst-habens."[53] Das Gefühl entsteht nicht aus den Affektionen, vielmehr begleitet das Gefühl jede Empfindung der Affektionen. Das Gefühl oder das unmittelbare Selbstbewusstsein ist immer da, wo es seelische Tätigkeiten (Denken und Wollen) gibt: „Es wird oft ein Minimum, kann aber niemals Null werden."[54] Da das *unmittelbare* Selbstbewusstsein (Gefühl) nicht das *reflektierte* Selbstbewusstsein oder die Empfindung durch die Affektionen ist, kann man es nicht durch die Reflexion oder durch die Analyse der Affektion erfassen. Vielmehr ist das unmittelbare Selbstbewusstsein (Gefühl) nicht verfügbar.

Zusammenfassend gesagt, beschreibt Schleiermacher das unmittelbare Selbstbewusstsein (Gefühl) als den transzendenten Grund für die Identität des Denkens und Seins in uns, in dem das Subjekt und das Objekt, unser Sein und die Außenwelt, das Setzende und das Gesetzte identisch sind. Darin erkennen wir das wirkliche Leben als das Ganze, welches weder durch das Denken, das

---

50 KrV, 03, 108, 19, B. 139.

51 Cramer (1984: 142) erklärt Schleiermachers Theorie mit Hilfe der Kantischen Position: „Unser Denken und Handeln ist nicht eines *intellectus archetypus*, der in der Erzeugung des Bewußtseins seiner selbst auch alles ihm überhaupt möglichen Inhalte seines Bewußtseins miterzeugt, sondern das Denken und Handeln eines *intellectus ektypus*, der aufgrund seiner ‚Empfänglichkeit' auf hinzunehmende Vorstellungen angewiesen ist und das ihm in dieser Hinnahme Gegebene nur durch den spontan erzeugten Gedanken seiner selbst zur Einheit eines Bewußtseinsverlaufs integriert, den er den seinigen nennt." M. E. trifft diese Erklärung Cramers nicht zu, weil die Unmittelbarkeit des Selbstbewusstseins dadurch verloren gehen würde. Für eine Kritik dazu siehe Barth (2001).

52 Dial (2001), Bd. 2, 287. Dial, KGA II/10.1, 566, 1–6.

53 Dial (2001), Bd. 2, 288. Dial, KGA II/10.1, 567, 7–8: „Das Selbstbewußtsein ist die Form des sich-selbst-habens, und keinesweges das Subjective."

54 Dial (2001), Bd. 2, 288. Dial, KGA II/10.2, 567, 20.

Wollen und das Ideale, noch durch das Sein und das Reale allein begriffen wird. Aufgrund dessen sind wir das setzende Sein, das denkende Sein und das seiende Denken. Das unmittelbare Selbstbewusstsein (Gefühl) begründet nicht nur diese Identität, sondern begleitet alle zeitlichen Tätigkeiten und jede Art von Bewusstsein.

6.3 Der transzendente Grund und das unmittelbare Selbstbewusstsein (Gefühl)

Das Verhältnis zwischen dem transzendenten Grund und dem unmittelbaren Selbstbewusstsein (Gefühl) gehört zu den umstrittensten und schwierigsten und doch wichtigsten Punkten in der Interpretation von Schleiermachers Religionsphilosophie. Von der ersten Auflage der *Reden*, in der die Religion als Anschauung und Gefühl des Universums bestimmt wird, über die zweite Auflage dieser Schrift, wo sich die Religion mehr auf das Gefühl bezieht, bis hin zur Dialektik-Vorlesung formuliert Schleiermacher dieses Thema immer wieder neu. Dazu tragen auch die zwei Auflagen der *Glaubenslehre* bei. Außerdem begründet er das oben genannte Verhältnis nicht nur in den verschiedenen Dialektik-Vorlesungen unterschiedlich, sondern auch in der *Dialektik* (1822) selbst.[55] All dies führt zu den Schwierigkeiten der Interpretation. Um die Kompliziertheit zu vereinfachen, konzentriere ich mich nach wie vor auf die *Dialektik* (1822), die allein viele Formulierungen zu diesem Thema in sich umfasst.

In der *Dialektik* (1822) verhält sich das unmittelbare Selbstbewusstsein (Gefühl) zum transzendenten Grund auf doppelte Weise: (1) Das unmittelbare Selbstbewusstsein (Gefühl) selbst ist auf analogische Weise ein transzendenter Grund, wie Schleiermacher behauptet: „Im Gefühl sind wir uns die Einheit des denkend wollenden und wollend denkenden Seins irgendwie, aber gleichviel wie, bestimmt. In diesem also haben wir die Analogie mit dem transzendenten Grunde, nämlich die aufhebende Verknüpfung der relativen Gegensätze.“[56] (2) Der transzendente Grund wird repräsentiert in dem religiösen Gefühl als dem allgemeinen Abhängigkeitsgefühl: „Diese transzendente Bestimmtheit des Selbstbewußtseins nun ist die religiöse Seite desselben oder als das religiöse Gefühl, und in diesem also ist der transzendente Grund oder das höchste Wesen selbst repräsentiert.“[57] Daraus ergibt sich, dass neben dem analogischen

55 Vgl. Wagner (1974), 152–153, Anm. 17.
56 Dial (2001), Bd. 2, 289. Dial, KGA II/10.1, 266, 19–23.
57 Dial (2001), Bd. 2, 289–90. Dial, KGA II/10.1, 267, 5–8.

Verhältnis das Repräsentationsverhältnis zwischen dem unmittelbaren Selbstbewusstsein (Gefühl) und dem transzendenten Grund besteht. Wie beide Verhältnisse verstanden werden können und welcher Zusammenhang zwischen ihnen besteht, muss deutlich gemacht werden. In folgender Ausführung möchte ich über vier Fragen diskutieren: Wie sollen wir (1) das analogische Verhältnis und (2) das Repräsentationsverhältnis zwischen dem unmittelbaren Selbstbewusstsein (Gefühl) und dem transzendenten Grund verstehen? Zudem frage ich, (3) ob wir beide Verhältnisse in eine Einheit bringen können. Schließlich möchte ich fragen, (4) ob diese Verhältnisse irgendeine Erkenntnis über den transzendenten Grund voraussetzen.

(1) Im unmittelbaren Selbstbewusstsein (Gefühl) gibt es eine Analogie mit dem transzendenten Grund, wie Schleiermacher schreibt: „In diesem also haben wir die Analogie mit dem transzendenten Grunde."[58] Die Ähnlichkeit dazwischen ist schon klargemacht geworden in Abschnitt 6.2: Im unmittelbaren Selbstbewusstsein (Gefühl) geschieht die Aufhebung der Gegensätze zwischen Denken und Wollen, Subjekt und Objekt, Denken und Sein. Das unmittelbare Selbstbewusstsein (Gefühl) ist der transzendente Grund in uns, „er begleitet aber auch das Wirkliche Sein auf eine zeitlose Weise als unmittelbares Selbstbewußtsein (Gefühl)."[59]

Allerdings verbirgt sich in dieser Darstellung die Gefahr, dass das Wissen um den transzendenten Grund vorausgesetzt wird, und dass wir die Analogie „haben". Doch finden wir in der *Dialektik* (1814) einen verbesserten Ausdruck, wenn Schleiermacher schreibt: „Dem gemäß nun haben wir auch den transzendentalen Grund nur in der relativen Identität des Denkens und Wollens, nämlich im Gefühl."[60] In der *Dialektik* (1822) aber ist Schleiermacher der Meinung, dass wir „die Analogie" anstatt „des transzendentalen Grunds" „haben". Meiner Meinung nach gibt es keine Schwierigkeit in der *Dialektik* (1822) in Hinsicht auf das Wort „haben",[61] mit anderen Worten, die oben genannte Gefahr liegt nicht im

---

58 Dial (2001), Bd. 2, 289. Dial, KGA II/10.1, 266, 21–23. Wagner (1974: 152, Anm. 17) hat gezeigt: „von dieser Analogie zwischen dem unmittelbaren Selbstbewußtsein und dem transzendenten Grund handelt Schleiermacher nur im Entwurf von 1822."

59 Dial (2001), Bd. 2, 291. Vgl. Dial, KGA II/10.2, 569, 19–22.

60 Dial (2001), Bd. 1, 271. Dial, KGA II/10.1, 242, 24–26.

61 Um die Annahme, dass wir ein Wissen um den transzendenten Grund haben, zu vermeiden, behauptet Albrecht (1994: 302): „dieses Haben des transzendenten Grundes ist nun nicht realiter als Inhalt des unmittelbaren Selbstbewußtseins = Gefühls zu erfassen." Allerdings scheint Christian Albrecht zu vernachlässigen, dass die *Dialektik* (1822) nicht mit dem Haben des transzendenten Grundes, sondern mit dem Haben der Analogie zu tun hat. Außerdem scheint er das analogische Verhältnis mit dem Repräsentationsverhältnis zu verwechseln, vgl. a. a. O., 303 f.

Wort „haben", sondern vielmehr in der „Analogie". Auf diese Gefahr ist von Falk Wagner hingewiesen worden, der zu dem Schluss kommt: „Das unmittelbare Selbstbewußtsein kann sonach nur deshalb als Analogie des transzendenten Grundes angesehen werden, weil Schleiermacher im identischen Analogen ein bestimmtes *Wissen* um den transzendenten *Grund* voraussetzt."[62] Dem widerspricht aber Peter Grove, der behauptet, dass die Begriffe des transzendenten Grundes nur unbestimmt seien, und dass die Analogie „eher die Bedeutung von Ähnlichkeit als von Gleichheit hat – im Gegensatz zu dem Analogiebegriff, mit welchem Wagner operiert."[63] Aufgrund dessen versteht er die Analogie als „Bild" oder „Abspiegelung".

Peter Grove hat zu Recht darauf hingewiesen, dass das unmittelbare Selbstbewusstsein (Gefühl) nur eine Ähnlichkeit mit dem transzendenten Grund hat, dass es, wie bereits gesagt, nur idealiter ein transzendenter Grund oder in uns ist. Allerdings entspricht diese Auslegung der Erklärung Falk Wagners.[64] Anders gesagt, Peter Groves Kritik an Falk Wagner ist verfehlt. Die Kritik Falk Wagners betrifft ein Analogon, vermittels dessen die Ähnlichkeit zwischen dem unmittelbaren Selbstbewusstsein (Gefühl) und dem transzendenten Grund zum Vorschein kommt: „Dieses Analogon ist *die Bedingung der Möglichkeit des ‚Zwischen'* zwischen den Analogaten unmittelbares Selbstbewußtsein und transzendenter Grund."[65] Wir können diese Passage so verstehen: Wäre es ohne irgendein Wissen um den transzendenten Grund möglich zu behaupten, dass der transzendente Grund dem unmittelbaren Selbstbewusstsein analog oder ähnlich ist? Keineswegs. Wenigstens müssen wir vorher wissen, dass im transzendenten Grund alle Gegensätze aufgehoben sind, und dass er etwas anderes als das unmittelbare Selbstbewusstsein ist.

Wir können nun einen kurzen Vergleich mit der Analogie Kants vornehmen. Ich habe in den Kapiteln 1 und 3 darauf hingewiesen, dass Kant durch die Analogie die Eigenschaft „höchste Intelligenz" Gott zuschreibt. Doch habe ich auch bewiesen, dass Kant diese aposteriorische Weise auf den Begriff vom *enti realissimo* gründet, der durch das Prinzip der durchgängigen Bestimmung *apriorisch* abgeleitet wird. Nur wenn wir zuerst Gott als das *ens realissimum* erfasst haben, können wir urteilen, dass die höchste Intelligenz, die auf dem phy-

---

62 Wagner (1974), 155.

63 Grove (2004), 511.

64 Wagner (1974: 154): „das unmittelbare Selbstbewußtsein ist in diesem Sinne die Einheit des Denkens und Seins im Denken bzw. die Einheit des Idealen und Realen im Idealen [...] kann das unmittelbare Selbstbewußtsein insofern nur ein Analogat zum transzendenten Grund sein, als der transzendente Grund die Einheit des Denkens und Seins nicht nur im Denken, sondern ein als solche darstellen soll."

65 Wagner (1974), 154.

sikotheologischen oder moralischen Weg bestimmt wird, zu den Eigenschaften Gottes gehört. Sonst gäbe es keine Möglichkeit, die höchste Intelligenz Gott zuzuschreiben. Dagegen negiert Schleiermacher alle theoretische (apriorische und aposteriorische) Erkenntnis über Gott selbst, wie ich in Kapitel 5 gezeigt habe. Deswegen entsteht die Frage, wie Schleiermacher behaupten kann, dass das unmittelbare Selbstbewusstsein Gott (dem transzendenten Grund) ähnlich ist, ohne dass wir irgendein Wissen um ihn besitzen?

All dies deutet auf einen inhärenten Widerspruch zwischen dem Festhalten an der Analogie und Schleiermachers Lehre von der radikalen Unerkennbarkeit (Undenkbarkeit) Gottes hin. Vom Anfang der *Dialektik* an setzt Schleiermacher schon die Identität von Denken, Wollen und Sein (bzw. den transzendenten Grund) voraus, und aufgrund dessen kann er das analogische Verhältnis zwischen dem transzendenten Grund und dem unmittelbaren Selbstbewusstsein behaupten. Allerdings entsteht dieser Widerspruch erneut: Warum muss dieser transzendente Grund vorausgesetzt werden, wenn wir ihn nicht erkennen oder nicht einmal denken können? Diese Frage möchte ich in Kapitel 7 diskutieren. Hier ist nur darauf hinzuweisen, dass die Lehre der Analogie ein gewisses Wissen oder ein „Vorverständnis" des transzendenten Grundes voraussetzen muss. Schleiermacher behandelt die Analogie nur in der *Dialektik* (1822), doch ist es unklar, ob der dargestellte Widerspruch das Aufgeben dieser analogischen Lehre in den anderen Dialektik-Vorlesungen oder in den anderen Schriften verursacht.

(2) Der transzendente Grund ist repräsentiert im unmittelbareren Selbstbewusstsein (Gefühl). Im Unterschied zum analogischen Verhältnis besteht ein unmittelbarer Zugang des unmittelbareren Selbstbewusstseins (Gefühls) zu Gott im Repräsentationsverhältnis. Dies geschieht durch die Bezogenheit des unmittelbareren Selbstbewusstseins (Gefühls) auf sich selbst:

> „Diese Aufhebung der Gegensätze könnte aber nicht unser Bewußtsein sein, wenn wir uns selbst darin nicht ein Bedingtes und Bestimmtes wären und würden. Aber nicht bedingt und bestimmt durch etwas selbst im Gegensatz Begriffenes; denn insofern sind darin die Gegensätze nicht aufgehoben, sondern durch dasjenige, worin allein das Denken-wollende und Wollen-denkende mit seiner Beziehung auf alles übrige Eins sein kann, also durch den transzendenten Grund selbst."[66]

Da das Selbstbewusstsein (Gefühl) unmittelbar und unvermittelt ist, sich also nicht durch die Reflexion auf sich selbst erfassen kann, kann es in allen seelischen Tätigkeiten kein Gegenstand sein. Deswegen scheint das unmittelbare

66 Dial (2001), Bd. 2, 289. Dial, KGA II/10.1, 266, 33–267, 5.

Selbstbewusstsein (Gefühl) uns nicht zu Bewusstsein kommen zu können. Um seiner bewusst zu werden, muss es „ein Bedingtes und Bestimmtes“ sein. Deshalb schließt Schleiermacher auf das Bedingtsein und Bestimmtsein des unmittelbaren Selbstbewusstseins (Gefühls). Allerdings darf es nicht durch das in den Gegensätzen Stehende bedingt und bestimmt werden, sonst würde es nicht die Aufhebung dieser Gegensätze verwirklichen und würde daher selbst auch ein Objekt. Das unmittelbare Selbstbewusstsein (Gefühl) entsteht, wie ich in Abschnitt 6.2 gezeigt habe, nicht durch die Affektionen der Außenwelt. Deshalb darf das Seiende in der Welt nicht der Ursprung des Bedingtseins und Bestimmtseins des unmittelbaren Selbstbewusstseins (Gefühls) sein.

Es bleiben noch zwei Alternativen, die den Ursprung des Bedingtseins und Bestimmtseins des unmittelbaren Selbstbewusstseins (Gefühls) interpretieren können. Die eine ist die Welt als Ganze, die andere ist der transzendente Grund (Gott). Fast alle Forscher halten den transzendenten Grund für diesen Ursprung, ohne die andere Alternative zu berücksichtigen. Soviel ich weiß, hat nur Hans-Richard Reuter eine abweichende Meinung, indem er behauptet: „Das Absolute, worin das Selbst versinkt, ist nicht der *eine Gott*, sondern die *ganze Welt*.“[67] „Das religiöse Gefühl bezeichnet jedes Erleben, in dem das Selbst mit dem Universum eins wird.“[68] Meiner Meinung nach ist diese Behauptung nicht stichhaltig. In der *Dialektik* unterscheidet Schleiermacher zwischen Gott und Welt: „Gott = Einheit mit Ausschluß aller Gegensätze, Welt = Einheit mit Einschluß aller Gegensätze.“[69] Deshalb ist die Welt eine Totalität aller Gegensätze. Außerdem steht die Welt selbst noch im Gegensätzlichen: im Gegensatz zwischen Kraft und Erscheinung sowie zwischen Freiheit und Notwendigkeit, wie ich in Kapitel 5 erwiesen habe. Allerdings ist das unmittelbare Selbstbewusstsein Schleiermacher zufolge „nicht bedingt und bestimmt durch etwas selbst im Gegensatz Begriffenes“. Damit wird die Welt als Ganze aus den Alternativen ausgeschlossen. Gemäß der zitierten Passage ist das unmittelbare Selbstbewusstsein (Gefühl) bedingt und bestimmt „durch dasjenige, worin allein das Denken-wollende und Wollen-denkende mit seiner Beziehung auf alles übrige Eins sein kann, also durch den transzendenten Grund selbst.“ Nur im transzendenten Grund, nicht im Universum, werden unser Sein und die Außenwelt demnach eins. Daraus ergibt sich eine metaphysische Differenz zwischen den *Reden* und der *Dialektik*: Während in den *Reden* das Universum als Alleinheit angeschaut wird, gilt in der

67 Reuter (1979), 245. Vgl. auch 246, 247.

68 Reuter (1979), 241.

69 Dial (2001), Bd. 2, 303. Dial. KGA II/10.1, 269, 22–24. Eine ausführliche Diskussion über das Verhältnis zwischen Gott und Welt bei Schleiermacher, vgl. Thiel (1981).

Dialektik die Alleinheit nur für das Verhältnis Gottes zu allem wirklichen Sein (unserem Sein und der Außenwelt).

Nun wird das unmittelbare Selbstbewusstsein (Gefühl) durch nichts anderes als den transzendenten Grund bedingt und bestimmt. Diese Bestimmtheit des unmittelbaren Selbstbewusstseins (Gefühls) nennt Schleiermacher „das religiöse Gefühl“: „Diese transzendente Bestimmtheit des Selbstbewußtseins nun ist die religiöse Seite desselben oder als das religiöse Gefühl, und in diesem also ist der transzendente Grund oder das höchste Wesen selbst repräsentiert.“[70] Infolge der Bedingtheit und Bestimmtheit durch den transzendenten Grund kommt die religiöse Seite des Selbstbewusstseins zum Vorschein. In diesem religiösen Gefühl empfinden wir nicht nur uns selbst, sondern auch alles Sein als bedingt. Damit nennt Schleiermacher dieses Gefühl „allgemeines Abhängigkeitsgefühl“, d. h. alles Sein, sowohl unser Sein als auch das Sein außerhalb von uns, ist abhängig und bedingt durch diesen transzendenten Grund. Durch die Analyse des „Woher“ des Bedingtseins und der Bestimmtheit des unmittelbaren Selbstbewusstseins (Gefühls) stellt Schleiermacher fest, dass nur der transzendente Grund das unmittelbare Selbstbewusstsein bestimmen kann. Wenn diese transzendente Bestimmtheit uns zu Bewusstsein kommt, haben wir das allgemeine Abhängigkeitsgefühl, wie Peter Grove formuliert, „daß die Subjektivität nicht selbstgenügsam ist und insofern über sich selbst hinausweist.“[71]

Nach der Erklärung des Repräsentationsverhältnisses ist nun zu fragen, ob sich hier die Gefahr versteckt, das Wissen um den transzendenten Grund vorauszusetzen. Ich bin der Meinung, dass die Zuschreibung der Bestimmtheit des unmittelbaren Selbstbewusstseins (Gefühls) oder die Zuschreibung des allgemeinen Abhängigkeitsgefühls ein Wissen um den transzendenten Grund voraussetzt. Durch die Ablehnung dieser Bestimmtheit aus dem Seienden in der Welt oder aus der Welt als Ganzem kann man normalerweise nur auf irgendein X schließen, welches nicht das Seiende in der Welt und die ganze Welt ist. Allerdings behauptet Schleiermacher, dass das unmittelbare Selbstbewusstsein (Gefühl) durch den transzendenten Grund bestimmt und bedingt ist. Dies setzt voraus, dass sich der transzendente Grund von anderem Sein unterscheidet, dass der transzendente Grund alle Gegensätze ausschließt und dass der transzendente Grund das religiöse Gefühl bestimmt hat. All dies sind positive Behauptungen über den transzendenten Grund. Falk Wagner plädiert für dieselbe Ansicht: „Dieses bestimmte Wissen um den transzendenten Grund

70 Dial (2001), Bd. 2, 290. Dial, KGA II/10.1, 267, 5–8.

71 Grove (2004), 542.

kann aber nicht unmittelbar mit dem Bestimmtwerden gegeben sein, sondern es kann nur auf reflexiver Vermittlung beruhen."[72] D.h. im religiösen Gefühl allein kann die Bezogenheit des unmittelbaren Selbstbewusstseins (Gefühls) auf den transzendenten Grund nicht erfasst werden. Mit anderen Worten, im Abhängigkeitsgefühl allein können wir uns nur der Bezogenheit auf X bewusst sein. Nur durch eine Reflexion kann Schleiermacher urteilen, dass dieses X dem transzendenten Grund entspricht. Falk Wagner wirft Schleiermacher auch vor, dass dieser durch die Anwendung „der Kategorie der Kausalität auf den transzendenten Grund"[73] in eine andere Schwierigkeit gerät. Diesem Vorwurf stimme auch ich zu, weil Schleiermacher manchmal behauptet: „unser Selbstbewußtsein ist immer von der äußeren Mannigfaltigkeit affiziert, zugleich auch vom transzendenten Grunde an sich, welcher alle Mannigfaltigkeit aufhebt."[74] Doch wie kann man sagen, dass unser Selbstbewusstsein vom transzendenten Grund an sich affiziert ist, wenn man nichts von dem transzendenten Grund weiß? Das ist eine ähnliche Aporie wie bezüglich des kantischen Dinges an sich.

(3) Es ist schon deutlich, dass ein gewisses Wissen um den transzendenten Grund vorausgesetzt werden muss, um das analogische Verhältnis zwischen dem transzendenten Grund und dem unmittelbaren Selbstbewusstsein (Gefühl) sowie die Repräsentation desselben im unmittelbaren Selbstbewusstsein (Gefühl) zu behaupten. Im Vergleich zu den *Reden*, wo die Idee Gottes nicht den Schwerpunkt bildet und nur abhängig von der Richtung der Phantasie ist (vgl. 4.2.2 und 4.2.3), zielt die *Dialektik* (1822) auf die Suche nach dem Transzendenten, um die Übereinstimmung zwischen Denken und Sein zu sichern. In diesem Prozess negiert Schleiermacher die spekulative und empirische Erkenntnis vom transzendenten Grund. Damit ist er in eine Schwierigkeit geraten, denn er hat kein Recht zu behaupten, dass der transzendente Grund dem unmittelbaren Selbstbewusstsein (Gefühl) ähnlich ist und dass der transzendente Grund im unmittelbaren Selbstbewusstsein (Gefühl) repräsentiert ist oder das religiöse Gefühl affiziert. Das ist ein innerer Widerspruch in der Struktur. Darüber werde ich in Kapitel 7 ausführlich diskutieren.

Wie sich beide Verhältnisse vereinigen, ist noch ungeklärt. Um diese Frage zu lösen, ist zunächst der Forschungsstand darzustellen. Da die *Dialektik* auf die Einheit der widerstreitenden Vorstellungen zielt und daher als ein philosophisches Programm funktioniert, und da das unmittelbare Selbstbewusstsein (Gefühl) diesem Ziel genug zu sein scheint, glauben einige Forscher, dass

72 Wagner (1974), 166.

73 Vgl. Wagner (1974), 167.

74 Dial (2001), Bd. 2, 293. Dieser Absatz widerspricht der immanenten Interpretation von Grove (2004: 541).

das religiöse Abhängigkeitsgefühl ein Fremdköper für die *Dialektik* sei.[75] Dagegen sehen andere Forscher keine Differenz zwischen dem unmittelbaren Selbstbewusstsein (Gefühl) und dem religiösen Abhängigkeitsgefühl.[76] Nach den 1970er Jahren vertritt Falk Wagner die erste Interpretationsrichtung. Er interpretiert das unmittelbare Selbstbewusstsein, wie schon erwähnt, anhand der Tathandlung Fichtes. Dadurch hält er nicht nur das analogische Verhältnis, sondern auch das Repräsentationsverhältnis für illegitim. Außerdem beruhen Falk Wagner zufolge das analogische Verhältnis und das Repräsentationsverhältnis auf verschiedenen Strukturen und sind damit voneinander getrennt. Letztendlich schließt Wagner: „Das hätte dann zur Folge, daß Schleiermachers Philosophie und Theologie, Dialektik und Glaubenslehre [...] in einen unüberbrückbaren Gegensatz treten."[77] Dieser negativen Bewertung und Diagnose liegt eine systematische Analyse zugrunde, die Schleiermacher den Idealisten wie Fichte zuordnet. Danach berücksichtigen viele Forscher, wie Hans-Richard Reuter und Peter Grove, die Herausforderung von Falk Wagner[78] und insistieren darauf, dass beide Richtungen zur Einheit gebracht werden sollen und können.

Diese Untersuchung bestreitet den Schluss von Falk Wagner und versucht, solche Ideen eingehend zu analysieren und zu widerlegen. Wagners Interpretation basiert auf der Ausgabe von Rudolf Odebrecht, in der ein Absatz mit dem Titel „*Das religiöse Gefühl als Repräsentation des transzendenten Grundes*" auffallend ist, mit dem ein neuer Abschnitt beginnt.[79] Diese Version verursacht den Eindruck, dass es hier um ein anderes Thema geht. Durch die Ausgabe von Ludwig Jonas und die kritische Ausgabe wird allerdings bewiesen, dass dieser Absatz aus einer Randbemerkung Schleiermachers stammt, und dass es hier gar keinen neuen Abschnitt gibt.[80] D.h. der Absatz „diese Aufhebung der Gegensätze könnte aber nicht unser Bewußtsein sein [...]", demgemäß das religiöse Gefühl einen notwendigen Bestandteil des Selbstbewusstseins bildet, folgt direkt der Erklärung über die Analogie. Außerdem spricht Schleiermacher wechselweise von der Abspiegelung des transzendenten Grundes im unmittelbaren Selbstbewusstsein und im religiösen Gefühl, wie Peter Grove gezeigt hat.[81] Alle Fakten

75 Vgl. Offermann (1969), 68, 80.
76 Vgl. Kaulbach (1968), 252.
77 Wagner (1974), 157.
78 Reuter (1979). 236, Grove (2004), 538–539.
79 Odebrecht (1942), 289, Anm. Oder: Dial (2001), Bd. 2, 289, Anm.
80 Dial, KGA II/10.1, 266, SW III/4.2, 429. Vgl. Grove (2004), 539.
81 Grove (2004). 540. Z. B., Dial (2001), Bd. 2, 295. KGA II/10.2, 572, 2–9: „Das unmittelbare Selbstbewußtsein ist eine Abspiegelung des Seins, inwiefern die Gegensätze von Denken und Wollen darin aufgehoben sind. Ohne die Functionen, deren Identität hier gesetzt ist, die aber in relativem Gegensatze stehen, wäre dies nicht. Im religiösen Gefühl

weisen in die Richtung, das religiöse Gefühl nicht aus der Interpretation über das unmittelbare Selbstbewusstsein (Gefühl) in der *Dialektik* (1822) auszuschließen.

In der Tat sind beide Richtungen zwei verschiedene, aber untrennbare Momente des unmittelbaren Selbstbewusstseins (Gefühls). In Hinsicht auf das analogische Verhältnis bezieht sich das unmittelbare Selbstbewusstsein (Gefühl) auf andere seelische Tätigkeiten und auf die verschiedenen Arten von Bewusstsein. Dabei ist das unmittelbare Selbstbewusstsein (Gefühl) die Identität aller Tätigkeiten und hebt alle Gegensätze auf. Damit ist es dem transzendenten Grund analogisch und ähnlich. Im Hinblick auf die Repräsentation des transzendenten Grundes im Selbstbewusstsein wird das unmittelbare Selbstbewusstsein (Gefühl) zu unserem Bewusstsein, insofern wir uns als das Bedingtsein und Bestimmtsein durch den transzendenten Grund fühlen. Daher besteht eine unmittelbare Brücke zwischen dem Selbstbewusstsein und dem Transzendenten. Wenn sich das unmittelbare Selbstbewusstsein (Gefühl) auf andere Tätigkeiten richtet, ist es selbst ein Transzendentes in uns, deswegen bedarf es einer weiteren Erklärung (durch die Analogie), um es mit dem transzendenten Grund außerhalb von uns in Zusammenhang zu bringen; wenn es sich unmittelbar und direkt auf den transzendenten Grund bezieht, fühlen wir uns abhängig vom Transzendenten. In diesem Augenblick kommt die Beschränktheit und Endlichkeit unseres Seins zu Bewusstsein und das unmittelbare Selbstbewusstsein (Gefühl) entdeckt sich selbst als ein beschränktes Transzendentes anstatt des Absoluten an sich.[82] Das unmittelbare Selbstbewusstsein (Gefühl) ist selbst dem transzendenten Grund ähnlich und entsprechend, weil es selbst alle Gegensätze in sich aufhebt; es ist jedoch auch begrenzt und daher abhängig vom transzendenten Grund, weil es das Transzendente nur *idealiter* oder *analogisch* ist. Durch die Analogie und Repräsentation werden zwei verschiedene Perspektiven des unmittelbaren Selbstbewusstseins (Gefühls) vollständig beschrieben: Vortrefflichkeit und Eingeschränktheit, Unendlichkeit und Endlichkeit, Selbständigkeit und Abhängigkeit.

Dieser Abschnitt ist kurz zusammenzufassen. Das unmittelbare Selbstbewusstsein (Gefühl) stellt zwei verschiedenen Facetten dar. Auf der einen Seite

---

ist nun die Abspiegelung des Seins gesetzt, — nun wenden wir uns zu der Betrachtung, wie die Denkfunction mit ihren Resultaten und die Function des unmittelbaren Selbstbewußtseins mit ihren Resultaten gegen einander stehen."

82 Diese Behauptung könnte die Bedenken Falk Wagners widerlegen, der gezeigt hat: „Anders als bei der Analogie zwischen dem unmittelbaren Selbstbewußtsein und dem transzendenten Grund kann die Repräsentation des transzendenten Grundes im religiösen Gefühl nicht durch ein Drittes – das Denken – vermittelt sein. Vielmehr muß dann das religiöse Gefühl als Repräsentation durch das Repräsentierte – den transzendenten Grund – *bestimmt* sein." (Wagner [1974], 158.)

hebt es die Gegensätze zwischen Subjekt und Objekt, Denken und Sein auf. Damit ist es dem transzendenten Grund ähnlich. Auf der anderen Seite wird es vom transzendenten Grund bestimmt, daher ist es auch bedingt. Durch das oben Ausgeführte erreicht Schleiermacher sein Ziel, den transzendenten Grund zu finden. Allerdings steckt m. E. ein Widerspruch in der Suche: das Gesuchte scheint schon vorausgesetzt worden zu sein, besonders wenn Schleiermacher behauptet, dass unser Selbstbewusstsein vom transzendenten Grund affiziert ist. Ohne irgendein Wissen oder Vorverständnis um das Transzendente wäre es unmöglich zu urteilen, dass der transzendente Grund dem unmittelbaren Selbstbewusstsein (Gefühl) ähnlich ist, und dass er im unmittelbaren Selbstbewusstsein (Gefühl) repräsentiert ist oder es affiziert. Das Vorverständnis scheint aber keinen Grund in der *Dialektik* zu haben, weil die Suche nach dem transzendenten Grund sich dem Denken entzieht. Das ist ein großes Problem für Schleiermachers Religionsphilosophie, welches noch in der ersten Auflage der *Glaubenslehre* erhalten bleibt. Erst in der zweiten Auflage ist dieses Problem gelöst. Nun möchte ich gemäß diesem Leitfaden die *Glaubenslehre* diskutieren.

6.4 Gottesbewusstsein und Gotteswissen in der *Glaubenslehre*

Die *Dialektik* (1822) steht zeitlich der ersten Auflage der *Glaubenslehre* (= CG^1, 1821/22) nahe. Während die *Dialektik* (1822) auf den Grund und Zusammenhang aller Wissenschaften und Erkenntnisse zielt, richtet die *Glaubenslehre* sich auf die Grundlage der christlichen Frömmigkeit und die darauf gegründete Interpretation der Dogmatik. Trotzdem sind das religiöse Gefühl bzw. das Abhängigkeitsgefühl das gemeinsame Thema beider Programme. Nach fast zehn Jahren veröffentlicht Schleiermacher die zweite Auflage der *Glaubenslehre* (= CG^2, 1830/31). Es ist eine wichtige Frage der Forschung, wie diese Neufassung zu verstehen ist und inwieweit sie verbessert ist im Vergleich zur ersten.[83] Maureen Junker zufolge sollte die Neufassung als Reaktion auf die damalige Rezeption der ersten Auflagen verstanden werden.[84] Die sogenannte „rationalistische Kritik“ von K.G. Bretschneider und J.F. Röhr ist von dieser Untersuchung besonders betroffen, denn sie weisen darauf hin, dass Schleiermacher den Gegenstand des Abhängigkeitsgefühls als etwas Gutes statt Schreckliches ankündigt nur deswegen, weil er erst in der Vernunft die Idee Gottes entwickeln muss.[85] Es muss anhand der zweiten Auflage überprüft werden, ob Schleiermacher diese

83 Vgl. Mulert (1908), Redeker (1960), Schäfer (2003).
84 Junker (1990), 15–17.
85 Vgl. Junker (1990), 21.

Schwierigkeit, nämlich die Voraussetzung der Idee Gottes in der Vernunft, überwunden hat.

Die Untersuchung von Maureen Junker hat schrittweise die Verschiedenheit der Einleitungen zu den beiden Auflagen diskutiert und die zweite Auflage vorgezogen, weil sie nicht nur im Aufbau, sondern auch in der Darstellung über das Gottesbewusstsein ihre Vorteile hat.[86] Hier möchte ich nicht auf den Aufbau beider Einleitungen eingehen.[87] In Hinblick auf das Gottesbewusstsein oder das Abhängigkeitsgefühl scheint es klar zu sein, dass sich Maureen Junkers Standpunkt auf die Forschung Konrad Cramers zurückführen lässt.[88] Konrad Cramer hat im Jahr 1984 einen Vortrag aus Anlass des 150. Todestags Schleiermachers gehalten, in dem er behauptet: „Es ist Schleiermacher erst in der 2. Auflage der Glaubenslehre gelungen, diesem Analyseprogramm in § 4 eine sprachliche Form zu geben, die jedes objektivierende Mißverständnis des Phänomens der Frömmigkeit ausschließt [...] Während die 1. Auflage das Bewußtsein der schlechthinnigen Abhängigkeit mit dem Gefühl der Abhängigkeit ‚von Gott' identifiziert und damit diesem Gefühl einen bestimmten intentionalen Gegenstand zuordnet, nämlich Gott, verzichtet die 2. Auflage nicht nur auf eine solche Zuordnung, sondern gibt als das unterscheidende Merkmal des Gefühls der Frömmigkeit von allen anderen Gefühlen das Bewußtsein unsrer schlechthinnigen Abhängigkeit als solches an und identifiziert dies Bewußtsein mit demjenigen, im dem wir uns unsrer selbst als ‚in Beziehung mit Gott' bewußt sind. “[89]

Die Forschung Konrad Cramers hat einen neuen Anfang in der Interpretation der Frömmigkeitslehre Schleiermachers begründet, welcher von anderen Forschern neben Maureen Junker bestätigt worden ist.[90] Meine Untersuchung folgt ebenfalls dieser Linie und dreht sich um das Verhältnis zwischen Gottesbewusstsein und Gotteswissen. In diesem Abschnitt werde ich über die betreffenden Texte in beiden Auflagen diskutieren, nämlich über § 9 in der ersten Auflage und über § 4 in der zweiten Auflage.

6.4.1 Das Gottesbewusstsein und Gotteswissen in § 9 von CG^1

In § 8 beschreibt Schleiermacher die Beziehung der Frömmigkeit zum Gefühl oder das unmittelbare Selbstbewusstsein und die Abgrenzung der Frömmigkeit

86 Junker (1990), 30–90.
87 Zum Aufbau beider Einleitungen, vgl. auch Albrecht (1994), 199 ff.
88 Junker (1990), 54, Anm. 83.
89 Cramer (1984), 137, Anm. 11.
90 Albrecht (1994), 224–231, Grove (2004), 550.

von Wissen und Tun: „Die Frömmigkeit an sich ist weder ein Wissen noch ein Thun, sondern eine Neigung und Bestimmtheit des Gefühls."[91] Danach ist die Antwort auf die Frage, auf welcher Bestimmtheit des Gefühls die Frömmigkeit beruht, zu finden in § 9, wo Schleiermacher behauptet: „Das gemeinsame aller frommen Erregungen, also das Wesen der Frömmigkeit ist dieses, daß wir uns unsrer selbst als schlechthin abhängig bewußt sind, das heißt, daß wir uns abhängig fühlen von Gott."[92] Um diese Behauptung zu belegen, fügt er folgende Expositionen hinzu.

Zuerst weist Schleiermacher in § 9.1 darauf hin, dass jedes bestimmte Selbstbewusstsein zwei verschiedenen Bestandteile in sich hat: das sich immer gleichbleibende und das veränderliche. Damit wird das reine Selbstbewusstsein an sich keineswegs zu unserem Bewusstsein kommen, es ist vielmehr immer mit dem veränderlichen Selbstbewusstsein verknüpft. Während das veränderliche Selbstbewusstsein „die Zurückschiebung unseres Sosein auf ein etwas als mitwirkende Ursache"[93] und das Zusammensein mit anderen ausdrückt, richtet sich das sich immer gleichbleibende Selbstbewusstsein auf „das für sich sein des Einzelnen".[94] § 9.2 analysiert weiter das Selbstbewusstsein und betrachtet unser Sosein als „das Zusammensein von Empfänglichkeit und Selbsttätigkeit"[95]. Dementsprechend wird das Gefühl in zwei Momente unterschieden: „ein Verhältnis der Abhängigkeit", insofern sich das Gefühl „ganz gleich in dem ganzen Verlauf oder bei jedesmaliger Widerkehr des Verhältnisses"[96] bleibt, und „ein Verhältnis der Wechselwirkung oder Gegenwirkung"[97], insofern das Gefühl eine Gegenwirkung in sich beinhaltet.[98] Anschließend wird das fromme Gefühl in § 9.3 mit dem reinen Gefühl der Abhängigkeit identifiziert, in dem „die einfache und absolute Unendlichkeit"[99] mitgesetzt wird. Dies entspricht der Aussage, dass wir uns von Gott abhängig fühlen. Endlich wird in § 9.4 erklärt, dass Gott nie „auf eine äußerliche Weise und gegenüberstehend gegeben werden kann"[100], sonst würden wir eine Gegenwirkung auf ihn ausüben. Aus der

---

91 CG^1, KGA I/7.1, 26, 2–3.
92 CG^1, KGA I/7.1, 31, 2–5.
93 CG^1, KGA I/7.1, 31, 17–18.
94 CG^1, KGA I/7.1, 31, 23.
95 CG^1, KGA I/7.1, 31, 28–29.
96 CG^1, KGA I/7.1, 31, 30–31.
97 CG^1, KGA I/7.1, 31, 34–35.
98 Vgl. Junker (1990), 44: „§9.2 […] unterscheidet in ihm [sc. im Selbstbewußtsein] ein Gefühl absoluter von einem Gefühl partieller Abhängigkeit."
99 CG^1, KGA I/7.1, 32, 35.
100 CG^1, KGA I/7.1, 33, 7–8.

gesamten Argumentation scheidet Schleiermacher das fromme Gefühl oder das schlechthinnige Abhängigkeitsgefühl aus anderen Gefühlen aus.[101]

Jetzt soll über das Verhältnis zwischen Gottesbewusstsein und Gotteswissen in § 9 diskutiert werden. Wir bemerken, dass Schleiermacher selbst dieses Thema zur Sprache gebracht hat. Im Zusatz zu § 9.3 schreibt er: „Was früher ist, der Gedanke von Gott oder das in den frommen Erregungen enthaltene Gefühl von Gott, diese Frage zu entscheiden, gehört nicht hieher."[102] Obwohl dieser Absatz die Unbestimmtheit der Antwort zu dieser Frage verrät, hat Schleiermacher schon eine deutliche Antwort: „aus der Betrachtung jener Erregung [entsteht] das Bestreben [...], den Gedanken des höchsten Wesens zu bilden."[103] Die Behauptung wird in § 9.4 dargestellt: Nur durch die innere fromme Erregung wird der Gedanke von Gott nicht Theophanie, und das Gotteswissen ist nur die „freiwillige Entäußerung"[104] der Frömmigkeit. Allerdings läuft der Denkprozess Schleiermachers nicht auf dieser Bahn. Besonders am Ende von § 9.3 wird das Mitbestimmende des schlechthinnigen Abhängigkeitsgefühls Gott oder der einfachen und absoluten Unendlichkeit zugeordnet, während die Welt als „die in sich geteilte und endlich gestaltete Unendlichkeit"[105] das Verhältnis der Gegenwirkung und Wechselwirkung zu uns hat. Daraus ergibt sich: Nur wenn Schleiermacher zuerst die Differenz zwischen Gott und Welt entwickelt und Gott als die einfache und absolute Unendlichkeit schon in der Vernunft betrachtet hätte,[106] würde diese Zuordnung gelingen. Mit anderen Worten, das Gotteswissen entsteht nicht aus der Reflexion und Betrachtung des frommen Gefühls, sondern geht der letzteren voran.

Aus dem oben Ausgeführten kann man ersehen, dass die Darstellung über das Verhältnis zwischen Gottesbewusstsein und Gotteswissen in eine Aporie geraten ist wie in der *Dialektik* (1822): das Gotteswissen soll im Gottesbewusstsein zu suchen sein, jedoch setzt die Erklärung des Gottesbewusstseins das Gotteswissen voraus.

---

101 In Hinsicht auf den phänomenologisch-deskriptiven Charakter, vgl. Junker (1990), 49, Albrecht (1994), 229 f.

102 CG[1], KGA I/7.1, 32, 38–40.

103 CG[1], KGA I/7.1, 33, 1–3.

104 CG[1], KGA I/7.1, 33, 11.

105 CG[1], KGA I/7.1, 32, 34.

106 Vgl. Junker (1990), 49, Eckert (1987), 79.

6.4.2 Das Gottesbewusstsein und Gotteswissen in § 4 von CG²

Die Darstellung in CG² wird von den meisten Forschern bevorzugt wegen der verbesserten Struktur und der transzendentalen philosophischen Begründung der Frömmigkeit. Diese Untersuchung interessiert sich dafür, ob das Gottesbewusstsein schon das Gotteswissen voraussetzt. In § 4 bezeichnet Schleiermacher die Frömmigkeit folgendermaßen:

> „Das gemeinsame aller noch so verschiedenen Aeußerdung der Frömmigkeit, wodurch diese sich zugleich von allen andern Gefühlen unterscheiden, also das sich selbst gleiche Wesen der Frömmigkeit ist dieses, daß wir uns unsrer selbst als schlechthin abhängig, oder, was dasselbe sagen will, als in Beziehung mit Gott bewußt sind."[107]

Im Vergleich zur ersten Auflage, wo die Frömmigkeit mit der Aussage identifiziert wird, dass wir uns abhängig von Gott fühlen, wird Gott hier in der zweiten Auflage nicht als Gegenstand des Abhängigkeitsgefühls bezeichnet, vielmehr fühlen wir uns in Beziehung mit Gott stehend, und damit offenbart Gott sich nur in diesem Gefühl und das Gotteswissen geht dem niemals voran. Nun ist auf einige Details einzugehen.

In § 4.1 teilt sich das wirkliche Bewusstsein in zwei Elemente: „In jedem Selbstbewußtsein also sind zwei Elemente, ein [...] Sichselbtsetzen und ein Sichselbstnichtsogesetzthaben, oder ein Sein, und ein Irgendwiegewordensein."[108] Das letztere setzt etwas außer dem Ich voraus, während das erste „in dem unmittelbaren Selbstbewußtsein" „nicht gegenständlich vorgestellt"[109] wird. Die beiden Elemente drücken jeweils „das Sein des Subjektes" und „sein Zusammen mit anderen"[110] aus. Das Zusammensetzen der zwei Elemente entspricht jetzt der Empfänglichkeit und Selbsttätigkeit im Subjekt. Darunter verschwindet die Empfänglichkeit keineswegs. Aufgrund dieser Unterscheidung werden in § 4.2 zwei verschiedene Gefühle eingeführt: Wir fühlen uns abhängig, insofern überwiegend die Empfänglichkeit das Selbstbewusstsein bestimmt; wir haben das Freiheitsgefühl, insofern die Selbsttätigkeit bestimmend ist. Beide Gefühle bezeichnen die Wirkung und Gegenwirkung des Ichs mit dem Sein außerhalb von ihm. Mit beiden gegensätzlichen Gefühlen drückt Schleiermacher das Bewusstsein „der Wechselwirkung des Subjekts mit dem mitgesetzten Anderen"[111] aus. In der Untrennbarkeit von Freiheitsgefühl und Abhängigkeitsgefühl spie-

---

107 CG², KGA I/13.1, 32, 15–20.
108 CG², KGA I/13.1, 33, 15–17.
109 CG², KGA I/13.1, 32, 20–21, 22.
110 CG², KGA I/13.1, 34, 4–5.
111 CG², KGA I/13.1, 35, 26–27.

gelt sich das Verhältnis des Subjekts zur Welt oder zu den menschlichen Gesellschaften, in denen wir uns frei und abhängig zugleich fühlen. Daraus ergibt sich ein wichtiger Schluss: „schlechthiniges Abhängigkeitsgefühl aber, d. h., ohne ein auf dasselbe Mitbestimmende bezügliches Freiheitsgefühl, oder schlechthiniges Freiheitsgefühl, d. h., ohne eine auf dasselbe Mitbestimmende bezügliches Abhängigkeitsgefühl gibt es in diesem ganzen Gebiete nicht."[112] In § 4.3 lehnt Schleiermacher anschließend zuerst das schlechthinnige Freiheitsgefühl ab, weil das Freiheitsgefühl durch unsere Tätigkeit unmöglich ist, ohne irgendetwas außerhalb von uns vorauszusetzen, welches immer eine Wirkung auf uns hat und damit die Empfänglichkeit und das Abhängigkeitsgefühl in uns hervorbringt. Deshalb ist das schlechthinnige Freiheitsgefühl unmöglich. Im Hinblick auf das schlechthinnige Abhängigkeitsgefühl wird es verneint, dass das schlechthinnige Abhängigkeitsgefühl von einem Endlichen stammt, weil unsere Tätigkeit und Freiheit immerfort bleiben, d. h. wir wenigstens ein Minimum an Wirkung auf das Endliche haben. Jetzt muss das Woher des schlechthinnigen Abhängigkeitsgefühls veranschaulicht werden. Doch schließt Schleiermacher nicht direkt auf Gott, wie er es in § 9.3 von CG^1 getan hat, vielmehr erschließt er das schlechthinnige Abhängigkeitsgefühl aus der Ablehnung des schlechthinnigen Freiheitsgefühls:

> „Allein eben das unsere gesamte Selbstthätigkeit, als auch, weil diese niemals Null ist, unser ganzes Dasein begleitende, schlechthinig Freiheit verneinende, Selbstbewußtsein ist schon an und für sich ein Bewußtsein schlechthiniger Abhängigkeit, denn es ist das Bewußtsein, daß unsere ganze Selbstthätigkeit eben so von anderwärtsher ist, wie dasjenige ganz von uns her sein müßte, in Bezug worauf wir ein schlechthiniges Freiheitsgefühl haben sollten."[113]

Nach dem Auffinden des schlechthinigen Abhängigkeitsgefühls wird dieses Gefühl in § 4.4 mit der Beziehung zu Gott gleichgesetzt: „so ist dies so zu verstehen, daß eben das in diesem Selbstbewußtsein mitgesetzte Woher unseres empfänglichen und selbstthätigen Dasein durch den Ausdrukk Gott bezeichnet werden soll."[114]

Wir können durch die verschiedenen Ausführungen beider Auflagen erblicken, dass es in der zweiten Auflage nicht nur terminologische, sondern auch wesentliche Veränderungen gibt.[115] Besondere Aufmerksamkeit muss

---

112 CG^2, KGA I/13.1, 36, 16–19.
113 CG^2, KGA I/13.1, 38, 19–26.
114 CG^2, KGA I/13.1, 38, 19–39, 3.
115 Junker (1990: 54–66) thematisiert den Vergleich zwischen beiden Auflagen ausführlich. Vgl. auch Albrecht (1994), 224f.

§ 4.3 geschenkt werden, denn dort taucht die Idee Gottes nicht auf und das schlechthinnige Abhängigkeitsgefühl erschließt sich nur aus der Struktur des Selbstbewusstseins, nämlich aus der Verneinung des schlechthinnigen Freiheitsgefühls; im Vergleich dazu unterscheidet Schleiermacher in § 9.3 von CG[1] zuerst zwischen der Welt als „der in sich geteilten und endlichen gestalteten Unendlichkeit" und Gott als „der einfachen und absoluten Unendlichkeit", und danach verbindet er das schlechthinnige Abhängigkeitsgefühl mit Gott. Nun in § 4.3 von CG[2] ist das schlechthinnige Abhängigkeitsgefühl unmittelbar aus dem endlichen Freiheitsgefühl des Subjektes abgeleitet. Das schlechthinige Abhängigkeitsgefühl begleitet jede freie Tätigkeit, d. h. in jedem Moment fühlen wir uns abhängig von X, welches nicht die Welt als Ganze oder ein Teil der Welt ist, und auf welchem unser Dasein beruht. In diesem Prozess kommt das X zum Bewusstsein. Allerdings haben wir kein vorangehendes Wissen um das X, mit anderen Worten, wir wissen nur, dass das X nicht die Welt als Ganze und nicht die einzelnen Dinge in der Welt ist. Nur durch eine Reflexion geben wir dem X den Ausdruck Gott. Deshalb ist es klar, dass das Gottesbewusstsein auf jeden Fall dem Gotteswissen vorangeht, wie Schleiermacher behauptet: „daß unser Saz der Meinung entgegentreten will, als ob dieses Abhängigkeitsgefühl selbst durch irgend ein vorheriges Wissen um Gott bedingt sei."[116] In diesem Absatz wird die gleiche Meinung ausdrückt wie in der ersten Auflage, jedoch hat nur die zweite Auflage diese Behauptung verteidigt.

Zusammenfassung: Durch diese kurze und grobe Rekonstruktion wird der Unterschied zwischen beiden Auflagen klar zum Vorschein gebracht. In diesem Abschnitt haben wir veranschaulicht, dass § 9 von CG[1] in die gleiche Schwierigkeit geraten ist wie die *Dialektik* (1822). Sie setzen nämlich irgendein Wissen um Gott voraus, um das Gottesbewusstsein vor anderen Formen des Selbstbewusstseins auszuzeichnen. Diese Aporie hat Schleiermacher in § 4 von CG[2] überwunden, in dem das Gottesbewusstsein bzw. das schlechthinnige Abhängigkeitsgefühl jedes Bewusstsein und unser ganzes Sein begleitet, doch ist das Woher dieses Abhängigkeitsgefühls noch unbestimmt. In diesem Augenblick bleibt das Woher ein X, welches nicht irgendein Etwas in der Welt oder sogar die ganze Welt ist. Dieses unbestimmte X hat den Namen Gott nur, wenn wir auf die ursprünglichen frommen Erregungen reflektieren, danach entsteht die Idee Gottes sowie die Beschreibung seiner Eigenschaften.

116 CG[2], KGA I/13.1, 39, 13–15.

6.5 Die Eigenschaften Gottes

Nach dem Plan dieser Untersuchung ist es nötig zu fragen, was für einen Gott man im frommen Gefühl erfasst. Da Schleiermacher jede vorherige Aussage über Gott abgelehnt hat, stellt sich die Frage, ob der sich im Abhängigkeitsgefühl offenbarende Gott Verstand und Willen besitzt. Außerdem möchte ich diskutieren, wie die apriorischen Eigenschaften, nämlich Ewigkeit, Einfachheit, Unveränderlichkeit usw. vom frommen Gefühl abgeleitet werden können. Hier bietet sich ein Vergleich mit Kant an, der die apriorischen Eigenschaften Gottes analytisch aus dem Begriff bzw. Ideal des *entis realissimi* erschließt und gleichzeitig den Intellekt Gottes (Verstand und Willen) durch die aposteriorische Weise (die Physikotheologie und die Moraltheologie) erfasst. DAgegen ergreift Schleiermacher alle Eigenschaften Gottes durch die Reflexion auf die inneren frommen Erregungen. Da er dieses Thema überall in der *Glaubenslehre* ausdrückt, ist es unmöglich, hier eine systematische Diskussion zu führen.[117] Daher beschränke ich meine Erklärung nur auf die Eigenschaften, die auch bei Kant thematisiert worden sind.

Wie ich in Abschnitt 6.4 dargelegt habe, entsteht der Gedanke des höchsten Wesens aus der Betrachtung der frommen Gefühle,[118] und die Vorstellung Gottes ist „die unmittelbarste Reflexion“[119] über das schlechthinnige Abhängigkeitsgefühl. Daraus erschließt sich: „Insofern kann man wol auch sagen, Gott sei uns gegeben im Gefühl auf eine ursprüngliche Weise; und wenn man von einer ursprünglichen Offenbarung Gottes an dem Menschen oder in dem Menschen redet, so wird immer eben dieses damit gemeint sein, daß dem Menschen mit der allem endlichen Sein nicht minder als ihm anhaftenden schlechthinigen Abhängigkeit auch das zum Gottesbewußtsein werdende unmittelbare Selbstbewußtsein derselben gegeben ist.“[120] Deshalb handeln die Aussagen über Gott nicht von Gott an sich, sondern nur von der Beziehung des Subjekts zu Gott bzw. von der Abhängigkeit unseres Seins und der Außenwelt von Gott, wie Schleiermacher behauptet: „Auch erkennt die Schrift, soviel auch göttliche Eigenschaften in ihr aufgeführt werden, doch eben *diese Unerkennbarkeit des göttlichen Wesens an sich* fast auf allen Blättern an.“[121] Aufgrund dieser Unerkennbarkeit Gottes weist Schleiermacher darauf hin, „daß unsere Erkenntniß von Gott nur symbolisch

117 Für eine systematische Diskussion über die Eigenschaften Gottes in der *Glaubenslehre*, vgl. Christ (1982), 216–226, Osthöverner (1996), 32–98, Ebeling (1968).

118 CG[1], KGA I/7.1, 33, 1–2.

119 CG[2], KGA I/13.1, 39, 29.

120 CG[2], KGA I/13.1, 40, 13–19.

121 CG[1], KGA I/7.1, 189, 1–3. Hervorgehoben von Zhou.

sei."[122] Dies gilt als eine Kritik an den metaphysischen Darstellungen Gottes oder an der natürlichen Theologie. Jedoch drücken Kant zufolge nur der Verstand und der Wille Gottes die Beziehung Gottes zu uns Menschen und der Welt aus, wie sein symbolischer Anthropomorphismus andeutet, während die apriorischen Eigenschaften Gottes aus der Notwendigkeit der vernünftigen Schlussfolgerung stammen und damit Gott an sich (d.h. das Ideal Gottes) beschreiben. Bei Schleiermacher gibt es jedoch keine solche Unterscheidung. Er beschreibt alle Eigenschaften Gottes auf eine einheitliche Weise: „Alle Eigenschaften, welche wir Gott beilegen, können nicht etwas besonderes in Gott bezeichnen, sondern nur etwas besonderes in der Art, wie wir unser absolutes Abhängigkeitsgefühl auf Gott beziehen."[123]

Um weitere Unterschiede zwischen Kant und Schleiermacher zu erfassen, müssen wir die Methode, die Eigenschaften Gottes richtig zu rekonstruieren, zur Sprache bringen. Schleiermacher kritisiert die traditionellen Methoden, die die göttlichen Eigenschaften in zwei verschiedenen Gruppen aufgegliedert haben: die ruhende und die wirksame, oder die natürliche und die sittliche. Die erste Gruppe hat keine Verbindung mit dem Willen, „so kann man sich nur in dem Gebiet des Todes ruhende Eigenschaften und eine Trennung vom Willen denken."[124] Für die zweite Gruppe gilt das Umgekehrte. Im Gegensatz dazu teilt Schleiermacher die Eigenschaften Gottes in ursprüngliche und abgeleitete Eigenschaften auf: „Denn giebt es nur *Eine* ursprüngliche Eigenschaft und ist diese eine ruhende, alle aber, welche mit dem Willen in Verbindung stehn abgeleitet."[125] Daraus ergibt sich, dass Gott nur eine Eigenschaft hat, alle Einteilungen der Eigenschaften werden vom Menschen vorgenommen. Die eine ursprüngliche Eigenschaft drückt kein Verhältnis Gottes zur Welt aus und ist daher absolut; dagegen sind die abgeleiteten Eigenschaften Gottes nur relativ und richten sich auf das Verhältnis Gottes zur Welt. Anhand dieser Einteilung der absoluten und relativen Eigenschaften macht Schleiermacher klar, dass alle drei Methoden, nämlich die Entschränkung (*via eminentiae*), die Absprechung (*via negationis*) und die Ursächlichkeit (*via causalitatis*, für welche Schleiermacher selbst plädiert), nur die relativen oder abgeleiteten Eigenschaften Gottes zur Sprache bringen. Diese Einteilung hat zwei Bedeutungen für diese Untersuchung. Auf der einen Seite: Alle Methoden, einschließlich der von Schleiermacher beschriebenen Methode der Ursächlichkeit, bezeichnen und liefern nur die abgeleiteten Eigenschaften Gottes, damit liefern sie kein

122 CG^1, KGA I/7.1, 190, 2–3.
123 CG^1, KGA I/7.1, 188, 6–9.
124 CG^1, KGA I/7.1, 190, 15–16.
125 CG^1, KGA I/7.1, 190, 21–23. Hervorgehoben von Zhou.

Wissen um Gott an sich.[126] Dieses Ergebnis kann als Schlussfolgerung aus der radikalen Unerkennbarkeit Gottes betrachtet werden. Auf der anderen Seite: Durch diese Einteilung wird die Unterscheidung zwischen apriorischen und aposteriorischen Eigenschaften Gottes bei Kant sinnlos, indem man alle Eigenschaften nur von den Bezeichnungen des Verhältnisses zwischen Gott und Welt abgeleitet hat.

Schleiermacher kritisiert zwei traditionelle Methoden, nämlich die Entschränkung (*via eminentiae*) und die Absprechung (*via negationis*), mit denen Kant Gott die höchste Intelligenz zuordnet. Schleiermacher zufolge sind beide Methoden eine und dieselbe, sie leiten keine anderen Eigenschaften Gottes ab als diejenigen, „welche etwas an den Dingen dieser Welt aussagen, bei welchen immer positives und negatives in einander ist."[127] Jedoch können wir die positive Bestimmung niemals gänzlich von der negativen trennen, deshalb versteckt sich die negative Bestimmung oft in dem, was die Eigenschaft Gottes beschreibt. Außerdem entsteht dadurch oft „eine Menge ganz willkürlicher und unhaltbarer oder nichtssagender Begriffe göttlicher Eigenschaften"[128]. So bleibt nur die einzig richtige Methode, nämlich die Methode der Ursächlichkeit (*via causalitatis*), die durch die Kausalität Gottes auf uns mittels des Abhängigkeitsgefühls die Eigenschaften Gottes reflektiert.

Aufgrund dieser Methode werden die Allmacht, die Ewigkeit, die Allwissenheit und die Allgegenwart usw. Gott zugeordnet. (1) Die Allmacht: Gott kann im schlechthinnigen Abhängigkeitsgefühl auf doppelte Weise beschrieben werden. Einerseits unterscheidet sich die Ursächlichkeit Gottes von der Ursächlichkeit der Welt oder von „der im Naturzusammenhang enthaltenen (Ursächlichkeit)"[129], anderseits sind beide Ursächlichkeiten gemäß dem Umfang gleichgesetzt. Da „das Abhängigkeitsgefühl mit jedem sinnlichen Bewußtsein sich einigen kann"[130], entsteht die Gleichsetzung des Umfangs, die sich auf dem Begriff „Allmacht" bezieht. (2) Die Ewigkeit: Da das schlechthinnige Abhängigkeitsgefühl die Zeitlosigkeit der Ursächlichkeit Gottes und die Zeitlichkeit der Welt zu Bewusstsein bringt, betrachten wir die Ewigkeit als eine Eigenschaft Gottes und schreiben die Zeitlichkeit der Welt zu. (3) Die Allgegenwart: „Da

126 „Aber es muß auch gleich zugegeben werden, daß nicht nur die Verschiedenheiten in diesen Eigenschaften nichts reelles im Gott sind, sondern auch daß das, was jede für sich ausdrückt, nicht das Wesen Gottes an sich beschreibt, sondern nur wie es in uns gesetzt ist, indem man aus der Wirkung niemals das Wesen dessen, was die Causalität ausgeübt hat, erkennen kann." (CG[1], KGA I/7.1, 192, 3–8.)

127 CG[1], KGA I/7.1, 191, 15–17.

128 CG[1], KGA I/7.1, 190, 26–27.

129 CG[1], KGA I/7.1, 193, 5.

130 CG[1], KGA I/7.1, 193, 13–14.

nun die Ewigkeit doch am unmittelbarsten in Bezug auf die Zeit gedachtet wird, so fügt man ihr als Seitenstük bei die Allgegenwart in Bezug auf dem Raum."[131] Dadurch bekommen wir den Begriff „Allgegenwart". (4) Die Allwissenheit: Letztendlich denkt man die „Allwissenheit" neben der Allmacht, um die Ursächlichkeit Gottes nicht als „eine todte Kraft", die „Naturnothwendigkeit" oder „das Schicksal"[132] zu denken. Für Schleiermacher drücken diese Eigenschaften zusammen „den lebendigen Gott"[133] aus. Diese Eigenschaften sind am unmittelbarsten aus dem schlechthinnigen Abhängigkeitsgefühl abgeleitet.

Wir müssen bemerken, dass Schleiermacher einige Eigenschaften, z. B. die Einheit, die Unendlichkeit, die Einfachheit, nicht auf diese Weise als Eigenschaften Gottes betrachtet. „Es wird nämlich durch diese Eigenschaften nichts besonders in der Art, wie wir unser frommes Bewußtsein auf Gott beziehen, ausgedrückt [...] sondern nur die Beziehung auf Gott überhaupt."[134] D.h. diese Eigenschaften können nicht unvermittelt aus dem frommen Gefühl abgeleitet werden. (1) Die Einheit: In Einheit sind alle frommen Erregungen zusammengesetzt und damit der Unterschied zwischen Wesen und Dasein aufgehoben, wie Schleiermacher behauptet: „In unserem absoluten Abhängigkeitsgefühl aber ist das höchste Wesen überall angedeutet als daseiend"[135]. Daraus ergibt sich, dass die Zahl der frommen Erregungen vielfach ist. Schleiermacher zufolge gilt die Einheit Gottes mehr für den Monotheismus als für den Polytheismus. Hier wie in den *Reden* lässt er Raum für den Polytheismus. (2) Die Unendlichkeit: „Die Unendlichkeit ist nicht sowol eine Eigenschaft Gottes als vielmehr die Eigenschaft aller seiner Eigenschaften."[136] Z. B. bedeutet die Allwissenheit die Unendlichkeit des Verstandes, die Allmacht richtet sich auf die Unendlichkeit des Willens. Daher ist die Unendlichkeit nicht unmittelbar aus dem ursprünglichen frommen Gefühl abgeleitet. (3) Die Einfachheit: Die Einfachheit wird zuerst nicht als „Immaterialität" verstanden, weil sich darin eine Verneinung versteckt. Gleichzeitig schließt die Einfachheit „nicht nur die Materialität aus, sondern auch die Aehnlichkeit mit dem endlichen Geist"[137]. Deshalb beschreibt sie „das ungetrennte Ineinandersein aller göttlichen Täthigkeit", sie spricht nicht „eine besondere Eigenschaft des göttlichen Wesens" aus, „als vielmehr das Verhältniß aller in unserem Abhängigkeitsgefühl angedeuteten göttlichen Eigenschaften

131 CG^1, KGA I/7.1, 194, 13–15.
132 CG^1, KGA I/7.1, 194, 19–20.
133 CG^1, KGA I/7.1, 195, 5.
134 CG^1, KGA I/7.1, 222, 23–25.
135 CG^1, KGA I/7.1, 223, 1–3.
136 CG^1, KGA I/7.1, 223, 18–19.
137 CG^1, KGA I/7.1, 224, 7–8.

zu einander."[138] Deshalb entsteht die Einfachheit auch nicht unmittelbar aus den frommen Erregungen.

Bisher können wir erkennen, (1) dass es nach Schleiermacher keinen Unterschied zwischen den apriorischen und aposteriorischen Eigenschaften Gottes gibt. Alle Eigenschaften drücken Gott an sich nur symbolisch aus und beschreiben nur das Verhältnis Gottes zur Welt, daher sind sie ohne Ausnahme die abgeleiteten (bzw. nicht ursprünglichen) Eigenschaften. Mit anderen Worten, es gibt gar keine apriorischen Eigenschaften Gottes, weil wir die Eigenschaften Gottes nicht durch die Vernunft denken können. (2) Alle Eigenschaften Gottes werden aus dem schlechthinnigen Abhängigkeitsgefühl abgeleitet. Die direkt abgeleiteten Eigenschaften sind Allmacht, Ewigkeit, Allwissenheit und Allgegenwart, sie sind eins und dasselbe und drücken einen immer tätigen und lebendigen Gott aus. Im Vergleich dazu sind Kant zufolge die Ewigkeit und die Allgegenwart apriorisch und analytisch aus dem Begriff des *entis realissimi* erschließbar. Dagegen werden die Allmacht als eine Beschreibung des Gotteswillens und die Allwissenheit als eine Beschreibung des Gottesverstandes durch die Analogie von uns erfasst, nämlich indem wir uns die höchste Intelligenz durch die Zweckmäßigkeit der Welt und das in der Moral entwickelte höchste Gut denken. Daher sind die Allmacht und die Allwissenheit Gottes bei Kant nur vermittelt. (3) Andere (Kant zufolge) apriorische Eigenschaften wie Einheit, Unendlichkeit und Einfachheit entstehen aus einer weiteren Reflexion auf die unmittelbarsten Eigenschaften wie Allmacht, Ewigkeit, Allwissenheit und Allgegenwart. Daher gibt es nur eine Unterscheidung zwischen den unmittelbaren und den weiter reflektierten Eigenschaften Gottes bei Schleiermacher, d.h. es gibt keine Unterscheidung zwischen den apriorischen und aposteriorischen Eigenschaften wie bei Kant, weil alle Eigenschaften Gottes nur aposteriorisch und aus dem ursprünglichen Abhängigkeitsgefühl abgeleitet sind. Die Unterschiede in der Beschreibung der Eigenschaften Gottes zwischen Kant und Schleiermacher stammen aus der Differenz im Zugang zum unerkennbaren Gott an sich: Kant entwickelt apriorisch eine Idee Gottes aus der Vernunft und lässt die Frage nach der Existenz Gottes offen, außerdem ergänzen Physikotheologie und Moraltheologie mit Hilfe der Analogie die Erkenntnis über Gott; für Schleiermacher ist die Existenz Gottes keineswegs ein Problem, weil sie sich unmittelbar im frommen Gefühl offenbart, jedoch sind die Eigenschaften Gottes an sich unerkennbar, und deshalb können wir sie nur aus dem schlechthinnigen Abhängigkeitsgefühl ableiten.

138 CG^1, KGA I/7.1, 224, 15–20.

Dieses Kapitel thematisiert den Zugang zu Gott bei Schleiermacher. In Kapitel 5 erklärte ich die radikale Unerkennbarkeit Gottes durch das Denken. Schleiermacher zufolge ist sowohl die empirische als auch die spekulative Erkenntnis Gottes unmöglich. Damit ist der Zugang zu Gott ein großes Problem. Um diese Frage zu lösen, sucht Schleiermacher im Rahmen der Dialektik nach dem transzendenten Grund in der Identität von Denken und Wollen. Der transzendente Grund für das Denken und für das Wollen ist ein und derselbe, daher ergänzt die Suche nach dem Transzendenten im Wollen den Mangel bei der Suche im Denken. Allerdings geht die Suche des Transzendenten durch das Wollen vom Gegensatz zwischen Wollen und Sein aus und gerät daher in die gleiche Schwierigkeit wie die Suche durch das Denken. Deswegen versucht Schleiermacher, den transzendenten Grund in der Identität von Denken und Wollen zu suchen, nämlich im unmittelbaren Selbstbewusstsein (Gefühl), welches alle seelischen Tätigkeiten zeitlos begleitet und die Bedingung für den wechselseitigen Übergang zwischen Denken und Wollen gründet. Im unmittelbaren Selbstbewusstsein (Gefühl) drücken sich unser denkendes Sein und seiendes Denken aus, und darin liegt die Identität unseres Seins mit der Außenwelt. Deshalb sind alle Gegensätze zwischen Denken und Wollen, Denken und Sein, Subjekt und Objekt im unmittelbaren Selbstbewusstsein (Gefühl) aufgehoben (6.2). Aufgrund der Darstellung des unmittelbaren Selbstbewusstseins (Gefühls) diskutiert Schleiermacher das Verhältnis zwischen dem unmittelbaren Selbstbewusstsein (Gefühl) und dem transzendenten Grund. Einerseits ist das unmittelbare Selbstbewusstsein (Gefühl) dem transzendenten Grund ähnlich und analogisch, weil im unmittelbaren Selbstbewusstsein (Gefühl) alle Gegensätze aufgehoben sind, dadurch ist es sich selbst ein transzendenter Grund in uns (*idealiter*); andererseits fühlen wir uns abhängig und bestimmt vom transzendenten Grund, wenn das unmittelbare Selbstbewusstsein (Gefühl) uns zu Bewusstsein kommt. Beide Aspekte hängen zusammen und drücken die Einheit der Unendlichkeit und Endlichkeit unseres Seins aus. Doch in dieser Darstellung wird irgendein Wissen um den transzendenten Grund vorausgesetzt. Deswegen steht die Unerkennbarkeit Gottes zu dieser Voraussetzung im Widerspruch (6.3). Anschließend haben wir Schleiermachers Darstellungen des Verhältnisses zwischen Gotteswissen und Gottesbewusstsein in der *Glaubenslehre* veranschaulicht, um zu überprüfen, ob er diesen Widerspruch lösen kann. Durch die Rekonstruktion und Analyse der ersten Auflage (1821/22) und der zweiten Auflage (1830/31) schließen wir darauf, dass die erste Auflage noch in den Widerspruch geraten ist, während die Idee Gottes in der zweiten Auflage die Voraussetzung des vorherigen Wissens um Gott vermeidet, weil sie das schlechthinnige Abhängigkeitsgefühl direkt aus der Verneinung des schlechthinnigen Freiheitsgefühls ableitet (6.4). Dieser neue Zugang zu Gott bringt eine neue Methode hervor, die Eigenschaften Gottes zu denken und zu reflektieren, nämlich die Methode der Ursächlichkeit (*via causalitatis*), die die Eigenschaften Gottes *an sich* ablehnt und die Eigenschaften Gottes nur aus dem ursprünglichen Abhängigkeitsgefühl ableitet (6.5).

6.6 Die Erkenntnis Gottes bei Schleiermacher: Eine Zusammenfassung

Anders als für Kant scheint die Gewissheit der Existenz Gottes für Schleiermacher keineswegs ein Problem zu sein, weil die Existenz Gottes für ihn ein unzweifelhaftes Faktum ist. Das eigentliche Problem für Schleiermacher besteht darin, wie man diesen unzweifelhaft existierenden Gott erkennen kann. Schleiermacher bestreitet die Möglichkeit empirischer und spekulativer Erkenntnis Gottes. Diese Ablehnung basiert auf zwei Gründen: (1) Von oben ist Gott das einzige Ding an sich, wie Schleiermacher aus der Umgestaltung der spinozianischen Philosophie durch die kritische Philosophie erschlossen hat. (2) Von unten wird unsere Erkenntnis auf die vier Formeln für den transzendenten Grund (Gott) beschränkt. Schleiermacher hat in der *Dialektik* (1822) ausführlich diese Unzugänglichkeit Gottes durch das Denken veranschaulicht. Die radikale Unerkennbarkeit Gottes soll als wichtige Entdeckung der kantischen Philosophie betrachtet werden. Aufgrund dessen kritisiert Schleiermacher alle christlichen und philosophischen Vorstellungen Gottes, z. B. die einer *creatio ex nihilo* und einer *natura naturans.*

Allerdings verändert sich die Antwort auf die Frage, wie man den unerkennbaren Gott erfassen kann. Wir können nämlich eine Entwicklung im schleiermacherschen Gedankengang erkennen. Hier geht es allerdings nicht um die terminologischen Veränderungen: Anschauung und Gefühl (in R^1), Gefühl mit Anschauung (in R^2), das unmittelbare Selbstbewusstsein (Gefühl) (in der *Dialektik*), das fromme Gefühl oder das Abhängigkeitsgefühl (in der *Dialektik*, CG^1 und CG^2). All dies nennen wir „Gottesbewusstsein". Bei der Entwicklung hier handelt es sich um das Verhältnis zwischen dem Gottesbewusstsein und dem Gotteswissen: zuerst garantiert das Gotteswissen den Zugang zu Gott durch das Gottesbewusstsein, danach wird das Gotteswissen aus dem Gottesbewusstsein abgeleitet. (1) Wir können erkennen, dass alles Endliche in der *Spinozaschrift* einem Unendlichen inhäriert. Dadurch sind alle einzelnen und endlichen Dinge eine Abspiegelung und Darstellung des Unendlichen. Daraus ergibt sich, dass diese Grundstruktur zwischen dem Unendlichen und den endlichen Dingen die Voraussetzung für die Erklärung des Gottesbewusstseins ist. D.h. dass die Spekulation über das Verhältnis zwischen dem Universum und den einzelnen Dingen der Erklärung des Gottesbewusstseins vorangeht. (2) Diese grundlegende Struktur bleibt in R^1 und R^2 erhalten, dadurch können wir durch die Anschauung des Einzelnen das Universum anschauen und fühlen. Was angeschaut wird, ist aber nicht das Universum an sich, sondern das Verhältnis des Universums zum Endlichen. Obwohl der Begriff des Gefühls ein größeres Gewicht als der Begriff der Anschauung in R^2 hat, wird das Gefühl des Unendlichen gleichfalls durch die Erregung desselben in den Endlichen hervorgebracht. Da die Religionstheorie in den *Reden* von unten, nämlich von Anschauung und Gefühl der Menschen, ausgeht, ist die Idee Gottes ein offenes Problem. Wie wir in den Abschnitten 4.2.2 und 4.2.3 diskutiert haben, ist Gott nicht der Schwerpunkt der Religion. Schleiermacher möchte die Spekulation über Gott vermeiden, und damit braucht die Gottesfrage eine zusätzliche Erklärung in den *Reden*. (3) Obwohl sich die metaphysische Grundlage in der *Dialektik* (1822) verändert (d.h. in den *Reden* scheinen die Unterschiede zwischen Gott und dem Universum nicht herausgestellt zu werden, während die *Dialektik* (1822) das Verhältnis zwischen Gott und Welt zur Sprache bringt), hat die *Dialektik* (1822) das gleiche Problem hinsichtlich der Gottesfrage: Einerseits möchte Schleiermacher den transzendenten Grund allein aus dem unmittelbaren Selbstbewusstsein (Gefühl) ableiten, andererseits ist das Wissen um den transzendenten Grund vorausgesetzt in der Interpretation des unmittelbaren Selbstbewusstseins (Gefühl). Dieses Problem gilt auch für die Frömmigkeitslehre in der ersten Auflage der *Glaubenslehre* (1821/22). (4) Erst in der zweiten Auflage der *Glaubenslehre* (1830/31) spielt das Gotteswissen keine Rolle in der Erklärung des ursprünglichen frommen Gefühls, weil das, von dem die frommen Erregungen abhängig sind, nur ein X ist, welches nicht das Einzelne und die Welt als Ganze ist.

Erst in einer späten Phase seines Werkes kommt Schleiermacher erfolgreich zum Schluss, dass das Gottesbewusstsein keine theoretische Voraussetzung hat und das Gotteswissen daraus abgeleitet werden soll. Daher können wir behaupten: Obwohl die Beschäftigung mit der spinozianischen Philosophie Schleiermacher die Möglichkeit bietet, die kantische Philosophie zu überwinden und so die Idee eines lebendigen und tätigen Gottes zu erhalten, bleibt diese Idee doch eine Spekulation über Gott. Wenn Gott das Ding an sich ist, wie können wir dann etwas über das Verhältnis zwischen dem Unendlichen und dem Endlichen behaupten? Wie können wir sagen, dass Gott im Endlichen tätig ist? Die Unerkennbarkeit Gottes muss alle solchen Aussagen verneinen. Wir können dieses Problem in R^1, R^2, *Dialektik* (1822) und CG^1 erkennen. Anders gesagt, die philosophische (spinozianische oder identitätsphilosophische) Grundlage ist keine Voraussetzung für das Gottesbewusstsein in CG², wo Gott einem uns unerkennbaren X entspricht. Alle Eigenschaften Gottes beziehen sich nicht auf Gott an sich, sondern sie sind bloß Ableitungen aus dem Abhängigkeitsgefühl bzw. dem Gottesbewusstsein. Was dieses X aber bedeutet, müssen wir in Kapitel 7 diskutieren.

C. Die metaphysischen Grundlagen der kantischen und schleiermacherschen Religionsphilosophie im Vergleich

Die vorausgehenden Darstellungen der kantischen und schleiermacherschen Gotteslehren bilden die Grundlage, um die Unterschiede und Gemeinsamkeiten zwischen den Ansätzen beider Philosophen zu thematisieren. Bekanntlich ist Gott für beide unerkennbar, die Bedeutung der Unerkennbarkeit Gottes ist aber unterschiedlich. Wir werden zeigen, dass die Betrachtung Gottes als Ding an sich die gemeinsame Grundlage für ihre Theorien der Unerkennbarkeit Gottes ist. Insofern übernimmt Schleiermacher das philosophische Erbe Kants. Allerdings versucht Kant Gott mithilfe der Vernunft zu begreifen, dadurch wird Gott auf apriorische Weise aufgefasst als das allerrealste Wesen (das *ens realissimum*), obwohl die Existenz dieses Gottes durch die Vernunft nicht beweisbar ist. Mit dem Wort Manfred Franks: Das *ens realissimum* hat einen „Mangel an Sein". Die Unerkennbarkeit Gottes meint hier die Unerforschbarkeit der Existenz Gottes. Schleiermacher verneint dagegen alle apriorischen und spekulativen Methoden, Gott zu denken. Außerdem ist Gott für ihn immer lebendig, und schon deshalb gelingt das theoretische Begreifen Gottes nicht. Dies führt dazu, dass sich die Unerkennbarkeit Gottes nicht nur auf dessen *Existenz* beschränkt, sondern sich auf die *Eigenschaften* Gottes erweitert.

In dieser Dissertation wird die These vertreten, dass der größte Unterschied zwischen Kant und Schleiermacher darin besteht, dass Kant immer innerhalb der Vernunft Gott zu begreifen versucht. Im Vergleich dazu steht Gott für Schleiermacher außerhalb der Vernunft und er ist immer lebendig. Dieser Unterschied hat einen großen Einfluss darauf, wie die Existenz Gottes zu fassen ist, wie man die Eigenschaften Gottes bestimmen kann und wie sich Gott zu den Menschen und der Welt verhält. All diese Fragen werden unterschiedlich beantwortet. Für Kant ist die Frage nach dem lebendigen Gott eng mit der Intelligenz Gottes (Verstand und Willen) verbunden. Daher begründen die Zweckmäßigkeit der Natur und die Ordnung der Moral (mit unterschiedlicher Kraft) die Existenz Gottes. Dies führt dazu, dass sich Gott nur mittelbar zu den Menschen in ein Verhältnis setzt, nämlich eben vermittelt durch die Zweckmäßigkeit der Natur und die Ordnung der Moral. Im Gegensatz dazu hat Gott Schleiermacher zufolge ein unmittelbares und ursprüngliches Verhältnis zu den Menschen. Durch das Gefühl oder das unmittelbare Selbstbewusstsein besitzt der Mensch eine unmittelbare Verbindung zu Gott. Deswegen werden alle Eigenschaften Gottes aus diesem ursprünglichen Verhältnis abgeleitet. Letztendlich wird diese Dissertation zum Schluss kommen, dass Kant und Schleiermacher zur gleichen Tendenz in der Begründung der Religionsphilosophie beitragen: Subjektivierung und Internalisierung, weil beide die Offenbarungen Gottes in der Natur und in der Geschichte zuerst mit der Subjektivität (bzw. dem Gefühl und der moralischen Freiheit) begründen. Dadurch verlieren die Natur und die Geschichte ihre Dignität als originale Quelle der Offenbarung. In dieser Hinsicht geht Schleiermacher weiter als Kant.

7 Gott, Vernunft und Welt: Voraussetzung und Schwierigkeit

Durch die Beschränkung des Raums und der Zeit auf die sinnliche Anschauung werden die Kategorien des Verstandes und damit die Erkenntnis insgesamt mit den Erfahrungen verbunden. Kant sagt, „daß die reinen Verstandesbegriffe niemals von transscendentalem, sondern jederzeit nur von empirischem Gebrauche sein können,“[1] „daß er [sc. der Verstand] die Schranken der Sinnlichkeit, innerhalb denen uns allein Gegenstände gegeben werden, niemals überschreiten könne.“[2] Aufgrund dieser Grenze der Erkenntnis wird Gott ein Problem für den Verstand, weil er keineswegs in der Erfahrung erscheint und nie ein Gegenstand der sinnlichen Wahrnehmung wird. Die Gegenstände als Erscheinungen nennt Kant die Sinnenwesen oder *Phaenomena*, während diejenigen, die bloß durch die Vernunft gedacht wurden, als Verstandeswesen oder *Noumena* bezeichnet werden.[3] Ohne Zweifel soll Gott bei Kant in die Welt der *Noumena* verschoben werden. Schleiermacher nimmt die theoretische Folge davon auf, allerdings mit der Umdeutung, dass Gott das einzige Noumenon oder das einzige Ding an sich ist. Deshalb bildet die Unerkennbarkeit Gottes die gemeinsame Voraussetzung und Grundlage für beide Philosophen. Diese Voraussetzung werde ich in 7.1 kurz wiederholen. Obwohl die Unerkennbarkeit Gottes eine grundlegende Herausforderung für beide ist, haben sie jeweils ihre eigene Methode entwickelt, um Gott zu denken. Meines Erachtens möchte Kant die Aporie über Gott innerhalb der Grenzen der Vernunft lösen, indem er das allerrealste Wesen (das *ens realissimum*) durch das Prinzip der durchgängigen Bestimmung aus der Vernunft entwickelt. Im Vergleich dazu betrachtet Schleiermacher Gott als Dasein außerhalb unserer Vernunft, jedoch mit der Überlegung, dass Gott immer und ewig tätig und handelnd in der Welt ist, und dass er lebendig und real ist. Diese Betrachtungsweise wird in Abschnitt 7.2 untersucht. Wir werden zeigen, dass die Betrachtungsweisen der beiden Philosophen jeweils eigene Schwierigkeiten in sich bergen. Diesen Tatbestand werde ich in 7.3 und 7.4 ausführen. Was Kant betrifft, liegt die Aporie seiner Theorie darin, dass die Existenz Gottes nicht direkt aus dem Begriff des *entis realissimi* abgeleitet werden kann. Deswegen kann die Idee eines lebendigen Gottes nur auf eine aposterio-

1 KrV, 03: 207, 5–7, B 303.
2 KrV, 03: 207, 15–17, B 303.
3 KrV, 03: 209, 10–17, B 306.

rische und analogische Weise hinzugefügt werden. Im Gegensatz dazu ist die Existenz Gottes für Schleiermacher unmittelbar durch das religiöse Bewusstsein gesichert, außerdem ist der lebendige Gott bei ihm eine Voraussetzung seiner Religionstheorie. Doch im Ausschluss des vorausgesetzten Wissens von Gott besteht ein innerer Widerspruch: Ohne über Gott theoretisch nachzudenken, wäre es unmöglich zu bestimmen, ob das im schlechthinnigen Abhängigkeitsgefühl mitgesetzte X Gott ist. Um die jeweiligen aposteriorischen Erkenntnisse Gottes zu vergleichen, werden in 7.5 der Moraltheologie Kants und der Religionstheorie Schleiermachers jeweils die Namen Moral-Physikotheologie und Bewusstseins-Kosmotheologie gegeben. Daraus folgt, dass Kant den Verstand und Willen Gottes für symbolisch und aus der Zweckmäßigkeit der Welt abgeleitet hält, während Schleiermacher alle Eigenschaften Gottes durch die Ursächlichkeit Gottes auf das religiöse Bewusstsein erhält, wobei die Zweckmäßigkeit der Welt keine Rolle spielt.

7.1 Die gemeinsame Voraussetzung: Gott als Ding an sich

Gott als Ding an sich ist ein von Kant selbst formulierter Ausdruck.[4] Nach dem Ergebnis der *transzendentalen Analytik* muss der Gegenstand der Erkenntnis sich in der Welt der Erscheinungen befinden und damit die Materie zu den Formen des Verstandes liefern. Die Auswirkung dieser Lehre von der Grenze auf die Theologie bzw. auf die Erkenntnis Gottes hat Kant in § 8 der KrV gezeigt: „Allgemeine Anmerkungen zur transscendentalen Ästhetik." So behauptet Kant:

> „In der natürlichen Theologie, da man sich einen Gegenstand denkt, der nicht allein für uns gar kein Gegenstand der Anschauung, sondern der ihm selbst durchaus kein Gegenstand der sinnlichen Anschauung sein kann, ist man sorgfältig darauf bedacht, von aller seiner Anschauung (denn dergleichen muß alles sein Erkenntniß sein und nicht *denken*, welches jederzeit Schranken beweiset) die Bedingungen der Zeit und des Raumes wegzuschaffen. Aber mit welchem Rechte kann man dieses thun, wenn man beide vorher zu Formen der Dinge an sich selbst gemacht hat und zwar solchen, die als Bedingungen der Existenz der Dinge a priori übrig bleiben, wenn man gleich die Dinge selbst aufgehoben hätte: denn als Bedingungen alles Daseins überhaupt müßten sie es auch vom Dasein Gottes sein. Es bleibt nichts übrig, wenn man sie nicht zu objectiven Formen aller Dinge machen will, als daß man sie zu subjectiven Formen unserer äußeren sowohl als inneren Anschauungsart macht, die darum sinnlich heißt, weil sie *nicht ursprünglich*, d. i. eine solche, ist, durch die selbst das Dasein des Objects

4 Vgl. KrV, 03: 388, 08, B 604.

> der Anschauung gegeben wird (und die, so viel wir einsehen, nur dem Urwesen zukommen kann), sondern von dem Dasein des Objects abhängig, mithin nur dadurch, daß die Vorstellungsfähigkeit des Subjects durch dasselbe afficirt wird, möglich ist."[5]

Die *natürliche Theologie* wird in dieser Passage nachdrücklich abgelehnt, indem die Zeit und der Raum die Bedingungen aller Erkenntnis sind und nicht weggenommen werden. Davon ausgehend geht Kant noch einen Schritt weiter: „als Bedingungen alles Daseins überhaupt müßten sie [sc. Zeit und Raum] es auch vom Dasein Gottes sein." Daraus ergibt sich, dass Gott auch durch die Zeit und den Raum erkannt werden sollte, wenn dies möglich wäre. Allerdings ist Gott niemals Gegenstand der sinnlichen Anschauung. Außerdem sind die Zeit und der Raum nur subjektive sinnliche Anschauungsarten und keineswegs ursprünglich, deswegen ist die Möglichkeit der intellektuellen Anschauung (*intuiti originarii*) dem Menschen verschlossen. Sie kann nur Gott oder dem Urwesen zugeschrieben werden. All dies weist darauf hin, dass die sinnliche Erkenntnis Gottes für den Menschen unmöglich ist.[6]

Dass Gott ein Ding an sich ist, nimmt Schleiermacher auf. Im Vergleich zu Kant betrachtet Spinoza die Zeit und den Raum als Eigenschaften der Substanz, folglich sind sie nicht bloß Merkmale der sinnlichen Anschauungsart des Subjekts.[7] In der *Spinozaschrift* (1794) kritisiert Schleiermacher diesen Gedanken Spinozas: „Die Dinge sind an sich anders als sie werden wenn sie durch unser VorstellungsVermögen und durch unsere Organisation gegangen sind; das ist es wovon Kant ausgeht."[8] Diese Kritik führt zur gleichen Schlussfolgerung, die Kant gezogen hat: „Eben so wenig geht es nun aber an sich weiter zu versteigen, und mit Spinoza eine positive Einheit und Unendlichkeit zu behaupten; davon konnte aber dieser dem der kritische Idealism fremd war nichts wissen."[9] Das Unendliche ist, wie ich in 4.1.2 erklärt habe, das einzige Ding an sich oder *noumenon*, während die endlichen Dinge als Erscheinungen oder als *Phaenomena* betrachtet werden sollen. In den *Reden* ändert sich dieser Gedanke nicht wesentlich, denn Schleiermacher behauptet: „Und so alles Einzelne als einen Theil des Ganzen, alles Beschränkte als eine Darstellung des Unendlichen hinnehmen, das ist Religion; was aber darüber hinaus will, und tiefer hinein-

---

5 KrV, 3: 072, 10-20, B 71–72.

6 Zur Auswirkung der transzendentalen Analytik auf die Theologie, vgl. Michel (1987).

7 Vgl. Spinoza (2015: 573): „Dinge werden von uns in zwei Weisen als wirklich begriffen: entweder insofern wir sie als existierend in Beziehung auf eine gewisse Zeit und einen gewissen Raum begreifen oder insofern wir sie als in Gott enthalten und aus der Notwendigkeit der göttlichen Natur folgend begreifen."

8 KDdSS, KGA, I/1, 573, 33–35.

9 KDdSS, KGA, I/1, 574, 24–27.

dringen in die Natur und Substanz des Ganzen ist nicht mehr Religion, und wird, wenn es doch noch dafür angesehen sein will, unvermeidlich zurücksinken in leere Mythologie.“ [10] Es wird zurückgewiesen, dass man das Verhältnis zwischen den Endlichen und dem Unendlichen übertreten und über das Unendliche unmittelbar spekulieren könne. Obwohl Schleiermacher in R[1] die Religion als „Anschauung des Universums“ bezeichnet hat, ist das, was angeschaut wird, nicht das Universum an sich, sondern die Handlungen des Universums bzw. die Abspiegelungen des Unendlichen im Endlichen. Manche Forscher haben im Begriff der „Anschauung“ einen stark kantischen Charakter erblickt.[11]

Die *Dialektik* Schleiermachers kritisiert die traditionellen und spekulativen Ideen Gottes, weil sie ausgehend vom Gegensatz zwischen Sein und Denken noch im Gegensatz stehenbleiben und somit die alle Gegensätze ausschließende Idee Gottes nicht erreichen können. In der *Dialektik* (1822) hat Schleiermacher durch die Lehre von Begriff und Urteil vier Formeln für den transzendenten Grund definiert: „1. Die *natura naturans*, 2. Die Gottheit im Gegensatz zur Materie, 3. Die Idee des Schicksals oder der Notwendigkeit und 4. die Idee der Vorsehung oder der Freiheit. “[12] In Abschnitt 5.3.2 habe ich gezeigt, dass diese vier Formeln die Idee der Welt ausdrücken und die Idee Gottes nur approximativ oder symbolisch zum Vorschein bringen. Die Schwäche der vier Formeln zeigt die Unfähigkeit der Vernunft, Gott zu begreifen. Es ist offensichtlich, dass die natürliche Theologie und die spekulative Theologie bei Spinoza und Schelling mit dem Begriff der *natura naturans* ausdrücklich verneint werden. Daneben liegt die These von der Unerkennbarkeit Gottes der *Glaubenslehre* zugrunde, wie Schleiermacher selbst zugibt: „Auch erkennt die Schrift, soviel auch göttliche Eigenschaften in ihr aufgeführt werden, doch eben *diese Unerkennbarkeit des göttlichen Wesens an sich* fast auf allen Blättern an.“[13] Nach dieser Ausführung liegt es nahe, dass Schleiermacher diesem kantischen Gedanken, nämlich Gott als Ding an sich, lebenslang treu bleibt.

---

10 R[1], KGA I/2, 214, 14–18.

11 Z.B. Grove (2004), 291. Allerdings muss ich hier darauf hinweisen, dass die Anschauung bei Schleiermacher auch eine andere Bedeutung hat, wie Ellsiepen (2006: 289) behauptet: „Denn bei ihm paart sich im Begriff der ‚intellektuellen Anschauung‘ ein Sich-Abheben von der Kantischen Restriktion humaner Anschauung auf deren sinnliche Variante mit einem absolutheitstheoretischen Interesse. Daß dieses Interesse auch in Schleiermachers Religionsbegriff vorherrschend ist, dürfte keinem Zweifel unterliegen.“ Doch Christof Ellsiepen zufolge ist die Seite der erkenntniskritisch-idealistischen Intention ebenfalls wichtig.

12 Dial (2001), Bd. 2, 265. Dial, KGA II/10.2, 549, 30–32.

13 CG[2], KGA I/7.1, 189, 1–3. Hervorgehoben von Zhou.

Gott als Ding an sich stellt ein großes Hindernis für die menschliche Vernunft bei Kant und Schleiermacher dar. Dieser Gedanke beinhaltet eine Kritik an der natürlichen Theologie, die die aus der Erfahrung und den endlichen Dingen erkannten Eigenschaften Gott an sich zuschreiben möchte. Beide Philosophen entdecken die Unfähigkeit der Vernunft. Allerdings muss der Mensch unter dieser Voraussetzung den richtigen Weg finden, um Gott zu begreifen und den Abgrund der Vernunft zu überwinden.[14] An dieser Stelle trennen sich die Wege Kants und Schleiermachers voneinander.

7.2 Die Transzendenz und Immanenz Gottes in Hinsicht auf die Welt und die Vernunft

Angesichts der Unerkennbarkeit Gottes stehen Kant und Schleiermacher am Scheideweg. Ich habe darauf hingewiesen, dass Kant diese Aporie innerhalb der Vernunft lösen möchte, während Schleiermacher an der Unerkennbarkeit Gottes festzuhalten versucht. Allerdings hat jeder dieser Philosophen seine eigenen unlösbaren Probleme, wie ich in Abschnitt 7.3 darstellen werde. Darin wird gezeigt, dass Kant Gott aus der Notwendigkeit der Vernunft bzw. in der Vernunft begreifen möchte, im Vergleich dazu transzendiert Gott bei Schleiermacher immer die Vernunft. Daraus folgt, dass Gott für Kant der Gegenstand der Vernunft ist, dagegen ist Gott Schleiermacher zufolge immer lebendig und unerreichbar für die Vernunft.

In den Kapiteln 1, 2, und 3 wurde ausführlich dargestellt, wie Kant Gott aus der Notwendigkeit der Vernunft zu begreifen versucht. Diese Sichtweise kommt nicht nur in seinem apriorischen Begriff Gottes zum Ausdruck, nämlich im Begriff vom *enti realissmo*, sondern auch in seinen aposteriorischen Wegen durch die Zweckmäßigkeit der Natur und der Moral. Was die aposteriorischen Wege betrifft, kann der am Ende des 3. Kapitels schon zitierte Absatz hier wiederholt werden: „Man kann aber das Bedürfniß der Vernunft als zwiefach ansehen: erstlich in ihrem theoretischen, zweitens in ihrem praktischen Gebrauch. Das erste Bedürfniß habe ich eben angeführt; aber man sieht wohl, daß es nur bedingt sei, d. i. wir müssen die Existenz Gottes annehmen, wenn wir über die ersten Ursachen alles Zufälligen vornehmlich in der Ordnung der wirklich in der Welt gelegten Zwecke urtheilen wollen. Weit wichtiger ist das Bedürfniß der Vernunft in ihrem praktischen Gebrauche, weil es unbedingt ist, und wir

14 „Die unbedingte Nothwendigkeit, die wir als den letzten Träger aller Dinge so unentbehrlich bedürfen, ist der wahre Abgrund für die menschliche Vernunft." (KrV, 03: 409, 20-22, B 71–72.)

die Existenz Gottes voraus zu setzen nicht bloß alsdann genöthigt werden, wenn wir urtheilen wollen, sondern weil wir urtheilen müssen. Denn der reine praktische Gebrauch der Vernunft besteht in der Vorschrift der moralischen Gesetze. Sie führen aber alle auf die Idee des höchsten Gutes, was in der Welt möglich ist, so fern es allein durch Freiheit möglich ist: die Sittlichkeit; von der anderen Seite auch auf das, was nicht bloß auf menschliche Freiheit, sondern auch auf die Natur ankommt, nämlich auf die größte Glückseligkeit, so fern sie in Proportion der ersten ausgetheilt ist. Nun bedarf die Vernunft, ein solches abhängiges höchste Gut und zum Behuf desselben eine oberste Intelligenz als höchstes unabhängiges Gut anzunehmen [...]"[15] In dieser Passage hält Kant die Notwendigkeit, die Existenz Gottes anzunehmen, für eine Folge aus dem „Bedürfnis der Vernunft": Für den theoretischen Gebrauch ist die Existenz Gottes anzunehmen, um die zufällige Welt in Ordnung zu bringen; für den praktischen Gebrauch ist sie anzunehmen, um das höchste Gut zu verwirklichen.

Ich habe bereits bewiesen, dass der theoretische Gebrauch (nämlich die Idee Gottes als regulatives Prinzip und daher der symbolische Anthropomorphismus) und der praktische Gebrauch der Vernunft auf der Idee Gottes als *entis realissimi* basieren, oder zumindest mit dieser Idee verbunden sind, um das Bild Gottes zu vervollständigen, wie Kant die kosmologischen und physikotheologischen Beweise auf den ontologischen Beweis zurückzuführen versucht. Mit anderen Worten, der symbolische Anthropomorphismus und die Moraltheologie sind nur möglich, wenn zuerst Gott als *ens realissimum* in der Vernunft schon entwickelt ist. Angesichts der Betrachtung des allerrealsten Wesens aus der Notwendigkeit der Vernunft kann Schellings Erklärung dazu zitiert werden. Schellings Verknüpfung mit dem kantischen transzendentalen Ideal wurde von vielen Forschern erkannt.[16] Diese Verknüpfung kann hier nicht ausführlich diskutiert werden. Ich zeige, wie Schelling Kants Begriff vom *enti realissimo* versteht. In der *Einleitung in die Philosophie der Offenbarung* behauptet Schelling: „überhaupt ist in Kants Kritik der rationalen Theologie das positive Resultat derselben wichtiger als das negative. Das positive war, daß Gott nicht der zufällige, sondern der nothwendige Inhalt der letzten, höchsten Vernunftidee sey."[17] Schelling zufolge hat Kant die unvermeidbare Tendenz der Vernunft entdeckt, dass sie Gott *notwendig* als ihren Inhalt auffasst: „Nach Kant ist Gott der letzte, alles abschließende Begriff der Vernunft – auch diesen also wird die

---

15 WDO, 08: 139, 6–24.

16 Vgl. Gabriel (2006), 104f., Hogrebe (1989), 66f., Schrödter (1986), 562f., Hermanni (2012), 369f.

17 EPO, 45.

Vernunft noch immer von sich aus nicht als zufälliges, sondern als nothwendiges Ende finden."[18] Außerdem rekonstruiert Schelling das transzendentale Ideal in der *Darstellung der reinrationalen Philosophie* und reduziert es auf die Materie aller Seienden.[19] Schellings Darstellung über das *ens realissimum* entspricht der Meinung dieser Dissertation, wie ich in Kapitel 1 schon erklärt habe. Schelling verknüpft seine Potenzenlehre mit dem kantischen transzendentalen Ideal,[20] mein Interesse liegt jedoch darin, zu zeigen, dass Schellings Interpretation mit meiner Untersuchung übereinstimmt: (1) Kant möchte Gott in der Notwendigkeit der Vernunft begreifen, (2) Gott als *ens realissimum* muss die Materie der Welt sein, wie ich in Kapitel 1 diskutiert habe, (3) deswegen können wir die Existenz des durch die Vernunft begriffenen Gottes nicht beweisen. Dieses Thema werde ich in Abschnitt 7.3 diskutieren.

Obwohl Kant schon bewusst ist, dass die Vernunft Gott an sich nicht begreifen kann,[21] versucht er doch Gott innerhalb der Vernunft zu untersuchen. Schleiermacher ist jedoch der Meinung, dass die Vernunft Gott gar nicht begreifen kann, d. h. er bestreitet den apriorischen Weg, Gott zu denken. Es ist doch sehr interessant, zu zeigen, dass Gott für Kant ein Wesen außerhalb der Welt (*ens extramundanum*) ist (vgl. 1.2), und dass die Vernunft doch fast alle transzendentalen Prädikate (abgesehen vom Verstand und Willen) Gottes erfassen kann, während Schleiermacher darauf insistiert, dass Gott seine Handlungen immer in der Welt vollbringt und von der Welt nicht getrennt werden kann. Doch ist die Vernunft unfähig, irgendeine Eigenschaft Gottes festzustellen. Mit anderen Worten, für Kant transzendiert Gott die Welt, aber er ist der Vernunft immanent, im Gegensatz dazu argumentiert Schleiermacher, dass Gott der Welt immanent ist, aber die Vernunft transzendiert.

---

18 EPO, 62. Vgl. auch EPO, 72, 83.

19 DrP, 282–285.

20 Wie Schrödter (1986: 562) behauptet: „Schelling führt seine Potenzenlehre im Anschluß an das Kantische Lehrstück vom Transzendentalen Ideal ein (KrV B 595–611)."

21 „Die unbedingte Nothwendigkeit, die wir als den letzten Träger aller Dinge so unentbehrlich bedürfen, ist der wahre Abgrund für die menschliche Vernunft. Selbst die Ewigkeit, so schauderhaft erhaben sie auch ein Haller schildern mag, macht lange den schwindelichten Eindruck nicht auf das Gemüth; denn sie mißt nur die Dauer der Dinge, aber trägt sie nicht. Man kann sich des Gedankens nicht erwehren, man kann ihn aber auch nicht ertragen, daß ein Wesen, welches wir uns auch als das höchste unter allen möglichen vorstellen, gleichsam zu sich selbst sage: Ich bin von Ewigkeit zu Ewigkeit, außer mir ist nichts ohne das, was bloß durch meinen Willen etwas ist; aber woher bin ich denn? Hier sinkt alles unter uns, und die größte Vollkommenheit, wie die kleinste schwebt ohne Haltung bloß vor der speculativen Vernunft, der es nichts kostet, die eine so wie die andere ohne die mindeste Hinderniß verschwinden zu lassen." (KrV, 03: 409, 20–32, B 641) Schellings Position dazu, vgl. EPO, 163.

Was das Verhältnis zwischen Gott und der Welt bei Schleiermacher angeht, können die Ergebnisse wie folgt zusammengefasst werden. Allgemein gesagt muss Gott immer lebendig und tätig in der Welt sein. In der *Spinozaschrift* werden das Unendliche und die endlichen Dinge in eine Einheit gebracht, so dass das Unendliche ohne die endlichen Dinge nicht gedacht werden kann. Aufgrund dessen verneint Schleiermacher die traditionelle Lehre von der *creatio ex nihilo* und ersetzt sie durch die Theorie des *ex nihilo nihil fit.* Im Weltbild Schleiermachers müssen alle endlichen Dinge dem Unendlichen inhärieren. Diese Lehre der Inhärenz entwickelt Schleiermacher in den *Reden.* Sie ist die Lehre vom „Eins und Alles" (Ἑν καὶ Πᾶν) oder von der Alleinheit. Mit ihrer Hilfe bezeichnet man das Verhältnis zwischen dem Universum und den endlichen Dingen. So kann bemerkt werden, dass die höchste Stufe der Religion darin liegt, dass man das Universum als Totalität, als Einheit in der Vielheit, als System darstellt.[22] Bis in die *Dialektik* und *Glaubenslehre* ist dieses Verhältnis ein zentrales Thema.[23] In Anbetracht der ewigen Tätigkeit Gottes in der Welt wird die traditionelle Schöpfungslehre noch einmal in der *Dialektik* verneint, weil sie voraussetzt, dass Gott ohne die Welt existieren könnte: „Daher man die Materie als gleich ursprünglich und ewig mit der Gottheit setzen muß: nämlich Gott als das Handelnde, die Materie als das Leidende; beide unabhängig voneinander."[24] Diese Annahme führt allerdings dazu, dass das Handelnde und das Leidende sich voneinander trennen könnten, daher würde Gott in die Entgegensetzung gebracht. Andererseits: „Die Materie muß nun als ein Geschaffenes sein, wird also als ein Seiendes gesetzt."[25] Allerdings würde Gott wieder in Duplizität gesetzt, weil die Materie das Nicht-Sein ist, demgemäß gibt es doch noch nichts, wenn Gott die Materie erschafft. Daraus ergibt sich: „die Gottheit, welche aus der Materie die Welt schafft, ist nicht das unbedingte Sein; eben so es aber auch nicht die Gottheit."[26] Gott als der Handelnde in der Welt kann niemals abstrahiert von der Welt gedacht werden. Dieser Gedanke zeigt sich in der *Glaubenslehre* deutlich. Z. B. behauptet Schleiermacher in der Beschreibung der Eigenschaften Gottes:

> „Die Ewigkeit getrennt von der Allmacht wäre nur eine ruhende Eigenschaft, und sie so festzustellen würde nur die leere, wenigstens mit dem frommen Bewußtsein in gar keiner Beziehung stehende Vorstellung begünstigen von einem Sein Gottes

---

22 R[1], KGA I/2, 245, 6–7. Vgl. R[2], KGA, I/12, 123, 12–14.
23 Thiel (1981).
24 Dial (2001), Bd. 2, 247. Vgl. Dial, KGA II/10.2, 535, 34–536, 4.
25 Dial (2001), Bd. 2, 247. Dial, KGA II/10.2, 536, 12–13.
26 Dial (2001), Bd. 2, 248. Vgl. Dial, KGA II/10.2, 536, 21–25.

> abgesehen von den Erweisungen seiner Kraft, wodurch schon ein völlig unanwendbarer Gegensaz von Ruhe oder Muße und Thätigkeit angedeutet wird. Das fromme Bewußtsein aber wird, indem die Welt auf Gott überhaupt bezogen wird, nur wirklich als das seiner ewigen Kraft, ἀΐδιος δύναμις."[27]

In dieser Passage wird deutlich, dass Gott für Schleiermacher immer eine ewige Kraft (ἀΐδιος δύναμις) für das fromme Bewusstsein ist, sonst würde Gott nur ewig außerhalb der Welt sein, was keinen Platz in der Gotteslehre Schleiermachers hat.

Obwohl Gott tätig und der Welt immanent ist, ist er Schleiermacher zufolge unerreichbar für die Vernunft. Diese Unerreichbarkeit verkörpert sich offensichtlich in Schleiermachers Darstellung der vier Formeln des transzendenten Grundes, die die höchsten Begriffe sind, welche die Vernunft erkennen kann, die aber dem transzendenten Grund keineswegs entsprechen, d. h. Gott bzw. der transzendente Grund transzendiert immer die von der Vernunft begriffenen Ideen. Hier möchte ich auch die Lehre vom „Inbegriff aller Prädikate" bei Schleiermacher darstellen. Zunächst ist zu beachten, dass Kant ausgehend vom Prinzip der durchgängigen Bestimmung den Inbegriff aller möglichen Prädikate aufgestellt hat. Durch den Ausschluss der abgeleiteten Prädikate und der miteinander nicht zusammenstehenden Prädikate erfolgt die Idee der *omnitudo realitatis* oder des *ens realissimum*. Bei Schleiermacher hat der Inbegriff aller möglichen Prädikate seinen Platz. Die Dialektik stellt die Lehre von Begriff und Urteil ausführlich dar. Während der Begriff nach unten „in die Möglichkeit einer Mannigfaltigkeit von Urteilen" endet, beruhigt sich das Urteil bei der Totalität aller Prädikate, wodurch das Subjekt aufgehoben ist und kein Urteil stattfindet. Ausgehend davon geht Schleiermacher weiter und fasst den niedrigsten Begriff und das niedrigste Urteil wie folgt zusammen; „Denn in der Vorstellung einer Totalität von Prädikaten ist die der Totalität von Urteilen vorausgesetzt. Der Begriff von dieser Totalität ist also vollkommen. Der Begriff der Möglichkeit der Urteile ist aber unvollkommen, weil noch nichts gesetzt ist."[28] Die Totalität aller Prädikate entspricht der Notwendigkeit im wirklichen Sein, daher erschließt man daraus die Idee des Schicksals oder der Notwendigkeit, die nur als eine Formel für den transzendenten Grund gilt. Daraus kann abgeleitet werden, dass der Inbegriff aller möglichen Prädikate zu den unterschiedlichen Schlussfolgerungen bei Kant und Schleiermacher führt: Kant nutzt die apriorische Vorgehensweise, die transzendentalen Prädikate Gottes zu denken, während Schleiermacher sie auf den Beweis der Unfähigkeit der Vernunft anwendet, weil

---

27 CG¹, KGA I/7, 195, 27–196, 1.
28 Dial (2001), Bd. 2, 209.

die daraus abgeleitete Idee des Schicksals oder der Notwendigkeit nur die Idee der Welt bezeichnet und Gott oder den transzendenten Grund nicht adäquat ausdrücken kann. Hier entsteht die Trennung Schleiermachers von Kant.

Zusammenfassend kann festgestellt werden, dass Kant Gott für ein Wesen außerhalb der Welt hält. Er versucht jedoch, Gott als einen Gegenstand der Vernunft zu thematisieren, im Vergleich dazu ist Gott ewig tätig in der Welt und immer lebendig für Schleiermacher, allerdings bestreitet dieser jede apriorische Bezeichnung der Vernunft für Gott.

7.3 Die Schwierigkeiten der Gotteslehre Kants und Schleiermachers Lösung

Ausgehend von der gemeinsamen Voraussetzung trennen sich Kant und Schleiermacher, weil beide verschiedene Positionen zur Transzendenz und Immanenz Gottes einnehmen, obwohl jeder seine Schwierigkeiten hinsichtlich der Gotteslehre hat. Einerseits sind die Existenz Gottes und ein lebendiger Gott unerreichbar für Kant, andererseits gilt für Schleiermacher, dass Gott an sich immer ein Geheimnis für die menschliche Vernunft bleiben wird, obwohl die Existenz Gottes und ein lebendiger Gott niemals Probleme für Schleiermacher sind.

Die Existenz Gottes kann nicht unmittelbar aus dem transzendentalen Ideal abgeleitet werden, wie Kants Kritik am ontologischen Beweis zeigt. Dies wurde in Abschnitt 2.1 ausführlich dargestellt. Um die kantische Kritik besser zu verstehen, werde ich noch einmal auf Schellings Ausführungen Bezug nehmen. Schelling stimmt mit Kant überein, dass Gott ein notwendiger Inhalt der letzten Idee der Vernunft ist. Danach weist er darauf hin: „Dem positiven schloß sich nun aber das negative Resultat an, daß die Vernunft das wirkliche Seyn Gottes nicht zu erkennen vermöge, Gott eben bloß höchste Idee, eben darum auch immer nur Ende bleiben müsse, das nie zum Anfang, also zum Princip einer Wissenschaft werden könne, oder, wie er sich ausdrückt, daß diese Idee stets nur von regulativem, nie von constitutivem Gebrauche sey, d.h. daß die Vernunft zwar nothwendig nach ihm hinstrebt, alles in diese höchste Idee fortzuführen sucht – dieß liegt eben im Begriffe eines regulativen Princips –, aber daß sie mit dieser Idee selbst nichts anfangen kann, diese Idee nie zum Anfang irgend eines Wissens machen kann.“[29] Schelling zufolge ist die Idee Gottes nur regulativ bei Kant, deswegen kann die Wissenschaft nicht damit

29 EPO, 45–46.

anfangen, mit anderen Worten, es ist unmöglich, die Existenz Gottes durch eine Idee zu beweisen. Schelling analysiert weiter die Grenze der vernünftigen und apriorischen Erkenntnis: „Nun fragt sich aber, *was* es ist, das auf diese Weise, nämlich *a priori*, an allem Seyenden erkannt wird. Ist es das Wesen, die Sache des Seyenden, oder *daß* es ist? Hier ist nämlich zu bemerken, daß an allem Wirklichen zweierlei zu erkennen ist, es sind zwei ganz verschiedene Sachen, zu wissen, was ein Seyendes ist, quid sit, und daß es ist, quod sit."[30] Aufgrund der Unterscheidung zwischen Was (Wesen) und Daß (Existenz) beschränkt Schelling die apriorische Erkenntnis der Vernunft darauf, dass sie nur das Wesen Gottes erkennen kann. „Zu beweisen, daß es existirt, kann schon darum nicht Sache der Vernunft seyn, weil bei weitem das Meiste, was sie von sich aus erkennt, in der Erfahrung vorkommt."[31] Diese Behauptung entspricht der Erklärung Kants, wenn er das transzendentale Ideal als ein Ding bezeichnet, „was an der Spitze der Möglichkeit aller Dinge steht."[32] Aufgrund dessen darf die Idee Gottes nicht durch die „transzendentale Subreption" hypostasiert oder sogar personalisiert werden. Daraus folgt, dass das transzendentale Ideal nur ein Postulat ist, und dass das *ens realissimum* der Postulatenlehre zugeordnet werden kann.

Damit ist eine andere Schwierigkeit verbunden, nämlich die Frage, wie der lebendige Gott möglich ist. Ein lebendiger Gott heißt, dass Gott nicht als eine tote oder blinde Kraft die Welt beeinflusst, sondern dass er die Welt in Ordnung bringt, mit anderen Worten, Gott muss mit der höchsten Intelligenz ausgestattet sein. Kant war dieses Problem bewusst. Dies wird deutlich, indem er zwischen Deisten und Theisten unterscheidet: „der Deist glaube einen Gott, der Theist aber einen lebendigen Gott (*summam intelligentiam*)."[33] Der Deist räumt allein die Möglichkeit transzendentaler Theologie ein und behauptet: „daß wir allenfalls das Dasein eines Urwesens durch bloße Vernunft erkennen können, wovon aber unser Begriff bloß transscendental sei, nämlich nur als von einem Wesen, das alle Realität hat, die man aber nicht näher bestimmen kann."[34] Diese Beurteilung stimmt mit der von mir bereits dargestellten Sichtweise überein. Im Gegensatz dazu behauptet der Theist: „die Vernunft sei im Stande, den Gegenstand nach der Analogie mit der Natur näher zu bestimmen, nämlich als ein Wesen, das durch Verstand und Freiheit den Urgrund aller anderen Dinge in

30 EPO, 57–58.
31 EPO, 58.
32 KrV, 03: 392, 7–8, B 611.
33 KrV, 03: 421, 13–14, B 661.
34 KrV, 03: 421, 14–17, B 659.

sich enthalte."[35] Daraus schließen wir, dass die transzendentale Theologie, die das Wesen Gottes nur *a priori* erkennt, die Lebendigkeit Gottes nicht bestimmen kann. In Ansehung der Eigenschaften Gottes schreibt man Gott die *summam intelligentiam* (die höchste Intelligenz) nicht zu. Um die Intelligenz Gottes zu erkennen, muss die natürliche Theologie (einschließlich der Physikotheologie und Moraltheologie) eingeführt werden.[36] Es wurde deutlich, dass der symbolische Anthropomorphismus und die Moraltheologie Kants gerade Gott als *summam intelligentiam* betrachten möchten, wenn auch durch die Analogie.

Zusammenfassend gesagt handelt es sich beim *ens realissimum* nur um die apriorischen Eigenschaften Gottes, die Existenz Gottes bleibt noch eine offene Frage. Außerdem muss die transzendentale Theologie durch den symbolischen Anthropomorphismus und durch die Moraltheologie ergänzt werden, um einen Begriff vom lebendigen Gott zu bekommen. Es ist doch sehr erstaunlich, zu sehen, dass diese Schwierigkeiten bei Schleiermacher nicht entstehen. Man kann sagen, dass die Lösung dieser Schwierigkeiten in der Gotteslehre Schleiermachers liegt. In 7.2 haben wir die Lebendigkeit Gottes bei Schleiermacher bereits dargestellt und diskutiert.[37] An dieser Stelle möchte ich die Diskussion auf die Existenz Gottes bzw. den Gottesbeweis bei Schleiermacher beschränken.

Claus-Dieter Osthövener nimmt folgende Haltung ein: Schleiermacher „hielt mit Kant die Ungültigkeit aller Gottesbeweise für nachgewiesen"[38]. Schleiermacher behauptet: „Es ist jezt vielleicht nicht mehr nöthig zu beweisen, daß es auch im Gebiet der Philosophie keine Beweise für das Dasein Gottes geben kann."[39] Ein vernünftiger Gottesbeweis hat keinen Platz in Schleiermachers Gotteslehre, weil die Existenz Gottes immer vorausgesetzt und unmittelbar gesichert wird. Schleiermacher formuliert seine eigene Sichtweise, die Existenz Gottes zu sichern anstatt sie zu beweisen. In der *Glaubenslehre* wird diese Frage ausführlich diskutiert. Dort möchte Schleiermacher die Existenz Gottes garantieren, indem er sagt, dass (1) die Existenz Gottes im schlechthinnigen

---

35 KrV, 03: 421, 18–20, B 659.

36 Den Widerspruch, dass Kant einerseits die natürliche Theologie kritisiert, andererseits sie anwendet, kann man so lösen, dass durch die von Kant angewendete natürliche Theologie nicht auf Gott *an sich*, sondern auf Gott *für uns* geschlossen wird. (Vgl. Unterabschnitt 2.2.1)

37 Vgl. die ausführliche Diskussion von Lamm (1996).

38 Osthövener (1996: 29). Als Argument zitiert Claus-Dieter Osthövener die Ausführung Schleiermachers in der *Vorlesung über Geschichte der Philosophie*: „Man sagt, Augustinus habe den ersten Beweis vom Dasein Gottes gegeben. Das ist nicht auf eine verwerfliche Art zu verstehen, als ob er hätte objectiv demonstriren wollen. Sondern er will nur zeigen, daß die Idee Gottes wesentlich allem menschlichen Denken zum Grunde liegt." (SW III 4.1, 166.)

39 CG[1], KGA I/7, 127, 8–7.

Abhängigkeitsgefühl unmittelbar mit unserem Sein mitgesetzt wird und dass (2) dieses Gefühl keineswegs zufällig oder persönlich ist, so dass (3) die Existenz Gottes unmittelbar durch das Frömmigkeitsgefühl garantiert wird.

(1) Das mitgesetzte des eigenen Seins mit dem Sein Gottes im schlechthinnigen Abhängigkeitsgefühl wird direkt aus der Darstellung über die Frömmigkeit abgeleitet. In dieser Darstellung möchte Schleiermacher das Woher dieses schlechthinnigen Abhängigkeitsgefühls bestimmen und endlich auf den Ausdruck „Gott" schließen.[40] Daraus ergibt sich die weitere Darstellung des Mitgesetztseins: „Indem im unmittelbaren Selbstbewußtsein wir uns als schlechthin abhängig finden, ist darin mit dem eigenen Sein als endlichen das unendliche Sein Gottes mitgesezt, und jene Abhängigkeit ist im allgemeinen die Weise, wie allein beides in uns als Selbstbewußtsein oder Gefühl Eins sein kann."[41] Daraus ergibt sich, dass das Sein Gottes mit dem fühlenden Menschen im schlechthinnigen Abhängigkeitsgefühl eins sein soll, weil nur Gott dieses Gefühl im Menschen erzeugen kann. Nach wie vor schließt Schleiermacher die Möglichkeit aus, dass die Welt als Ganzes und die endlichen Dinge dieses Affizierende sein können, sonst würde es niemals ein reines schlechthinniges Abhängigkeitsgefühl geben, weil der Mensch immer das Freiheitsgefühl gegenüber der Welt als Ganzheit oder gegenüber den endlichen Dingen hat.[42]

(2) Schleiermacher definiert weiter das ursprüngliche und schlechthinnige Abhängigkeitsgefühl als ein wesentliches und allgemeines Lebenselement, welches nicht zufällig und nicht persönlich ist.[43] Schleiermacher betont, dass das schlechthinnige Abhängigkeitsgefühl nicht von irgendeinem bestimmten Ding hervorgebracht wird: „Denn es [sc. das schlechthinnige Abhängigkeitsgefühl] hängt nicht davon ab, daß einem menschlichen Dasein etwas bestimmtes äußerlich gegeben werde, sondern innerlich das Mitgeseztsein des höchsten Wesens selbst, welches, wenn es ist, auch allen gleich gegenwärtig sein muß."[44] Oder wie Schleiermacher in CG² sagt: „Denn das Erscheinen desselben hängt gar nicht davon ab, daß einem soweit entwikkelten Subject irgend etwas bestimmtes äußerlich gegeben, sondern nur daß das sinnliche Selbstbewußtsein irgendwie von außen aufgeregt werde."[45] Durch diesen Vergleich wird eine verbesserte Formulierung deutlich, dass nämlich das höchste Wesen nicht dem schlechthinnigen Abhängigkeitsgefühl vorangeht und dass dasjenige, was wir erkennen

40 Vgl. CG¹, KGA I/7, 32, CG², KGA I/13, 39.
41 CG¹, KGA I/7, 123, 9-13. Vgl. auch CG², KGA I/13, 201.
42 Vgl. CG¹, KGA I/7, 124, 9-13. Vgl. auch CG², KGA I/13, 203f.
43 Vgl. CG¹, KGA I/7, 124, 35, CG², KGA I/13, 205, 17.
44 CG¹, KGA I/7, 125, 13–16
45 CG², KGA I/13, 206, 13–16.

können, nur die Erregung des sinnlichen Selbstbewusstseins „irgendwie von außen" ist. Diese Erregung durch etwas, das nicht aus einer bestimmten Sache kommt, ist allgemein für alle Menschen, weil sie das gemeinsame Lebenselement voraussetzt: „Daß aber das schlechthinige Abhängigkeitsgefühl an und für sich auch in Allen dasselbe ist, und nicht in dem Einen so in dem Andern anders, folgt schon daraus, daß es nicht auf irgend einer bestimmten Modification des menschlichen Daseins beruht, sondern auf dem schlechthin gemeinsamen Wesen des Menschen."[46]

Für Schleiermacher liegt dieses allgemeine und wesentliche Lebenselement allem sinnlichen und gegensätzlichen Selbstbewusstsein zugrunde.[47] Meiner Meinung nach scheint die Passivität diesen nicht zufälligen und persönlichen Charakter der Erregung zu verstärken. Die Passivität der frommen Erregung steht bei Schleiermacher immer im Vordergrund.[48] Zuerst nimmt er in der *Spinozaschrift* die „Receptivität der Organe"[49] von Jacobi und Hemsterhuis auf und entwickelt diese dann in den *Reden* weiter, in welchen Schleiermacher die Handlungen des Universums auf den Anschauenden bezeichnet und formuliert, der Mensch werde vom Einfluss des Universums „in kindlicher Passivität"[50] ergriffen. In dieser Passivität tritt die Aktivität und Tätigkeit des Universums hervor, und dadurch wird die subjektive oder persönliche Einwirkung des Menschen beschränkt. Diese Passivität zeigt sich auch in der *Dialektik* (1822), wo die Aufhebung der Gegensätze im unmittelbaren Selbstbewusstsein (Gefühl) das Bedingtsein und das Bestimmte durch den transzendenten Grund sein muss, um das unmittelbare Selbstbewusstsein zu unserem Bewusstsein werden zu lassen. Dieses Gefühl nennt Schleiermacher Abhängigkeitsgefühl. Schleiermacher entwickelt diese Grundstruktur in der *Glaubenslehre*, und ausgehend davon muss das schlechthinnige Abhängigkeitsgefühl nur durch Gott als ungeteilte Einheit (§ 9 in CG^1) oder als X, welches nicht ein bestimmtes Ding oder die Welt als Ganzheit ist (§ 4 in CG^2), bestimmt werden. Die Abhängigkeit unseres Seins und des Seins der Außenwelt von Gott regt das rein ursprüngliche und schlechthinnige Abhängigkeitsgefühl in unserem Selbstbewusstsein an, welches unsere Passivität und Rezeptivität am stärksten ausdrückt. Dabei werden wir von einem gemeinsamen Gegenstand in unterschiedlichem Ausmaß bestimmt. Die Gemeinsamkeit des Gegenstandes und die extreme Passivität

---

46 CG^2, KGA I/13, 206, 19–24.
47 CG^1, KGA I/7, 125, 28–32.
48 Dierken (1994), 25.
49 KDdSS, KGA, I/1, 575, 18.
50 R^1, KGA I/2, 211, 36.

unseres Gemütes führen dazu, dass das schlechthinnige Abhängigkeitsgefühl nicht zufällig und persönlich, sondern wesentlich und allgemein ist.[51]

(3) Aufgrund des Ausgeführten kommen wir zum Schluss, dass die Existenz Gottes im schlechthinnigen Abhängigkeitsgefühl unmittelbar gesichert wird, mit anderen Worten: Das ist der einzige „Gottesbeweis“ für Schleiermacher: „Die Anerkennung, daß jenes Abhängigkeitsgefühl eine wesentliche Lebensbedingung sei, vertritt für uns die Stelle aller Beweise vom Dasein Gottes, welche bei unserm Verfahren keinen Ort finden.“[52] Die Existenz Gottes ist „unmittelbar gewiss“[53] in der Frömmigkeit oder im schlechthinnigen Abhängigkeitsgefühl, man braucht keinen weiteren Beweis. Darauf basiert Schleiermachers Kritik an der Gottlosigkeit: „Demzufolge nun müssen wir alle Gottlosigkeit des Selbstbewußtseins für Wahn und Schein erklären.“[54] Er unterscheidet drei Arten von Gottlosigkeit nach dem Niveau der Bildung: das Nichtbewusstsein Gottes, das Vielgöttliche und die Gottesleugnung. Hier ist nur die dritte Art von Interesse. Schleiermacher zufolge entsteht diese Gottesleugnung entweder aus der Scheu vor der „Strenge des Gottesbewußtseins“[55], die „eine Krankheit der Seele von Verachtung alles Geistigen begleitet“[56], oder aus dem Widerstreit gegen die gangbare, aber ungemessene Darstellung des Gottesbewusstseins.[57] Schleiermacher verneint die erste Art der Gottesleugnung, weil sie das ganze Gottesbewusstsein leugnet, und plädiert für die zweite, mit der Beschränkung, dass seine eigene Darstellung über das Gottesbewusstsein nicht dazu gehört.[58]

Daraus wird deutlich, dass Schleiermacher die Existenz Gottes unmittelbar sichert. Dadurch wird das Sein Gottes im schlechthinnigen Abhängigkeitsgefühl mit dem eigenen Dasein mitgesetzt. Ihm zufolge ist das schlechthinnige Abhängigkeitsgefühl ein wesentliches und allgemeines Lebenselement und damit nicht zufällig und persönlich. Wir fügen hinzu, dass die Passivität des

51 Adams (2006: 36) möchte die Objektivität des religiösen Gefühls bei Schleiermacher durch “the intentionality of religious consciousness“ verteidigen, was gewissermaßen mit dieser Untersuchung übereinstimmend ist.

52 CG^1, KGA I/7, 128, 4–7. Vgl. CG^2, KGA I/13, 205, 13–19: „§. 33. Die Anerkennung, daß dieses schlechthinige Abhängigkeitsgefühl, in dem darin unser Selbstbewußtsein die Endlichkeit des Seins im Allgemeinen vertritt (Vgl. §. 8,2.), nicht etwas Zufälliges ist noch auch etwas persönlich verschiedenes, sondern ein allgemeines Lebenselement, ersezt für die Glaubenslehre vollständig alle sogenannten Beweise für das Dasein Gottes.“

53 CG^1, KGA I/7, 128, 10.

54 CG^1, KGA I/7, 126, 1–2. Vgl. CG^2, KGA I/13, 207, 14–16.

55 CG^1, KGA I/7, 126, 32.

56 CG^1, KGA I/7, 126, 34–35.

57 Vgl. CG^1, KGA I/7, 126, 35–36.

58 CG^1, KGA I/7, 126, 39–127, 2.

religiösen Gefühls die Notwendigkeit und die Unpersönlichkeit verstärkt.[59] Dass die Existenz Gottes uns durch das religiöse Bewusstsein unmittelbar gewiss ist, steht der Meinung Kants offensichtlich entgegen, weil Kant nicht müde wird zu betonen, dass die Existenz Gottes moralisch gewiss ist. Obwohl die Existenz Gottes für beide Philosophen nur aposteriorisch begriffen wird, muss zunächst berücksichtigt werden, dass Kant erst zur Moraltheologie übergeht, nachdem er erfasst hat, dass aufgrund der apriorischen Idee Gottes nicht auf die Existenz Gottes geschlossen werden kann. Im Vergleich zu Kant ist die Existenz Gottes niemals ein großes Problem für Schleiermacher, weil sie unmittelbar gewiss ist. Bevor wir beide aposteriorischen Gotteslehren miteinander vergleichen, wird zuerst über die Schwierigkeiten der reinen aposteriorischen Gotteslehre Schleiermachers diskutiert.

7.4 Die Schwierigkeiten der Gotteslehre Schleiermachers

In der Gotteslehre Schleiermachers ist das Verhältnis zwischen der Erkenntnis Gottes (dem Gotteswissen) und dem Gefühl (dem Gottesbewusstsein) eine schwierige oder sogar unlösbare Frage, darauf weisen viele Forschungen hin.[60] Im letzten Kapitel habe ich über diese Frage anhand der Darstellungen Schleiermachers in den *Reden*, der *Dialektik* und der *Glaubenslehre* diskutiert. In diesem Kapitel ist vom Widerspruch die Rede, dass ein gewisses Wissen Gottes bei der Erklärung oder bei der Zuordnung des unmittelbaren Selbstbewusstseins vorausgesetzt wird. Dort weise ich auch darauf hin, dass Schleiermacher nur in CG^2 bei der Darstellung der Frömmigkeit eine vorausgesetzte Erkenntnis Gottes vermeidet, weil er durch eine Negation des absoluten Freiheitsgefühls auf das schlechthinnige Abhängigkeitsgefühl schließt. Deshalb spielt die positive Ankündigung Gottes durch die Reflexion keine Rolle. Allerdings möchte ich hier diesbezüglich folgende Frage stellen: Versteckt sich darin keine Schwierigkeit mehr? Um diese Frage zu beantworten, ist zunächst der Charakter dieses nur *apagogischen* Gedankengangs zu erklären.

Die Darstellung Hegels in den *Vorlesungen über Philosophie der Religion* entspricht m. E. in gewissem Maße dem Charakter des von Schleiermacher präsentierten Gottes, auch wenn sie sich nicht deutlich an Schleiermacher

---

59 Aufgrund dessen kann man Schleiermacher gegen die Kritik am subjektiven und emotionalen Charakter seiner Gotteslehre in Schutz nehmen.

60 Z.B. Wagner (1974), Eckert (1987), Dierken (1994), Korsch (1993).

richtet und nicht ohne Missverständnisse ist.[61] An erster Stelle ist die durch das Gefühl ergriffene Gewissheit Gottes das unmittelbare oder präreflexive Wissen. Hegel zufolge bleibt dieses unmittelbare Wissen in der „Inhaltslosigkeit“[62]. „Sodann soll die Unmittelbarkeit dieses Wissens dabei stehenbleiben, daß man wisse, *daß* Gott ist, nicht *was* er ist. Der Inhalt, die Erfüllung in der Vorstellung von Gott ist negiert.“[63] Andererseits scheint das unmittelbare Wissen um Gott nur subjektiv und zufällig zu sein, wie Hegel sagt: „Denn nicht nur das, was ist, kommt in unser Gefühl, nicht bloß Reales, Seiendes, sondern auch Erdichtetes, Erflogenes, alles Gute und alles Schlechte, alles Wirkliche und Alles Nichtwirkliche ist in unserm Gefühl.“[64] Bei der Kritik Hegels handelt es sich um die unterschiedlichen Auslegungen bezüglich der Unmittelbarkeit des Gefühls, daraus entsteht das Missverständnis Hegels.[65] Auf jeden Fall hat Hegel den wichtigen Charakter des Gefühls gezeigt, dass nämlich der Mensch durch das schlechthinnige Abhängigkeitsgefühl kein Wissen von *Gott an sich* erhält, gleichgültig wie sehr Schleiermacher die Notwendigkeit und die Allgemeinheit dieses Begreifens betont. Das Wissen, welches durch das Gefühl begriffen wird, muss immer durch das Verhältnis zwischen Gott und dem fühlenden Menschen vermittelt werden. Ein anderer Charakter, den ich hier nennen möchte, ist die *apagogische* Zuschreibung des schlechthinnigen Gefühls der Abhängigkeit von Gott. Dieser apagogische Charakter besteht darin, dass einerseits das schlechthinnige Abhängigkeitsgefühl direkt aus der Verneinung des schlechthinnigen Freiheitsgefühls abgeleitet wird, und dass sich andererseits das schlechthinnige Abhängigkeitsgefühl von Gott bzw. vom X durch die Negation seiner Abhängigkeit von irgendeinem Ding und der Welt als Ganzheit erschließt.

Jetzt kann besser diskutiert wird, ob hier eine Schwierigkeit besteht, ob nämlich das Wissen um Gott eine Voraussetzung für diese Zuschreibung des schlechthinnigen Gefühls der Abhängigkeit von Gott ist. Es wurde gesagt, dass Schleiermacher nur behaupten kann, dass man im religiösen Gefühl die Abhängigkeit vom X fühlt. Daher kommt die Frage, ob Schleiermacher mit Fug

---

61 Vgl. die Interpretation Friedrich Hermannis der hegelschen Konzeption der Religionsphilosophie, siehe Hermanni (2013).

62 VPR, 49.

63 VPR, 51.

64 VPR, 128.

65 Zu den unterschiedlichen Darstellungen über die Unmittelbarkeit zwischen Hegel und Schleiermacher siehe Choi (2000). Außerdem können wir durch die Bezeichnung des schlechthinnigen Abhängigkeitsgefühls als ein wesentliches und allgemeines Lebenselement bei Schleiermacher (vgl. 7.3) den Vorwurf der Zufälligkeit des Gefühls widerlegen.

und Recht behaupten kann, „daß wir uns unsrer selbst als schlechthin abhängig, oder, was dasselbe sagen will, als in Beziehung mit Gott bewußt sind."[66] Hier stimme ich mit der Kritik Maureen Junkers an Falk Wagner und Michael Eckert überein, dass in ihren Einwänden „zwei Probleme vermischt"[67] sind, etwa wenn Falk Wagner exemplarisch behauptet: „daß der an die Reflexion über das Abhängigkeitsgefühl gebundene Rückgriff auf die an die Sprache geknüpfte theologische und philosophische Tradition vermittelt ist."[68] Die Kritik Maureen Junkers besteht darin zu sagen: Ob ein apagogisch begriffenes schlechthinniges Abhängigkeitsgefühl unmittelbar gelten kann, ist eine Sache, ob Schleiermacher dieses Bewusstsein als Abhängigkeit vom traditionellen Gott bezeichnet, ist eine andere Sache.[69] Mit anderen Worten, zweifelsohne kann dieses Bewusstsein als Abhängigkeit von X betrachtet werden, wie Falk Wagner selbst behauptet: „Das, was das abhängige Sosein mitbestimmt, könne, wenn das Wort Gott im Sprachgebiet des Abhängigkeitsgefühls nichts anderes bedeuten soll als in dem ursprünglichen schlechthinnigen Abhängigkeitsgefühl Mitgesetzte, auch X, Y oder Z genannt werden."[70]

Durch diese Ausführung kann die oben genannte Frage wie folgt formuliert werden: Steht die radikale Unerkennbarkeit des im schlechthinnigen Abhängigkeitsgefühl mitgesetzten X im Widerspruch zu der positiven Behauptung der Abhängigkeit von X? Diesen Punkt hat Maureen Junker nicht erwogen. Auch Manfred Frank verfehlt ihn, aufgrund dessen Position Maureen Junker die Haltung von Falk Wagner kritisiert. In Hinsicht auf das mitgesetzte X ist Manfred Frank der Meinung: „Gott ist tatsächlich unbewußt [...] Er ist unbewußt auch in dem Sinne, dass das am Phantasma autonomer Selbstbegründung scheiternde Subjekt in diesem Ausdruck die Erfahrung einer Reflexion auf sein eigenes

66 CG^2, KGA I/13.1, 32, 18–20.

67 Junker (1990), 69.

68 Wagner (1994), 201. Die ähnliche Meinung Michael Eckerts sieht Junker (1990), 69.

69 „Vom hermeneutischen Vorrang des Bewußtseins schlechthinniger Anhängigkeit abzuheben ist die Frage, ob ein Bewußtsein, dessen Bestimmtheit allein im Ausgang vom vermittelten und durch Negation eines schlechthinnigen Freiheitsbewußtseins eruiert werden kann, tatsächlich, wie Schleiermacher es behauptet, als unmittelbar gelten kann. Sofern Wagner und Eckert also darauf abheben, daß Schleiermacher den philosophisch eruierbaren Befund überzieht und daß in seiner Weiterbestimmung der Grunderfahrung zur Beziehung mit Gott sprachliche und traditionelle Vorgaben im Spiel sind, stimme ich ihren Einwänden zu. Davon unbetroffen aber ist die entscheidende Einsicht Schleiermachers, daß man auf diesen hermeneutischen Ort der Verifizierung in der Erfahrung der schlechthinnigen Abhängigkeit (bzw. der Faktizität des Selbstbewußtseins) rekurrieren muß, um überhaupt den Gottesgedanken zu bestimmen." (Junker [1990], 69–70.)

70 Wagner (1974), 200–201.

Nichtwissen und Nichtkönnen niederlegt: Gott ist Resultat einer Reflexion auf dieses doppelte Nicht im Herzen des Bewußtseins."[71] Diese Interpretation entspricht meines Erachtens allerdings nicht der Absicht Schleiermachers, weil Schleiermacher eine positive Behauptung über das Verhältnis zwischen dem mitgesetzten X und dem fühlenden Ich aufstellt, d.h. Schleiermacher möchte das schlechthinnige Abhängigkeitsgefühl auf die Kausalität des mitgesetzten X zurückführen: „Die dritte Methode aber, die der Ursächlichkeit, ist allerdings die einzige und zureichende, wenn wir von den Begriffen göttlicher Eigenschaften nichts verlangen als was unser Saz aussagt, indem nur mittelst dessen was in der Welt geschieht, unser Bewußtsein von Gott erwekt wird, und der Abhängigkeit, welche wir fühlen, die Ursächlichkeit in Gott entspricht. "[72] Aus dieser Passage erschließt sich, dass Manfred Franks Behauptung nicht schlüssig ist.

Nun ist zu fragen, ob Schleiermacher behaupten kann, dass das mitgesetzte X, welches das schlechthinnige Abhängigkeitsgefühl erweckt, eigentlich das Absolute (oder Gott im traditionellen Sinn) ist, ohne das mitgesetzte X vorher zu kennen? Diese Frage kann wiederum zweifach verstanden werden: Ist es möglich, (1) das Kausalitätsverhältnis zwischen dem mitgesetzten X und dem schlechthinnigen Abhängigkeitsgefühl zu sichern, ohne vom mitgesetzten X zu wissen, und (2) können wir behaupten, dass das mitgesetzte X das Absolute (oder traditionellerweise Gott) ist? Frage (1) kann nicht negativ beantwortet werden wegen des Vorwurfs, dass Schleiermacher das Kausalitätsverhältnis auf das Ding an sich (das mitgesetzte X) anwendet. Da das mitgesetzte X unmittelbar das fühlende Ich beeinflusst, ist dies nicht der Fall wie beim kantischen Ding an sich. Kant behauptet das Kausalitätsverhältnis zwischen den Dingen an sich (*Noumena*) und den Erscheinungen (*Phaenomena*). Aufgrund dessen kann sich das fühlende Subjekt im schlechthinnigen Abhängigkeitsgefühl des mitgesetzten X, welches es unmittelbar bewirkt, deutlich bewusst sein, ohne dass dadurch ein Widerspruch entstünde.

Die eigentliche Schwierigkeit liegt in Frage (2): Hier kann Schleiermacher nur apagogisch, d.h. nur durch die Negation des Einflusses der Welt auf das fühlende Subjekt, das mitgesetzte X als das Absolute behaupten. Wie kann das fühlende Ich das mitgesetzte X als das Absolute bestimmen, ohne eine Vorstellung davon zu haben? Auch wenn das fühlende Ich sich dessen bewusst ist, dass das mitgesetzte X nicht ein einzelnes Ding oder die Welt als Ganzheit ist – wie kann das fühlende Ich nur durch die Reflexion auf das schlechthinnige Abhängigkeitsgefühl behaupten, dass das mitgesetzte X nicht ein Y ist, welches

71 Frank (2002), 114.
72 CG[1], KGA I/7, 191,

höher als die ganze Welt und niedriger als das Absolute ist? D.h. aufgrund des mitgesetzten X kann ohne eine spekulative Überlegung nicht direkt auf das Absolute geschlossen werden.[73] Um dieses Problem zu verdeutlichen, können wir einen mächtigen bösen Dämon bei Descartes annehmen. Wie Descartes beschreibt: „Ich will also annehmen, dass nicht Gott, der in höchstem Maße gut und die Quelle der Wahrheit ist, sondern irgendein böser Dämon (*genium aliquem malignum*), der höchst mächtig und schlau ist, seinen ganzen Fleiß darauf gesetzt hat, mich zu täuschen."[74] Wenn es einen bösen Dämon gäbe, wäre es auch möglich, dass das mitgesetzte X dieser Dämon ist, weil er auch nicht ein einzelnes Ding in der Welt oder die ganze Welt ist. Wie kann Schleiermacher diese Möglichkeit ausschließen? Gar nicht! Es ist nur durch eine weitere Spekulation möglich, die das Ziel hat zu beweisen, dass das mitgesetzte X nicht ein Dämon ist. In diesem Fall wird aber ein Wissen um das Unerkennbare vorausgesetzt.

Nun kann festgehalten werden, dass die apagogische Zuschreibung des schlechthinnigen Abhängigkeitsgefühls, in dem ich der Abhängigkeit vom mitgesetzten X gewahr werde, zwar ein vorausgesetztes Wissen um Gott vermeidet, jedoch eine andere Schwierigkeit erzeugt: Schleiermacher kann die Möglichkeit, dass das mitgesetzte X nicht das Absolute ist, nicht ausschließen, ohne über Gott zu spekulieren. Um diese Möglichkeit auszuschließen, muss er zuerst eine theoretische Überlegung über Gott durchführen. Demnach würde das Wissen um Gott oder um das mitgesetzte X nicht allein aus der Reflexion auf das ursprüngliche schlechthinnige Abhängigkeitsgefühl entstehen, sondern es würde durch das Denken ergänzt. Aufgrund dessen halte ich daran fest, dass eine Theologie, die allein auf dem Gefühl ohne Berücksichtigung des Denkens basiert, mangelhaft ist.

---

73 Hier geht es nicht um die Behauptung von Wagner (1974: 202): „Wie in der Dialektik, so wird auch in der Glaubenslehre eklatant, daß das auf Gott bzw. den transzendenten Grund bezogene Abhängigkeitsgefühl das Denken nicht zu suspendieren vermag, sondern daß im Gegenteil das Abhängigkeitsgefühl auf das Denken unabdingbar zurückweist. Denn wenn überhaupt, so läßt sich allein auf dem Boden des Denkens begründen, warum sich die für das Abhängigkeitsgefühl vorausgesetzte Vorstellung von Gott wahrhaft auf Gott und nicht nur auf irgendein X bezieht, das sich im Sinne Feuerbachs auch einer bloßen Projektion des Selbstbewußtseins verdanken könnte. " Meine Untersuchung diskutiert nicht über die Möglichkeit, dass das mitgesetzte X eine menschliche Projektion ist, sondern über die Möglichkeit, dass es *nicht* das Absolute ist.

74 Descartes (2011), 64.

7.5 Moral-Physikotheologie versus Bewusstseins-Kosmotheologie

Bisher ist es deutlich geworden, dass Kant und Schleiermacher den ontologischen oder apriorischen Beweis Gottes nachdrücklich abgelehnt haben. Die Existenz Gottes kann für Kant nicht aus der Idee Gottes unmittelbar abgeleitet werden, während Schleiermacher es für unmöglich hält, eine ausreichende Idee Gottes durch die Vernunft zu gestalten. Beide möchten die Gewissheit der Existenz Gottes aposteriorisch erhalten. In dieser Dissertation wird Kants Moraltheologie als *Moral-Physikotheologie* und Schleiermachers Darstellung über die Gewissheit der Existenz Gottes durch das schlechthinnige Abhängigkeitsgefühl als *Bewusstseins-Kosmotheologie* bezeichnet. Im Folgenden möchte ich zuerst diese Benennungen rechtfertigen und danach einen kurzen Vergleich vornehmen.

Kant selbst parallelisiert die Moraltheologie und die Physikotheologie: „Die natürliche Theologie schließt auf die Eigenschaften und das Dasein eines Welturhebers aus der Beschaffenheit, der Ordnung und Einheit, die in dieser Welt angetroffen wird, in welcher zweierlei Causalität und deren Regel angenommen werden muß, nämlich Natur und Freiheit. Daher steigt sie von dieser Welt zur höchsten Intelligenz auf, entweder als dem Princip aller natürlichen, oder aller sittlichen Ordnung und Vollkommenheit. Im ersteren Falle heißt sie Physikotheologie, im letzten Moraltheologie."[75] Doch die natürliche Theologie schließt aus der Zweckmäßigkeit der Natur oder der sittlichen Ordnung auf die Existenz *Gottes an sich*, was für Kant unzulässig und anmaßend sein muss. Aus der Interpretation dieser Dissertation ergibt sich, dass Kant die traditionelle Physikotheologie durch seinen symbolischen Anthropomorphismus ersetzt, dadurch können die daraus erschlossenen Eigenschaften Gottes (Wille und Verstand) nicht auf Gott an sich, sondern auf das Verhältnis Gottes zur zweckmäßigen Welt angewendet werden. Außerdem denkt Kant, dass die Moraltheologie stichhaltiger als der symbolische Anthropomorphismus ist, um die Existenz Gottes zu sichern, da die Moral notwendig zum höchsten Gut führt, welches durch das Postulat Gottes verwirklicht werden muss. Da das aus der Moraltheologie abgeleitete höchste Gut die moralische Ordnung und die entsprechende Zweckmäßigkeit der Natur fördert, und daher höher als die bloße Zweckmäßigkeit der Natur in der Physikotheologie ist, nenne ich seine Moraltheologie die Moral-Physikotheologie, weil der postulierte Gott mit der moralischen und natürlichen Zweckmäßigkeit zu tun hat.

75 KrV, 03: 420, 30–421, 4, B 650.

Der Grund, warum ich Schleiermachers Denken auf die Bewusstseins-Kosmotheologie zurückführe, liegt darin, dass das im schlechthinnigen Abhängigkeitsgefühl stehende Ich eine allgemeine Abhängigkeit des eigenen und anderen Seins vom mitgesetzten X zum Bewusstsein bringt, d. h. im schlechthinnigen Abhängigkeitsgefühl fehlt es allem Seienden am Grund ihres Seins. Diese allgemeine Abhängigkeit verkörpert sich zuerst im fühlenden Ich. Schleiermacher schreibt: „daß eben das in diesem Selbstbewußtsein mit gesetzte Woher unseres empfänglichen und selbsttätigen Dasein durch den Ausdrukk Gott bezeichnet werden soll."[76] Die allgemeine Abhängigkeit verkörpert sich aber auch in der Welt als Ganzes: „Indem wir aber auch gesezt haben, daß das schlechthinnige Abhängigkeitsgefühl sich nicht vermindert, noch viel weniger aufhört, wenn wir unser Selbstbewußtsein auch zu dem der ganzen Welt erweitern, also sofern wir in demselben das endliche Sein im allgemeinen repräsentiren."[77] Daraus erschließt sich eine allgemeine Abhängigkeit der endlichen Seienden vom mitgesetzten X oder von Gott. Deshalb kommt im schlechthinnigen Abhängigkeitsgefühl die Endlichkeit aller Dinge zum Bewusstsein, welche einen anderen Ansatz ihres Seins brauchen. Das entspricht in gewissem Maße dem kosmologischen Beweis, der durch die Zufälligkeit eines Dinges auf ein notwendig existierendes Wesen (*ens necessarium*) schließt, wie Kant formuliert: „Er [sc. der kosmologische Beweis] lautet also: Wenn etwas existirt, so muß auch ein schlechterdings nothwendiges Wesen existiren. Nun existire zum mindesten ich selbst: also existirt ein absolut nothwendiges Wesen."[78] Ebenfalls existiert für Schleiermacher das schlechthinnige Abhängigkeitsgefühl, darin fühlen sich das Subjekt und andere endliche Dinge nicht suisuffizient, und daher existiert das mitgesetzte X notwendig, vom diesem X sind die endlichen Dinge abhängig. Doch möchte ich an dieser Stelle darauf hinweisen, dass es hier nicht um einen wirklichen kosmologischen Beweis geht, weil Schleiermacher alle Beweise schon abgelehnt hat. Er möchte Gott als Mitgesetzsein X nur unmittelbar aus dem schlechthinnigen Abhängigkeitsgefühl ableiten, ohne seine Existenz theoretisch zu beweisen. Deshalb beschreibe ich diesen Gedankengang als Bewusstseins-Kosmotheologie.

Anhand dieser Benennungen sollen die Gemeinsamkeiten und Differenzen zwischen Kant und Schleiermacher deutlicher werden. (1) Was die Gemeinsamkeit betrifft, soll die Tatsache, dass die Erkenntnis Gottes an sich durch das Wissen um das Verhältnis Gottes mit den Menschen und der Welt ersetzt wird, in dieser Dissertation hervorgehoben werden. (2) Was die Differenz betrifft, so

76 CG², KGA I/13.1, 38, 29–39, 3.
77 CG², KGA I/13.1, 358, 4–8
78 KrV, 03: 404, B. 632.

ist es merkwürdig zu sehen, dass Gott bei Kant wegen der Zweckmäßigkeit der Welt postuliert wird, während er bei Schleiermacher unmittelbar im schlechthinnigen Abhängigkeitsgefühl mitgesetzt ist. Daher wird bei Schleiermacher die Zweckmäßigkeit der Welt nicht thematisiert. Nun werde ich auf diese beiden Punkte eingehen.

(1) Ich habe immer wieder betont, dass Kant und Schleiermacher darin übereinstimmen, dass die Menschen keine Erkenntnis Gottes an sich haben und dass diese Voraussetzung ihre gemeinsame Grundlage für die Religionsphilosophie ist. Für Kant werden alle apriorischen Eigenschaften Gottes (Ewigkeit, Einfachheit, Allwesenheit usw.) durch die Vernunft erschlossen, jedoch wird die Intelligenz (Wille und Verstand) dadurch nicht erkannt. In 7.3 ist deutlich geworden, dass ein lebendiger Gott eine innere Schwierigkeit für die kantische apriorische Gotteslehre ist. Kant zufolge ist die höchste Intelligenz (*summa intelligentia*) unentbehrlich, um Gott als lebendig aufzufassen.[79] Die höchste Intelligenz kann aber nicht unmittelbar aus dem transzendentalen und apriorischen Wissen um Gott abgeleitet werden, sondern nur durch das Verhältnis Gottes zur Zweckmäßigkeit der Welt. Einerseits wird im symbolischen Anthropomorphismus verdeutlicht, dass durch das Verhältnis Gottes zur Zweckmäßigkeit der Natur die höchste Intelligenz Gott zugeschrieben werden kann. Andererseits führt das Verhältnis Gottes zum höchsten Gut, gemäß dem die Ordnung der Moral und die Zweckmäßigkeit der Natur miteinander harmonieren, stichhaltiger dazu, Gott die höchste Intelligenz zuzuschreiben. [80]

---

79 Vgl. KrV, 03: 421, 14, B. 661.

80 Kant behauptet in der KpV:
„Dieses letztere ist so augenscheinlich und kann so klar durch die That bewiesen werden, daß man getrost alle vermeinte natürliche Gottesgelehrte (ein wunderlicher Name) auffordern kann, auch nur eine diesen ihren Gegenstand (über die blos *ontologischen Prädicate* hinaus) bestimmende Eigenschaft, etwa des Verstandes oder des Willens, zu nennen, an der man nicht unwidersprechlich darthun könnte, daß, wenn man alles *Anthropomorphistische* davon absondert, uns nur das bloße Wort übrig bleibe, ohne damit den mindesten Begriff verbinden zu können, dadurch eine Erweiterung der theoretischen Erkenntniß gehofft werden dürfte. *In Ansehung des Praktischen aber bleibt uns von den Eigenschaften eines Verstandes und Willens doch noch der Begriff eines Verhältnisses übrig, welchem das praktische Gesetz (das gerade dieses Verhältniß des Verstandes zum Willen a priori bestimmt) objective Realität verschafft.* Ist dieses nun einmal geschehen, so wird dem Begriffe des Objects eines moralisch bestimmten Willens (dem *des höchsten Guts*) und mit ihm den Bedingungen seiner Möglichkeit, den Ideen von Gott, Freiheit und Unsterblichkeit, auch Realität, aber immer nur *in Beziehung auf die Ausübung des moralischen Gesetzes* (zu keinem speculativen Behuf) gegeben." (KpV, 05: 137, 33–138, 15. Hervorgehoben von Zhou.)
Die hier zitierte Passage bestätigt mein Verständnis in dieser Untersuchung (vgl. 3.2.2).

Die Art und Weise, wie Kant die Eigenschaften Gottes durch das Verhältnis Gottes zur Welt und zum Menschen begreift, ist bei Schleiermacher identisch. Er betont immer die Unbegreifbarkeit des Absoluten an sich. Alles, was der Mensch von Gott begreifen kann, kann nur das Verhältnis zwischen dem Unendlichen und dem Endlichen sein. So wird in den *Reden* das Angeschaute nicht das Universum an sich, sondern sein Einfluss auf den Anschauenden: „Alles Anschauen gehet aus von einem Einfluß des Angeschauten auf den Anschauenden, von einem ursprünglichen und unabhängigen Handeln des ersten, welches dann von dem letzteren seiner Natur gemäß aufgenommen, zusammengefaßt."[81] Die *Glaubenslehre* entwickelt dieses Verständnis weiter. Schleiermacher zufolge kommen alle Vorstellungen Gottes aus der unmittelbarsten Reflexion auf das schlechthinnige Abhängigkeitsgefühl, d. h. alle Eigenschaften Gottes werden aus dem Einfluss Gottes auf das fühlende Ich abgeleitet. Dadurch ist „unsere Erkenntniß von Gott nur symbolisch."[82] Dieser Einfluss Gottes auf das schlechthinnige Abhängigkeitsgefühl nennt Schleiermacher die Ursächlichkeit, deswegen ist die *via causalitatis* die einzige Weise für Schleiermacher, Gott zu erkennen.

Diese Darstellung bietet den vollständigen Beweis für die Ansicht, dass Kant und Schleiermacher das Wissen um Gott an sich durch das Wissen über das Verhältnis Gottes mit den Menschen und der Welt ersetzen. In diesem Fall kann die Beschreibung der Eigenschaften Gottes nur symbolisch sein: Für Kant sind nur Verstand und Wille die symbolischen Eigenschaften, während Schleiermacher alle Eigenschaften Gottes als symbolisch bezeichnet. Beide möchten jede *dogmatische* Behauptung über Gott an sich vermeiden.

(2) Die Benennungen (Moral-Physikotheologie und Bewusstseins-Kosmotheologie) zeigen, dass das oben genannte Verhältnis unterschiedlich verstanden wird: Bei Kant handelt es sich in der Moral-Physikotheologie um das Verhältnis zwischen Gott und der Zweckmäßigkeit der Welt, die durch die moralische Ordnung zustande kommt; im Vergleich dazu charakterisiert die Bewusstseins-Kosmotheologie das Verhältnis zwischen Gott und dem Ich, d. h. sie berücksichtigt die Zweckmäßigkeit der Welt nicht. Was die Zweckmäßigkeit der Welt in der Moral-Physikotheologie angeht, möchte ich hier nicht weiter ausführen, da diese Frage in Abschnitt 3.2 ausführlich diskutiert wurde. An dieser Stelle ist nur hervorzuheben, dass Gott bei Kant vor allem in einem Verhältnis zur Welt steht; entsprechend verhält sich Gott Schleiermacher zufolge zuerst zum Menschen bzw. zum im schlechthinnigen Abhängigkeitsgefühl stehenden Subjekt. Das

81 R[1], KGA I/2, 213, 38–214, 1.
82 CG[1], KGA I/7, 190, 2–3.

heißt, Schleiermacher gründet die Religionsphilosophie stärker auf das Subjekt als dies bei Kant der Fall ist.

Das Problem der Zweckmäßigkeit der Welt bei Schleiermacher muss hier notwendigerweise untersucht werden. Zur Frage, ob die Zweckmäßigkeit der Welt die ursprüngliche Grundlage der Religionsbegründung bildet, hat er verschiedene Positionen in verschiedenen Perioden eingenommen. Diese Frage basiert darauf, dass Schleiermacher Gott keinen Verstand und Willen zuschreibt. Dies führt dazu, dass die Zweckmäßigkeit der Welt nichts mit Gott zu tun hat, obwohl Gott immer die Welt beeinflusst. Allerdings spielt die Zweckmäßigkeit der Welt eine grundlegende Rolle in den *Reden*. Mit dem Hervorheben des Begriffs „Gefühl" wird die Zweckmäßigkeit der Welt als abgeleitet betrachtet, weil die Abhängigkeit des endlichen Seins vom Unendlichen bzw. eine Bewusstseins-Kosmotheologie im Zentrum stehen. Nun ist diese Ansicht zu erklären.

In der *Spinozaschrift* werden der Verstand und der Wille Gott nicht zugeschrieben, wie er behauptet: „Wollen aber ist nur da, wo ein neues Verhältniß eines Dinges zu andern entstehn soll, denn Wollen ist nur da, wo Begierden und Entschlüße sind; in dem unveränderlichen Wesen aber kann kein neues Verhältniß zu andern Dingen entstehn; also hat Gott keinen Willen; eben so ist Verstand nur wo Vorstellungen und Urtheile sind, diese sind aber nur da wo eben ein neues Verhältniß gegen andere Dinge (es mag nun vom Willen oder von den äußern Dingen herrühren) wahrgenommen wird; beides wird bei Gott unmöglich, also hat Gott auch keinen Verstand."[83] Schleiermachers Darstellung beruht auf der Spekulation über ein unveränderliches Wesen, das kein neues Verhältnis zum Endlichen hat und damit nicht mit Verstand und Willen ausgestattet ist. Doch in dieser Schrift wird nicht deutlich, ob die Zweckmäßigkeit der Welt eine Frage für Schleiermacher ist. Es ist erst in den *Reden* der Fall, in welchen die Zweckmäßigkeit der Welt ein wichtiges Thema ist. In der Anschauung wird das Endliche als Teil des Unendlichen betrachtet, dadurch stehen alle Dinge miteinander in Einheit. Das ist die sogenannte Alleinheit. In diesem Weltbild ist das Universum die Ganzheit und das Unendliche. Das Universum, oder κόσμος auf Griechisch, bedeutet nicht nur die Totalität aller Endlichen, sondern auch die Ordnung und die Zweckmäßigkeit in der Totalität. Diese letztere Bedeutung ist zentral. Schleiermacher spricht vom „ersten geheimnisvollen Augenblick", in dem Anschauung und Gefühl nicht getrennt seien: „Schnell und zauberisch entwikelt sich eine Erscheinung eine Begebenheit zu einem Bilde des Universums."[84] Jedes Endliche ist eine Abspiegelung des Universums. Wie

83 KDdSS, KGA I/, 563, 13–21.
84 R^1, KGA I/2, 221, 31–32.

ich in Unterabschnitt 4.2.1 dargestellt habe, spielt der Begriff von Gott in R^2 eine bedeutendere Rolle als das Universum, dementsprechend hat der Begriff des Gefühls eine wichtigere Funktion. Danach liegt das unmittelbare Verhältnis zwischen Gott und dem Ich der Religion zugrunde. Auf diesem Hintergrund wird deutlich, dass die Identität von Denken und Wollen im Gefühl, und damit die Identität vom Naturgesetz und Sittengesetz in der „Weltordnung“[85], in der *Dialektik* (1822) zwar einen wichtigen Schritt bilden, um den transzendenten Grund zu suchen, die Weltordnung aber kein unmittelbares Verhältnis zum Gefühl (oder dem unmittelbaren Selbstbewusstsein) hat, welches nur durch den transzendenten Grund bestimmt wird. Mit anderen Worten, die Weltordnung hat keinen zentralen Platz in der Religionstheorie Schleiermachers.

Was die *Glaubenslehre* angeht, so scheint mir, kann die Zweckmäßigkeit der Welt unmöglich vom schlechthinnigen Abhängigkeitsgefühl abgeleitet werden. Dieses Thema betrifft §70–71 in CG^1 und §59–60 in CG^2, in welchen von „einer ursprünglichen Vollkommenheit der Welt“ die Rede ist. Es ist wichtig zu beachten, dass Schleiermacher eine Verbesserung der Formulierung vorgenommen hat: In § 71 der CG^1 spricht Schleiermacher von „der teleologischen Betrachtungsweise“[86], doch in der zweiten Auflage ist diese Formulierung verschwunden.[87] Meines Erachtens ist diese Veränderung eine logische Konsequenz, weil man im schlechthinnigen Abhängigkeitsgefühl nur eine Abhängigkeit des endlichen Seins von etwas zu Bewusstsein bringen kann, die Ordnung und Zweckmäßigkeit der Welt jedoch nicht das Thema sein kann.[88] Schleiermacher definiert die *Vollkommenheit* der Welt im Zusammenhang aller endlichen Seienden: „Unter Vollkommenheit der Welt soll hier gar nichts anders verstanden werden, als was wir in dem Interesse des frommen Selbstbewußtseins so nennen müssen, nämlich daß die Gesammtheit des endlichen Seins, wie sie auf uns einwirkt, und so auch die aus unserer Stellung in derselben hervorgehenden menschlichen Einwirkungen auf das übrige Sein dahin zusammenstimmt, die Stätigkeit des frommen Selbstbewußtseins möglich zu machen.“[89] Hier spricht Schleiermacher von einer Wechselwirkung zwischen der Außenwelt und dem Ich. Dadurch entsteht ein Zusammenhang aller endlichen Seienden und dadurch erweitern „wir unser Selbstbewußtsein auch zu dem der ganzen Welt“[90]. Um

85 Dial (2002), Bd. 2, 285. Vgl. Dial, KGA II/10.2, 564, 5–7.
86 CG^1, KGA I/7, 229, 5.
87 CG^2, KGA I/13, 229, 5.
88 Leider schenken viele Forschungen der Veränderung der Formulierung keine Aufmerksamkeit, vgl. Lamm (1996), Beißer (1970), 115–129.
89 CG^2, KGA I/13, 357, 9–15.
90 CG^2, KGA I/13, 358, 6–7.

meinen Standpunkt zu veranschaulichen, ist es notwendig, die Definition des Begriffs „ursprünglich" zu geben:

> „Durch den Ausdrukk ursprünglich aber soll bevorwortet werden, daß hier nicht von *irgend einem bestimmten Zustand der Welt noch auch des Menschen oder des Gottesbewußtseins* in dem Menschen die Rede ist, welches alles eine gewordene Vollkommenheit wäre, die ein Mehr und Minder zuläßt, sondern von der sich selbst gleichen aller zeitlichen Entwiklung vorangehenden, welche in den innern Verhältnissen des betreffenden endlichen Seins gegründet ist."[91]

Es wird deutlich, dass „hier nicht von *irgend einem bestimmten Zustand der Welt* noch auch des Menschen oder des Gottesbewusstseins in dem Menschen die Rede ist", welcher den grundlegenden Charakter der Zweckmäßigkeit bzw. der Physikotheologie begründet. Aufgrund dessen bezieht sich die Vollkommenheit der Welt nicht auf die Zweckmäßigkeit, sondern nur auf die allgemeine Abhängigkeit des Seins, wie Schleiermacher sagt: „Eine solche Vollkommenheit in dem obigen Sinn wird also behauptet, das heißt, es wird gesezt, alles endliche Sein [...] sei zurükführbar auf die ewige allmächtige Ursächlichkeit, und sowol alle Welteindrükke [...] schlössen die Möglichkeit in sich, daß sich mit jedem Welteindrukk das Gottesbewußtsein zur Einheit des Momentes bilde. "[92]

Durch das Ausgeführte wird in der Zusammenfassung deutlich, dass Kants Moral-Physikotheologie den Schwerpunkt auf die Zweckmäßigkeit der Welt legt, während die Bewusstseins-Kosmotheologie vor allem auf dem Zustand des Subjekts basiert. Beide begreifen Gott aposteriorisch und drücken die Eigenschaften Gottes symbolisch aus.

In diesem Abschnitt kann man erkennen, dass Kants Moraltheologie der Physikotheologie nahesteht, indem sie das höchste Gut bzw. die Zweckmäßigkeit der natürlichen und moralischen Welt ins Zentrum stellt, während Schleiermachers Religionstheorie den Charakter der Kosmotheologie besitzt, insofern sie ihren Schwerpunkt auf die Abhängigkeit des endlichen Seins legt. Aus diesem Grund nenne ich sie Moral-Physikotheologie und Bewusstseins-Kosmotheologie. Dadurch wird ihre Gemeinsamkeit und ihre Differenz deutlich erkennbar: Um eine dogmatische Behauptung über Gott an sich zu vermeiden, gehen sie gemeinsam einen aposteriorischen Weg, deswegen beschreiben die Eigenschaften Gottes nur das Verhältnis Gottes zur Welt, dazu gehören der symbolische Anthropomorphismus, die Moraltheologie Kants und auch die Religionstheorie Schleiermachers. Allerdings sollte man beachten, dass alle

---

91 CG², KGA I/13, 358, 13–19. Hervorgehoben von Zhou.
92 CG², KGA I/13, 358, 19–27.

apriorischen Eigenschaften Gottes für Kant von der Vernunft begriffen werden können, und dass Verstand und Wille durch die Zweckmäßigkeit der Welt nur *analogisch* erkannt werden und damit symbolisch sind (*via negationis* und *via eminentiae*). Im Vergleich dazu verneint Schleiermacher den apriorischen Weg. Aus diesem Grund sind alle Eigenschaften Gottes nach Schleiermacher symbolisch und vom schlechthinnigen Abhängigkeitsgefühl abgeleitet. Das bedeutet, dass alle Eigenschaften Gottes durch die Wirkung Gottes auf das schlechthinnige Abhängigkeitsgefühl begriffen werden (*via causalitatis*). Außerdem spielt die Zweckmäßigkeit der Welt keine Rolle und die *via negationis* und die *via eminentiae* bei Kant werden auch von Schleiermacher kritisiert.

8 Abschluss und Ausblick: Religionsbegründung ohne Erkenntnis Gottes?

Nun werde ich rückblickend auf die Haltung Karl-Heinz Michels in der Einleitung eingehen. Michel sagt: „wenn man Kant folgen wollte, dann stand angesichts der welt- und geschichtsgebundenen Gottesaussagen der biblisch-christlichen Tradition nur noch der Weg eines agnostizistischen Rückzugs offen."[1] Unter diesem Einfluss stellt Karl-Heinz Michel die *Glaubenslehre* Schleiermachers in Rechnung, „welche ihre theologischen Aussagen nicht mehr, wie bisher, von einem wahrnehmbaren geschichtlichen Handeln Gottes aus, das dem Glauben vorausgeht und ihn begründet, sondern vom persönlichen, subjektiven Glauben aus entwickelte."[2] Daher würde nach der kantischen und schleiermacherschen Religionsphilosophie die Theologie die „Umdeutung des Handelns Gottes *extra nos* in ein nur noch *pro me* erfaßbares Handeln" sein.[3]

Durch die Ausführungen dieser Dissertation kann diese Position nun beurteilt werden. Zunächst ist es richtig, wenn Karl-Heinz Michel einen Agnostizismus bei Kant und Schleiermacher erkennt, da Gott ein Ding an sich ist. Allerdings wird in dieser Dissertation deutlich, dass Kant auf der Denkbarkeit Gottes insistiert, weil die apriorischen Eigenschaften Gottes für ihn durch die Vernunft begriffen werden können. Der radikale Agnostizismus gilt nur für Schleiermacher, der alle Eigenschaften Gottes aus dem ursprünglichen religiösen Gefühl ableitet, mit anderen Worten, das Gottesbewusstsein muss dem Gotteswissen vorangehen. Außerdem liegt der Irrtum dieser Ansicht darin, dass das religiöse Bewusstsein niemals subjektiv und persönlich ist. Wie ich dargestellt habe, steht das mitgesetzte X immer im Verhältnis mit dem fühlenden Ich im schlechthinnigen Abhängigkeitsgefühl, welches ein wesentliches und allgemeines Lebenselement der Menschen und keineswegs zufällig und persönlich ist (vgl. 7.3). Dieses Thema hat Schleiermacher selbst veranschaulicht. Aufgrund dessen sollte diese Formulierung, nämlich „die Umdeutung des Handelns Gottes *extra nos* in ein nur noch *pro me* erfaßbares Handeln", wie folgt verändert werden: „die Umdeutung des Gottes *an sich* in ein Handeln Gottes *extra nos*, bzw. in das Verhältnis zwischen Gott und uns."

1 Michel (1987), 2.
2 Michel (1987), 2.
3 Michel (1987), 2.

Wir haben bewiesen, dass sich die Religionsbegründung von Kant und von Schleiermacher keineswegs „vom persönlichen, subjektiven Glauben aus“ entwickelt, obwohl dies oft so angenommen worden ist. Ihre Religionsbegründung hat eine „objektive“ oder sogar „realistische“ Orientierung: für Kant muss die Moraltheologie ein fehlerfreies Ideal voraussetzen, und Gott, der in der Moraltheologie postuliert wird, muss der Richter der Sitten und der Urheber der Natur sein, d. h. ein gewisses Wissen um Gott ist notwendig. Außerdem kommt die Idee Gottes aus dem notwendigen Bedürfnis der Vernunft, sowohl in theoretischer als auch in praktischer Hinsicht. Bei Schleiermacher liegt seiner Religionstheorie ein Realismus zugrunde, da Gott (das Universum, der tranzendente Grund) bei ihm lebendig und real sein muss, darüber hinaus ist das religiöse Gefühl ein wesentliches und allgemeines Lebenselement der Menschen, wenn auch in unterschiedlichen Gestalten. All dies trägt dazu bei, dass ihre Religionstheorien eine stärker objektive Bedeutung haben als man gewöhnlich glaubt. Doch muss ich an dieser Stelle einräumen, dass ihre Religionsbegründung auch sehr stark auf der Subjektivität basiert: Bei Kant wird Gott deswegen postuliert, weil die Verwirklichung des höchsten Gutes, welches einen notwendigen Bestimmungsgrund des Willens bildet, die höchste Intelligenz voraussetzen muss; im Vergleich dazu muss das Gotteswissen Schleiermacher zufolge ohne Ausnahme durch die Reflexion auf das schlechthinnige Abhängigkeitsgefühl entstehen. Anders ausgedrückt, die Offenbarung Gottes erreicht uns Menschen zuerst durch die Subjektivität (Freiheit und Gefühl) und nicht durch eine theoretische Überlegung über Gott oder durch das Nachdenken über die Natur und die Geschichte. In diesem Sinn kann gesagt werden, dass ihre Religionstheorien subjektiv sind.

Die Weiterentwicklung und der Vorteil der Religionstheologie Schleiermachers gegenüber derjenigen von Kant ist seine Fokussierung auf das religiöse Selbstbewusstsein. Bei Kant steht Gott in engerem Verhältnis mit der Zweckmäßigkeit der Welt als mit dem Subjekt, während Schleiermacher Gott ursprünglich und notwendig auf das Subjekt bezieht. Daher sind das religiöse Bewusstsein und das Gottesbewusstsein zur Einheit gebracht worden. Allerdings ist der darin liegende Widerspruch nicht zu vernachlässigen: Wenn jede Erkenntnis Gottes aus dem religiösen Bewusstsein abgeleitet wird und alles vorausgesetzte Wissen daher keine Rolle spielt, dann wird das mitgesetzte X Gott nicht direkt zugeschrieben. Meiner Meinung nach scheint diese Schwierigkeit innerhalb des gesetzten Rahmens unlösbar zu sein. Hier liegt der Vorteil der kantischen Religionstheorie, die die apriorischen und aposteriorischen Theologien in Zusammenhang bringt, denn auch wenn von der Moraltheologie die Rede ist, setzt Kant eine apriorische Erkenntnis Gottes voraus, die in der

Idee des transzendentalen Ideals beinhaltet ist (vgl. KpV, 05: 137,33–138,15). In dieser Hinsicht vermeidet Kant die Aporie Schleiermachers. Logisch betrachtet erscheint die Religionsphilosophie Kants konsequenter als die von Schleiermacher. Aber anhand der Religionstheorie Schleiermachers kann behauptet werden, dass das moralische Bewusstsein, statt des religiösen Bewusstseins, für Kant in der Religionsbegründung eine Rolle spielt. Daher ist eine vernünftige Schlussfolgerung wichtiger als die unmittelbare Bezogenheit des Bewusstseins auf Gott: die Verwirklichung des höchsten Guts setzt die höchste Intelligenz voraus. Mit anderen Worten: Kant postuliert das Sein Gottes aus der spontanen Vernunft, im Gegensatz dazu fühlt der Mensch nach Schleiermacher das Sein Gottes durch die rezeptiven Organe.

Letztendlich möchte ich behaupten, dass die aposteriorische Religionsbegründung ohne ein gewisses vorausgesetztes (und apriorisches) Wissen um Gott in die Aporie geraten muss, unabhängig davon, ob dieses Wissen theoretisch oder praktisch ist. Kants System ist so entwickelt worden und Kant selbst war sich dessen bewusst. Schleiermacher verneint dagegen ein solches Wissen und gerät somit in diese Aporie. Etwas vereinfacht gesagt, ist es so, dass wir als die endlichen Wesen nur endliche Dinge oder Eigenschaften aposteriorisch erfahren können. Im Gegensatz dazu ist Gott unendlich. Aufgrund dessen würden wir einen Fehler machen, wenn wir die endlichen Eigenschaften Gott zuschreiben würden, oder wenn wir (wie Schleiermacher) dem Absoluten ein Gefühl zuordnen würden. Wer kann behaupten, dass Gott sich auf diese Weise verhält, ohne theoretische Überlegungen anzustellen? Bei Schleiermacher kann nicht einmal theoretisch behauptet werden, dass Gott unendlich ist. Wie kann er also sagen, dass es außer der ganzen Welt und den endlichen Wesen nur das Absolute gibt? Wie kann er davon ausgehend das religiöse Gefühl als Abhängigkeit vom Absoluten betrachten? Er kann es überhaupt nicht!

Wir haben auch die Schwächen der kantischen und schleiermacherschen Religionsphilosophien veranschaulicht. Daraus erschließt sich ein Zusammenhang mit den Religionsphilosophien Schellings und Hegels: Jener entwickelt das transzendentale Ideal in seiner Potenzenlehre; damit ist die Lehre von der Existenz Gottes eng verbunden. Dieser versucht, das Wissen Gottes und das religiöse Bewusstsein in einem System zusammenzuführen. Dies kann als die philosophiegeschichtliche Aussicht dieser Untersuchung betrachtet werden. Eine genauere Untersuchung dieser Zusammenhänge erfordert eine eigene Analyse.

Literaturverzeichnis

Quellen zu Kant und Schleiermacher:

Kant wird zitiert nach: Immanuel Kant, Gesammelte Schriften, hrsg.: Bd. 1–22 Preussische Akademie der Wissenschaften, Bd. 23 Deutsche Akademie der Wissenschaften zu Berlin, ab Bd. 24 Akademie der Wissenschaften zu Göttingen. Berlin, 1900 ff. und nach folgendem Schema: Abkürzungen der Schriften, Band der Akademie-Ausgabe: Seite(n), Zeile(n) z. B., KU, 05: 111, 11–13. Die KrV wird zugleich nach der Originalpaginierung (A/B) zitiert.

AA	Akademie-Ausgabe
BDG	Der einzig mögliche Beweisgrund zu einer Demonstration des Daseins Gottes (AA 02)
FM	Welches sind die wirklichen Fortschritte, die die Metaphysik seit Leibnitzens und Wolf's Zeiten in Deutschland gemacht hat? (AA 20)
GMS	Grundlegung zur Metaphysik der Sitten (AA 04)
KpV	Kritik der praktischen Vernunft (AA 05)
KrV	Kritik der reinen Vernunft (zu zitieren nach Originalpaginierung A/B)
KU	Kritik der Urteilskraft (AA 05)
Log	Logik (AA 09)
MAN	Metaphysische Anfangsgründe der Naturwissenschaften (AA 04)
MpVT	Über das Mißlingen aller philosophischen Versuche in der Theodicee (AA 08)
MS	Die Metaphysik der Sitten (AA 06)
NG	Versuch, den Begriff der negativen Größen in die Weltweisheit einzuführen (AA 02)
NTH	Allgemeine Naturgeschichte und Theorie des Himmels (AA 01)
OP	Opus Postumum (AA 21 u. 22)
PND	Principiorum primorum cognitionis metaphysicae nova dilucidatio (AA 01)
Prol	Prolegomena zu einer jeden künftigen Metaphysik (AA 04)
RR	Reflexion (AA 14–19)

RGV	Die Religion innerhalb der Grenzen der bloßen Vernunft (AA 06)
TP	Über den Gemeinspruch: Das mag in der Theorie richtig sein, taugt aber nicht für die Praxis (AA 08)
V-Phil-Th/ Pölitz	Philosophische Religionslehre nach Pölitz (AA 28)
WDO	Was heißt sich im Denken orientiren? (AA 08)
WizB	Werke in zehn Bänden

Schleiermacher wird zitiert nach: Friedrich Daniel Ernst Schleiermacher, *Kritische Gesamtausgabe*, hrsg. Andreas Arndt, Jörg Dierken, Hermann Fischer, Lutz Käppel, Günter Meckenstock, Notger Slenczka, Berlin-Brandenburgische Akademie der Wissenschaften, Berlin, München [u.a.]: Walter de Gruyter, 1980ff. und nach folgendem Schema: KGA, Abteilung/ Band, Seite(n), Zeile(n), z.B.: KGA, II/2, 213, 11–13. Außerdem wird die *Dialektik* gleichzeitig zitiert nach: Frank, Manfred (Hrsg.) (2001). F. Schleiermacher: Dialektik. Frankfurt am Main: Suhrkamp.

Brief	Briefwechsel (KGA V)
CG^1	Der christliche Glaube nach den Grundsätzen der evangelischen Kirche im Zusammenhange dargestellt, 1821/22, (KGA, I/7)
CG^2	Der christliche Glaube nach den Grundsätzen der evangelischen Kirche im Zusammenhange dargestellt, 1830/31, (KGA, I/13)
Dial	Dialektik (KGA, II/10.1, II/10.2)
Dial (2001)	Frank, Manfred (Hrsg.) (2001). F. Schleiermacher: Dialektik. Frankfurt am Main: Suhrkamp.
GKS	Grundlinie einer Kritik der bisherigen Sittenlehre (KGA I/4)
KDdtS	Kurze Darstellung des theologischen Studiums (KGA, I/6)
KDdSS	Kurze Darstellung des Spinozistischen Systems (KGA, I/1)
KGA	Kritische Gesamtausgabe
R^1	Über die Religion, erste Auflage, 1799 (KGA, I/2)
R^2	Über die Religion, zweite Auflage, 1806 (KGA, I/12)
Rez	Rezension von Friedrich Wilhelm Joseph Schelling: Vorlesungen über die Methode des akademischen Studiums, (KGA I/4)
Spin	Spinozismus (KGA, I/1)
ÜdhG	Über das höchste Gut (KGA, I/1)

Adickes, Erich (Hrsg) (1920). Kants Opus postumum. Berlin: Reuther & Reichard.
Arndt, Andreas (Hrsg.) (1984). Friedrich Daniel Ernst Schleiermacher. Dalektik (1811). Hamburg: Felix Meiner.
Odebrecht, Rudolf (Hrsg.) (1942). Friedrich Schleiermachers Dialektik. Leipzig: J. C. Hinrichs Verlag.
Schleiermacher, Friedrich Daniel Ernst (1834–1864). Sämtliche Werke. Berlin: G. Reimer. (Abkürzung: SW)
________. Vorlesung über Geschichte der Philosophie: In: SW III 4.1.
Weischedel, Wilhelm (Hrsg.) (1968). Immanuel Kant. Werke in zehn Bänden. Darmstadt: Wissenschaftliche Buchgesellschaft. (Abkürzung: WizB)

Quellen zu anderen Philosophen:

Aristoteles (2009). Metaphysik. Grieschisch-Deutsch. Hamburg: Felix Meiner.
Baumgarten, Alexander Gottlieb (2011). Gawlick, Günter/ Kreimendahl, Lothar (Hrsg.). Metaphysica. Historisch-kritische Ausgabe. Stuttgart: frommann-holzboog.
Descartes, René (2011). Schmidt, Andreas (Hrsg.). Meditationen. Dreisprachige Parallelausgabe, Latein – Französisch – Deutsch. Göttingen: Vandenhoeck &Ruprecht, 2011.
Fichte, Johann Gottlieb (1971). Fichte, Immanuel Hermann (Hrsg.). Fichtes Werke. Berlin: Walter de Gruyter. (Abkürzung: FW)
________. Appellation an das Publikum über die durch ein Churf. Sächs. Confiscationsrescript ihm beigemessenen atheistisch Aeußerungen. In: FW V, 191–138. (Abkürzung: AadP)
________. Ueber den Grund unsers Glaubens an eine göttliche Weltregierung. In: FW V, 174–189. (Abkürzung: UdGuG)
Hegel, Georg Wilhelm Friedrich (1986). Vorlesungen über Philosophie der Religion. In: Werke in 20 Bänden. Frankfurt am Main: Suhrkamp. (Abkürzung: VPR)
________ (1957). Vorrede zu Hinrichs' Religionsphilosophie. In: Hoffmeister, J. (Hrsg.). G.W.F. Hegel. Berliner Schriften 1818–1831. Hamburg: Felix Meiner.
Heidegger, Martin (1975). Die Grundprobleme der Phänomenologie. Frankfurt: Vittorio Klostermann.
Hume, David (2007). Coleman, Dorothy (Hrsg.). Dialogues concerning Natural Religion and Other Writings. New York: Cambridge University Press.
Jacobi, Friedrich Heinrich (1986). Hammacher, Klaus/Piske, Irmgard Maria/Lauschke, Marion (Hrsg.). Über die Lehre des Spinoza in Briefen an den Herrn Moses Mendelssohn. Hamburg: Felix Meiner.
Platon (2011). Menon, In: Schleiermacher, Friedrich Daniel Ernst/Hofmann Heinz (Hrsg.). Platon Werke. Zweiter Band. Darmstadt: Wissenschaftliche Buchgesellschaft, 2011.

Schelling, Friedrich Wilhelm Joseph von (1856–1862). Schelling, Karl Friedrich August (Hrsg.). Sämtliche Werke. Stuttgart/Augsburg: J. G. Cotta Verlag.

________. Vorlesungen über die Methode des akademischen Studiums. In: Schelling (1856–1862), Band V, 207–352. (Abkürzung: VMaS)

________. Einleitung in die Philosophie der Offenbarung. In: Schelling (1856–1862), Band XIII. (Abkürzung: EPO)

________. Darstellung der reinrationalen Philosophie. In: Schelling (1856–1862), Band XI, 253–572. (Abkürzung: DrP)

Schlegel, Friedrich (1958 ff.). Behler, Ernst/Anstett, Jean-Jacques/ Eichner, Hans (Hrsg.). Kritische Ausgabe seiner Werke. Paderborn: Schöningh.

Spinoza, Brauch de (2015). Bartuschat, Wolfgang (Hrsg.). Ethik in geometrischer Ordnung dargestellt. Hamburg: Felix Meiner.

Sekundärliteratur:

Adams, Robert Merrithew (2005). Faith and Religious Thought. In: Mariña, Jacqueline (Hrsg.). *The Cambridge Companion to Friedrich Schleiermacher.* Cambridge [u. a.]: Cambridge University Press, 35–52.

Adickes, Erich (1927). *Kant und die Als-Ob-Philosophie.* Stuttgart: Fr. Frommanns Verlag.

Albrecht, Christian (1994). *Schleiermachers Theorie der Frömmigkeit: ihr wissenschaftlicher Ort und ihr systematischer Gehalt in den Reden, in der Glaubenslehre und in der Dialektik.* Berlin/New York [u. a.]: de Gruyter.

Albrecht, Michael (1978). *Kants Antinomie der praktischen Vernunft.* Hildesheim/New York [u. a.]: G. Olms.

Arndt, Andreas (1991). Zur Vorgeschichte des Schleiermacherschen Begriffs von Dialektik. In: Meckenstock, Günter (Hrsg.). *Schleiermacher und die wissenschaftliche Kultur des Christentums.* Berlin/ New York[u. a.]: de Gruyter, 313–334.

________ (1993). Gefühl und Reflexion. Schleiermachers Stellung zur Transzendentalphilosophie im Kontext der zeitgenössischen Kritik an Kant und Fichte. In: Jaeschke, Walter (Hrsg.). *Transzendentalphilosophie und Spekulation. Der Streit um die Gestalt einer Ersten Philosophie (1799–1807).* Hamburg: Felix Meiner, 105–126.

________ (2003). Die Metaphysik der Dialektik. In: Helmer, Christine/ Kranich, Christiane/ Rehme-Iffert, Birgit (Hrsg.), 135–149.

________ (2013). *Friedrich Schleiermacher als Philosoph.* Berlin/New York [u. a.]: de Gruyter.

Auxter, Thomas (1979). The Unimportance of Kant's Highest Good. *Journal of the History of Philosophy* 17 (2), 121–34.

Barth, Ulrich (1983). *Christentum und Selbstbewusstsein: Versuch einer rationalen Rekonstruktion des systematischen Zusammenhanges von Schleiermachers subjektivitätstheoretischer Deutung der christlichen Religion.* Göttingen: Vandenhoeck & Ruprecht.

________ (1998). Die Religionstheorie der „Reden". Schleiermachers theologisches Modernisierungsprogramm. In: Barth, Ulrich (Hrsg.). *Aufgeklärter Protestantismus.* Tübingen: Mohr Siebeck, 259–289.

________ (2001). Bewußtsein schlechthinniger Abhängigkeit. Anmerkungen zu Konrad Cramers Schleiermacher-Interpretation. In: Stolzenberg Jürgen (Hrsg.). *Subjekt und Metaphysik. Konrad Cramer zu Ehren aus Anlaß seines 65. Geburtstages.* Göttingen: Vandenhoeck & Ruprecht, 41–59.

________ (2005). *Gott als Projekt der Vernunft.* Tübingen: Mohr Siebeck.

Barth, Ulrich/Osthövener Claus-Dieter (Hrsg.) (2000). *200 Jahre „Reden über die Religion".* Berlin/New York [u. a.]: de Gruyter.

Beck, Lewis W. (1960). *A Commentary on Kant's Critique of Practical Reason.* Chicago/Landon: University of Chicago Press.

Beißer, Friedrich (1970). *Schleiermachers Lehre Von Gott. Dargestellt nach seinen Reden und seiner Glaubenslehre.* Göttingen: Vandenhoeck & Ruprecht.

Birkner, Hans-Joachim (1964). *Schleiermachers christliche Sittenlehre im Zusammenhang seines philosophisch-theologischen Systems.* Berlin: Töpelmann.

________ (1974). *Theologie und Philosophie: Einführung in Probleme der Schleiermacher-Interpretation.* München: Kaiser.

________ (1996). Theologie und Philosophie: Einführung in Probleme der Schleiermacher-Interpretation. In: Firscher Hermann (Hrsg.). *Schleiermacher-Studien.* Berlin/New York [u. a.]: de Gruyter, 157–192.

Black, Tim/Gressis, Robert (2017). True religion in Hume's Dialogues Concerning Natural Religion. *British Journal for the History of Philosophy* 25 (2), 244–264.

Brachtendorf, Johannes (2002). Kants Theodizee-Aufsatz. Die Bedingungen des Gelingens philosophischer Theodizee. *Kant-Studien* 93 (1), 57–83.

________ (2019). Analogie oder Dialektik des Seins? Das Verhältnis von Gott und Welt im kosmologischen Gottesbeweis nach Thomas von Aquin und Hegel. *Theologische Quartalschrift* 199 (3), 209–227.

Brunner, Emil (1924). *Die Mystik und das Wort. Der Gegensatz zwischen mordender Religionsauffassung und christlichem Glauben dargestellt an der Theologie Schleiermachers.* Tübingen: J. C. B. Mohr.

Byrne, Peter (2010). *Kant on God.* Aldershot/Burlington, VT: Ashgate.

Choi, Shin-Hann (200). Trifft Hegels Kritik am Begriff der Unmittelbarkeit zu? Schleiermachers Plädoyer für Unmittelbarkeit in seinen Reden „Über die Religion". In: Barth, Ulrich/Osthövener Claus-Dieter (Hrsg.), 444–466.

Christ, Franz (1982). *Menschlich von Gott reden. Das Problem des Anthropomorphismus bei Schleiermacher.* Einsiedeln/Zürich/Köln: Benziger, Gütersloh: Gütersloher Verlagshaus Mohn.

Cramer, Konrad (1985). Die subjektivitätstheoretischen Prämissen von Schleiermachers Bestimmung des religiösen Bewußtseins. In: Lange Dietz (Hrsg.). *Friedrich Schleiermacher. Theologe – Philosoph – Pädagoge 1768 – 1834.* Göttingen: Vandenhoeck & Ruprecht.

________ (2000). „Anschauung des Universums." Schleiermacher und Spinoza. In: Barth, Ulrich/Osthövener Claus-Dieter (Hrsg.), 118–141.

Cramer, Wolfgang (1967). *Gottesbeweise und Ihre Kritik. Prüfung ihrer Beweiskraft.* Frankfurt am Main: Vittorio Klostermann.

Dell'Oro, Regina O. M (1994). *From Existence to the Ideal. Continuity and Development in Kant's Theology.* Berlin/Frankfurt am Main/Las Vegas: Peter Lang.

Dierken, Jörg (1994). Das zwiefältige Absolute. Die irreduzible Differenz zwischen Frömmigkeit und Reflexion im Denken Friedrich Schleiermachers. *Zeitschrift für neuere Theologiegeschichte* 1 (1), 17–46.

________ (2000). „Daß eine Religion ohne Gott besser sein kann als eine andre mit Gott." Der Beitrag von Schleiermachers „Reden" zu einer nichttheistischen Konzeption der Absoluten. In: Barth, Ulrich/Osthövener Claus-Dieter (Hrsg.), 668–684.

Dilthey, Weilheim (1922). *Leben Schleiermachers.* Bd. 1. 2. Auf. Berlin: de Gruyter.

________ (1966). *Leben Schleiermachers.* Bd. 2. Berlin: de Gruyter.

Dörflinger, Bernd (2010). Führt Moral unausbleiblich zur Religion? Überlegungen zu einer These Kants. In: Fischer, Norbert/ Forschner, Maximilian (Hrsg.), 207–224.

Düsing, Edith (2004). Gott als Horizont oder Grund des Ich. Von Kants praktischer Metaphysik zu Fichtes Metaphysik des Einen Seins. In: Fischer, Norbert (Hrsg.). *Kants Metaphysik und Religionsphilosophie.* Hamburg: Meiner.

Düsing, Klaus (1971). Das Problem des höchsten Gutes in Kants praktischer Philosophie. *Kant-Studien* 62 (1), 5–42.

________ (2010). Kritik der Theologie und Gottespostulat bei Kant. In: Fischer, Norbert/ Forschner, Maximilian (Hrsg.), 57–71.

Ebeling, Gerhard (1968). Schleiermachers Lehre von den göttlichen Eigenschaften. *Zeitschrift für Theologie und Kirche* 65 (4), 459–494.

Eckert, Michael (1983). Das Verhältnis von Unendlichem und Endlichem in F. Schleiermachers „Reden über die Religion". *Archiv für Religionspsychologie* 16 (1), 22–56.

________ (1987). *Gott – Glauben und Wissen. Friedrich Schleiermachers Philosophische Theologie.* Berlin/New York [u. a.]: de Gruyter.

Eisler, Rudolf (1984). *Kant-Lexion. Nachschlagewerk zu Kants sämtlichen Schriften, Briefen und handschriftlichem Nachlaß.* Hildesheim/Zürich/New York: Georg Olms Verlag.

Ellsiepen, Christof (2006). *Anschauung des Universums und Scientia Intuitiva. Die spinozistischen Grundlagen von Schleiermachers früher Religionstheorie.* Berlin/New York [u. a.]: de Gruyter.

Engstrom, Stephen (1992). The Concept of the Highest Good in Kant's Moral Theory. *Philosophy and Phenomenological Research,* 52 (4), 747–780.

Fischer, Norbert/ Forschner, Maximilian (Hrsg.) (2010). *Die Gottesfrage in der Philosophie Immanuel Kants.* Freiburg: Verlag Herder.

Frank, Manfred (2001a). *Das individuelle Allgemeine: Textstrukturierung und -interpretation nach Schleiermacher.* Frankfurt am Main: Suhrkamp.

_______ (2001b). Einleitung des Herausgebers. In: Frank, Manfred (Hrsg.). *F. Schleiermacher: Dialektik.* Frankfurt am Main: Suhrkamp.

_______ (2002). *Selbstgefühl. Eine historisch-systematische Erkundung.* Frankfurt am Main: Suhrkamp.

Frankenberger, Horst (1984). *Kant und die Frage nach der göttlichen Allgenugsamkeit: zur transzendentalen Wende in der philosophischen Gotteslehre.* Frankfurt am Main: Lang.

Fröster, Eckart (2002). Die Dialektik der reinen praktischen Vernunft. In: Höffe Otfried (Hrsg.), 173–186.

Fuchs, Emil (1903). Wandlungen in Schleiermachers Denken zwischen der ersten und zweiten Ausgabe der Reden. *Theologische Studien und Kritiken* 76 (1), 71–99.

Gabriel, Markus (2006). *Der Mensch in Mythos. Untersuchungen über Ontotheologie, Anthropologie und Selbstbewusstseinsgeschichte in Schellings Philosophie der Mythologie.* Berlin/New York [u. a.]: de Gruyter.

Gottschick, Johannes (1889). Rezension von Ritschl, Otto: Schleiermachers Stellung zum Christentum in seinen „Reden über die Religion". *Theologische Literaturzeitung* 14 (21), 530–533.

Graf, Friedrich Wilhelm (1978): Ursprüngliches Gefühl unmittelbarer Koinzidenz des Differenten: Zur Modifikation des Religionsbegriffs in den verschiedenen Auflagen von Schleiermachers „Reden über die Religion". *Zeitschrift für Theologie und Kirche* 75 (2), 147–186.

Grove, Peter (2004). *Deutung des Subjekts. Schleiermachers Philosophie der Religion.* Berlin/New York [u. a.]: de Gruyter.

Guttmann, Julius (1906). *Kants Gottesbegriff in seiner positiven Entwicklung.* Berlin: Reuther & Reichard.

Guyer, Paul *(2008). Knowledge, Reason, and Taste: Kant's Response to Hume.* Princeton: Princeton University Press.

________ (2011). Kantian Communities: The Realm of Ends, the Ethical Community, and the Highest Good. In: Payne Charlton/Thorpe Lucas (Hrsg.). *Kant and the Concept of Community.* Rochester: University of Rochester Press, 88–120.

Harriman, Kevin (2014). Saving the Substratum: Interpreting Kant's First Analogy. *Res Cogitans* 5 (1), 152–161.

Heesch, Matthias (2004). Kants Wirkung auf Schleiermacher. Eine Studie zur Nachwirkung Kants im frühen 19. Jahrhundert. In: Thiede Werner (Hrsg.). *Glauben aus eigener Vernunft? Kant Religionsphilosophie und Theologie.* Göttingen: Vandenhoeck & Ruprecht, 207–230.

Heimsoeth, Heinz (1969). *Transzendentale Dialektik. Ein Kommentar zu Kants Kritik der reinen Vernunft.* Dritter Teil. Berlin/New York [u. a.]: de Gruyter.

Helmer, Christine/ Kranich, Christiane/ Rehme-Iffert, Birgit (Hrsg.) (2003). *Schleiermachers Dialektik: die Liebe zum Wissen in Philosophie und Theologie.* Tübingen: Mohr Siebeck.

Henrich, Dieter (1967). *Der ontologische Gottesbeweis. Sein Problem und seine Geschichte in der Neuzeit.* 2. Aufl. Tübingen: J.C.B. Mohr.

Hermanni, Friedrich (2012). Gott und Notwendigkeit. Kants Metaphysikkritik und Schellings Spätphilosophie. In: Hermanni Friedrich/Koch, Dietmar/Peterson, Julia (Hrsg.). *Der Anfang und das Ende aller Philosophie ist Freiheit! Schellings Philosophie in der Sicht neuerer Forschung.* Tübingen: Attempto, 361–382.

________ (2013). Kritischer Inklusivismus Hegels Begriff der Religion und seine Theorie der Religionen. *Neue Zeitschrift für systematische Theologie und Religionsphilosophie* 55 (2), 136–160.

Hermanni, Friedrich/Nonnenmacher, Burkhard/Schick, Friedrike (Hrsg.) (2015). *Religion und Religionen im deutschen Idealismus: Schleiermacher – Hegel – Schelling.* Tübingen: Mohr Siebeck.

Herms, Eilert (1974). *Herkunft, Entfaltung und erste Gestalt des Systems der Wissenschaften bei Schleiermacher.* Gütersloh: Mohn.

________ (2003). Philosophie und Theologie im Horizont des reflektierten Selbstbewußtsein. In: Helmer, Christine/ Kranich, Christiane/ Rehme-Iffert, Birgit (Hrsg.), 23–52.

Hertel, Friedrich (1965). *Das theologische Denken Schleiermachers. Das theologische Denken Schleiermachers: untersucht an der ersten Auflage seiner Reden „Über die Religion".* Zürich/Stuttgart: Zwingli Verlag.

Hirsch, Emanuel (1975). *Geschichte der neueren evangelischen Theologie in Zusammenhang mit den allgemeinen Bewegungen des europäischen Denkens.* Bd. IV. 5. Aufl. Gütersloh: Gütersloher Verlagshaus Mohn.

Hogrebe, Wolfram (1989). *Prädikation und Genesis. Metaphysik als Fundamentalheuristik im Ausgang von Schellings „Weltalter".* Frankfurt am Main: Suhrkamp.

Höffe Otfried (Hrsg.) (2002). *Kritik der praktischen Vernunft.* Berlin: Akademie Verlag.

Huber, Eugen (1901). Die Entwicklung des Religionsbegriffs bei Schleiermacher. Leipzig: Dieterich.

Iwand, Hans Joachim (1954). Wider den Mißbrauch des *pro me* als methodisches Prinzip in der Theologie. *Evangelische Theologie* 14 (3), 120–125.

Jaeschke, Walter (1986). *Vernunft in der Religion. Studien zur Grundlegung der Religionsphilosophie Hegels.* Stuttgart-Bad Cannstatt: frommann-holzboog.

Lamm, Julia (1996). The living God: Schleiermacher's theological appropriation of Spinoza. University Park, Pa.: Pennsylvania State University Press.

Jang, Gyoung-No (2011). *Der Mensch als religiöses Wesen bei Kant und Schleiermacher.* Tübingen Universität: Magisterschrift.

Jiang, Manke (2020). *Religion und Individualität bei Schleiermacher.* Berlin/New York [u. a.]: de Gruyter.

Junker, Maureen (1990). *Das Urbild des Gottesbewußtseins. Zur Entwicklung der Religionstheorie und Christologie Schleiermachers von der ersten zur zweiten Auflage der Glaubenslehre.* Berlin/New York [u. a.]: de Gruyter.

Käfer, Anne (2004). Kant, Schleiermacher und die Welt als Kunstwerk Gottes. *Zeitschrift für Theologie und Kirche* 101 (1), 19–50.

Kain, Patrick (2005). Interpreting Kant's Theory of Divine Commands. *Kantian Review* 9,128–149.

Kang, Ji-Young (2015). *Die allgemeine Glückseligkeit. Zur systematischen Stellung und Funktionen der Glückseligkeit bei Kant.* Berlin/New York [u. a.]: de Gruyter.

Kaulbach, Friedrich (1968). Schleiermachers Idee der Dialektik. *Neue Zeitschrift für Systematische Theologie und Religionsphilosophie* 10 (3), 225–260.

Kleingeld, Pauline (1995). What Do the Virtuous Hope For? Rereading Kant's Doctrine of the Highest Good. In: Robinson H. (Hrsg.). *Proceedings of the Eighth International Kant Congress.* Milwaukee: Marquette University Press, 91–112.

________ (2015). Kant on Good, the Good, and the Duty to Promote the Highest Good. In: Höwing, Thomas (Hrsg.). *The highest good in Kant's philosophy.* Berlin/New York [u. a.]: de Gruyter, 33–49.

Knudsen, Harald (1972). *Gottesbeweis im deutschen Idealismus.* Die modaltheoretische Begründung des Absoluten, dargestellt an Kant, Hegel und Weisse. Berlin/New York [u. a.]: de Gruyter.

König, Christian (2015). Schleiermachers inklusivistische Religionstheologie der *Reden.* In: Hermanni Friedrich/Koch, Dietmar/Peterson, Julia (Hrsg.), 37–64.

________ (2016). *Unendlich gebildet. Schleiermachers kritischer Religionsbegriff und seine inklusivistische Religionstheologie anhand der Erstauflage der Reden.* Tübingen: Mohr Siebeck.

Korsch, Dietrich (1993). Das doppelte Absolute. Reflexion und Religion im Medium des Geistes. *Neue Zeitschrift für Systematische Theologie und Religionsphilosophie* 35.(1), 36–51.

Kümmel, Friedrich (2008). *Schleiermachers Dialektik. Die Frage nach dem Verhältnis von Erkenntnishintergründen und Wissensgrund.* Hechingen: Vardan Verlag.

Langthaler, Rudolf (2007). Das Vernunft-Gefüge der Ideen des Übersinnlichen in uns, über uns und nach uns als Fundament der Kantischen Religionsphilosophie. In: Danz, Christian/ Marszalek, Robert (Hrsg.). *Gott und das Absolute. Studien zur philosophischen Theologie im deutschen Idealismus.* Wien: Lit Verlag, 9–71.

Leviseur, Salomon (1841). *Der Religionsbegriff bei Kant und Schleiermacher.* Cassel: Hotop.

Lönker, Fred (1998). Religiöses Erleben. Zu Schleiermachers zweiter Reden Über die Religion". In: Burdorf, Dieter/Schmücker, Reinhold (Hrsg.). *Dialogische Wissenschaft. Perspektiven der Philosophie Schleiermachers.* Paderborn: Schöningh, 53–68.

Maly, Sebastian (2012). *Kant über die symbolische Erkenntnis Gottes.* Berlin/New York [u. a.]: de Gruyter.

Maier, Anneliese (1968). *Kants Qualitätskategorien.* In: Maier, Anneliese *(Hrsg.). Zwei Untersuchungen zur Nachscholastischen Philosophie.* Roma: Ed. di storia e letteratura, 71–150.

Mariña, Jacqueline (2000). Making Sense of Kant's Highest Good. *Kant-Studien* 91 (3), 329–355.

Marty, François (1980). *La naissance de la métaphysique chez Kant: une étude sur la notion Kantienne d'analogie.* Paris: Beauchesne.

Marwede, Florian (2018). *Das höchste Gut in Kants deontologischer Ethik.* Berlin/New York [u. a.]: de Gruyter.

Matthew, Caswell (2006). Kant's Conception of the Highest Good, the Gesinnung, and the Theory of Radical Evil. *Kant-Studien* 97 (2), 184–209.

Meckenstock, Günter (1988). *Deterministische Ethik und kritische Theologie: die Auseinandersetzung des frühen Schleiermacher mit Kant und Spinoza 1789 – 1794.* Berlin/New York [u. a.]: de Gruyter.

_________ (1992). Schleiermachers Auseinandersetzung mit Fichte. In: Sorrentino, Sergio (Hrsg.). *Schleiermacher's Philosophy and the Philosophical Tradition.* Lewiston/NY [u. a.]: Mellen, 27– 46.

Michel, Karl-Heinz (1987). *Immanuel Kant und die Frage der Erkennbarkeit Gottes: eine kritische Untersuchung der „Transzendentalen Ästhetik" in der „Kritik der reinen Vernunft" und ihrer theologischen Konsequenz.* Wuppertal: Brockhaus.

Mulert, Hermann (1908). Die Aufnahme der Glaubenslehre Schleiermachers. *Zeitschrift für Theologie und Kirche* 18 (2), 107–139.

Müller, Klaus (2005). Gottesbeweiskritik und praktischer Vernunftglaube. Indizien für einen Subtext der Kantischen Theologien. In: Essen, Georg/ Striet, Magnus (Hrsg.). *Kant und Theologie.* Darmstadt: Wissenschaftliche Buchgesellschaft, 129–141.

Neubauer, John (1972). Intellektuale, intellektuelle und ästhetische Anschauung. Zur Entstehung der romantischen Kunstauffassung. *Deutsche Vierteljahrsschrift für Literaturwissenschaft und Geistesgeschichte* 46 (2), 294–319.

Nonnenmacher, Burkhard (2018). *Vernunft und Galube bei Kant.* Tübingen: Mohr Siebeck.

Nowak, Kurt (1986). *Schleiermacher und Frühromantik. Eine literaturgeschichtliche Studie zum romantischen Religionsverständnis und Menschenbild am Ende des 18. Jahrhunderts in Deutschland.* Göttingen: Vandenhoeck & Ruprecht.

Offermann, Doris (1969). *Schleiermachers Einleitung in die Glaubenslehre. Eine Untersuchung der „Lehnsätze".* Berlin/New York [u. a.]: de Gruyter.

O'Neill, Onora (2002). Autonomy and the Fact of Reason in the Kritik der praktischen Vernunft. In: Höffe, Otfried (Hrsg.), 81–98.

Osthövener, Claus-Dieter (1996). *Die Lehre von Gottes Eigenschaften bei Friedrich Schleiermacher und Karl Barth.* Berlin/New York [u. a.]: de Gruyter.

Picht, Georg (1985). *Kants Religionsphilosophie.* Stuttgart: Klett-Cotta.

Pieper, Annemarie (1996). Kant und Methode der Analogie. In: Schönrich, Gerhard/Kato, Yasushi (Hrsg.). *Kant in der Diskussion der Moderne.* Frankfurt am Main: Suhrkamp, 92–112.

Pindar, Tillmann (1969). *Kants Gedanke vom Grunde aller Möglichkeit. Untersuchungen zur Vorgeschichte der „transzendentalen Theologie".* Freie Universität Berlin: Dissertation.

Puntel, L. Bruno (1969). *Analogie und Geschichtlichkeit. Philosophiegeschichtlich-kritischer Versuch über das Grundproblem der Metaphysik.* Freiburg/Basel/Wien: Herder.

Rawls, John (2000). *Lectures on the history of moral Philosophy.* Cambridge/Massachusetts/London: Harvard University Press.

Reath, Andrews (1988). Two Conceptions of the Highest Good in Kant. *Journal of the History of Philosophy* 26 (4), 593–619.

Redeker, Martin (1960). *Einleitung.* In: Redeker, Martin (Hrsg.). *Friedrich Schleiermacher: Der christliche Glaube nach den Grundsätzen der evangelischen Kirche im Zusammenhange dargestellt.* Berlin/New York [u. a.]: de Gruyter, 5–11.

Rehme-Iffert, Birgit (2005), Rezension der kritischen Edition von Schleiermachers Dialektik (KGA). https://edoc.hu-berlin.de/bitstream/handle/
18452/6517/balsiger.pdf?sequence=1(last accessed: 16.06.2021)

Reich, Klaus (1937). *Kants einzig möglicher Beweisgrund zu einer Demonstration des Dasein Gottes. ein Beitrag zum Verständnis des Verhältnisses von Dogmatismus und Kritizismus in der Metaphysik.* Leipzig: Meiner.

Reuter, Hans-Richard (1979). *Die Einheit der Dialektik Friedrich Schleiermachers. Eine systematische Interpretation.* München: Chr. Kaiser Verlag.

Ricken, Friedo (2002). Die Postulate der reinen praktischen Vernunft. In: Höffe Otfried (Hrsg.), 187–202.

Rocca, Claudio La (2011). Formen des Als-Ob bei Kant. In: Dörflinger, Bernd/Kruck, Günter (Hrsg.). *Über den Nutzen von Illusionen. Die Regulativen Idee in Kants theoretischer Philosophie.* Hildesheim/Zürich/New York: Georg Olms Verlag, 29–45.

Rohs, Peter (1978). Kants Prinzip der durchgängigen Bestimmung alles Seienden. *Kant-Studien* 69 (1–4), 170–180.

Sala, Gionanni B. (1990). *Kant und die Frage nach Gott: Gottesbeweise und Gottesbeweiskritik in den Schriften Kants.* Berlin/New York [u. a.]: de Gruyter.

Sans, Georg (2000). *Ist Kants Ontologie naturalistisch? „Die Analogien der Erfahrung" in der „Kritik der reinen Vernunft".* Stuttgart: Kohlhammer.

Schäfer, Rolf (2003). *Einleitung des Bandherausgebers.* In: Schäfer, Rolf (Hrsg.). *Friedrich Schleiermacher: Der christliche Glaube nach den Grundsätzen der evangelischen Kirche im Zusammenhange dargestellt.* 2. Aufl. Berlin/New York [u. a.]: de Gruyter, VII–LXXXIV.

Schlotz, Gunter (1984). *Die Philosophie Schleiermachers.* Darmstadt: Wissenschaftliche Buchgesellschaft.

Schmidt, Raymund (1928). Kant, Vaihinger, Adickes. *Annalen der Philosophie und philosophischen Kritik* 7, 1–16.

Schmucker, Joseph (1967). *Die primären Quellen des Gottesglaubens.* Freiburg/Basel/Wien: Verlag Herder KG.

________ (1976). Was entzündete in Kant das große Licht von 1769? *Archiv für Geschichte der Philosophie* 58 (4), 393–434.

________ (1980). *Die Ontotheologie des vorkritischen Kant.* Berlin/New York [u. a.]: de Gruyter.

Schönecker, Dieter (1999). *Kant: Grundlegung III. Die Deduktion des kategorischen Imperativs.* Freiburg [u. a.]: Karl Alber.

Scholz, Heinrich (1921). *Die Religionsphilosophie des Als-Ob. Eine Nachpfrüng Kants und des idealistischen Positivismus.* Lepzig: Verlag von Felix Meiner.

Schrödter, Hermann (1986). Die Grundlagen der Lehre Schellings von den Potenzen in seiner reinrationalen Philosophie. *Zeitschrift für philosophische Forschung* 40 (4), 562–585.

Schürer, Emil (1868). *Schleiermachers Religionsbegriff und die philosophischen Voraussetzungen desselben.* Leipzig: Metzger.

Sefert, Paul (1960). *Die Theologie des jungen Schleiermacher.* Gütersloh: Gütersloher Verlagshaus Mohn.

Silber, John (1959). Kant's Conception of the Highest Good as Immanent and Transcendent. *The Philosophical Review* 68 (4), 469–492.

________ (1963). The Importance of the Highest Good in Kant's Ethics. *Ethics* 73 (3): 179–97.

Snow, Mathew Jonathan (2013). The modal status of kant's postulate of god's existence. University of Wisconsin Milwaukee: Dissertations & Theses.

Stern, Rober (2004). Does Ought Imply Can? And Did Kant Think It Does? *Utilitas* 16 (1), 42–61.

Strauss, David Friedrich (1844). Schleiermacher und Daub in ihrer Bedeutung für die gegenwärtige Theologie. In: Strauss, David Friedrich. *Charakteristiken und Kritiken. Eine Sammlung zerstreuter Aufsätze aus den Gebieten der Theologie, Anthropologie und Aesthetik.* Leipzig: O. Wigand, 3–212.

Süskind, Hermann (1909). *Der Einfluss Schellings auf die Entwicklung von Schleiermachers System.* Tübingen: Verlag J.C.B. Mohr.

Thiel John E. (1981). *God and world in Schleiermacher's Dialektik and Glaubenslehre: criticism and the methodology of dogmatics.* Berlin/Frankfurt am Main/Las Vegas: Peter Lang.

Timmermann, Jens (2003). Sollen und Können. „Du kannst, denn du sollst" und „Sollen impliziert Können" im Vergleich. *Logical Analysis and History of Philosophy* 6 (1),113–122.

Vaihinger, Hans (1922). *Die Philosophie des Als Ob. System der theoretischen, praktischen und religiösen Fiktionen der Menschheit auf Grund eines idealistischen Positivismus; mit einem Anhang über Kant und Nietzsche.* 8. Aufl. Leipzig: Verlag von Felix Meiner.

Villarán, Alonso (2010). An Overarching Defense of Kant's Idea of the Highest Good. Loyola University Chicago: Dissertations & Theses.

________ (2015). Overcoming the Problems of Heteronomy and Derivation in Kant's Idea of the Highest Good. *The Philosophical Forum* 46 (3), 287–306.

Wagner, Falk (1974). *Schleiermachers Dialektik. Eine kritische Interpretation.* Gütersloh: Gütersloher Verlagshaus Mohn.

Wehrung, Georg (1920). *Die Dialektik Schleiermachers.* Tübingen: Mohr Siebeck.

Weizsäcker, Carl Friedrich von (1971). Kants's First Analogy of experience and conservation principles of Physics. *Synthese* 23 (1), 75–95.

Wimmer, Reiner (1990). *Kants kritische Religionsphilosophie.* Berlin/New York [u. a.]: de Gruyter, 1990.

Winegar, Reed (2015). Kant's Criticisms of Hume's Dialogues concerning Natural Religion. *British Journal for the History of Philosophy* 23 (5), 888–910.

Winter, Aloysius (2000). *Der andere Kant: zur philosophischen Theologie Immanuel Kants.* Hildesheim/Zürich/New York: G. Olms.

Wood, Allen (1970). *Kant's Moral Religion.* Ithaca/London: Cornell University Press.

________ (1978). *Kant's Rational Theology.* Ithaca/London: Cornell University Press.

Yovel, Yirmiyahu (1980). *Kant and the Philosophy of History.* Princeton: Princeton University Press.